BÉNIN :
LES RECETTES PUBLIQUES EN DEBATS

Les organisateurs du colloque remercient Monsieur Bernard Klein pour sa sollicitude et l'Ambassade de France au Bénin pour son concours financier

Sous la direction de
Nicaise MEDE et Nicolas YENOUSSI

BÉNIN : LES RECETTES PUBLIQUES EN DEBATS

Actes du colloque des 4 et 5 octobre 2018 à Cotonou

Préface de Romuald WADAGNI

L'Harmattan Sénégal

10 VDN, Sicap Amitié 3, Lotissement Cité Police, DAKAR

http://www.harmattansenegal.com
senharmattan@gmail.com
senlibrairie@gmail.com

ISBN : 978-2-343-19494-3
EAN : 9782343194943

SOMMAIRE

PANEL 3 :

LE MANAGEMENT DES ADMINISTRATIONS FISCALES

PANEL 4 :

GLOBALISATION DES ÉCHANGES ET FISCALITÉ

VARIA

REMERCIEMENTS

La Direction générale des impôts et le centre d'études et de recherche sur l'administration et les finances remercient l'ambassade de France au Bénin pour son soutien financier à l'organisation des assises du colloque des 04 et 05 octobre 2018.

Nos remerciements aussi à toute l'équipe du comité d'organisation composée de :

- ABLET Lambert Gustave
- ABLOUTAN Ida
- AGUEMON Wehelmine
- AHO-GLELE Virgile
- AKOTO-OKRY Vicentia
- DAVID-GNANHOUI Symphorien Bernard
- NDAH Moïse
- TONI Errol

SIGLES ET ABREVIATIONS

ABPEF	Association Professionnelle des Banques et Établissements Financiers
ABSSA	Agence Béninoise de Sécurité Sanitaire
ACCIS	Assiette Commune Consolidée pour l'impôt sur les Sociétés
ACERP	Autorité de Régulation des Communications Électroniques et de la Poste
ACP	Afrique Caraïbes et Pacifique
ACR	Accords Commerciaux Régionaux
AIB	Acompte sur Impôt assis sur les Bénéfices
ALE	Accords de Libre Échange
ANCB	Association nationale des communes du Bénin
APE	Accord de partenariat économique
APIEX	Agence de Promotion des Investissements et des Exportations
AVD	Attestation de Vérification Documentaire
BAD	Banque Africaine de Développement
BC	Benin Control
BCEAO	Banque centrale des États de l'Afrique de l'ouest
BEI	Banque Européenne d'Investissement
BEPS	Base Erosion and Profit Shifting
BIC	Bénéfice industriels et commerciaux
BICAA	Bénéfices industriels, commerciaux, agricoles et artisanaux
BNC	Bénéfices non commerciaux
CAF	Coût Assurance et Fret
CAFRAD	Centre Africain de Formation et de Recherche Administrative pour le Développement

CCI	Centre du commerce international
CEDEAO	Communauté économique des États de l’Afrique de l’ouest
CEE	Communauté Économique Européenne
CEFF	Centre d’études fiscales et financières (Université d’Aix-Marseille)
CEMAC	Communauté économique et monétaire de l'Afrique centrale
CEPS	Custom, excise and preventive service
CERAF	Centre d’études et de recherche sur l’administration et les finances (Université d’Abomey-Calavi)
CFPB	Contribution Foncière des Propriétés Bâties
CFPNB	Contribution Foncière des Propriétés Non Bâties
CGA	Centre de Gestion Agréé
CGI	Code général des impôts
CIF	Commission des infractions fiscales
CIME	Centres des Impôts des Moyennes Entreprises
CIPE	Centres des Impôts des Petites Entreprises
CKR	Convention de Kyoto révisée
CNIL	Commission nationale informatique et libertés
CNSS	Caisse nationale de sécurité sociale
DA	Déclaration Anticipée
DDIAL	Direction Départementale des Impôts de l’Atlantique et du Littoral
DDIBA	Direction Départementale des Impôts du Borgou Alibori
DFID	Département britannique pour le développement international
DGCE	Direction Générale du Commerce Extérieur
DGDDI	Direction générale des douanes et droits indirects
DGE	Direction des Grandes Entreprises
DGFiP	Direction Générale des Finances publiques
DGI	Direction générale des impôts
DIE	Direction de l’Information et des Études

DLC	Direction de la législation et du contentieux
DPSE	Direction de la Planification et du Suivi Évaluation
DVT	Dossier Virtuel de Transaction
EFH	Egalité femme et homme
FADeC	Fonds d'appui au développement des communes FADeC
FATCA	Foreign Account Tax Compliance Act
FED	Fonds Européen de Développement
FES	Fondation Friedrich- Ebert Stiftung
FMI	Fonds Monétaire International
FOB	Free on Board
G20	Groupe des vingt
GAFAM	Google, Apple, Facebook, Amazon et Microsoft
GAR	Gestion axée sur les Résultats
GATT	Accord général sur les tarifs douaniers et le commerce
GRFD	Groupe de Réflexion sur la Fiscalité de Développement
GUCE	Guichet Unique de Commerce Extérieur
GUOCE	Guichet Unique des Opérations de Commerce Extérieur
GUP	Guichet Unique Portuaire
IAI	Institutions Administratives Indépendantes
ICAI	Impôt sur le Chiffre d'Affaires Intérieur
IGR	Impôt général sur le revenu
IMF	Institutions de microfinance
INSAE	Institut National de la Statistique et de l'Analyse Économique
IRPP	Impôt sur le revenu des personnes physiques
IRS	Internal revenue service
IS	Impôt sur les Sociétés
LEPI	Liste électorale permanente informatisée
LOLF	Loi organique relative aux lois des finances

MDGLAAT	Ministère de la Décentralisation, de la Gouvernance Locale, de l'Administration et de l'Aménagement du Territoire
MECeF	Machine Électronique Certifiée de Facturation
NIF	Numéro d'identification fiscal
NPM	New Public Management
NRS	National revenue secretariat
NTS	Nomenclature Tarifaire et Statistique
OBR	Office burundais des recettes
OCDE	Organisation de coopération et de développement économiques
ODD	Objectifs de développement durable
OHADA	Organisation pour l'harmonisation en Afrique du droit des affaires
OMC	Organisation Mondiale du Commerce
OPA	Observatoire des pratiques anormales
OR	Office des recettes
Oracle APEX	Oracle Application Express
OSD	Orientations Stratégiques de Développement
OTR	Office togolais des recettes
PAARIB	Projet d'appui à l'accroissement des recettes intérieures du Bénin
PAG	Programme d'action du gouvernement
PAS	Programme d'Ajustement Structurel
PASP	Projet d'Appui au Secteur Privé
PC2D	Plan De Croissance pour un Développement Durable
PCC	Prélèvement Communautaire de la CEDEAO
PCS	Prélèvement Communautaire de Solidarité
PIB	Produit intérieur brut
PND	Plan National de Développement
POSAF	Plan d'Orientation Stratégique de l'Administration Fiscale
PPP	Partenariat Public Privé

PTF	Partenaires Techniques et Financiers
PTF	Programme de Transition Fiscale
PVI	Programme de Vérification des Importations
Q/ZIP	Quartier ou Zone –Ilot – Parcelle
RAI	Recettes Auxiliaires
RAVIP	Recensement Administratif à Vocation d'Identification de la Population
RCCM	Registre du commerce et du crédit mobilier
RDI	Recettes Divisionnaires
RFU	Régime foncier urbain
RGPD	Règlement général de protection des données
RNI	Recette Nationale des Impôts
RO	Règles d'origine
RTD	Revendeurs de tissus et divers
S.I.F	Système d'Informations Foncières
SADC	Southern African Development Community/Communauté de développement d'Afrique australe
SBEE	Société béninoise d'énergie électrique
SEGUB	Société d'Exploitation du Guichet Unique du Bénin
SFR	Système Fiscal de Référence
SLE	Schéma de Libéralisation des Echanges
SOBEMAP	Société béninoise de manutention portuaire
SONEB	Société nationale de l'eau du Bénin
SPG	Système de préférences généralisées
SYDONIA	Système Douanier Automatisé
TAI	Taxe d'Ajustement à l'Importation
TCP	Taxe Complémentaire de Protection
TEC	Tarif extérieur commun
TI	Taxe Intérieure
TIC	Technologies de l'information et de la communication
TPS	Taxe Professionnelle Synthétique

TPU	Taxe Professionnelle Unique
TRACFIN	Traitement du renseignement et action contre les circuits financiers clandestins
TSA	Taxe Spéciale d'Amortissement
TUTR	Taxe Unique sur les Transport Routier
TVA	Taxe sur valeur ajoutée
TVM	Taxe sur les Véhicules à Moteur
UA	Union africaine
UE	Union Européenne
UEMOA	Union économique et monétaire ouest africaine
USAID	Agence des États-Unis pour le développement international
VATS	Value added tax service
VPS	Versement patronal sur salaire
WF	Webb Fontaine
ZFI	Zone Franche Industrielle
ZLEC	Zone de libre-échange continentale

PREFACE

Le Bénin, à l'instar de plusieurs pays en développement, ne dispose pas en abondance de ressources naturelles et donc ne peut axer le financement de son développement que sur les ressources tirées de la fiscalité.

C'est donc une réelle opportunité qu'a offerte le Centre d'Études et de Recherche sur l'Administration et les Finances (CERAF) de l'Université d'Abomey-Calavi en collaboration avec mon département ministériel à travers la Direction Générale des Impôts (DGI) de réfléchir ensemble sur les questions qui freinent la mobilisation des ressources fiscales et les pistes de solutions possibles afin d'offrir un espace budgétaire conséquent pour le financement du développement de notre pays.

Cette initiative traduit la volonté du gouvernement d'associer toutes les compétences à l'effort de développement de notre nation d'une part, et la parfaite harmonie d'action entre le monde universitaire et les praticiens de la fiscalité d'autre part.

Le Bénin, en dépit des efforts de mobilisation des recettes fiscales notés ces dernières années, est encore très loin de son potentiel en termes de niveau de recettes. En effet, le taux de pression fiscale au Bénin demeure en deçà de la norme communautaire de 20%.

Et c'est à juste titre que le Gouvernement depuis 2016, s'est lancé dans une série de réformes visant à rendre l'Administration Fiscale beaucoup plus performante aussi bien en termes de services rendus aux contribuables que de mobilisation des recettes fiscales.

La tenue de ce colloque, vient, de par les thèmes débattus conforter le gouvernement dans le choix des réformes engagées, notamment la mise en œuvre des téléprocédures, l'encouragement à la formalisation des entreprises du secteur informel, le renforcement du civisme fiscal, la rationalisation des dépenses fiscales, le renforcement de la coopération et de la transparence mondiale à travers les échanges de renseignements.

Je me réjouis que l'ensemble des thèmes débattus tout au long de ce colloque soient consignés dans cet ouvrage qui servira de vivier pour les acteurs de la fiscalité, mais aussi pour les contribuables.

Romuald WADAGNI

ALLOCUTION DE BIENVENUE DU DIRECTEUR GENERAL DES IMPOTS

NICOLAS YENOUSSI

- Monsieur le Directeur de Cabinet, représentant le Ministre de l'Economie et des Finances,
- Mesdames et Messieurs les membres du comité scientifique,
- Chers invités,
- Mesdames et Messieurs,

C'est pour moi, un bien réel et agréable plaisir de prendre la parole, en cette occasion, pour souhaiter à nos illustres hôtes, au nom de tout le comité d'organisation de ce colloque et en mon nom personnel, la bienvenue au Bénin, une terre de paix, de démocratie et d'hospitalité.

Vous êtes venus d'horizons divers et nous sommes heureux de vous accueillir à l'occasion de cette importante réunion dont l'objectif est d'offrir un cadre de réflexions scientifiques susceptibles d'apporter avec le concours de compétences nationales et internationales, des réponses novatrices, prospectives et courageuses pour pouvoir affronter les défis liés au décalage entre les ressources et les besoins de financement du Bénin révélé.

La présente rencontre dont les travaux seront bientôt officiellement lancés par le Directeur de Cabinet, représentant le Ministre de l'Économie et des Finances, est une initiative du Centre d'Études et de Recherche sur l'Administration et les Finances (CERAF) et coparrainée par la Direction Générale des Impôts (DGI).

Elle marque le début du processus devant permettre l'évaluation de tous les dispositifs actuels et futurs et surtout de tracer de nouveaux horizons dans la perspective d'une fiscalité qui réunit à la fois les trois attributs du bon rendement, de la justice fiscale et de la simplicité. Il importe de mentionner que c'est au cours de cette rencontre que des options fondamentales seront levées et des propositions concrètes devant déboucher sur l'élaboration d'une nouvelle législation et/ou réglementation fiscale seront faites ainsi que la mise en place d'une Administration fiscale plus dynamique et efficace.

Chers participants,

Mesdames et Messieurs,

La Direction Générale des Impôts a engagé plusieurs réformes qui visent la modernisation de la fiscalité et l'amélioration des recettes fiscales. Ces réformes portent sur la structure des impôts et leur mode de recouvrement. Cependant, les résultats de ces réformes sont plombés non seulement par la persistance d'un secteur informel proéminent, vecteur de fraude et d'évasion fiscales, mais aussi par une insuffisante maîtrise des dépenses fiscales.

Il convient aujourd'hui de passer tout ceci au crible du raisonnement scientifique pour l'amélioration des recettes publiques au regard du potentiel fiscal du pays.

Le présent colloque entend sortir des sentiers battus, pour avoir érigé le dialogue et la participation, si pas de tous, mais de la plupart des acteurs concernés par le sujet, comme moyens privilégiés de conduire le changement attendu dans notre système fiscal.

Jean-Jacques ROUSSEAU a dit : « il n'y a pas de véritable action sans volonté »

C'est dans cet esprit d'un engagement soutenu et de volonté renouvelée que je voudrais exhorter chacun des participants à s'associer à l'effort commun de recherche pour que soient menés au cours de ces deux jours des débats ouverts et inspirés en vue d'en tirer de riches conclusions.

Il ne me reste plus qu'à souhaiter à tous les participants de fructueux échanges.

Je vous remercie.

Cotonou, le 04 octobre 2018

…ION D'OUVERTURE DU DIRECTEUR DE CABINET …INISTRE DE L'ÉCONOMIE ET DES FINANCES

SERVAIS ADJOVI.

- Mesdames et Messieurs les Professeurs d'Université,
- Chers invités,
- Mesdames et Messieurs,

A l'occasion de la cérémonie solennelle d'ouverture du présent colloque national sur l'impôt, initié par le Centre d'Études et de Recherche sur l'Administration et les Finances (CERAF) en collaboration avec la Direction Générale des Impôts (DGI) du Bénin, qu'il me soit permis, au nom du Président de la République, Chef de l'État, Chef du Gouvernement, Monsieur Patrice TALON et en mon nom personnel, de souhaiter la bienvenue à tous nos hôtes ainsi qu'à tous les participants à cette rencontre.

Dans une société moderne en pleine mutation, où les besoins en ressources financières ne cessent d'augmenter, le rôle de l'impôt n'est plus à démontrer.

En effet, le 21e siècle est marqué par la conjoncture de deux situations susceptibles de devenir des tendances lourdes dans l'évolution économique et sociale des États. La première est le nouveau cadre harmonisé des finances publiques ambitionnant d'ancrer la gestion financière publique dans l'orbite de la performance des dépenses et des recettes. La deuxième a pour nom, l'émergence d'une nouvelle génération de gouvernants qui entendent relever le défi de la croissance économique et de la promotion sociale en engageant des politiques et des plans ambitieux d'investissement et de réforme structurelle.

La mise en route de ces différents plans nécessite la mobilisation d'importantes ressources. Pour ce qui concerne le « Bénin révélé », une somme de 3529 milliards de francs CFA est requise. En ce qui concerne les objectifs spécifiques du « Bénin révélé », l'action 9 de l'axe 3 du pilier 2 précise : « Faire de la fiscalité un véritable d'impulsion économique ».

Sur le plan intérieur, le taux de pression fiscale du Bénin est encore inférieur à la norme communautaire qui est de 20%.

De ce qui précède, il convient de retenir deux choses. *Primo*, le potentiel fiscal du Bénin n'est pas totalement exploité. *Secundo* et enfin, l'Etat et les collectivités territoriales locales ont besoin de ressources pour financer les charges publiques.

Certes, la Direction Générale des Impôts a engagé plusieurs réformes au nombre desquelles :

- la séparation de l'imposition des personnes physiques et des personnes morales ;

- la mise en place de mesures pour la fiscalisation progressive de l'économie informelle (Taxe Professionnelle Synthétique) ;

- la modernisation de l'Identifiant Fiscal Unique en vue de faciliter les recoupements ;

- la mise à jour périodique du Code Général des Impôts et sa mise en ligne sur le site internet de la DGI en vue d'accroître la transparence et la clarté de la législation fiscale ;

- la plateforme d'échanges de données entre la Douane et les Impôts ;

- l'institution des télé-procédures (télé déclaration et télépaiement) pour un suivi optimum des entreprises ;

- la simplification de la procédure de délivrance des attestations fiscales.

Cependant, il importe de mentionner que ces réformes sont en proie à des difficultés qui ont pour nom le secteur informel et l'insuffisance de la maîtrise des dépenses fiscales.

L'idée de la tenue d'un tel colloque vient alors à point nommé et permettra, en outre, de contribuer efficacement à la modernisation de notre Administration fiscale et par conséquent à l'augmentation des recettes.

C'est le lieu de rendre un vibrant hommage au Centre d'Études et de Recherche sur l'Administration et les Finances (CERAF) et son partenaire, le Centre d'Études Financières et Fiscales de l'Université d'Aix-Marseille en France qui entendent œuvrer aux côtés de la DGI pour stimuler la réflexion sur les voies et moyens pouvant permettre de rendre performant le système fiscal du Bénin.

Je ne doute point de vos capacités à réaliser cette prouesse.

Sur cette note d'espoir, je déclare ouvert, ce jeudi 04 octobre 2018, le colloque sur le thème : « Les recettes publiques en débat ».

Vive la coopération régionale et internationale,

Vive la République du Bénin

Je vous remercie.

Cotonou, le 04 octobre 2018

LES RECETTES PUBLIQUES EN DEBAT : RAPPORT INTRODUCTIF

MEDE NICAISE

PROFESSEUR À L'UNIVERSITÉ D'ABOMEY-CALAVI (BÉNIN)

DIRECTEUR DU CENTRE D'ÉTUDES ET DE RECHERCHE SUR L'ADMINISTRATION ET LES FINANCES (CERAF)

INTRODUCTION

Le colloque qui nous réunit est l'aboutissement heureux de la volonté du Directeur général des impôts, Monsieur Yenoussi Nicolas. Nous le disons, parce que nos premières démarches ont été en direction de la direction générale des douanes, mais l'absence d'interlocuteur stable (quatre directeurs généraux en 12 mois) a rendu le projet intenable. La Direction générale des impôts (DGI) était devenue une solution de rechange et la bienveillance de son chef envers tout ce qui est débat scientifique, confrontation des idées a été et reste une circonstance favorable pour nous. Qu'il en soit remercié.

Je remercie également le Professeur Thierry Lambert, directeur du Centre d'études fiscales et financières d'Aix Marseille pour avoir accepté l'invitation du Directeur général des impôts à s'associer à la présente initiative. Certains ici ont déjà fait un séjour de recherche au CEFF et sont revenus très comblés.

Je remercie enfin tout le comité de préparation réuni autour de madame la Directrice de la législation et du contentieux (DLC) pour le travail appréciable qui a été fourni.

Le thème général de notre colloque est consacré aux recettes publiques. On pourrait en déduire, par un raccourci peut être trompeur, parce que la DGI est au cœur de nos assises, qu'il s'agit de l'impôt. Il faut cependant convenir que la notion de recette publique est bien plus vaste. Si, en effet, on estime que la recette publique englobe tous les deniers dont les personnes publiques sont propriétaires, de par la nature ou de par la destination de ces deniers, le périmètre de la recherche se dilate conséquemment. Nous vivons à une époque où le besoin de financement des infrastructures en Afrique est estimé à presque 100 milliards de dollars par an. C'est dans ce contexte que nous assistons au développement prodigieux de ce qu'on appelle les Partenariats Public Privés (PPP). Le PPP sur financement privé ne pose pas de problème sur la question de la recette publique. Le PPP sur financement public, par contre, met en présence un double niveau de relation juridique (usager-exploitant puis exploitant-personne publique) qui révèle que l'argent qui circule est, par destination, une recette publique.[1]

Toutefois, nous n'allons pas retenir cette approche de la recette publique, conception extensive, pour la simple raison que nous sommes à la Direction générale des impôts (accessoirement à la Direction générale des douanes et droits indirects). La démarche est donc très restrictive, très classique et très libérale. Elle englobe non pas l'ensemble des recettes des organismes publics dotés d'un comptable public[2] mais seulement les seules recettes perçues par voie d'autorité par les administrations fiscales, entendues au sens large, à savoir la DGI et la Direction générale des douanes et droits indirects (DGDDI).

Deux citadelles, deux administrations publiques qui sont à la croisée des chemins. En effet, la Direction générale des douanes et droits indirects doit faire face à une tendance lourde : le désarmement douanier qui est déjà une réalité avec l'intégration régionale au sein de l'Union économique et monétaire ouest africaine (UEMOA) et de la Communauté économique des Etats de l'Afrique de l'ouest (CEDEAO). L'ambition des Etats membres est de constituer un vaste espace économique unifié de plus de 300 millions de consommateurs. A ceci s'ajoute l'initiative récente de la Zone de libre-échange continentale, la ZLEC dont l'accord a été signé le 21 mars 2018 à Kigali au Rwanda.[3] Sur un plan financier, la zone de libre-échange signifie l'absence de droits de douane à l'entrée des marchandises. Les négociations dans le cadre des Accords de partenariat économique

---

[1] B. Schmaltz, "Sens et portée de la récente redéfinition des 'recettes publiques'", *Revue Française de Droit Administratif*, 2016, p. 1263.

[2] *Ibidem*

[3] 44 pays membres ont signé l'accord instituant ce qui à terme pourrait devenir la plus grande zone de libre-échange du monde. L'Union africaine espère augmenter ainsi de 60% le commerce intra-africain. Aujourd'hui seuls 16% des échanges commerciaux des pays africains s'effectuent avec d'autres pays du continent

avec l'Union européenne, (APE) constituent le dernier clou sur le catafalque d'une certaine idée de l'administration des douanes, principale pourvoyeuse de recettes au Trésor public.[4] Les impositions de porte sont sur le déclin. La fiscalité intérieure va devoir prendre le relais. Progressivement, systématiquement et méthodiquement. Nous sommes donc en pleine transition fiscale.

La Direction générale des impôts est donc au cœur de nos échanges et l'impôt, l'objet de toutes nos attentions. L'impôt est un prélèvement obligatoire. C'est aussi une ponction faite d'autorité sur le patrimoine de chacun. L'inspecteur des impôts et le receveur-percepteur ont beau être des êtres de chair et de sang, l'opinion les perçoit comme des monstres froids. Et pour cause ! le rapport du citoyen à l'impôt est un rapport ambivalent. C'est d'abord un rapport rationnel en ce que la contribution fiscale est placée sous le signe de la nécessité. C'est aussi un rapport passionnel, à la limite émotif. Car le moment de payer l'impôt n'est jamais un instant de gaieté, de jovialité évidente. La défiance des citoyens face à la qualité de la dépense publique (intérêt général, efficacité, efficience) en rajoute au rapport du "je t'aime moi non plus" que le citoyen-contribuable entretient avec l'impôt. La question est enfin de savoir si nous pouvons exister en tant qu'Etat sans impôt. Le Bénin peut-il être une *tax free land* ? un pays sans impôt ? La réponse coule de source. Il faudra non seulement continuer à payer les impôts, à stock constant, mais aussi travailler à optimiser les rentrées fiscales. D'où la nécessité renouvelée de payer l'impôt (I) et la pertinence de travailler à la performance des modalités de cette optimisation (II).

I : DE LA NECESSITE D'OPTIMISER LES RECETTES PUBLIQUES

Nous nous plaçons ici du point de vue de l'administration fiscale. En effet, optimiser les recettes fiscales ou encore l'optimisation de l'impôt peut avoir un double sens, selon que la chose est appréciée du point de vue du contribuable ou du point de vue de la direction

---

[4] La tendance des années 1980 et 1990 est en train de s'inverser. La douane prévoit contribuer pour 396 milliards au budget général 2018, tandis que les impôts prévoient apporter 469 milliards (loi n°2017-40 du 29 décembre 2017 portant loi de finances pour la gestion 2018).

générale des impôts. Pour le premier, il s'agit de payer moins d'impôt et pour la seconde il s'agit d'améliorer les rentrées fiscales, parce que l'Etat et les collectivités territoriales locales en ont besoin (A) et qu'ils pourraient se satisfaire en jouant sur la norme fiscale tout en améliorant le management de la maison fiscalité (B).

A-Le besoin de recettes publiques tirées de l'impôt

Les statistiques de recettes publiques en Afrique, éditions 2017 ont pris soin de rappeler que la "mobilisation des ressources intérieures est une priorité cruciale pour les pays africains."[5] L'Agenda 2063 de l'Union africaine retient cet objectif comme une priorité stratégique des communautés économiques régionales (CEDEAO, CEMAC, SADC Communauté pour le développement de l'Afrique australe, UMA, Union du Maghreb arabe). L'Agenda 2030 pour le développement durable et les Objectifs de développement durable (ODD, 2015) a souligné que "C'est aux pouvoirs publics de chaque pays qu'il incombe au premier chef de lever les fonds publics nécessaires au financement des activités économiques et sociales essentielles" (ODD 7.1). En juillet 2015, la Conférence des Nations-Unies pour le financement du développement a aussi incité les pays en développement à accroître les efforts endogènes de financement. Pour la Banque Mondiale, "Le développement de toutes les économies mondiales a pris ses racines dans l'épargne et la taxation domestique."[6] La cause est entendue et le Bénin ne sera pas en reste pour l'accent à mettre sur les recettes publiques nationales.

Or, on sait, par ailleurs, que l'Afrique perd, bon an mal an, l'équivalent de 22 milliards de dollars (environ 11.000 milliards de FCFA) en flux financiers illicites chaque année. Ramené à l'échelle du Bénin, cela donne environ 77 milliards de FCFA en pourcentage du PIB national par rapport au PIB du continent, soit 0,60% environ.[7] L'Afrique serait ainsi "le créancier net du reste du monde depuis des

---

[5] OCDE/ATAF/CUA, *Statistiques des recettes publiques en Afriques*, http://oe.cd/revenue-statistics-in-africa-2017.

[6] B. Badré, directeur général et financier du groupe de la Banque Mondiale citée par E. Wuilbercq, "Les impôts sont-ils (vraiment) nécessaires au développement de l'Afrique ?" *in*www.lemonde.fr/afrique/ *16 juillet 2015.*

[7] 1.600 milliards de US$ et 8,58 milliards de $US.

décennies."[8] Sur le plan intérieur, le taux de pression fiscale du Bénin est encore inférieur à la norme communautaire de 20%.

En conclusion, il convient de retenir deux choses : *d'abord*, il faut se rendre à l'évidence que le potentiel fiscal du Bénin n'est pas totalement exploité. L'impôt devrait générer plus de recettes qu'il ne le fait en ce moment. *Ensuite et enfin*, l'Etat et les collectivités territoriales locales ont besoin d'argent pour financer les actions inscrites au *Bénin révélé*.

Au titre des objectifs spécifiques du Bénin révélé, on lit ceci : *Pilier 2 : Engager la Transformation structurelle de l'économie*. L'Axe 3 de ce pilier 2 énonce "*Assainissement du cadre macroéconomique et maintien de la stabilité*. L'Action 9 précise : "*Faire de la fiscalité un véritable outil d'impulsion économique*".

Pour le gouvernement "un montant d'environ 3.529 milliards FCFA est projeté au titre du financement public hors PPP et 5 510 milliards FCFA sont attendus au titre du financement privé tel que précisé dans le tableau 2 du *Bénin révélé,* un ambitieux programme de renaissance d'une nation. Soit une fois et demie l'équivalent du PIB national pour faire d'un rêve, une réalité sur cinq ans. Sur cette base, "le déficit budgétaire, dons compris, devrait atteindre 12% en 2017, mais devrait revenir progressivement dans la norme communautaire de 3% en fin de période." En clair, il faudra améliorer sensiblement le niveau des recettes fiscales pour faire face aux charges résultant des investissements publics massifs.

En guise d'illustration, le tableau d'équilibre général de la loi de finances gestion 2018 indique que les recettes des régies financières ne font que 62,5% du total des crédits inscrits au budget général de l'Etat. L'écart, plus les budgets annexes et les comptes spéciaux du Trésor est prévu pour être financé par les dons, les annulations de dette et les opérations de trésorerie.[9]

B-Agir sur la norme fiscale et sur le management de la maison fiscalité

Agir sur la norme fiscale, c'est modifier ou changer les règles fiscales en vigueur, que ce soit en matière d'assiette, de taux ou de procédure de recouvrement de l'impôt. Une coordination des réformes, présidée par le maître de céans, Monsieur Yénoussi Nicolas,

[8]Nations Unies, Commission économique pour l'Afrique, *Financement novateur et transformation économique en Afrique,* Addis-Abeba, mars 2015, pp. 24-25.
[9]Loi n°2017-40 du 29 décembre 2017 portant loi de finances pour la gestion 2018.

a travaillé pendant quelques années sur la question de la modernisation de la fiscalité au Bénin. Les résultats de ses travaux ont déjà donné lieu à plusieurs modifications de la législation fiscale. On peut citer pêle-mêle (i) la séparation de l'imposition des personnes physiques et des personnes morales, (ii) les aménagements dans la détermination des revenus nets catégoriels des personnes physiques, (iii) la création de la Taxe Professionnelle Synthétique (pour mieux fiscaliser le secteur informel), (iv) l'Identifiant Fiscal Unique modernisé et généralisé, (v) la facture normalisée, etc.

La Direction générale des douanes et des droits indirects poursuit un processus similaire avec en ligne de mire la dématérialisation des procédures. Nous en saurons un peu plus demain matin avec les communications sur le droit et la gestion des douanes. En guise d'introduction, on peut tout de même rappeler que, dans l'inconscient collectif de nos 10 millions de concitoyens, un bon douanier est un douanier riche. Ce n'est pas qu'une réputation surfaite, ni une rumeur, encore moins une fiction. Les procédures qui mettent en contact un inspecteur des douanes et un usager importateur/exportateur, dans le silence complice d'un bureau feutré, en sont pour beaucoup dans la fabrique de cette réputation. La dématérialisation prend le contrepied de cet état de choses. Elle est la bienvenue et devrait permettre de réduire l'évasion fiscale endogène aux administrations fiscales.

II : LES GRANDS CHANTIERS DE LA PERFORMANCE DES ADMINISTRATIONS FISCALES

Le débat sur l'amélioration des recettes publiques a trop souvent tendance à tourner autour d'un serpent de mer : le secteur informel. On pense au vendeur d'essence *kpayo*, au petit menuisier du quartier ou la bonne dame du marché. Ceux-là aussi doivent payer leurs impôts, certes, ne serait-ce que parce qu'ils sont des usagers des services publics financés par l'impôt. Payer son impôt est d'abord un acte citoyen, un geste républicain. Pour autant, il ne faudrait pas sous-estimer la part contributive de ce qu'il convient d'appeler la nouvelle économie (A) ainsi que nos propres problèmes managériaux (B).

A- Les défis fiscaux de la nouvelle économie

La mondialisation et les nouvelles technologies de l'information nous ont placés dans un monde où prospèrent non seulement les sociétés de GSM mais aussi toute l'économie numérique. Les GAFAM[10] sont un sigle mais c'est aussi le cauchemar des administrations fiscales. Les multinationales ne sont pas un phénomène économique récent. L'empire Rockefeller a franchi le pas dès le début du 20ème siècle avec ses prospections et ses exploitations au Mexique et plus tard au Moyen-Orient. Pour parer à la dissimulation de chiffre d'affaires et de bénéfice, la notion d'établissement stable a été implémentée. Aujourd'hui, c'est d'une tout autre chose qu'il s'agit : la révolution numérique et l'a-territorialité qui lui est sous-jacente. Mais le territoire n'est pas seul en cause dans ce bouleversement de l'ordre des choses générées par la nouvelle économie. Une nouvelle forme de travail fait aussi son apparition, le *digital labor*qu'il faut rapprocher de "l'économie du partage" (*Uber*, par exemple)[11]. L'écart se creuse entre la nouvelle réalité économique faite de mondialisation et de dématérialisation, et des règles fiscales conçues dans le cadre des Etats-Nations. *Jumia*,[12] la plate-forme de e-commerce a son siège au Nigéria mais vend ses produits du Cameroun jusqu'à Dakar, mais aussi en Tunisie et au Maroc. Selon une étude de l'Union européenne, "les revenus des sociétés sont imposés au niveau national, alors que l'environnement économique est de plus en plus marqué par la mondialisation, la mobilité et le numérique. Les modèles commerciaux et les structures des entreprises se sont complexifiés, ce qui facilite le transfert de bénéfices."[13]

A l'échelle de la planète, l'évasion fiscale par le jeu des paradis fiscaux et de l'a-territorialité provoque un manque à gagner astronomique de 21 à 32 trillions de dollars US selon Tax and Justice

---

[10]*GAFAM* est l'acronyme des géants du Web, Google, Apple, Facebook, Amazon et Microsoft

[11]D. Cardon & A. A. Casilli, *Qu'est-ce que le Digital Labor ?* Paris, INA Éditions, 2015.

[12]Jumia est un site de commerce électronique fondé au Nigeria en 2012, qui se promeut comme un centre commercial en ligne, présent dans 14 pays africains dont l'Algérie, le Maroc, la Tunisie, le Kenya, l'Égypte, l'Ouganda, le Cameroun, le Sénégal, le Ghana, le Rwanda, l'Afrique du Sud, la Tanzanie et la Côte d'Ivoire.

PDG : Juliet Anammah (déc. 2015–), Siège social : Yaba, Lagos, Nigeria, Actionnaires : Rocket Internet, Milicom, MTN, Orange, Axa, Goldman Sachs, CDC Group.

[13] L.-A. Bouvier, « De la déterritorialisation à l'a-territorialisation de l'impôt : la taxation des bénéfices des sociétés face à la révolution numérique »,*Revue française de finances publiques*,n°139, p 165

Network.[14] La coopération internationale a du mal à se mettre en place parce que les intérêts nationaux ne sont pas toujours convergents. Les Etats-Unis ont adopté la loi FATCA[15] pour faire du *benchmarking* fiscal à l'envers. Le jeu se complique quand les Etats eux-mêmes renoncent à leur pouvoir de prélèvement au nom d'une certaine attractivité fiscale et se voient rappeler à l'ordre par une organisation communautaire. Le cas de la république d'Irlande face à la Commission de l'Union européenne, celle-ci demandant à celle-là de récupérer 13 milliards d'euros auprès de la firme Apple et au profit du Trésor public irlandais,[16] est symptomatique des enjeux et des motivations multiples qui entourent la question fiscale au niveau global. D'où l'idée d'une régulation mondiale contraignante comme le pensent certains auteurs.[17] "A fléau planétaire, gouvernance mondiale pour mettre la finance et la fiscalité au service des peuples et du développement"[18]

Pour l'heure, l'Europe a mis en place le projet Assiette Commune Consolidée pour l'impôt sur les Sociétés (ACCIS). Mais cela ne concerne que les pays européens. Le BEPS (*Base Erosion and Profit Shifting*, ou encore l'érosion de la base d'imposition et le transfert de bénéfices), par contre, intègre les économies africaines dans son champ d'action. Il est audacieux, pertinent et potentiellement productif.

L'enjeu est de taille, car la fraude fiscale prive les Etats africains de recettes publiques substantielles. Selon une étude des inspecteurs des

---

[14] Cité par le journal (français) *Libération*, 7 septembre 2016, p.2.

[15] Le Foreign Account Tax Compliance Act (FATCA) est une loi américaine, entrée en vigueur le 1er juillet 2014, dont l'objectif est la mise en place d'une déclaration annuelle à l'administration fiscale américaine (IRS – Internal Revenue Service) des comptes détenus hors des Etats-Unis par des contribuables américains.

[16] "En croisade contre les avantages fiscaux accordés par Dublin aux multinationales, la Commission européenne enquête depuis 2013 sur ***des accords passés entre Apple et le fisc irlandais en 1991 et 2007*** pour deux de ses filiales locales. Elle a conclu que "l'Irlande avait accordé des avantages fiscaux indus" à Apple, lui permettant de payer nettement moins d'impôts que d'autres sociétés pendant toute ces années ***en échange d'un maintien de l'emploi*** dans le pays. L'organe exécutif européen estime que le taux d'imposition sur les sociétés appliqué à Apple est passé de 1% sur ses bénéfices européens en 2003 à 0,005% en 2014" (https://www.rtl.fr 7 septembre 2016).

[17] A. & E. Bocquet, *Sans domicile fisc*, Paris, édit. du Cherche Midi, 2016.

[18] Alain et Eric Bocquet, cités par le journal (français) *Libération*, 7 septembre 2016, p.2

impôts du Katanga en République Démocratique du Congo, "il est difficile de retracer d'importants flux financiers qui circulent dans le système Glencore[19] et qui se transfèrent entre actionnaires, sociétés affiliées et intermédiaires dont le nombre est estimé à plus d'une centaine."[20] Pour l'agent des impôts, il s'agit de se retrouver dans une souricière en sachant qu'il n'y aura pas de guide mais des brouilleurs de piste.

La tâche est ardue, car, quoi qu'on dise, l'évasion fiscale profite à certaines économies du Nord. *Transparency International* a initié le classement des pays selon l'indice de perception de la corruption. Les pays africains (Cameroun, Nigéria) occupent les premières places du podium. En guise de revanche, l'ONG britannique, *Tax and Justice Network* a créé le *Financial Secrecy Index* (2009), indice qui classe les pays du monde en fonction du niveau de pratique du secret financier. Les champions ici ne sont plus africains mais ont nom : Iles Caïmans (territoire britannique), Hong Kong, Singapour, Allemagne, Taïwan, Emirats Arabes Unis, Suisse.

L'OCDE et le G20 ont lancé la norme commune de déclaration de transactions financières transfrontalières. Une centaine de pays sont signataires. En dehors du fait que, hormis les signataires, les pays sont libres de choisir avec qui ils estiment pouvoir partager l'information financière, on note que les conditions préalables de l'échange sont difficiles, voire impossibles à respecter pour des pays dont les administrations fiscales ne disposent pas de budget conséquents ou de capacités techniques appropriées. La Suisse, par exemple, est liée à l'Union européenne par des accords particuliers et ne pratique l'échange d'information qu'avec très peu de pays en dehors de l'Union européenne.[21]

En termes de tendances et de réalisations, la publication en 2017 des *Recettes publiques en Afrique* par l'OCDE[22] a donné lieu à des commentaires ambivalents. Si le taux de pression fiscale est jugé faible (19,1%) en comparaison avec des pays ayant la même structure

[19] Glencore PLC est une importante entreprise anglo-suisse de négoce, courtage et d'extraction de matières premières. Elle résulte de la fusion le 2 mai 2013 de Glencore, société de négoce fondée par le trader Marc Rich et de Xstrata, entreprise d'extraction minière, siège social àBaar (Suisse).

[20] Voir ATRN working papers 2017 (http://atrnafrica.org).

[21] Voir https://www.agenceecofin.com, 11 mai 2018.

[22] https ://oe.cd/revenue-statistics-in-africa-20017.

économique et le même niveau de développement (22,3% en Amérique latine), certains analystes estiment que les administrations fiscales affichent des performances supérieures au regard de la structure de leurs économies. Ce trop-perçu fiscal s'établirait à 25 fois le potentiel fiscal en Ethiopie, 3,5 fois en Namibie et 1,3 fois en Tunisie.[23] Mais les notions d'écart fiscal et de potentiel fiscal[24] ne rendent pas compte de notre système déclaratif qui souffre des insuffisances liées à une économie faiblement bancarisée (UEMOA 13,52%) et à la sous-administration fiscale, qui n'est qu'une manifestation particulière de la sous-administration propre aux pays en développement[25]. L'évasion fiscale (*fiscal evoiding* et *fiscal erosion*) trouve là un terreau particulièrement favorable.

Certaines circonstances semblent aller dans le sens de l'optimisation des recettes publiques. Selon une étude réalisée sur l'Afrique de l'ouest, "une pénétration de 100% du mobile money équivaudrait à réduire de moitié le manque à gagner fiscal"[26] dans la zone. La monnaie électronique fonctionne ainsi comme un piège qui permet la traçabilité du chiffre d'affaires de l'économie informelle. Elle joue le rôle de levier d'élargissement de l'assiette fiscale, en accompagnement aux grands chantiers de réforme du management des administrations fiscales.

B-Le management des administrations fiscales

Le management de l'administration fiscale a aussi des conséquences sur les recettes fiscales. Cette question du management a plusieurs dimensions : la dimension organisationnelle, la dimension institutionnelle, et la dimension technologique.

Sur la question organisationnelle, le CAFRAD (Centre Africain de Formation et de Recherche Administrative pour le Développement) a plaidé en 2010 pour la responsabilité et la transparence dans les

---

[23] https://www.pwcavocats.com/fr, 7 décembre 2016.

[24] L'écart fiscal se mesure comme la différence entre les recettes fiscales collectées et les recettes fiscales potentielles.

[25] R. Cornevin, "Sous-développement et sous-administration : interférences et accélération", *in Revue française de science politique*, 1961, pp. 684 ; R Cameron, "L'administration publique en Afrique", *in Revue Internationale des Sciences Administratives*, 2010, p. 637.

[26] Afrique des idées, *mobilisation des recettes fiscales dans l'UEMOA L'obstacle de l'informel, le levier du mobile-money* 24 juillet 2017 (http://www.lafriquedesidees.org)

administrations fiscales. Ce sont des valeurs dont les gouvernements assurent la promotion dans les administrations publiques en général. L'Union africaine a adopté La Charte de la Fonction Publique (2001) pour mettre en valeur les notions de productivité, d'objectifs, et d'évaluation.[27]

Pour sa part, la Direction générale des impôts, a commencé à appliquer un système de management basé sur les résultats : définir les objectifs, délivrer des lettres de mission, évaluer les performances, prononcer les sanctions positives et négatives. Le DGI lui-même nous en dira plus au cours de ce colloque.

En ce qui concerne la question institutionnelle, un phénomène commence à émerger : la fusion des administrations douanières et des impôts. Ile Maurice, Rwanda, Burundi, Uganda. On aurait dit un phénomène exotique mais le Togo l'a aussi réalisé. Selon les chiffres disponibles, après la création de l'Office burundais des recettes (2009) la progression des recettes fiscales a été de 117, 68% en cinq ans (2014). L'OBR participait à hauteur de 63% au solde total des ressources budgétaires en 2009. Sa contribution est de 82% en 2014.[28] L'Office togolais des recettes (OTR) connait la même tendance avec 160% d'augmentation des revenus fiscaux en trois ans entre 2013 et 2016 mais une tendance baissière depuis 2017 (230 milliards en 2013 et 600 milliards en 2016).[29]

La bonne question est donc de savoir si les offices de recettes sont la solution pour optimiser les recettes publiques. Le débat est ouvert et trois communications seront consacrées à ce sujet.

Enfin la dimension technologique du management des administrations fiscales. Selon le rapport *Paying Tax* de 2017, [30] il

---

[27]La Charte de la Fonction Publique "Article 11 : Evaluation des services L'évaluation de l'efficacité et de la productivité des services doit se fonder sur des objectifs et des programmes d'activités préalablement définis, assortis d'indicateurs et de critères de performance. A cette fin, des mécanismes d'évaluation doivent être mis en place dans l'administration, de façon à procéder à l'évaluation périodique des prestations et services offerts au public."

[28]Ch. Ruvakubusa, "Facteurs clés entrainant la chute de recettes en Afrique : cas du Burundi", communication présentée à *African Tax Research Network*, Congrès inaugural, 2-4 septembre 2015, Cape Town, Afrique du Sud, inédit.

[29]Voir la communication de Philippe Tchodié *infra.*

[30] 11ème édition du rapport réalisé avec la cabinet PwC en partenariat avec la Banque Mondiale. Ce rapport couvre 190 pays et constitue dans le domaine de la fiscalité ce que *Doing Business* est dans le domaine de l'environnement des affaires.

faut 908 heures (37j) pour réaliser ses obligations fiscales au Nigéria, 630 heures (26j) au Cameroun, 124 heures (5j) au Rwanda et 82 heures (3,5j) à Djibouti. La gestion du temps est liée à la gestion de la paperasserie. Elle a un coût pour l'administration fiscale et génère des surcoûts pour les contribuables. Selon une étude réalisée en Afrique australe, l'utilisation des plateformes électroniques a permis d'améliorer la mobilisation des recettes fiscales et diminué de 22,4% le coût du respect des obligations fiscales par les entreprises.[31]

CONCLUSION

Le champ de nos échanges est très vaste. Les normes fiscales, les techniques fiscales, le management de la maison impôt. Cela fait beaucoup pour une journée et demie de travail. Nous n'avons nullement l'ambition de régler un problème, de trouver une solution définitive à la question de l'amélioration des recettes publiques en si peu de temps.

Il a certes été beaucoup question du Bénin. La dimension régionale a peu été mise en exergue. Or, dans l'espace communautaire où nous sommes, chacun veut être attractif pour l'investissement. La rubrique fiscalité est une composante du système de notation et de classement de *Doing business*. L'UEMOA s'attelle, de ce point de vue à faire l'harmonisation de la fiscalité intérieure des Etats.

Mieux encore, le défi du BEPS et du partage de l'information financière avec les paradis fiscaux ou supposé tels requièrent une action concertée des Etats victimes. Il faut parler de concert pour être audible. Si le Cap Vert veut négocier un accord de partage automatique de l'information financière avec la Suisse, il sera écouté distraitement. La donne pourrait changer si c'est la CEDEAO qui en prend l'initiative.

En tout état de cause, notre intention au cours de ce colloque est bien modeste. Nous sommes ici réunis pour des échanges, du partage d'expérience, de mise en perspective de pratiques en matière de fiscalité. Et si cela se passe ainsi, ce serait déjà un grand acquis. Comme le dit le poète, il faut travailler, faire "un pas, un autre pas, encore un autre pas et tenir gagné chaque pas".[32]

---

[31]OCDE/ATAF/CUA, *Statistiques des recettes publiques en Afriques*, http://oe.cd/revenue-statistics-in-africa-2017.

[32] A. Césaire, *La tragédie du roi Christophe,* Paris, Présence africaine, 1963, p.59.

PANEL 1 :
LES TECHNIQUES ET LES OUTILS

LA TAXE PROFESSIONNELLE SYNTHETIQUE : ANALYSE DE L'EQUITE D'UN IMPOT PARTAGE ENTRE L'ETAT ET LES COLLECTIVITES LOCALES

SERGE MÉDÉSSÈ MÉLAIN JIMAJA

FISCALISTE-JURISTE, EXPERT EN FINANCES DES COLLECTIVITÉS LOCALES

INTRODUCTION

Analyser l'équité d'un impôt n'est pas chose aisée. En effet, du latin *"aequitas", de "aequus"*, qui signifie égal, l'équité est un sentiment de justice naturelle et spontanée, fondée sur la reconnaissance des droits de chacun, sans qu'elle soit nécessairement inspirée par les lois en vigueur. Ce sentiment se manifeste, par exemple, lorsqu'on doit apprécier un cas particulier ou concret sans se laisser guider par les seules règles du droit. C'est une forme de justice qui prend plutôt en considération aussi bien l'esprit de la loi que la lettre, pour en tempérer les effets ou la faire évoluer si, comme dit Aristote, "elle se montre insuffisante en raison de son caractère général". Lajmi Mounir souligne à ce propos que «*la notion d'équité hante le droit depuis ses origines*»[33]

L'équité fiscale, sur le plan conceptuel, repose sur deux dispositions de la Déclaration des Droits de l'Homme et du Citoyen de 1789. La première énonce le "principe de l'égalité" : «*Les hommes naissent et demeurent libres et égaux en droits*»[34] ; et la seconde fonde la notion de "capacité contributive" : «*Pour l'entretien de la force publique et les dépenses d'administration, une contribution commune est indispensable. Elle doit être également répartie entre tous les*

[33] De certaines manifestations de l'équité en droit privé Tunisien illustration en droit civil et en droit pénal : mémoire Lajmi Mounir p2

[34] Art. 1er de la Déclaration des Droits de l'Homme et du Citoyen de 1789

citoyens en raison de leur faculté»[35]. C'est cette dernière qui va fondamentalement distinguer égalité et équité dans le domaine fiscal.

La recherche de l'équité fiscale devient une quête permanente des gouvernants et suscite nombre de réformes. Cette emphase d'équité fiscale a été au cœur de la réforme de la fiscalité des micros et petites entreprises au Bénin depuis la loi N° 2014-25 du 23 décembre 2014 portant loi de finances pour la gestion 2015. En effet, le paysage fiscal local au Bénin est profondément touché à partir de 2016. La loi de finances pour la gestion 2015 a introduit un nouveau régime de taxation des micros et petites entreprises, qui a été mis en vigueur à partir de janvier 2016. Il s'agit de la Taxe Professionnelle Synthétique (TPS) dont l'objectif principal serait de corriger le système d'imposition des micros et petites entreprises qui avait cours jusqu'au 31 décembre 2015 et fondé sur la valeur locative dans les zones dotées de RFU et sur le bénéfice forfaitaire dans les autres zones. Ce qui ne permet pas à l'administration fiscale d'appréhender la réalité de la capacité contributive de cette catégorie de contribuables pour le respect de l'équité et la justice fiscale. L'évidence de la réforme dénote de la complexité de la fiscalité soulignée par le rapport du Groupe de Réflexion sur la Fiscalité de Développement (GRFD) mis en place par décret N° 2008-359 du 13 juin 2008. Ce groupe avait pour mission de concevoir un système fiscal moderne et simplifié, établissant le juste équilibre pour la promotion de l'esprit d'entreprise, de l'innovation et de la prise de risque, tout en procurant à l'Etat et aux collectivités locales, les ressources nécessaires à la couverture des dépenses publiques de qualité. Dans son rapport, le GRFD disposait par ailleurs qu'« il y a lieu d'examiner la possibilité de définir une autre base de calcul des impôts synthétiques en dehors de la valeur locative… ».

Deux ans presque après la mise en vigueur de la TPS, il importe de s'interroger sur les tenants et aboutissants de cette réforme.

L'objectif principal de notre recherche, consacrée à l'analyse de l'équité d'un impôt partagé entre l'Etat et les collectivités locales, sera de faire une évaluation d'ensemble de la TPS par rapport aux objectifs qui ont motivé sa création.

---

[35] Art. 13 de la Déclaration des Droits de l'Homme et du Citoyen de 1789

Il s'agira notamment de présenter le contexte qui a prévalu avant la réforme de la TPS et sa mise en œuvre (I) et les perspectives théoriques et opérationnelles (II).

I-CONTEXTE, OBJECTIFS ET PRESENTATION DE LA REFORME DE LA TPS

A-Le contexte de la réforme de la TPS

Deux situations ont favorisé la réforme de la taxation des micros et petites entreprises. Il s'agit notamment du contexte économique caractérisé par un fort taux d'informel et celui fiscal qui est complexe.

1-Le contexte économique avant la réforme de la TPS

Selon le rapport du Groupe de Réflexion sur la Fiscalité de Développement (GRFD), la fiscalité béninoise, en dépit des réformes mises en œuvre jusqu'alors, reste marquée par la prépondérance du secteur informel qui induit une forme d'incivisme fiscal de la part des opérateurs économiques. Selon les enquêtes réalisées par le Projet d'Appui au Secteur Privé (PASP) en juin 2008, pendant que la Fonction Publique offre à peine 29 400 emplois (soit 9% des actifs occupés), et que le secteur privé moderne (secteur formel) procure environ 34 400 emplois (soit 11%), le secteur informel occupe à peu près 269 800 emplois (soit 80%).

Le rapport souligne par ailleurs que toutes les études, celles effectuées par les administrations fiscales, celles présentées par le PASP et les rapports de missions spécifiques du Fonds Monétaire International, s'accordent à souligner que les administrations fiscale et douanière se caractérisent entre autre par un système fiscal inéquitable et incohérent, complexe et inefficient, opaque et confus.

Dans une communication qu'il a présentée à l'occasion d'un forum en mai 2014, sur le thème « *Le secteur informel au Bénin : défi à l'intelligence et à la responsabilité citoyenne et étatique* », le secrétaire général adjoint de la Chambre de commerce et d'industrie du Bénin, Rodrigue Camarou Bello, a dit que c'est une donnée capitale. Car, ce secteur implique le plus grand nombre de travailleurs, toutes catégories confondues. Des médecins aux artisans, des juristes aux prestataires de service, tous se retrouvent dans le secteur informel, tout au moins, à une étape de leur vie professionnelle. C'est également un sujet d'actualité car, depuis des années et encore aujourd'hui plus que par le passé, l'économie souterraine focalise aussi bien l'attention des autorités étatiques, des partenaires au développement que celle des acteurs du secteur privé structurellement formalisés.

En abordant la question dans ses généralités, Rodrigue Camarou Bello a fait observer que le secteur informel occupe une place non négligeable dans l'économie africaine en général et dans l'économie béninoise en particulier. Il se définit comme un ensemble d'activités économiques se réalisant en marge de la législation pénale, sociale, administrative, comptable et fiscale en vigueur dans le pays. En conséquence, il échappe à toute politique économique et sociale et donc à toute régulation de l'Etat. Selon le représentant résident département Afrique du FMI, en mai 2017, lors de la présentation du rapport sur les perspectives économiques régionales pour l'Afrique subsaharienne et l'économie informelle, « Le secteur de l'informel n'est pas uniquement quelque chose de négatif ». Il estime que cette forte présence des personnes dans ledit secteur est due aux charges et pressions fiscales, au chômage et à l'ouverture commerciale. Selon les experts de cette institution internationale, les Etats gagneraient à assainir ce secteur d'activité car il constitue un « filet de sécurité » pour l'économie familiale. Toutefois, cette vision trop « misérabiliste » de l'informel doit être relativisée, du fait de la forte hétérogénéité du secteur informel. En effet, la plupart des enquêtes montrent qu'une partie des revenus issus du travail informel est nettement supérieure au revenu moyen, et donc taxable.

Par ailleurs, selon Jeune Afrique du 9 avril 2015, le secteur informel plombe les résultats économiques et a des ramifications dans les communes et partant, dans les économies locales.

2-Le contexte fiscal avant la réforme de la TPS

La mise en œuvre du Registre foncier urbain (RFU), système d'information foncière municipal multifonctions introduit au Bénin à travers des programmes de développement au début des années 1990, constitue le prisme à travers lequel la Taxe Professionnelle Unique (TPU) a été créée. Le RFU s'est imposé comme l'instrument pivot de la fiscalité locale[36], mais est mis en œuvre de manière minimale.

---

[36]C. SIMONNEAU, *Gérer la ville au Bénin : la mise en œuvre du Registre foncier urbain à Cotonou, Porto-Novo et Bohicon*, Cycle d'études Doctorat Faculté de l'aménagement, p.283.

La TPU, ancêtre de la TPS, est assise sur la valeur locative professionnelle des établissements pris dans leur ensemble et munis de tous les moyens d'exploitation ou de production. La valeur locative professionnelle s'entend du prix que le propriétaire retire des établissements lorsqu'il les donne à bail, dans des conditions normales, ou à défaut, le prix qu'il pourrait en tirer en cas de location. Cette valeur locative professionnelle est déterminée par l'Administration. La TPU était due chaque année par les personnes qui exercent, au Bénin, une activité professionnelle non salariée, à titre habituel et à but lucratif et dont le chiffre d'affaires annuel hors taxe ne dépasse pas le seuil fixé par arrêté du ministre chargé des Finances. Regroupant l'impôt sur les bénéfices industriels, commerciaux, agricoles et artisanaux (BICAA), l'impôt général sur le revenu (IGR), le versement patronal sur salaire (VPS) et la taxe sur la valeur ajoutée (TVA), *la liquidation de la TPU sur la valeur locative ne reflète pas le niveau des affaires effectuées par le contribuable. De même, la réforme dispense de l'obligation de déclaration des contribuables assujettis à cet impôt. Cette situation contradictoire aux dispositions de l'acte uniforme relatif au droit comptable et à l'information financière de l'OHADA, encourage par ailleurs l'incivisme fiscal*[37]. Le GRFD, dans son rapport, avait suggéré le reversement des entreprises dont le chiffre d'affaires est supérieur à cinq millions (5 000 000) de FCFA dans le régime de droit commun et les soumettre à l'obligation de déclaration selon le système minimal de trésorerie ainsi que la création des micros entreprises (CME) pour les entreprises dont le chiffre d'affaires annuel n'excède pas cinq millions (5 000 000) de FCFA.

L'objectif de la réforme poursuivi par le concept de fiscalité de développement est de concevoir un système fiscal moderne et simplifié, établissant le juste équilibre pour la promotion de l'esprit d'entreprise, de l'innovation et de la prise de risque, tout en procurant à l'Etat et aux collectivités locales, les ressources nécessaires à la couverture des dépenses publiques de qualité. Le GRFD disposait par ailleurs dans son rapport qu'«*il y a lieu d'examiner également la possibilité de définir une autre base de calcul des impôts synthétiques en dehors de la valeur locative...* ».

---

[37]Gouvernement du Bénin, « l'analyse des impôts des collectivités locales », *in, Rapport du Groupe de réflexion sur la fiscalité de développement (GRFD)*, Cotonou, août 2010, p.161-168.

Dans ses réflexions liminaires pour le projet d'élaboration du régime fiscal des micros et petites entreprises au Bénin, le consultant Jules AZONDEKON est parti de l'existant institué par l'arrêté n°018/MEF/DC/SGM/DGID/DLC du 1er février 2011 fixant les limites de chiffre d'affaires des régimes d'imposition. L'article 3 dudit texte fixe quatre (4) sous-régimes du forfait applicable aux petites entreprises :

- le régime du forfait classique des localités non dotées du Registre Foncier Urbain (RFU)
- le régime du forfait de la taxe professionnelle unique (TPU) des localités dotées du Registre Foncier Urbain (RFU) ;
- le régime de la taxe unique sur les transports routiers (TUTR) ;
- le régime du forfait des revendeurs de tissus et divers (RTD).

De son analyse critique, il ressort que le régime du forfait décliné en quatre sous-régimes disparates est touffu, quasi-opaque et difficile à gérer aussi bien pour l'administration que pour les contribuables. Il repose sur l'approximation puisque c'est l'administration qui fixe le forfait en matière d'évaluation. Ce qui ouvre la porte à bien des abus soit en faveur du fisc soit en faveur du contribuable ; en effet, c'est encore une fois l'administration qui fixe le forfait mais, *a contrario*, cela revient presque toujours à sous-évaluer la base imposable : cette base imposable ne repose pas sur l'équité et crée donc un traitement différentiel entre localités dotées du Registre Foncier Urbain et localités non dotées de ce Registre Foncier Urbain. Selon le consultant, ce système ouvre la voie à une injustice fiscale puisque la fixation du forfait dépend des sautes d'humeur de l'inspecteur des impôts et il n'est pas certain que le forfait fixé à un contribuable déterminé ne puisse varier d'un inspecteur à un autre.

En ce qui concerne la TPU, elle est confrontée à des problèmes qui concernent le caractère synthétique de l'impôt et son mode d'assiette dont l'évaluation repose sur la valeur locative.

B-Les objectifs et présentation de la réforme de la TPS

La complexité décrite de la TPU, qui était de plus en plus illisible pour les citoyens et marquée par son caractère inéquitable forcent ainsi l'obligation de réformer la fiscalité des petites entreprises au Bénin.

1-Les objectifs et le labyrinthe de la réforme de la TPS

Deux préoccupations qui se rejoignent fondent la réforme de la TPS.

D'une part celle de l'Administration qui, constatant les limites du système de la Taxe Professionnelle Unique, envisageait un régime fiscal souple qui puisse permettre d'éliminer les distorsions constatées dans la mise en œuvre de la TPU et du forfait classique dans les zones où il n'y pas de RFU. D'autre part, celle de la Banque Mondiale qui, pour l'amélioration du climat des affaires au Bénin, souhaite la mise en place du régime des micros et petites entreprises pour contribuer à la formalisation des micros et petites entreprises qui sont dans l'informel. Cette mission rentre dans le cadre du statut de l'entreprenant au Bénin[38].

C'est avec cette symbiose de conviction et en parfaite connaissance de cause du défi à relever que l'initiative, sans précédent, de réformer la fiscalité des micros et petites entreprises a été engagée.

Il s'agissait donc de simplifier et d'assurer l'équité et la justice fiscale pour la fiscalisation progressive de l'économie informelle.

Toute réforme notamment fiscale doit suivre un labyrinthe**.** Selon Julien SAMSON « *L'itinéraire suivi par la norme fiscale franchit des points de passage devenus obligés. Une fois suggérée, une réforme fiscale doit être concertée et simulée. L'arbitrage entre les options possibles relève de l'exécutif ; le vote ressortit de la compétence du Parlement. Tous les stades de ce processus peuvent être concernés par des dysfonctionnements*»[39].

Ainsi, pour éviter toute contestation lors de son application, toute réforme fiscale doit faire l'objet d'une concertation entre les différents acteurs, puis donner lieu à une simulation. Elle doit concilier des intérêts parfois divergents de tous les protagonistes, ici des intérêts de l'Etat, des collectivités locales et des contribuables.

La taxe professionnelle synthétique suggérée en 2014 par la Direction Générale des Impôts (DGI)[40] avec l'appui technique et financier du Service de Conseils en Climat des Investissements du

[38] Volume 1 du rapport de l'étude sur l'institution du Régime Fiscal des Petites et Micros Entreprise au Bénin

[39]J. SAMSON, « Propositions pour une réforme de la gouvernance fiscale », Les Notes de l'Institut, février 2005. *Revue Sociétal*, N° 49 3e trimestre 2005

[40] Ex Direction Générale des Impôts et des Domaines (DGID)

Groupe de la Banque Mondiale, a fait l'objet de plusieurs études et de rencontres. De l'état des lieux au projet de régime des micros et petites entreprises en passant par le rapport sur l'appréhension de la fiscalité des micros et petites entreprises, suggestions du consultant au regard du contexte béninois et la note des meilleures pratiques internationales et exemples de réformes en Afrique mise à disposition par la Banque Mondiale, la réforme de la fiscalité des micros et petites entreprises a été introduite dans la loi de finances gestion 2015 avec un différé d'un an pour sa mise en application.

Si l'on admet un effort de recherche à travers les études et quelques rencontres, il faut reconnaître tout de même que la concertation en amont de la loi TPS reste relativement lacunaire. Peu formalisées, les rencontres dans le cadre de cette réforme ont été officieuses. Elle n'est pas systématique dans la logique soulignée par Julien Samson[41].

Par ailleurs, les projets fiscaux doivent aussi faire l'objet de simulations et d'évaluations. En effet, depuis les ratés de la réforme transformant la patente en taxe professionnelle, qui avait méconnu l'ampleur des transferts de charges en France, les simulations sont devenues une figure imposée. La simulation permet en effet, de rechercher un élément qui réagit d'une manière semblable à celui que l'on veut étudier et qui permettra de déduire les résultats. Les simulations fiscales souffrent pourtant de leur perfectionnisme. Plus que les limites techniques de l'instrument, ce sont les limites pratiques qui doivent être mentionnées, notamment la focalisation sur la pression fiscale en ce qui concerne les effets redistributifs entre contribuables, mais également l'effet budgétaire c'est-à-dire dans le cas précis, l'impact sur les finances de l'Etat et sur celles des collectivités territoriales.

Les études qui ont prévalu à la mise en place de la TPS en 2015 n'ont pas simulé les pertes et les gains potentiels de recettes qu'induirait cette réforme tant au niveau central qu'au niveau déconcentré. Ce travers induit deux conséquences fâcheuses : soit il rend impotents les décideurs, qui ne peuvent assumer le risque de faire des « perdants » notamment en ce qui concerne les collectivités territoriales qui se voient rogner le peu d'autonomie financière en matière fiscale dont elles disposent ; soit il les condamne à une démarche « zéro perdant », nécessairement coûteuse. Dans tous les

[41] Julien Samson est rapporteur de la commission « Modernisation de la fiscalité » de l'Institut de l'entreprise ».

cas, les collectivités perdent dans cette réforme le pouvoir de déterminer le taux sur une matière imposable locale. Comme l'affirmait J. Samson, l'Arlésienne de la réforme des impôts locaux témoigne d'un glissement pernicieux : nous sommes passés de la réforme sans simulation à la simulation sans réforme[42].

Par ailleurs, l'évaluation *ex ante*, outil essentiel à l'efficacité de la gestion, constitue aujourd'hui un impératif formel en matière fiscale. Elle a pour objet de recueillir des informations et d'effectuer des analyses qui permettent de définir des objectifs et de garantir la réalisation de ces objectifs. D'autres expressions, comme « appréciation », « analyse des politiques », « évaluationd'impact » et « étude de faisabilité », sont, elles aussi, largement utilisées pour désigner des pratiques semblables à celles de l'évaluation *ex ante*. La nécessité de cette évaluation se trouve confortée de nos jours par la mise en place du nouveau cadre harmonisé des finances publiques qui ambitionne d'ancrer la gestion financière publique résolument sur l'orbite de la performance des dépenses et recettes.

Ce lien nécessaire entre l'évaluation *ex ante* et la simulation s'inscrit dans la droite ligne de la loi organique N° 2013-14 du 27 septembre 2013 relative aux lois de finances qui renforce le rôle du Parlement qui doit être éclairé sur les choix fondamentaux de l'exécutif en matière budgétaire.

Si les modalités d'application de la loi fiscale sont clairement définies à travers les textes législatifs et règlementaires, celles encadrant son élaboration restent inexistantes au Bénin. Le Bénin est resté depuis toujours rétif à cet encadrement du processus de réforme fiscale. Le processus de la réforme de la Taxe Professionnelle Synthétique n'a pas dérogé à ces méthodes de ''faux-fuyant'' qui s'égarent au rythme des nouvelles méthodes de la gestion axée sur les résultats et dont la performance mesurée sur la base d'indicateurs préalablement définis est recherchée.

2-Présentation de la Taxe professionnelle Synthétique (TPS)

Le contexte économique et fiscal bien cerné, des objectifs définis à travers des études, le Bénin s'était engagé avec le soutien de la Banque Mondiale dans une réforme du régime d'imposition des micros et petites entreprises. Il s'agit de la mise en place d'un nouveau

---

[42] Cf. les projets avortés de taxe départementale sur le revenu ou de révision des valeurs locatives en France.

système d'imposition des micros et petites entreprises qui serait basé sur le chiffre d'affaires.

L'option adoptée vise à corriger le système d'imposition des micros et petites entreprises fondé sur la valeur locative dans les zones dotées de Registre Foncier Urbain et sur le bénéfice forfaitaire dans les autres localités qui ne reflète pas le niveau des affaires effectuées par le contribuable en vue d'une imposition fondée sur le revenu réel respectant l'équité et la justice fiscale.

La loi N° 2015- 41 du 29 décembre 2015 portant loi de finances pour la gestion 2016 a modifié et complété les articles 1084-21 ; 1084-29 et 1084-30 du Code général des impôts (Cgi). Après un an d'application, un atelier[43] de validation du rapport d'évaluation de la TPS s'est penché, entre autres sur la réorientation de la fiscalité des petites et micros entreprises. La validation du rapport d'évaluation de la TPS vise d'une manière générale à faire adopter par l'ensemble des acteurs impliqués dans la mise en œuvre de la TPS, une ligne de conduite commune en ce qui concerne la fiscalité des activités des petites et micros entreprises. Les conclusions de cet atelier ont permis de revoir la TPS dans sa quintessence. Ainsi, à partir de 2018, l'on ne distingue plus deux taux et deux tarifs respectivement pour les petites et les micros entreprises, donc plus de secteur de négoce à distinguer des autres secteurs d'activités. Un taux unique pour les petites entreprises et un seul tarif pour les micros entreprises.

La réforme de la fiscalité des micros et petites entreprises est consacrée par les articles 1084-18 à 1084-48 du CGI.

a-Le caractère synthétique de la TPS

La simplification de la taxation des petites et micros entreprises a été inspirée par les avenues de la synthétisation. L'impôt synthétique est un impôt unique, représentatif et libératoire de l'impôt sur revenus et de la taxe sur la valeur ajoutée. C'est un impôt qui taxe en une seule fois un ensemble d'éléments. L'avantage est la simplification car il évite les multiples taxations et permet au contribuable de liquider plus facilement son impôt. L'inconvénient est le risque de pression fiscale élevée lorsque cette technique est associée avec la progressivité de l'impôt.

---

[43] Atelier de validation du rapport d'évaluation de la TPS à Cotonou les 14 et 15 juin 2017 à l'INFOSEC

La Taxe professionnelle synthétique (Tps) issue de la réforme de taxation des micros et petites entreprises regroupe les impôts et taxes ci-après :

– l'impôt sur le revenu commercial et non commercial qui est un impôt d'Etat ;

– la contribution des patentes (à l'exception de la patente complémentaire) qui est un impôt local ;

– la contribution des licences qui est un impôt local ;

– le versement patronal sur salaires qui est un impôt d'Etat.

La fusion de ces impôts d'Etat et locaux dont la résultante est la TPS consiste en un partage, entre l'État et les collectivités, d'une recette fiscale dont la maîtrise (base, taux) appartient à l'État. Il en résulte un affaiblissement du pouvoir fiscal propre des collectivités territoriales. En effet, selon les dispositions encadrant la Taxe professionnelle Unique (TPU), l'ancêtre de la TPS, les collectivités bénéficiaires avaient la possibilité, par délibération des conseillers élus de réduire ou d'augmenter de deux (02) points au maximum le taux de 6% fixé par le législateur. Leur autonomie financière permet également au représentant de la collectivité bénéficiaire, de demander à l'administration, communication des bases imposables et de proposer la correction des erreurs qu'il recenserait. Mais avec la TPS, les collectivités territoriales n'ont plus de marge de manœuvre dans la détermination du taux applicable ni le pouvoir de correction des bases imposables. Il faut souligner cependant le paradoxe entre cette autonomie accordée et l'exercice par les élus communaux et municipaux de ce droit chèrement défendu. En effet, les collectivités locales n'ont presque jamais exercé ce droit qui leur est reconnu de fixer chaque année les taux d'imposition dans les limites votées par le législateur, au point ou, dans la loi de finances pour la gestion 2012, le législateur a été obligé de fixer à les taux d'imposition applicables en matière de contribution foncière des propriétés bâties et non bâties, de la patente et de la licence[44]. Cette situation qui sonne comme un rappel aux collectivités de fixer les taux avant le 31 décembre précédent l'année d'imposition, n'a d'effet depuis 2012.

Le produit de la TPS est affecté à raison de 50% au budget de l'Etat et 50% au budget de la collectivité territoriale où est exercée l'activité. Cependant, la taxe professionnelle synthétique foraine

[44] Article 16 et 17 de la Loi n° 2011-43 portant loi de finances pour la gestion 2012.

remplaçant l'ancienne patente foraine qui concerne les marchands forains qui vendent en étalage ou sur inventaire des objets de menues valeurs, est affectée en intégralité au budget de la collectivité territoriale dans laquelle les opérations de recouvrement ont eu lieu. La part revenant à la collectivité subit une déduction de 10% représentant le coût administratif[45] de l'impôt.

b-Les personnes imposables, tarif/taux et mode de recouvrement de la TPS

Sont concernées par la réforme et considérées comme micros ou petites entreprises celles dont le chiffre d'affaires annuel est inférieur ou égal à 50 millions de francs CFA.

Les micros entreprises s'entendent des personnes physiques qui réalisent, par exercice comptable, un chiffre d'affaires inférieur ou égal à vingt millions (20 000 000) de francs CFA soit environ 30508 € et les petites entreprises sont celles dont le chiffre d'affaires annuel est supérieur à vingt millions mais reste inférieur ou égal à cinquante millions (50 000 000) de francs CFA, soit 76.224 €.

Quant aux personnes morales ou personnes exerçant une profession libérale, les pharmaciens et les personnes physiques qui, dans le cadre de leurs activités, doivent fournir une attestation de leur situation fiscale, ils ne peuvent en aucun cas être rangés parmi les micros entreprises.

Doivent désormais être considérées comme soumises au régime du bénéfice réel les entreprises dont le chiffre d'affaires annuel est supérieur à 50 millions mais reste inférieur ou égal à 1 milliard. A l'intérieur du régime réel, on distingue les moyennes entreprises (chiffre d'affaires compris entre 50 millions et Un milliard) et les grandes entreprises dont le chiffre d'affaires annuel est supérieur à un milliard.

La gestion des micros et petites entreprises relève de la compétence des Centres des Impôts des Petites Entreprises (CIPE). Les moyennes et les grandes entreprises relèvent, quant à elles respectivement des Centres des Impôts des Moyennes Entreprises (CIME) et de la Direction des Grandes Entreprises (DGE).

La TPS adoptée dans la loi de finances gestion 2015 et mise en vigueur à partir de 2016 a été réformée pour la gestion 2018.

---

[45] Article 1084-17 du Code général des impôts

Pour les micros entreprises, la TPS est payée en un seul versement au plus tard le 30 avril de chaque année, conformément aux barèmes[46] ci-après :

Les marchands forains, c'est-à-dire les personnes soumises à la patente foraine, sont passibles de la moitié des droits ci-dessus.

Tranches de chiffre d'affaires	Tarif de l'impôt
0 à 1 000 000	10 000
1 000 001 à 2 500 000	35 000
2 500 001 à 5 000 000	75 000
5 000 001 à 10 000 000	150 000
10000 001 à 15 000 000	250 000
15 000 001 à 20 000 000	350 0

Pour les petites entreprises, le taux applicable directement au chiffre d'affaires est de 2% pour toutes les activités[47] avec un impôt minimum de 400 000 francs CFA qui sera réduit à 150.000 FCFA, soit 229 €. Ces petites entreprises peuvent opter pour le Régime du réel d'imposition.

Les petites entreprises doivent souscrire au plus tard le 30 avril de chaque année au service des impôts territorialement compétent, une déclaration de leur chiffre d'affaires de l'exercice précédent, établie en trois (03) exemplaires.

Le paiement de la TPS pour les petites et micros entreprises se fait en deux versements : le premier au plus tard le 31 janvier et le second à la fin du mois d'avril de chaque année. Le premier versement est provisoirement calculé sur la base du montant de l'impôt dû au titre de l'avant dernier exercice. Ce montant fera l'objet de régularisation lors du second versement.

---

[46] La TPS telle que conçue initialement dans la loi de finances gestion 2015 distinguait deux sortes de tarifs, pour le négoce et pour les autres activités. Mais dans la loi de finance gestion 2018, article 1084-21, un seul tarif est prévu pour toutes les activités classées micros entreprises.

[47] Initialement, deux taux étaient prévus pour la TPS des petites entreprises 1,25% pour les activités de négoce et 2% pour les autres activités. Dans la loi de finances gestion 2018, seul le taux de 2% a été retenu pour toutes les activités.

Les transporteurs routiers sont classés parmi les petites entreprises et sont soumis à la TPS suivant les tarifs de l'ex-Taxe Unique sur les Transport Routier (TUTR).

Les personnes assujetties à la TPS bénéficient des exonérations et réductions d'impôts prévues pour les artisans, les entreprises nouvellement créées et les adhérents au Centre de Gestion Agréé (CGA)[48].

En somme, la TPS est un impôt partagé en parts égales entre l'Etat et la collectivité territoriale concernée. Le taux et les barèmes sont fixés par le législateur et l'appréhension de la matière imposable et la détermination de la base d'imposition qu'est le chiffre d'affaire est du ressort du pouvoir exécutif à travers l'administration fiscale. Les élus locaux se sont vus dépossédés du peu de pouvoir dont ils disposaient en matière de la TPU.

II-LES CONTRAINTES LIEES A LA REFORME FISCALE

L'impôt affecte les ressources du contribuable, et de ce fait est a priori ''désincitatif''. La résistance à toute réforme est la première contrainte notamment l'économie informelle. Ponctionner les revenus d'origine informelle revient à taxer le pan de la population le plus démuni. En effet, la littérature montre que les activités informelles ne permettent, en général, de fournir qu'un revenu de « survie ». Cela pourrait aggraver les conditions de vie des plus pauvres et donc s'avérer contraire aux idéaux de la stratégie pour la réduction de la pauvreté du Bénin.

Par ailleurs, la base d'imposition étant très faible, il peut s'agir d'une opération non rentable pour l'Etat s'agissant du coût administratif d'une telle opération. De même, les difficultés techniques d'appréhension du chiffre d'affaires de ces entreprises n'ayant aucune culture documentaire (Facturation, comptabilité) et surtout la contrainte face aux exigences comptables de l'article 1084-43 du CGI.

Enfin, la compétitivité des entreprises soumises à la TPS face à la déductibilité de la TVA constitue également une contrainte non négligeable pour la bonne marche de la réforme. Au-delà de ces

[48] Article 1084-45 et 140, 141 du Code Général des impôts

contraintes, la simplification et l'équité à la fois d'un impôt, constituent une contrainte majeure pour la réforme TPS. Par ailleurs, l'affermissement de l'autonomie financière des collectivités territoriales constitue également une contrainte de taille pour la réforme.

A-La TPS : Obstacle à l'affermissement de l'autonomie financière des collectivités territoriales ?

Contrairement à la France qui a constitutionnalisé l'autonomie financière des collectivités locales depuis le 26 mars 2003, la constitution du Bénin, à l'instar des constitutions des pays de l'Afrique noire francophone, consacre plutôt la libre administration par des élus.

1-L'autonomie financière formelle des collectivités territoriales au Bénin

L'autonomie financière prévue aux articles 1ers de la loi 97-029 du 15 janvier 1999 et 98-007 du 15 janvier 1999 portant respectivement organisation des communes en République du Bénin et régime financier des communes en République du Bénin apparaît comme un corollaire du principe de libre administration des collectivités territoriales dont dispose l'article 151 de la loi N° 90-32 du 11 décembre 1990 portant Constitution de la République du Bénin. Inscrite ainsi dans les textes, la notion d'autonomie financière reste très complexe. Selon Robert HERTZOG, « si l'autonomie financière constitue un objectif politique faisant consensus, elle devient insaisissable et pétrie de contradictions dès qu'on veut l'enfermer dans une définition juridique apte à produire des effets normatifs »[49].

Selon l'un des considérants d'une décision de la Cour Constitutionnelle du Bénin, «*l'autonomie financière suppose l'existence de ressources propres à la collectivité dont il s'agit, seuls les démembrements de l'Etat que sont les collectivités locales, et les organismes publics pouvant disposer de ressources propres en quantité suffisante pour exercer sans difficultés financières majeures les compétences qui leur sont dévolues bénéficient réellement de l'autonomie financière,* »[50]. La concrétisation de ce principe de libre

[49] R. Hertzog, L'ambiguë constitutionnalisation des finances locales, Actualité juridique-droit administratif, mars 2003, p. 548.

[50] 9ème considérant de la décision DCC 10-144 du 14 décembre 2010, de la Cour constitutionnelle du Bénin, p.9.

administration et de son corollaire suppose que les collectivités locales soient dotées de compétences juridiques pour décider de la nature, de la structure et du niveau de leurs ressources et de leurs charges financières, et qu'elles en aient la maîtrise. Comme l'écrit Loïc PHILIP, « *le principe de libre administration implique l'existence de conseils élus dotés d'attributions effectives. Or, il ne peut y avoir d'attributions effectives sans un minimum d'autonomie financière*»[51]. Pour Théodore HOLO, «*sans autonomie financière, la décentralisation n'est qu'un mirage*»[52]. L'autonomie financière des collectivités territoriales est alors un déterminant de la décentralisation et a pour composantes le pouvoir de décision en matière de ressources et de charges des élus locaux, mais aussi le contrôle qui s'exerce sur leurs décisions financières.

2-Le pouvoir de décision fiscal des élus locaux et analyse des dysfonctionnements relatifs aux revenus des budgets locaux face à la TPS

La souveraineté fiscale appartient à l'État dans la mesure où le pouvoir central crée librement des impositions de toutes natures et utilise librement leur produit[53]. L'article 96 de la loi N° 90-32 du 11 Décembre 1990 portant Constitution de la République du Bénin dispose que « *l'Assemblée nationale vote la loi et consent l'impôt* ».

Toutefois, un pouvoir fiscal est reconnu aux collectivités territoriales au Bénin même si les prérogatives sont, en effet, sans commune mesure avec les compétences exercées par les collectivités. En effet, la loi N° 98-007 du 15 janvier 1999 portant régime financier des communes en République du Bénin dispose en son article 8 que « *la création des impôts et taxes est du domaine de la loi. Le Conseil communal, par sa délibération, en fixe le taux dans la limite du plafond déterminé par la loi de finances* ». A titre d'exemple, l'article 996 nouveau du CGI dispose en ce qui concerne la contribution foncière des propriétés bâties et non bâties que « *les taux sont fixés chaque année par les conseils municipaux ou communaux et ne peuvent excéder les limites de 15 à 30% pour la CFPNB et 4 à 6%*

---

[51] L. PHILIP, L'autonomie financière des collectivités territoriales, *cahiers du conseil constitutionnel*, n°12, http://www.conseil-constitutionnel.fr

[52] T. HOLO, La décentralisation au Bénin : mythe ou réalité ? *Revue béninoise des sciences juridiques et administratives* n°7, décembre 1986, p. 1.

[53] C. STECKEL-MONTES, « Un pouvoir fiscal local en trompe-l'œil », *Revue française de droit constitutionnel*, 2005/1 (n° 61), p. 19-33.

pour les CFPB. Les collectivités territoriales doivent faire connaître à la direction générale des impôts au plus tard le 31 décembre de chaque année, les décisions relatives aux taux d'imposition applicables au 1er janvier de l'année suivante dans le ressort territorial. A défaut, les impositions sont établies selon les taux de l'année précédente ».

Par ailleurs, les mêmes dispositions figurent à l'article 996 nouveau 4 concernant la Taxe foncière unique (TFU) qui permet aux représentants élus de pouvoir réduire ou augmenter de deux (02) points au maximum le taux de 5% pour les propriétés non bâties et 6% pour les propriétés bâties.

Enfin, le cas de la TPU paraît évocateur du point de vue pouvoir fiscal des collectivités locales. En effet, dans la même logique que les impôts précités, les représentants élus des collectivités bénéficiaires ont le pouvoir de délibérer sur le taux de 6% fixé en le réduisant ou augmentant de deux (02) points au maximum[54].

Avec l'avènement de la TPS, les collectivités territoriales perdent toute emprise sur la fixation du taux de l'impôt et par conséquent la perte d'un pouvoir fiscal. En effet, la maîtrise du chiffre d'affaires réalisé qui constitue la base d'imposition, la fixation des taux, la liquidation et le recouvrement de la TPS, relèvent de l'Etat via la Direction générale des impôts. Les collectivités territoriales n'ont aucune prérogative concernant les techniques fiscales de la TPS.

Or, il ne peut y avoir une libre administration des collectivités locales sans une véritable autonomie fiscale[55], c'est-à-dire sans que les autorités locales puissent décider de la pression fiscale locale[56].

Le constat fait sur la réforme de la TPS est que la balance du pouvoir fiscal entre Etat et collectivité territoriale se déplace sensiblement au profit du premier notamment dans le processus d'élaboration de la réforme. L'évocation de la Taxe professionnelle synthétique (TPS) suffit d'abord à dire la fidélité de cette balance.

[54] Ancien article 1084-12 (Mod. LF 2011) du CGI du Bénin.

[55] G. Dragon, La nécessaire consécration constitutionnelle d'un pouvoir fiscal des collectivités territoriales, *in Mélanges en l'honneur de Jacques MOREAU*, Paris, Economica, 2003, p. 125.

[56] A. ESSONO OVONO, L'autonomie financière des collectivités locales en Afrique noire francophone. Le cas du Cameroun, Côte-d'Ivoire, du Gabon et du Sénégal, *Afrilex • Revue d'étude et de recherche sur le droit et l'administration dans les pays d'Afrique Université Montesquieu - Bordeaux IV*, juin 2012

Certes, la réforme apparaissait déjà évidente en considération de cette principale faiblesse de la fiscalité des petites entreprises au Bénin jusqu'en 2014 qui résidait dans le maintien d'une « *valeur locative professionnelle* » obsolète et injuste comme base d'imposition.

Comme l'écrit Michel Bouvier, « *il apparaît donc improbable que le statut constitutionnel du pouvoir fiscal local conduise à un « néo moyen âge fiscal », et corrélativement à l'effondrement de la souveraineté fiscale étatique* »[57].

La patente est traditionnellement l'une des plus importantes ressources fiscales des collectivités locales car, elle touche les personnes physiques et morales, de nationalité béninoise ou étrangère qui exercent un commerce, une industrie ou une profession imposable, en somme l'activité économique locale. Pour son analyse, elle est souvent associée à la licence qui touche surtout les boissons et liqueurs. Elles s'enregistrent au Bénin au compte 71 « *impôts et taxes* » de la nomenclature, abstraction faite du 713 « *Reversement et restitution sur impôts et taxes* ». La patente et licence qui s'enregistrent notamment au sous compte 711 « produit des impôts directs et taxes assimilés », continuent d'exister pour les moyennes et grandes entreprises. Cependant, c'est le même compte qui enregistre aujourd'hui le produit issu de la Taxe professionnelle synthétique en ce qui concerne la part revenant aux collectivités territoriales.

La contribution des patentes et licences aux recettes propres a progressé de 4 points entre 2012 et 2015, mais, elle baisse de 2 points en 2016[58].

Toutes choses étant égales par ailleurs, on peut soupçonner la réforme de la TPS d'être à la base de cette chute de recettes pour les collectivités territoriales.

La TPS, telle qu'elle est conçue à l'origine, réformée en 2017 n'est certainement pas celle souhaitée. Les études faites ne révèlent nullement les évaluations surtout *ex ante* qui sont devenues une nécessité pour mieux appréhender toute réforme projetée. Par exemple, pour la réforme de la Taxe Professionnelle en France, un simulateur a été même mis en ligne pour permettre aux contribuables de simuler directement les gains et les pertes suivant les dispositions

---

[57] M. Bouvier, « Autonomie fiscale locale et libre administration des collectivités locales », op. cit., p. 33

[58]Bénin, *Finances des collectivités locales*, Bénin, CONAFIL, 2016 p.20

de la nouvelle réforme. Pour les pertes simulées en ce qui concerne les collectivités locales, de nouvelles mesures fiscales ont complété le panier de recettes des collectivités en compensation des pertes de recettes fiscales induites par la réforme de la taxe professionnelle en France. Ainsi, par exemple, le transfert de taxes d'État vers les collectivités locales est l'une des mesures prises pour compenser les pertes qu'auraient subies les collectivités tout en garantissant leur autonomie en la matière et en maintenant stable la pression fiscale pour les contribuables.

QUELQUES CHIFFRES CONCERNANT LES

	2015	2016
TPU + Patente + Licence	7 150 931 000 FCFA soit environ 10 898 690 €	
TPS +Patente + Licence		6 907 737 000 FCFA soit environ 10 528 039 €

Chute de 243 194 000 FCFA soit environ 370 650 €

Source : les finances locales du Bénin 2016 CONAFIL

Toutes choses égales par ailleurs, il y a baisse de recettes des collectivités territoriales de 2015 à 2016 du fait de la réforme TPS.

Cependant, en considérant la moyenne de 2008 à 2015 qui est de 6 041 274 000 FCFA, environ 9 239 171 € ainsi que les disparités d'une année à une autre, on peut conclure à la stabilité plus ou moins des recettes de la commune en la matière.

La baisse peut être due à la patente et la licence.

QUELQUES CHIFFRES CONCERNANT L'ETAT

2013	2014	2015
85 425 852 FCFA environ 129 943 €	89 171 647 FCFA environ 135 641 €	81 124 927 FCFA environ 123 401 €

REALISATIONS TP

Source : Service statistique de la Recette Nationale des Impôts de la DGI

2016	2017	2018
1 101 646 728 FCFA environ 1 675 735 €	1 472 394 693 FCFA environ 2 239 687 €	1 781 551 905 FCFA environ 2 709 952 €

REALISATION TPS

Source : Service statistique de la Recette Nationale des Impôts de la DGI

1- Notons une progression de la TPS de 2016 à fin août 2018 et au-delà de la part TPU de l'Etat ;

2- Deux hypothèses possibles : 1ère hypothèse, une fiscalisation progressive de l'informel et 2ème hypothèse, des entreprises qui étaient dans le formel ont connu une chute (ou ont minimisé) de leur CA pour se retrouver dans le régime TPS. Cette dernière hypothèse qui semble plus plausible mérite qu'on s'y attarde en étudiant les impôts sur le revenu.

La taxe professionnelle synthétique instituée avait pour but, pour le rappeler, de fiscaliser progressivement le secteur informel et de répondre aux besoins de simplicité et d'équité fiscale.

L'esprit « fiscal et territorial », dans lequel ont été conçues la suppression et les modalités de remplacement de la Taxe Professionnelle Unique par de nouvelles conditions de taxation avec la mise en place d'un régime fiscal des micros et petites entreprises, n'a guère étonné si l'on s'en tient à la proposition de réforme du GTFD. Si le principe de simplicité est acquis, la principale surprise de cette réforme réside, dans les modalités, hâtivement élaborées et sans véritable concertation préalable, de la synthétisation de certains impôts et de la répartition équitable du produit de la TPS entre l'Etat central et les collectivités.

On pourrait donc être tenté d'accueillir avec soulagement cette disparition de la TPU, vue toutes les difficultés d'application. Ce serait cependant très prématuré : en effet, le dispositif de réforme finalement adopté n'apporte pas, dans son état actuel, de réponses entièrement satisfaisantes aux problèmes posés par la disparition de la TPU. C'est qu'en dépit de ses déficiences, la TPU avait fini par occuper une place essentielle dans le financement des collectivités décentralisées. De ce fait, sa disparition aurait dû s'inscrire dans le cadre d'une réforme d'ensemble de la fiscalité et des finances locales. Si le principe de la suppression de la TPU était acquis depuis longtemps, la nécessité de rebâtir simultanément une fiscalité locale cohérente sur les plans économique et territorial ne semble pas avoir été pleinement perçue ni appréhendée au niveau politique. L'histoire de la TPU n'est donc vraisemblablement pas terminée ; un nouveau chapitre commence avec sa descendance, la TPS.

B-La TPS et l'équité fiscale

La construction du système fiscal résulte d'un ensemble de principes et d'objectifs parfois contradictoires qui contribuent à sa grande complexité. Vient d'abord la recherche d'efficacité économique, c'est-à-dire la minimisation de la distorsion causée par l'impôt. Ensuite, il faut tenir compte de l'incidence de l'impôt, c'est-à-dire de celui qui supporte réellement la charge fiscale, mais aussi de la lutte contre la fraude, des coûts de collecte, ainsi que de l'équité fiscale. C'est ce dernier objectif qui fait beaucoup débat, qu'il s'agisse d'équité verticale, ou d'équité horizontale : utiliser l'impôt pour corriger les inégalités provoquées par l'activité économique sans asphyxier l'initiative privée s'apparente souvent à la quadrature du cercle[59].

L'*Encyclopaedia Universalis* (1980) définit l'équité comme étant "un concept mystérieux et vague, fortement ressenti pourtant, qui dépasse dans les aspirations qu'il suscite ce que son étymologie évoque (le traitement égal des personnes) et que la conscience publique place plus près de la vraie justice que le droit lui-même".

[59]M. BOUVIER, « Le consentement de l'impôt : les mutations du citoyen-contribuable ; Encadré sur la psychologie fiscale », in, *Cahiers français*, n° 405, juillet-août 2018, p. 17-27.

Les composantes de l'équité fiscale

L'équité est souvent associée au principe d'égalité devant l'impôt et le principe de la capacité contributive. A l'équité fiscale sont donc souvent associés le principe d'égalité et le principe de la capacité contributive.

L'égalité devant l'impôt est le fondement de la justice fiscale, même si c'est insuffisant pour la déterminer. Le principe d'égalité devant les charges publiques est un principe assez récent. Il est né avec l'article 13 de la Déclaration de 1789 qui dispose : «*pour l'entretien de la force publique et pour les dépenses d'administration, une contribution commune est indispensable, elle doit être également repartie entre tous les citoyens en raison de leurs facultés*»[60]. Socialement, l'égalité des citoyens est un gage d'harmonie et de cohésion. C'est un élément de démocratie, mais elle va au-delà de la dimension politique des choses pour cerner l'égalité de chances accordée à tous dans tous les domaines, y compris de celui de l'égalité devant l'impôt. « *La mise en œuvre d'un principe d'égalité consiste donc à remédier aux inégalités des conditions initiales des membres de la société* ». Le respect de l'égalité peut être d'exiger que tout le monde paye l'impôt, d'une part, et qu'à revenu égal, on paie un impôt égal, d'autre part. L'égalité devant l'impôt conduit à dire que les citoyens sont égaux devant la loi fiscale. Aucun individu ne peut bénéficier d'une exemption ou d'un privilège fiscal qui ne soit accessible aux personnes se trouvant dans une situation similaire. Sous cette acceptation, le principe d'égalité fiscale fait référence aux procédures suivies en matière d'imposition. Il signifie que toute personne remplissant les mêmes conditions pour l'application d'une loi fiscale doit être soumise à cette loi[61].

Forgée par Adam Smith, la capacité contributive est un principe fiscal selon lequel la répartition d'un impôt peut se faire en fonction des revenus et richesses de chacun des agents économiques, plutôt que sur la base de leur consommation individuelle. Elle est la capacité estimée d'un contribuable, qui acquitte ses impôts, de financer une partie des dépenses publiques. La capacité contributive a pour objectif de répartir le plus équitablement possible la charge fiscale entre les

---

[60] L. MANSOURI, L'inégalité par l'impôt : mémoire Lamia Mansouri pour l'obtention du diplôme d'études approfondies en droit public, Faculté de Droit et de Sciences Politiques et Economiques de Sousse, p13

[61] www.bideug-deja.net, site visité le 22/09/2018

différents agents économiques, en tenant compte, du niveau de leurs revenus et, également, de la valeur de leur patrimoine.

Les deux approches du caractère équitable de la perception sont :

- Équité horizontale : « *L'équité horizontale est le principe voulant que les personnes égales soient traitées également. Autrement dit, toutes les personnes qui se trouvent dans la même situation devraient être traitées de la même manière* »[62]. Ainsi les contribuables ayant une capacité contributive égale (mais pas nécessairement une utilité égale des consommations des services collectifs) paient des montants égaux d'impôt. « *Ce qu'importe ici c'est la capacité contributive et non pas la valeur de l'étalon de mesure choisi. En effet les individus qui disposent d'un revenu égal (si celui-ci est choisi comme étalon) n'ont pas nécessairement la même capacité contributive car leurs situations personnelles peuvent être différentes. C'est pourquoi, il est usuel de corriger l'étalon de mesure par des déductions qui prennent en considération les particularités de chaque contribuable* »[63].

En somme, le concept d'équité horizontale stipule que deux personnes dans la même situation devraient avoir les mêmes droits et obligations. Il est donc proche du principe d'égalité : «*à situation égale, prestations égales*» et il s'oppose aux discriminations. On retrouve la notion aristotélicienne de justice commutative.

- Équité verticale : « *L'équité verticale exige que les personnes qui se trouvent dans des situations différentes soient traitées d'une manière judicieusement différente. Encore une fois, ce critère est étroitement lié au principe d'imposition qui repose sur la capacité contributive*»[64].Ainsi, les contribuables qui ont une capacité différente s'acquittent d'un impôt plus ou moins élevé, sans toutefois que ces différences soient arbitraires. Cependant, aucun critère scientifique ne permet de définir le degré approprié d'inégalité ; on est donc porté à se fonder sur des jugements de valeur.

L'équité verticale vise *in fine* à ce que les plus riches contribuent davantage que les plus modestes. Elle aura donc tendance à réduire les

---

[62]A FRIKHA, *L'équité fiscale*, Mémoire de fin d'études pour l'obtention de la maîtrise en sciences comptables, Juillet 2003, www.Lcc.gc.ca/fr/themes/pr/cpra/young/young.asp, site visité le 23/09/2018

[63]www.unifr.ch/finpub/doc/cours/fp1/chap4.pdf, site visité le 23/09/2018.

[64]www.Lcc.gc.ca/fr/themes/pr/cpra/young/young.asp, site visité le 17/06/2003

écarts de niveau de vie entre les individus, sans que ce soit son but premier. On parle aussi de justice distributive.

Dans son mémoire de fin d'études pour l'obtention de la maîtrise en sciences comptables, Ahmed FRIKHA estime que l'équité est la pierre angulaire de tout édifice fiscal. Pour une équité fiscale, il estime une pondération adéquate des taux, une personnalisation de l'impôt et l'institution d'une progressivité raisonnable.

1-Pondération des taux, personnalisation et progressivité de la TPS

« *Il est bien évident que pour le trésor un impôt à taux modéré, mais effectivement recouvré est préférable à un impôt de taux élevé mais qui demeure théorique*»[65] il faut que les taux d'imposition soient flexibles, compétitifs, et incitatifs au travail et à l'investissement.

Tout comme les effets positifs qu'ont de nombreuses incitations fiscales sur les emplois, le revenu personnel et l'économie en général, les effets négatifs du taux d'imposition des sociétés se répercutent dans l'économie d'un pays. Le taux de la TPS pour les petites entreprises est de 2% et des tarifs allant de 10 000 à 350 000 francs CFA pour les micros entreprises. Mais le paradoxe actuel de la TPS pour les petites entreprises, réside dans le fait de l'institution d'un impôt minimum de quatre cent mille (400 000) francs CFA soit environ 610 € alors que d'après les dispositions de l'article 137 du Code général des impôts (CGI), le minimum pour les revenus industriels, commerciaux et non commerciaux, artisanaux et agricoles ne peut être inférieur à 1% des produits encaissables. Ce montant ne peut en aucun cas être inférieur à deux cent mille (200 000) francs CFA, soit environ 305 €. Il se pose ici un véritable problème de la réforme TPS pour attirer les entreprises qui sont dans l'informel. C'est d'ailleurs pourquoi il est envisagé, à travers le projet de loi de finances pour la gestion 2019, la réduction du minimum à 150.000 F CFA (229 euros).

Une personnalisation de l'impôt conforme à la conception moderne de la justice sociale veut que l'on tienne compte, pour le calcul de l'impôt, de la situation économique et sociale du contribuable. Cette personnalisation de l'impôt donne tout son sens à la capacité contributive qui est une notion fondamentale de l'équité fiscale. Elle

---

[65] H. AYADI, *Le droit fiscal*, 1989, page 134, www.biruni.tn/gw_2009_4_3/thumbs/contents-table/15/TM.152777.pdf , site visité le 23/09/2018.

signifie qu'à revenu égal, montant d'impôt différent pour tenir compte de la situation sociale de chacun des contribuables (situation familiale par exemple). La personnalisation de l'impôt passe donc par la réduction de l'impôt brut liquidé. A titre illustratif, des dispositions de l'article 138 du CGI, des taux de réduction d'impôts pour charge de famille en ce qui concerne l'impôt sur le revenu des personnes physiques (IRPP), ont été prévus.

En l'espèce, la TPS n'est donc pas un impôt personnalisé. D'après les dispositions de la réforme de la TPS, à revenu égal, impôt égal.

Un impôt progressif est un impôt dont le taux s'accroît en fonction de la valeur de l'élément taxé, appelé base d'imposition ou assiette. En d'autres termes, plus la valeur de l'élément sur lequel est assujetti l'impôt est importante, plus le taux appliqué à cette valeur pour calculer l'impôt va être important.

Dans un tel régime les tranches fiscales les plus élevées payent pour les plus basses qui sont généralement exonérées de l'impôt. En clair une personne trois fois plus riche qu'une autre est, par exemple, amenée à payer cinq fois plus d'impôt que l'autre. Ce principe de progressivité avait été exprimé par Montesquieu dans son ouvrage « *De l'esprit des lois* » (1748)

Il est admis aujourd'hui que pour atteindre une véritable justice fiscale, il convient que l'impôt soit progressif. La progressivité de l'impôt paraît sous deux formes : la progressivité globale et la progressivité par tranche.

Dans le système de progressivité globale, le montant imposable est frappé d'un taux unique d'autant plus important que celui-ci est élevé. Par exemple, les revenus inférieurs à 10 000 € sont taxés à 8 %, ceux entre 10 000 € et 20 000 € à 10 % et ceux supérieurs à 20 000 € à 15%.

Il présente l'avantage de fournir immédiatement le taux d'imposition de chaque contribuable.

Il provoque cependant des effets de seuil, c'est-à-dire des discontinuités brutales à chaque changement de palier. Par exemple, avec les taux précédents, un contribuable qui gagne 9 990 € devra payer 799,20 € d'impôts alors que son voisin qui gagne 10 000 € devra en payer 1 000 €, le second aura donc un revenu après impôt de 190,80 € plus faible que le premier alors que son revenu avant impôt était supérieur.

La progressivité peut aussi se faire par tranches. Elle permet d'éviter les paradoxes de la progressivité globale. L'impôt est alors établi sous forme de barème. Celui-ci divise l'assiette en tranches successives. Chacune des tranches se voit appliquer un taux différent. Plus la tranche du barème est élevée, plus le taux d'imposition est fort. C'est le cas de l'impôt sur le revenu. Dans ce système, la somme à taxer est découpée en un certain nombre de parts, dont chacune est soumise à un taux différent, de plus en plus important au fur et à mesure que l'on atteint les montants les plus élevés.

A titre illustratif, si les montants inférieurs à 300 000 FCFA soit environ 458 € sont taxés à 0 %, ceux entre 300 000 francs CFA et 2.000 000 francs CFA soit environ 3051 € à 20 % et ceux supérieurs à 2.000 000 francs CFA et inférieurs 3 500 000 francs CFA soit environ 5339 € à 30 %, ceux entre 3 500 000 francs CFA et 5.500 000 francs CFA soit environ 8390 € à 40%, ceux supérieurs à 5 500 000 francs CFA à 45%, on aura pour une somme totale de 600 000 francs CFA soit environ 9153 €.

- 300 000 taxés à 0 % = 0 ;
- 1700 000 taxés à 10 % = 170 000 ;
- 1 500 000 taxés à 30 % = 450 000 ;
- 2 000 000 € taxés à 40 % = 800 000 ;
- 500 000 taxés à 45 % = 225 000,

soit un total de 1 645 000 francs CFA, soit environ 2 509 €.

Dans ce type d'imposition, les tranches fiscales les plus hautes supportent une forte imposition pour compenser l'imposition des tranches les plus basses, souvent exonérées d'impôt.

La TPS pour les petites entreprises ne répond pas au principe de la progressivité, encore moins à la progressivité par tranches qui caractérise la justice fiscale plus proche vers l'idéal qu'est l'équité fiscale.

Pour les micros entreprises, c'est plutôt des tarifs qui frisent la progressivité globale.

L'équité fiscale n'est donc pas la chose la mieux partagée en matière de réforme de la fiscalité des petites et micros entreprises. L'égalisation des sacrifices (en termes de perte de bien-être compte tenu des situations personnelles des contribuables notamment de leurs charges de famille) serait devenue la condition de l'équité en matière fiscale. Et pour être équitable, tout impôt, tout système d'imposition devrait donc tendre vers cet objectif.

Deux des principes de base d'un régime fiscal, l'équité et la simplicité, ont essentiellement des objets contradictoires. En effet, le principe d'équité fiscale est souvent le premier obstacle au principe de simplicité d'un régime fiscal.

Ainsi, plusieurs des initiatives complexifiant un régime fiscal ne sont en fait que le résultat d'une volonté de tenir compte des diverses réalités économiques dans la répartition du fardeau fiscal. En effet, l'équité et la simplicité ont essentiellement des objets contradictoires. Le principe d'équité fiscale est souvent le premier obstacle au principe de simplicité d'un régime fiscal[66]. « *La théorie économique en politique de taxation nous apprend rapidement que le principe d'équité fiscale s'oppose très souvent à ceux d'une simplicité des lois et à leur respect au moindre coût pour les contribuables* »[67]

I-PERSPECTIVES THEORIQUES ET OPERATIONNELLES POUR LA TPS

La performance est une règle d'or de la loi organique N° 2013-14 du 27 septembre 2013 relative aux lois de finances. La réforme de la TPS engagée depuis 2015 avec des ajustements dans les lois de finances successives reste préoccupante quant à sa réussite dans la logique de la performance. En effet, le secteur informel continue de peser lourdement sur l'économie nationale. De nombreuses entreprises échappent à toutes règlementations et exercent une concurrence déloyale aux entreprises qui sont dans le formel. La réforme de la TPS n'a donc pas pour le moment impressionné l'informel. Il importe donc de revoir la réforme TPS dans un ensemble de concertation avec une stratégie basée sur les simulations.

A-Perspectives théoriques

Pour atteindre les objectifs initialement fixés pour la réforme TPS, il est important d'utiliser une nouvelle orientation stratégique claire et plausible, une coopération avec ses modalités, mettre en place une

---

[66] Gouvernement du Québec, « Simplification de la fiscalité », Bibliothèque nationale du Québec, parution juillet 2004, p.4.

[67] R. LACHANCE, « Fiscalité des entreprises à l'aube de l'an 2000 : Entre le rêve et la réalité », *Revue Congrès 1996*, APFF, Montréal, octobre 1996, pp.1-10

structure de pilotage efficace, une vision claire des processus stratégiques clés et des mesures visant à développer et consolider les compétences d'apprentissage.

Ces facteurs de réussite de *Capacity Works*[68] s'inspirent du modèle EFQM de la Fondation européenne pour la gestion de la qualité. Tenir compte de ces facteurs pour une réussite de la réforme.

Ainsi, en adaptant ce modèle à la réforme TPS, trois caractéristiques centrales du concept de stratégie se dégagent :

- la prise en compte des actions des collectivités territoriales, des entreprises qui sont dans l'informel et de leur dynamique dans l'environnement économique. Il est important ici de prendre en considération l'autonomie financière des collectivités et les pertes et gains possibles d'une telle réforme. Par ailleurs, la stratégie doit permettre de mesurer *ex ante* l'impact de la réforme sur le secteur informel. L'étape actuelle oblige à mettre en place une stratégie de sensibilisation, d'explication et de formation de tous les acteurs concernés par la réforme de la TPS ;
- la distinction nette à opérer entre le niveau stratégique et le niveau opérationnel pour la réussite de la réforme et
- le caractère à long terme de l'action stratégique qui dénote d'un recensement et de mise en place d'un répertoire de micros et petites entreprises.

La coopération : Dans le cas d'espèce, il existe différents acteurs, qui forment un système dynamique de relations et de dépendances mutuelles. Les différents acteurs ont des intérêts parfois antagonistes qui bloquent le processus de la réforme engagée. Il importe donc d'associer intimement les maires dans la mise en œuvre stratégique et opérationnelle de la réforme de la TPS. En effet, l'Etat et les collectivités territoriales ont besoin de ressources pour assurer leurs rôles de puissances et d'intérêts publics alors que les entreprises sont à la recherche du profit.

Par ailleurs, pour la réussite de la réforme, il est important de mettre en place des structures de pilotage. Une structure au niveau départemental et un autre au niveau central. Plusieurs exigences sont à satisfaire par les structures de pilotage parmi lesquelles,

---

[68]*Capacity Works* est une marque verbale protégée en Allemagne et au plan international.

l'apprentissage de nouveaux comportements. Les structures de pilotage doivent permettre aux acteurs de jouer de nouveaux rôles.

Selon la norme ISO 9000:2015[69], le processus est un ensemble d'activités corrélées ou en interaction qui utilise des éléments d'entrée pour produire un résultat escompté. Il s'agira de définir les différentes étapes pour aboutir aux résultats escomptés dans le cadre de la réforme de la TPS. Les processus clés sont les contributions essentielles de la réforme à l'objectif de réduire l'informel en matière économique.

Enfin, l'apprentissage. Il s'agit surtout ici de former les agents des CIPE, d'informer et de sensibiliser les contribuables assujettis à la TPS. Une panoplie d'instruments doit être développée pour aboutir à une formulation d'objectifs plausibles concernant l'apprentissage et les aspects techniques.

B-Perspectives opérationnelles

La TPS, un impôt qui se répercute inévitablement sur la plupart des aspects de l'activité économique, sa mise en œuvre requiert un soin tout particulier. Premièrement, dans la mesure où elle influe sur les incitations, elle peut fausser les comportements des consommateurs, producteurs ou travailleurs d'une façon propre à nuire à l'efficience de la formalisation de l'informel. Il faut prendre en compte ces effets lorsqu'on évalue les coûts et avantages des dépenses publiques à financer. Deuxièmement, la répartition de l'incidence de la TPS sur la population soulève des problèmes d'équité ou de justice qui jouent un grand rôle, même s'il en résulte des pertes d'efficience économique. Troisièmement, les aspects pratiques de l'applicabilité de la TPS et les coûts de respect des obligations fiscales sont importants, d'autant qu'ils influent sur l'efficience du système fiscal et son image d'équité auprès du public tout en subissant l'influence. L'enjeu fondamental pour la politique fiscale est d'établir le meilleur équilibre possible entre ces trois éléments.

La promotion de la réforme de la TPS doit s'appuyer sur trois instruments internes essentiels.

- un diagnostic de la situation actuelle ainsi qu'une évaluation approfondie et quantifiée des effets budgétaires, économiques et

[69] « ISO 9000:2015 - Systèmes de management de la qualité -- Principes essentiels et vocabulaire » [archive], sur ISO (consulté le 25/09/2018)

sociaux tant au niveau de l'Etat qu'au niveau des collectivités territoriales[70] ;

- la création d'un cadre de concertation entre les communes et la DGI. Ce cadre aura pour intérêt de discuter des problématiques des finances locales notamment de la mise en œuvre de la TPS.
- un recensement des petites et micros entreprises avec la mise en place d'un répertoire dans chaque commune ;
- un cadre institutionnel favorable au civisme fiscal (la réforme des centres des impôts des petites entreprises) ;
- une stratégie pertinente de communication sur la réforme. La nécessité d'une stratégie de communication pour réduire l'incertitude quant aux effets de la réforme et mobiliser les groupes gagnants constitue un aspect important de la promotion de la réforme.

Le secteur informel n'est pas une affaire seule de l'administration fiscale. A cet effet, une coopération nationale inter-administrations doit être institutionnalisée en intensifiant l'immatriculation à l'identifiant fiscal unique (IFU).

CONCLUSION

Au terme de notre réflexion sur la « Taxe professionnelle synthétique : l'analyse de l'équité d'un impôt partagé », un constat s'impose : malgré la simplicité de la TPS, les objectifs préalablement fixés sont loin d'être atteints et n'augurent pas de bonnes perspectives.

L'équité absolue n'est qu'un idéal auquel on aspire et ne semble être qu'un mythe. Mais, l'iniquité grave est source d'inefficacité économique et de malaise social.

Entre les deux limites, l'équité raisonnable des hommes est possible. La théorie des facultés contributives donne à l'équité un sens social qui a fait ses preuves aussi bien sur les plans social, économique que politique. L'équité est un objectif qui permet un perfectionnement continu du système fiscal. La capacité contributive tient à la personnalisation, à la progressivité par tranches de l'impôt

---

[70] Brun Jean-François, Chambas Gérard, Laurent Martial, « Économie politique de la réforme de transition fiscale : le cas du Maroc », *Afrique contemporaine*, 2007/3 (n° 223-224), p. 309-324. DOI : 10.3917/afco.223.0309. URL : https://www.cairn.info/revue-afrique-contemporaine-2007-3-page-309.htm

ainsi que la pondération et l'équilibre des taux. Or, la TPS ne semble pas trop répondre à ces critères liés au principe de la capacité contributive. Au-delà de la problématique de l'équité fiscale, la TPS, impôt partagé entre l'Etat et les collectivités territoriales, vient comme pour rogner l'autonomie financière desdites collectivités et partant la libre administration pourtant constitutionnelle. L'Association nationale des communes du Bénin (ANCB), dans ses plaidoyers à l'Assemblée nationale souhaite une révision des taux de répartition du produit de la TPS afin de tenir compte de l'importance de la ''petite patente'' dans les finances des collectivités territoriales.

Par ailleurs, l'idée de la création de la Taxe professionnelle synthétique (Tps), était de réduire autant que faire se peut le secteur informel. Force est de constater que cette pratique de paiement des taxes n'est pas encore rentrée dans les habitudes des Béninois. Il urge alors, de procéder à une proximité fiscale et à une sensibilisation afin de permettre aux citoyens d'y adhérer.

En somme, il s'agit de repenser la TPS si l'on veut atteindre l'objectif premier de réduire l'informel avec une fiscalité simple et équitable, répondant à la fois aux besoins financiers de l'Etat et des collectivités territoriales. L'équation est complexe et difficile à résoudre car concilier tous ces objectifs ne sera pas facile mais cela est nécessaire.

LE SYSTEME INTEGRE DE GESTION DES TAXES : GRANDEUR ET PERSPECTIVES D'UN MECANISME TECHNOLOGIQUE

DR DIONKÉ DIARRA,

FISCALISTE, CHEF DU PROJET PAARIB

INTRODUCTION : SIGTAS 3.0

La lettre d'invitation reçue des organisateurs invite le PAARIB à faire une évaluation d'ensemble de SIGTAS par rapport aux objectifs qui ont motivé sa création et les conditions de son implémentation. Plus spécifiquement, il est demandé de :

- présenter SIGTAS : origine, modalités, fonctionnement,
- définir les contraintes,
- analyser les disfonctionnements actuels ou prévus,
- donner les perspectives théoriques et opérationnelles de SIGTAS

Se fondant sur ces résultats à atteindre, notre exposé est structuré en trois parties.

La partie I est dédiée à la présentation de SIGTAS : les processus, les modules. La 2ème partie couvre des aspects liés à l'exploitation de SIGTAS, en l'occurrence les contraintes, les dysfonctionnements, et les perspectives. La 3ème partie porte sur la méthodologie d'implantation de SIGTAS. L'expérience du PAARIB au Bénin sert de cadre pour illustrer les stratégies d'implantation

I-LE SYSTÈME SIGTAS

Le Système Intégré de Gestion des Taxes-SIGTAS- est une suite de modules intégrés qui permet aux gouvernements d'informatiser l'administration des taxes, impôts et patentes grâce à un système d'information unique et complet.

I.1.Présentation générale

I.1.1.Les caractéristiques du système d'information fiscale SIGTAS

SIGTAS :

- est totalement orienté sur les technologies Internet, donc Web, disponible 7j/7, 24h/24 et en lieu ;
- est totalement intégré et réunit tous les aspects de la gestion des taxes, impôts et patentes en un seul système ;
- utilise un système d'immatriculation centralisé englobant tous les types de taxes et modules ;
- est un progiciel multilingue contenant son propre dictionnaire qui permet aux agents fiscaux d'utiliser le système dans la langue de leur choix, et aux contribuables, de choisir également la langue de correspondance préférée ;
- s'intègre facilement à d'autres systèmes gouvernementaux essentiels à la mission d'administration fiscale et aux logiciels d'échantillonnage de données ;
- est adapté aux besoins distincts de chaque pays qui ainsi, opère sa propre version faite sur mesure ;
- constitue un système léger, flexible, extensible et sécuritaire.

I.1.2.Les processus de SIGTAS

- peut prendre en charge tous les types de taxes, impôts et patentes, dont la TVA, les différentes retenues à la source, les droits d'accise, les impôts fonciers et les différents frais, notamment ceux liés aux véhicules à moteur ;
- fournit aux contribuables des services fiscaux électroniques sur le web, leur permettant d'interagir avec l'administration fiscale et d'effectuer des transactions électroniques (enregistrement, consultation de l'état de leurs comptes, lecture des informations fiscales, déclaration, consultation d'un centre de messagerie, demande de remboursement et paiement en ligne, etc.) par voie sécurisée, moderne et efficace ;
- fournit des outils de gestion permettant la détection des montants imposables, perçus ou en souffrance, incluant les arriérés en ordre chronologique et ventilés selon les divers types d'impôt ;

- optimise le contrôle du respect des obligations fiscales des contribuables par la production de lettres de rappel pour retard de déclaration ou de paiement et par ses outils de suivi de dossiers ;
- atténue la courbe d'apprentissage grâce à son interface graphique standard de nature conviviale ;
- applique les meilleures règles en termes de sécurité, selon les profils des utilisateurs, afin de protéger toute l'information ;
- permet de contrôler certaines transactions sensibles (les remboursements, par exemple) à l'aide des mécanismes de suivi des approbations requises ;
- permet de modifier les formulaires de déclaration, les barèmes d'imposition ou les taux d'intérêt et de pénalité sans nécessiter des efforts supplémentaires de programmation ;
- supporte la gestion des transactions en plusieurs devises.

I.1.3.Les avantages de SIGTAS

- améliore l'efficacité des opérations par son approche informatisée des procédures de l'administration fiscale ;
- accroît l'exactitude des réponses aux contribuables grâce à sa série d'écrans d'interrogation et ses fonctions d'analyse ;
- assure l'intégrité des données grâce à un processus de validation ainsi que la conception structurée de sa base de données ;
- favorise les processus décisionnels par la production de rapports de nature opérationnelle ou de rapports de gestion stratégique.

Pour résumer, SIGTAS assiste le fiscaliste à exécuter ses activités avec aisance, assurance sans se soucier des éventuelles incohérences dans les règles d'affaires.

I.1.4.Sites en exploitation

Depuis 1996, SIGTAS a été mis en œuvre et actualisé dans plusieurs pays situés en Afrique, aux Caraïbes, au Proche-Orient, en Europe, en Océanie et en Asie du Sud-Est.

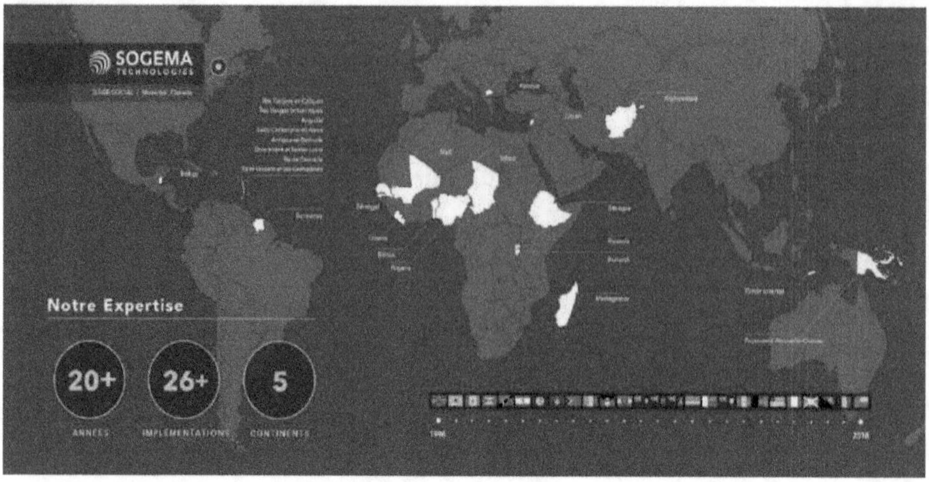

I.1.5.Plateforme technologique

SIGTAS est développé en Oracle Application Express (Oracle APEX), utilise une base de données Oracle© et est exploité dans un environnement Web. La plateforme de services en ligne est compatible avec toutes les plateformes web et mobile. SIGTAS peut être exploité sur les systèmes d'exploitation tels que : Linux, Windows Server, Unix.

I.2.Principaux modules

I.2.1.Immatriculation

Grâce au module Immatriculation, noyau central du système, toute personne physique et morale assujettie à l'imposition est immatriculée et se voit attribuer son propre numéro d'identification fiscale (NIF/IFU). Cet identifiant unique est utilisé lors de l'enregistrement des transactions du contribuable, pour l'ensemble de ses communications ou interactions avec l'administration fiscale. Ce même numéro peut également être utilisé par d'autres ministères ou organismes gouvernementaux afin de faciliter l'échange de données informatiques.

La maintenance de l'information du contribuable permet de consigner des informations pertinentes sur le Contribuable notamment :

- Système permettant l'immatriculation de plusieurs types de contribuables dont les personnes physiques, personnes morales (sociétés par actions, sociétés en nom collectif, organisations non gouvernementales, sociétés individuelles, etc.) ;

- Enregistrement d'un large éventail de renseignements individuels de chaque contribuable : adresses multiples, activités d'affaires, succursales, représentants, actionnaires, employés, etc. ;

- Validation des doublons avant l'émission d'un numéro d'identification fiscale ;

- Intégration possible du système de biométrie pour faciliter cette élimination de doublons potentiels ;

- Délivrance d'attestations d'immatriculation et d'un Identifiant Fiscal Unique (IFU) ;

- Tenue d'un registre spécial pour les contribuables assujettis à la TVA, dont délivrance et gestion des certificats y afférents ;

- Délivrance d'attestations de non-redevabilité et du quitus fiscal ;

- Mécanismes de sécurité pour restreindre l'accès au dossier de certains contribuables ;

- Capacité de générer des identifiants uniques selon un algorithme spécifique (si nécessaire) ;

- Possibilité de connexion à des systèmes externes d'identification des contribuables (si nécessaire).

I.2.2.Gestion des comptes d'impôts

SIGTAS offre les fonctionnalités requises en gestion des comptes des contribuables :

- Support de tous les types de taxes, d'impôts et de patentes ;

- Traitement de plusieurs types de recettes non fiscales ;

- Production d'un relevé du compte d'impôt sur demande ;

- Suivi des périodes d'inactivité pour suspension d'assujettissement ou exonération ;

- Paramétrage flexible des périodes d'imposition (annuelle, mensuelle, bimensuelle, etc.), des acomptes provisionnels, etc. ;

- Traitement des régimes d'imposition réguliers et forfaitaires ;

- Report automatique des transactions au compte du contribuable lors de la saisie du paiement des montants dus ou dans les cas où des transactions (calcul des pénalités et intérêts) sont exécutées à même les modules SIGTAS ;

- Possibilité d'effectuer des transactions manuelles (ex. les dégrèvements) sur un compte ;

- Suivi de chaque transaction portée au compte d'impôt d'un contribuable donné ; par utilisateur, date et heure ;
- Saisie et suivi des montants débiteurs ou créditeurs antérieurs à la mise en œuvre de SIGTAS.

I.2.3.Taxe sur valeur ajoutée (TVA)

Le système consiste en une application centrée sur la gestion de l'enregistrement des contribuables à la TVA et la gestion et le suivi des crédits TVA. Il permet aux administrations fiscales d'améliorer la conformité fiscale et par voie de conséquence l'optimisation dans la collecte de la TVA. Ce système renforce les contrôles des crédits et des remboursements garantis aux contribuables, tout en faisant une gestion efficace des personnes exemptées de la TVA, comme les Ambassades, des organisations Non-Gouvernementales et permet du même coup la détermination des dépenses fiscales inhérentes aux exonérations et exemptions en lien avec la TVA.

Principales fonctionnalités :

- Immatriculation et génération d'un Numéro de certificat d'enregistrement à la TVA ;
- Gestion des Certificats d'enregistrement à la TVA par contribuable ou par Établissement ;
- Permet le calcul des cotisations ou des nouvelles cotisations ;
- Supporte la gestion des périodes d'inactivité (suspension des obligations ordinaires ou exemptions) des comptes TVA ;
- Retrace toutes les transactions portées aux comptes TVA des contribuables ;
- Reporte automatiquement sur les comptes TVA concernés lorsque les déclarations sont saisies ou lorsque des transactions telles que (paiements, pénalités ou intérêts) sont imputées ;
- Permet un paramétrage flexible des pénalités et des intérêts, conformément aux Lois et règlements de chaque pays ;
- Gère les reports automatiques des crédits TVA ;
- Permet la configuration des règles d'affaires (procédures) liées à l'approbation des remboursements TVA ;
- Calcule les dépenses fiscales relatives à la TVA ;
- Permet de valider les seuils de chiffre d'affaires (selon la Loi) et d'identifier les contribuables éligibles à la TVA ;

- Interface possible avec le système des Douanes pour comparer la TVA payée à l'importation et celle figurant sur les déclarations TVA remises aux Taxes Internes ;

- Permet de générer automatiquement les rapports standards, souvent requis par des partenaires des administrations fiscales, principalement le FMI, pour la saisie dans son système.

I.2.4.Cotisation

Le module Cotisation donne lieu à la production de formulaires personnalisés, à la saisie des données déclarées et à la liquidation, par SIGTAS, de la cotisation selon la configuration spécifique du formulaire concerné et des annexes requises par le Code Général des Impôts ou une Loi spécifique. Lorsque les montants dus sont connus, le module Cotisation peut également produire des avis de cotisation sans nécessiter la saisie d'un formulaire de déclaration au préalable.

➢ Formulaires de déclaration :

- Support de la configuration des formulaires et leurs annexes et des règles de calcul applicables, des devises multiples, de codes de recettes, du suivi des pertes ou de crédits ;

- Identification automatique des contribuables à considérer pour délivrance de formulaire pour une période d'imposition donnée grâce au suivi des dates des comptes d'impôt (ouverture/clôture et/ou inactivation pour suspension d'assujettissement ou exonération) ;

- Impression de formulaires personnalisés, et personnalisation de formulaires pré imprimés par les autorités fiscales ;

- Gestion des formulaires par version, permettant le suivi des changements apportés au fil des années ;

- Saisie et suivi des déclarations pour l'exercice en cours et pour les exercices précédents, conformément aux règles applicables à chaque période d'imposition ;

- Prise en considération des exercices fiscaux non calendaires tout comme du calendrier officiel du pays utilisateur ;

- Possibilité de réajuster les dates d'exigibilité de la déclaration ou du paiement pour un contribuable donné ;

- Impression optionnelle des formulaires de déclaration en langues différentes ;

- Support de formulaires non personnalisés.

➢ Calcul des cotisations fiscales :

- Saisie des formulaires de déclaration fiscale et des annexes et calcul du montant dû ;
- Production des avis de cotisation ;
- Traitement individuel ou en lot des déclarations ;
- Support d'un nombre illimité de redressements ;
- Support des taxations d'office ;
- Suivi historique des cotisations et redressements ;
- Paramétrage flexible des acomptes provisionnels et calcul des pénalités ou intérêts imputables ;
- Annulation automatique des créances négligeables (selon les règles définies par le client utilisateur).

➢ Lettres et rappels :

- Production de rappels pour retard de déclaration ou de paiement ;
- Configuration et impression de lettres standards ;
- Identification des non-déclarants sur une série spécifiée de périodes d'imposition ;
- Inventaire de toutes les périodes en défaut de déclaration pour un contribuable spécifié ;
- Génération automatique de rappels/notifications basées sur des délais configurables.

➢ Retenues à la source :

- Support des retenues finales et non finales ;
- Support des retenues sur les rémunérations, les paiements et les importations ;
- Téléchargement de l'information concernant les retenues sur les rémunérations des salariés d'un employeur ;
- Téléchargement de l'information concernant les retenues sur les paiements ;
- Support du transfert automatique créditant le compte d'impôt d'un salarié du montant prélevé à la source par son employeur ;
- Rapprochement des déclarations fiscales des salariés avec celles de leur employeur et régularisation annuelle des déclarations mensuelles des employeurs ;

- Suivi des retenues faites par plusieurs employeurs pour le même salarié ;
- Validation des déductions applicables.

➢ Imputation de pénalités et intérêts :

- Paramétrage flexible des imputations de pénalités et intérêts conformément aux dispositions législatives et réglementaires en vigueur ;
- Calcul automatique des pénalités pour dépôt hors délais de la déclaration fiscale ou du paiement ;
- Support permettant l'application manuelle (discrétionnaire) de pénalités ;
- Possibilité de modifier, sans programmation, les taux applicables aux pénalités et intérêts ;
- Support des intérêts sur remboursement, selon la Loi en vigueur ;
- Support des pénalités imputables spécifiquement aux cotisations et redressements.

I.2.5.Encaissement

Le module Encaissement cible la saisie des paiements réglés par les contribuables et la mise à jour respective de leurs comptes d'impôt.

Encaissement :

- Support de multiples devises et des multiples méthodes de règlement, dont les reçus émis par les points de collecte ;
- Refus du chèque de tout contribuable identifié comme ayant eu des incidents de chèques sans provision ;
- Support de transactions de paiement en différentes devises ;
- Traitement de chèques postdatés ;
- Distribution du paiement entre les arriérés par ordre d'ancienneté, par type d'impôts et par nature de charge (droit, pénalité ou intérêt) ;
- Disponibilité de plusieurs rapports en lien avec plusieurs procédures dont la fermeture de la caisse et l'enregistrement des billets reçus.

Interface avec les banques commerciales

Permet le report électronique au compte du contribuable des paiements réglés directement dans la banque commerciale sélectionnée, par le biais d'un programme d'interface.

Gestion des disponibilités en caisse et en banque :

- Support du bilan de la recette journalière à l'aide des rapports de conciliation et suite à l'enregistrement des coupures par caissier ;
- Production d'un bordereau de dépôt bancaire suite à la conciliation des entrées de caisse.

I.2.6.Remboursement

Ce module est destiné à gérer les remboursements conformément aux règles établies par l'Administration fiscale.

➢ Gestion des remboursements :

- Saisie et approbation de chaque demande de remboursement ;
- Transfert (optionnel) du montant remboursable pour apurer les charges du contribuable ;
- Calcul d'intérêts sur remboursement selon les paramètres définis par l'Administration ;
- Création de bordereaux de remboursement ;
- Saisie directe des données à fournir aux banques sur les remboursements au contribuable et possibilité de virer directement le montant remboursable dans le compte du contribuable, grâce à une interface bancaire. Une interface bidirectionnelle est disponible pour envoyer l'information à une Tierce partie qui gère la sortie des fonds ;
- Une matrice de gestion des risques permet de sélectionner les demandes à soumettre au contrôle avant le remboursement.

I.2.7.Recouvrement

Le module Recouvrement permet d'identifier les comptes d'impôt ayant des arriérés impayés, de placer ces cas en recouvrement et de conclure, avec les contribuables, des ententes de paiement échelonné pour recouvrer les montants en souffrance.

➢ Gestion des cas de recouvrement :

- Ventilation chronologique des arriérés d'impôt à recouvrer et production de statistiques y afférentes ;
- Repérage des comptes en souffrance par des requêtes et rapports appropriés ;

- Ouverture du cas de recouvrement dans SIGTAS ; enregistrement des receveurs auxquels il est assigné ;

- Création automatique de cas ;

- Monitoring global de l'activité au sein de l'équipe des receveurs ;

- Identification des arriérés tant sur les périodes d'imposition gérées par SIGTAS qu'en solde d'ouverture (avant la mise en œuvre du système) ;

- Dispositif permettant au receveur d'enregistrer toutes les actions entreprises pour chaque cas de recouvrement ;

- Rapports statistiques pour l'analyse de l'impact résultant des efforts de recouvrement.

➢ Ententes de paiement échelonné :

- Support de l'analyse par simulation permettant au receveur de négocier avec le contribuable les modalités de l'entente de paiement échelonné ;

- Création automatique d'un avis de paiement échelonné pour spécifier au contribuable le montant et la date d'exigibilité de chaque versement convenu dans le moratoire ;

- Production de lettres de rappel aux contribuables qui négligent d'acquitter les versements dus ;

- Dispositif permettant d'impliquer des tierces parties (banques ou employeurs) dans le processus de recouvrement.

I.2.8.Vérification

Le module Vérification permet d'enregistrer les programmes de vérification, de sélectionner les cas à vérifier, de suivre leur évolution et leurs résultats, tout comme d'analyser l'efficacité des actions entreprises.

Gestion des cas de vérification :

- Dispositif permettant la saisie d'états financiers et le calcul des ratios ;

- Sélection des contribuables à vérifier sur la base des critères de risques, tels que :

- des indicateurs spécifiques issus des déclarations fiscales ou des ratios financiers ;

- des critères de risque paramétrables, modifiables et prenant en compte plusieurs dimensions de risque ;
- des critères liés au statut professionnel ;
- des critères liés au secteur d'activité ;
- Des critères prenant en compte les comportements déclaratoires des contribuables ;
- Les régimes des avantages fiscaux ;
- Les résultats des contrôles fiscaux passés ;
- Des critères qui tiennent compte de divers types d'impôt et qui sont regroupés dans un algorithme, avec un paramétrage flexible ;
- etc.

- Permet aux vérificateurs d'ouvrir des dossiers de vérification dans SIGTAS et d'y enregistrer les démarches et les résultats de chaque cas ;
- Rapports multiples sur l'impact et sur l'efficacité des efforts de vérification.

I.2.9.Contentieux

Le module Contentieux permet d'enregistrer les cas en contentieux et d'analyser leurs résultats.

➢ Gestion des cas contentieux :

- Réception des lettres de réclamation (contestation) ;
- Enregistrement dans SIGTAS de l'information du cas, incluant les agents auxquels il est assigné ;
- Suivi de l'état d'avancement et des résultats de la procédure contentieuse pour chaque cas ;
- Rapports permettant de récapituler l'impact et l'efficacité des activités en contentieux.

I.2.10.Documents et dossiers

Le module Documents/Dossiers est destiné à assurer un contrôle efficace sur le mouvement des documents et des dossiers des contribuables (enregistrement, classement, consultation).

Gestion des dossiers :

- Recherches facilitées par le classement électronique répertorié des dossiers des contribuables ;

- Possibilité, pour tout agent habilité, de demander un dossier par voie électronique ;
- Possibilité, pour l'agent chargé du classement, de traiter ces demandes par ordre chronologique ou en fonction d'autres critères ;
- Dispositif permettant de superviser la circulation (emprunt pour consultation/retour) des dossiers physiques et leur contenu (liste des documents inclus).

Gestion des documents :

- Dispositif permettant de suivre tout document entrant et sortant ;
- Attribution d'un numéro documentaire unique à chaque document ;
- Possibilité d'imprimer un code-barres et/ou de numériser un numéro de document ;
- Rapports des flux documentaires, sur la base de critères spécifiés, incluant le numéro d'identification fiscale du contribuable ;
- Support de la numérisation et de la visualisation des documents.

I.2.11.Services fiscaux électroniques

SIGTAS permet de capitaliser sur les nouvelles technologies de l'information et de la communication pour générer des avantages stratégiques, opérationnels et de gestion. Il vise la réduction des coûts associés à la conformité aux obligations fiscales des contribuables, tout en augmentant leur taux de conformité fiscale.

Le système permet de réduire également les coûts (temps, erreurs de saisies, classement des dossiers, envoi de documentation ou de correspondances, etc.) de traitement des déclarations par l'administration fiscale. La plupart de ces transactions sont gérées par SIGTAS par voie électronique.

➢ Bénéfices :

- Possibilité d'immatriculation en ligne ;
- Entièrement intégré avec SIGTAS de manière à gérer électroniquement les déclarations soumises par les contribuables, augmentant ainsi l'efficacité et réduisant les erreurs de saisie ;

- Faibles coûts de transactions pour des interactions courantes telles que la déclaration, la mise à jour des données personnelles, les correspondances avec l'administration fiscale, et autres ;

- Accompagne le contribuable dans la soumission de transactions électroniques selon une approche claire, intuitive et par étape ;

- Assure la précision et la validité des données en rejetant les soumissions pour lesquelles il manquerait de l'information obligatoire ;

- Permet aux contribuables d'interagir avec l'administration fiscale par voie sécurisée et de manière confidentielle, partout et en tout temps et en conformité avec les normes de sécurité applicables aux systèmes Web grand public ;

- Inclut un mode élaboré d'identification des contribuables et maintient une trace détaillée de toutes les transactions électroniques ;

- Offre à l'administration fiscale un centre virtuel de services à la clientèle, dont un centre de messagerie, par lequel elle peut consolider ses liens avec la communauté des contribuables :

- Donne accès à de l'information qui renforce l'autonomie de la communauté des contribuables ;
- Interface possible avec le registre de commerce ;
- Visualisation de la situation fiscale ;
- Demande en ligne des attestations de non-redevabilité et des remboursements ;
- Supporte les paiements en ligne ;
- Demande en ligne d'ouverture d'un dossier de contentieux.

I.2.12.Administration

Le module Administration vise à permettre aux administrateurs du système SIGTAS d'en contrôler les composantes fondamentales et d'optimiser sa configuration à long terme.

➢ Configuration du système :

- Maintenance des valeurs de référence selon des tables de conversion dynamiques ;

- Définition des paramètres régissant des fonctionnalités spécifiques du système, telles que les règles d'annulation automatique des créances négligeables, de remboursement, d'imputation des pénalités ou intérêts, etc. ;

- Sécurisation du système sous de nombreux angles ;
- Contrôle de l'accès à l'information en fonction des profils et responsabilités des utilisateurs.

I.2.13 Modules spécialisés

Selon les besoins d'affaires, il est possible de mettre en œuvre des modules supplémentaires de la suite SIGTAS entièrement intégrés au système.

➢ Impôts fonciers :

- Permet de colliger l'ensemble des informations pertinentes concernant la propriété :
  - Identifiants (N° titre, n° cadastre, adresse, géolocalisation) ;
  - Parties sous-jacentes ;
  - Photos ;
  - Liste et historique des propriétaires et occupants ;
  - Envoi automatique des avis ;
  - Évaluation foncière automatisée ;
- Supporte les autres transactions (ex. mutation) ;
- Interface possible avec le système du cadastre.

Véhicules à moteurs

Ce module spécialisé permet d'administrer l'immatriculation des véhicules et des certificats respectifs.

Possibilité de configurer le paiement et la prise en recettes des frais relatifs aux véhicules.

Workflow

Intégré avec SIGTAS, ce module comporte de nombreux avantages dans la gestion des procédures d'une administration fiscale, dont :

- Création et maintenance d'une procédure ;
- Configuration des employés et des superviseurs concernés par la procédure ;
- Configuration de toutes les tâches requises par la procédure ;
- Organisation des priorités au niveau des tâches créées ;

- Génération automatique des tableaux de bord illustrant l'état d'exécution des tâches par les employés et les superviseurs, les délais cibles et les actions requises ;

- Possibilité de générer automatiquement un diagramme de cheminement des tâches, des actions, des documents, des informations ; du début à la fin d'une procédure ;

- Module organisé sous un environnement web, convivial, avec une flexibilité au niveau du paramétrage.

II-L'EXPLOITATION DE SIGTAS : CONTRAINTES, DYSFONCTIONNEMENTS, PERSPECTIVES

II.1.Contraintes et dysfonctionnements

SIGTAS requiert pour son efficacité optimale des exigences de rigueur comportementale de la part du client et des utilisateurs. Il s'ensuit des contraintes de respect de ces exigences, sous peine de déclencher des dysfonctionnements dans le logiciel

Au niveau de son installation :

- le seul système de gestion de base de données relationnelle (SGBDR) accepté est Oracle. Cette contrainte est imposée par Oracle APEX, le langage de développement utilisé pour SIGTAS.

- la mise en exploitation de SIGTAS nécessite la mise en place d'une infrastructure informatique sécurisée et dimensionnée en conséquence, composée, entre autres de serveurs de données, serveurs d'applications, d'une messagerie interne, de liaisons de transmission de données (interconnexion des sites) pour permettre aux structures déconcentrées (agences) d'accéder aux ressources informationnelles et matériel.

Au niveau de son exploitation :

- l'appropriation par le client du mécanisme de paramétrage de SGTAS, assez complet et complexe, constitue, entre autres, un gage de pérennisation de ce système d'information fiscale ;

- l'enregistrement dans le système, au fil du lot, de toutes les données obligatoires est nécessaire pour garantir leur cohérence, mettre à jour automatiquement certaines relations entre les données et les processus afin de produire des indicateurs de gestion et de performance ;

- l'appropriation d'utilisation de tous les modules mis en production est plus que souhaitable, car elle seule permettra d'exploiter efficacement SIGTAS et de tirer profit de toutes ses subtilités pour une maitrise totale des données fiscales ; par exemple : numériser (scanner) toutes correspondances échangées entre le contribuable et l'administration fiscal et les enregistrer dans SIGTAS en les associant aux natures d'impôt (comptes d'impôt). Le défi est d'atteindre l'objectif de zéro papier qui correspond à la dématérialisation complète des informations fiscales.

L'inobservation des règles et la mauvaise maîtrise du système constituent la source des disfonctionnements que le système peut présenter : *bugs*, lenteur d'exécution, érosion de l'intégrité du système.

II.2.Perspectives théoriques et opérationnelles

Sur un plan opérationnel, SIGTAS contribue à l'exploitation du Bus d'entreprise/entrepôt de données et interface, Informatique décisionnelle) : alimentation en données fiscales, utilisation de données fournies par d'autres administrations (Douanes, Trésor, Marchés Publics, Sécurité sociale…), recoupement de données.

Il est possible d'intégrer à SIGTAS, les règles d'affaires de la sécurité sociale. Cette approche aura l'avantage de faire déclarer les charges sociales en même temps les impôts sur le revenu au niveau de l'administration fiscale.

Les activités d'immatriculation, de contrôle, d'encaissement, de recouvrement s'opérant sur le même mode dans les deux administrations, SIGTAS permet l'encapsulation du système d'information de la sécurité sociale dans celui de l'administration fiscale.

Au titre des recettes, la mise en exploitation de SIGTAS améliore les performances de l'administration fiscale par la maîtrise du répertoire des contribuables, l'application des règles communes à tous les contribuables, par la relance des défaillants (retard de déclaration et retard de paiement) et la mise en recouvrement systématique et automatique des dossiers en retard de paiement.

Au plan conceptuel, SIGTAS peut fonctionner sur d'autres bases données/SGBDR, si Oracle leur ouvre son langage de développement (APEX).

III-METHODOLOGIE D'IMPLANTATION DE PROJET SIGTAS

III.1.La stratégie d'implantation inclusive de SIGTAS

Chez Sogema, notre approche dépasse la simple installation d'un logiciel. Bien plus qu'un produit, nous fournissons des solutions complètes et adaptées. Nous nous assurons que la solution SIGTAS, le cadre légal ainsi que les procédures d'opérations de l'administration fiscale soient en parfaite adéquation afin de répondre aux besoins opérationnels distincts de chaque pays, tout en appuyant stratégiquement le processus décisionnel.

Notre méthodologie consiste à proposer des révisions ou des améliorations à apporter au cadre légal, effectuer la réingénierie des processus d'affaires, concevoir les procédures administratives, former les utilisateurs, rédiger les manuels de l'utilisateur, réaliser les essais d'assurance qualité, renforcer les capacités, configurer l'application et effectuer les ajustements nécessaires, transférer les connaissances et assurer le soutien, suite au démarrage du système.

Dès que notre produit est déployé en production, un processus de coopération et de dialogue prend naissance pour nous assurer qu'il réponde constamment à leurs besoins.

Notre équipe composée de directeurs de projet chevronnés, de spécialistes en administration fiscale, d'analystes d'affaires, d'analystes de systèmes, d'administrateurs de bases de données, de programmeurs, de formateurs, d'experts en assurance qualité et de rédacteurs techniques unissent leurs efforts à ceux de leurs homologues locaux afin d'assurer une implantation réussie de SIGTAS.

Cette initiative prépare le terrain pour des revenus accrus dans le pays et favorise le développement socio-économique durable pour ses habitants.

III.2.Le PAARIB : une expérience d'appui intégré à l'administration fiscale

III.2.1.Le modèle logique du PAARIB

La mise en place de SIGTAS s'opère à travers le PAARIB, fruit d'un Protocole d'Entente signé en 2015 entre les Gouvernements du Bénin et du Canada. Le PAARIB est un projet d'appui intégré à l'administration fiscale. Il est conçu et géré selon les principes de la

Gestion axée sur les Résultats (GAR). Le modèle logique présente la chaine des résultats attendus ainsi que les différents Extrants.

Le RÉSULTAT ULTIME attendu du PAARIB est : « une situation économique (du Bénin) améliorée, notamment celle des populations défavorisées, des femmes et des jeunes, grâce à une fiscalité mieux adaptée et plus équitable, et à des programmes gouvernementaux plus substantiels ».

Pour atteindre ce résultat ultime, il est prévu de réaliser les deux résultats intermédiaires suivants :

1. la DGI plus performante dans son rôle de conseiller en matière de politique fiscale ;

2. la DGI plus performante dans la mise en œuvre de la politique fiscale et dans la collecte des impôts (i.e. une administration des impôts efficace et efficiente).

La mise en œuvre du Projet s'organise autour de cinq (5) résultats immédiats qui concourent à la réalisation des Résultats intermédiaires :

- Compétence accrue de la DGI dans l'identification du potentiel fiscal et des enjeux économiques, sociaux, de l'égalité entre les femmes et les hommes, et environnementaux liés à la fiscalité ;
- Capacité de la DGI accrue grâce à un système de gestion de l'information renforcé ;
- Compétence et efficacité du personnel de la DGI accrues dans l'ensemble de ses fonctions ;
- Structure et méthodes de travail de la DGI plus efficaces et sensibles aux enjeux de l'égalité entre les femmes et les hommes ;
- Contribuables béninois mieux disposés quant à leurs responsabilités de payeurs de taxes.

III.2.2.La stratégie d'intervention du PAARIB

La stratégie d'intervention du PAARIB s'ordonne autour de la relation existant entre les deux résultats intermédiaires, qui peut être représentée comme suit :

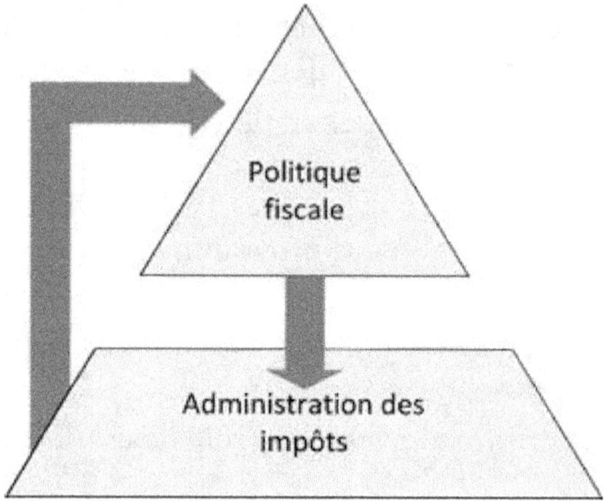

- La politique fiscale guide l'administration des impôts en lui fournissant les règles d'assujettissement, de calcul et certaines règles de gestion des impôts ;
- L'administration des impôts fournit à la politique fiscale les résultats (de recettes) reflétant la politique fiscale et les enjeux (problèmes) reliés à son application ;
- Au niveau du résultat 1 ci-dessus, même si la DGI performe mieux dans son rôle de conseiller fiscal, si elle ne peut implanter, administrer, opérationnaliser ces modifications à travers l'administration des impôts, elle ne pourra en tirer aucun bénéfice ;
- Au niveau du résultat 2, optimiser seulement l'administration des impôts permet de faire augmenter l'adhésion au régime fiscal (donc les recettes) mais ne permet pas d'aller chercher le plein potentiel fiscal de l'économie.

Le projet vise donc à optimiser la performance de ces deux fonctions de mission importante en parallèle, et à établir le plus rapidement possible les synergies entre elles.

Concernant l'amélioration au niveau de l'administration des impôts (Résultat intermédiaire 2) la stratégie d'intervention se décompose en deux axes.

Le premier axe stratégique concerne l'informatisation des structures des impôts, autrement dit le renforcement du système de gestion de l'information à la DGI. L'informatisation est perçue comme le moyen le plus pertinent pour améliorer l'efficacité et l'efficience des activités en administration des impôts. C'est aussi l'élément fédérateur ou intégrateur (l'épine dorsale) qui permet de structurer et de séquencer l'ensemble des autres axes stratégiques d'interventions.

Le deuxième axe stratégique est la formation et le développement des capacités. Malgré son importance, l'informatique n'est qu'un outil, et il est fondamental que les hommes et femmes qui l'utilisent le fassent de façon optimale. L'informatisation impacte également les attributions, l'organisation et le fonctionnement des services. La DGI doit nécessairement se « mettre en condition », développer les moyens de relever ce défi.

III.2.3 Le renforcement de la gestion des systèmes d'information à la DGI

La séquence retenue a été de mettre à niveau l'infrastructure informatique de la DGI, et d'installer ensuite le logiciel SIGTAS.

a-Le renforcement de l'infrastructure informatique

La mise à niveau de l'infrastructure informatique est apparue comme un prérequis au vu du diagnostic sorti de la mission de démarrage du Projet. Les activités réalisées dans ce domaine sont :

- la mise en place de Entrepôt/*Data wharehouse* de données-Bus d'entreprise, qui est intervenue en même temps que l'immatriculation des contribuables à l'IFU (identifiant fiscal unique, premier module installé de SIGTAS); cette opération a permis de constituer des données fiables et plus complètes sur les contribuables, notamment en minimisant les doublons et ces informations sont transférées dans l'entrepôt de données ;
- le rehaussement de la salle serveur avec de l'équipement de haut niveau répondant aux normes internationales ;
- le câblage des immeubles et la mise en place d'un réseau fibre optique ;
- l'aménagement /équipement de salles de formation ;
- la création du domaine de la DGI avec l'attribution d'une adresse professionnelle à chaque agent.

b-Le déploiement de SIGTAS par groupe de modules

Le tableau suivant présente la séquence retenue par type d'opérations pour le déploiement des modules de SIGTAS à la DGI.

Groupe	Modules
1 : immatriculation	Administration SIGTAS ; Interfaces IFU et services Web ; Enregistrement des contribuables
2 : chaine d'opérations de base	Traitement des déclarations ; Gestion de documents ; Lettres et rappels ; Encaissement ; Remboursement ; Rapports de gestion ; Interfaces ; Retenues à la source ; Recouvrement
3 : services en ligne	Télé-enregistrement ; Télé-déclaration ; Télépaiement
4 : Périphériques	Vérification fiscale (audit); Identification d'un outil multicritères pour la sélection et la gestion des dossiers de vérification; Contentieux; Moratoires; *Workflow*

c-La séquence de déploiement de SIGTAS par structure

Pour l'informatisation des services opérationnels de la DGI, le principe de l'optimisation des bénéfices a été retenu et priorité a été accordée à la DGE, où existe le plus grand potentiel de recettes additionnelles (+80%) et aussi le plus grand risque (à minimiser) pour les revenus domestiques du Bénin. Après la DGE, le processus s'étendra aux Centres d'Impôts des Moyennes Entreprises (CIMEs). Les services centraux sont reliés progressivement au système, parallèlement aux sites opérationnels pour leurs permettre de jouer leurs rôles de supervision et de contrôle.

III.2.4.La gestion des ressources humaines : formation et développement des capacités de gestion de l'administration fiscale

a-La formation

Notre stratégie de formation se base sur l'approche du « *juste à temps* ». Les notions apprises sont immédiatement mises en application et les ressources formées sont encadrées par un *coaching* sur la tâche pour s'assurer que les concepts qui leur ont été enseignés sont bien maîtrisés. La formation concerne le Personnel de soutien technique informatique, le Personnel d'encadrement et les Agents et usagers de la DGI.

b-Les activités de GRH

L'intervention du Projet vise à réaliser l'arrimage des profils aux postes. Elle porte sur :

- l'assistance à la DGI pour améliorer la gestion des effectifs, emplois et compétences (dossiers de personnel et description de postes) ;
- la mise en œuvre d'un système d'évaluation et de suivi de la performance des agents ;
- l'appui à l'élaboration et la mise en œuvre des plans de carrière et d'un régime d'intéressement moderne des agents de la DGI.

C-La gestion du changement

La gestion du changement conditionne l'adhésion des ressources et partant, le succès de toutes les réformes. L'objectif est de neutraliser ou réduire au minimum les éléments de résistance au changement, notamment par la révision du système de rémunération et d'intéressement des agents la mise en place d'une stratégie et d'un plan d'action avec une claire définition des rôles et responsabilités des structures et des agents.

d-La communication et le développement du service aux contribuables

L'objectif est de fournir des services professionnels de qualité répondant aux besoins des contribuables en terme : d'accueil, d'assistance, de respect des délais, d'information, d'éducation, de simplification et de réduction de coûts. Toutes les réformes touchant la mise en production du SIGTAS (nouveaux formulaires, guides, site internet), sont accompagnées de campagnes de sensibilisation du personnel et des contribuables sur les nouvelles façons de faire et le concept de « service aux contribuables »,

e-Le développement des capacités de la DGI en tant qu'organisation

Le Projet a fortement appuyé la transformation de la structure organisationnelle de la DGI, lui donnant les moyens de s'adapter aux exigences du système déclaratif des impôts avec la création de structures dédiées à des missions essentielles (Unité de Politique fiscale, Direction de la Planification et du suivi évaluation, Direction des Systèmes d'Information, Cellule de Services au contribuable), la mise en place de la GAR (100 agents) et la réingénierie des procédures (environ 300 identifiées dont 150 déjà rédigées).

III.3.Approches d'intervention

III.3.1.L'approche misant sur l'accompagnement

- Le PAARIB favorise une approche d'accompagnement demandant une participation active et soutenue des ressources de la DGI à toutes les étapes de l'intervention, ceci afin de favoriser le transfert d'expertise et le développement des capacités, c'est-à-dire le *faire faire* plutôt que la prise en charge ou la substitution. Dans cette approche, la participation des partenaires dans le processus décisionnel est fondamentale. Elle contribue à l'appropriation et à la responsabilisation face aux résultats anticipés et stimule leurs efforts pour le maintien/pérennisation des résultats. L'approche d'accompagnement a comme socle la promotion du service aux contribuables concomitamment au développement de la communication, qui doivent s'ériger à la dimension des défis à relever. Il s'agit d'atteindre les résultats suivants :

- Favoriser l'auto-adhésion en simplifiant les règles fiscales et en communiquant positivement les éléments de la réforme ;
- Obtenir l'adhésion des agents en communiquant positivement les éléments de réforme à l'intérieur de l'administration fiscale ;
- Uniformiser les services et augmenter la transparence en maximisant l'informatisation de l'administration fiscale.

III.3.2.L'EFH et les questions environnementales

La stratégie de l'ÉFH du PAARIB s'inscrit en droite ligne des orientations de la Politique Nationale de Promotion du Genre du Gouvernement du Bénin. L'approche transversale est traduite par la prise en compte de l'ÉFH et des questions environnementales à toutes les étapes de la mise en œuvre du Projet et dans tous ses volets : la planification, la mise en œuvre et les indicateurs de suivi.La prise en compte de l'ÉFH vise la réduction durable des iniquités en matière d'emploi et de conditions de travail et l'amélioration de la prise en compte de l'ÉFH dans les politiques fiscales et dans les services aux usagers.

Avec l'appui du PAARIB, la DGI a installé un Comité EFH (3 hommes et 3 femmes). Elle s'est dotée d'une Stratégie genre couplée d'un plan d'action et va intégrer un moduleEHF dans le programme de son Centre de formation.

IV-CONCLUSION

En guise de conclusion, il paraît pertinent d'évoquer quelques enjeux technologiques et conditions critiques de transfert de connaissances et de pérennisation des résultats du Projet :

- SIGTAS est un système d'information fédérateur, constructif

Par son degré d'intégration, le système d'information cible favorise une collaboration entre les intervenants autour des mêmes données et processus. Tout le monde (et personne à la fois) est propriétaire de l'information ; du moins, pour ceux qui y ont droit. Le système facilite les échanges entre les agents en tant qu'exécutants d'un travail, mais aussi, la supervision de ces activités par les responsables respectifs. Le caractère « constructif » du système renvoie à l'idée qu'il doit être un outil d'aide à l'optimisation des processus et à la prise des décisions éclairées.

- SIGTAS est paramétrable et adaptable aux évolutions de l'environnement

Le système d'information cible qu'est SIGTAS, pour être facilement adaptable aux éventuelles mutations (fonctionnelles, législatives et organisationnelles), est structuré et assis sur un socle le plus invariant possible ; tous les éléments susceptibles de changement (liens fonctionnels, règles techniques et administratives, etc.) constituant nécessairement des paramètres variables

- SIGTAS est ouvert (ou tourné) sur l'environnement extérieur (contribuables et partenaires) à travers les TIC grâce aux services Internet (services en ligne ou Extranet). Ces télé procédures (télé déclaration et télé procédure, télé enregistrement) créent nécessairement la confiance entre l'administration fiscale et les contribuables et participent à la dématérialisation de l'information.

- SIGTAS dématérialise et « impersonnalise » l'information. Il vise à réduire l'usage du support papier et consacre le partage de l'information, bien évidemment, par tous ceux qui y ont droit d'accès. SIGTAS offre la possibilité de numériser le support papier transmis par le contribuable et le rattacher à son dossier ou à ses transactions. L'information devient partageable sur le réseau interne et/ou sur les services en ligne. L'administration fiscale dématérialise ainsi presque totalement l'information en son sein.

Au total, SIGTAS permet à l'administration fiscale de centraliser les données, réduire la manipulation des documents, disposer des informations et des indicateurs de gestion et de performance fiables et à temps, tout en augmentant ses ressources financières.

- L'expérience montre que les changements visés par les projets de la nature du PAARIB s'opèrent sur la durée et doivent être soutenus par le renforcement des capacités des ressources internes. L'approche d'accompagnement qui sous-tend cette démarche crée de meilleures conditions d'appropriation par ces ressources de chacune des composantes du projet, favorisant ainsi le transfert des connaissances et la maitrise des technologies déployées.

En raison du nécessaire délai de maturation plus ou moins long pour obtenir des résultats tangibles, l'approche d'accompagnement peut susciter un sentiment d'impatience chez le bénéficiaire. La pression exercée par le gouvernement pour l'accélération des réformes à la DGI a créé au niveau du Projet la tentation de relativiser l'accompagnement au profit du mode expertise. En outre le Projet a dû réaménager son programme pour s'adapter à de nouvelles exigences du partenaire : cas des télés procédures (télé déclaration et télé paiement) dont la réalisation a été avancée d'une année. Le mode accompagnement crée également des exigences dont l'inobservance fait peser autant de risques sur les conditions de réussite du Projet. Les principaux risques qui impactent directement la qualité, la pérennité ou le rythme du processus d'informatisation sont liés notamment à :

- la non-disponibilité (départ, retraite, mutation etc.) des ressources clé de la DGI pour capitaliser le transfert de connaissance ;
- un environnement de travail mal adapté ;
- la non-disponibilité des ressources financières pour pérenniser certaines activités ;
- la faiblesse des Capacités institutionnelles et de la gouvernance.

L'IDENTIFIANT FISCAL UNIQUE (IFU) : PROMESSES D'AVENIR

TOSSOU H. GÉRAUD,

DSI À LA DGI-BÉNIN, GTOSSOU@FINANCES.BJ

INTRODUCTION

Dans un contexte où l'aide financière internationale se raréfie, la mobilisation des ressources intérieures est la véritable porte de sortie pour les pays en voie de développement. Dans le souci de mieux maitriser le tissu fiscal béninois et de faciliter les recoupements d'informations en vue d'augmenter les recettes fiscales, il a été décidé de mettre en place l'Identifiant Fiscal Unique (IFU) au sein de la Direction Générale des Impôts (DGI). Cette réforme a été officialisée par le décret n° 2006-201 du 08 mai 2006 et rendue opérationnelle depuis le 1er janvier 2008. Dès lors, l'immatriculation des contribuables a débuté et a suscité beaucoup d'intérêts et d'espoir. Après dix ans de mise en œuvre de cette réforme qui a connu plusieurs mutations, il convient de faire un bilan qui mettra en évidence, ses forces, ses faiblesses et les promesses d'avenir.

1. Origine, modalités et fonctionnement de l'IFU

Il faut rappeler que l'IFU est venu se substituer au numéro INSAE (Institut National de la Statistique et de l'Analyse Economique) qui, après plusieurs années d'utilisation, a étalé ses insuffisances. Il convient également de rappeler que l'objectif principal de l'IFU est surtout de mettre fin à la multiplicité des identifiants en usage au sein de l'administration publique en général, et des régies financières, en particulier. L'IFU permet d'immatriculer, de façon unique, les personnes physiques et morales redevables de divers impôts. Il permet aussi d'éviter l'attribution de plusieurs identifiants à une même personne (physique ou morale).

Par ailleurs, l'article 33 de la Loi constitutionnelle du Bénin dispose : « Tous les citoyens de la République du Bénin ont le devoir de travailler pour le bien commun, de remplir toutes leurs obligations civiques et professionnelles, de s'acquitter de leurs contributions fiscales[1]». L'objectif de l'Administration fiscale est de rendre effective cette disposition constitutionnelle par la mise en œuvre d'un mécanisme permettant d'identifier toutes les couches socioéconomiques.

L'objectif du numéro IFU se décline en trois points[71]:

- constituer une base de données fiables à des fins d'information et de recoupement ;
- améliorer et moderniser la gestion des finances publiques avec la mise en œuvre d'une fiscalité de développement ;
- faire participer tous les citoyens béninois à la constitution de la richesse nationale conformément au principe réaffirmé à l'article 33 de la Constitution béninoise.

La phase d'immatriculation à l'IFU a débuté par l'immatriculation des entreprises ayant un numéro INSAE et à jour vis-à-vis du Fisc. Il s'agit essentiellement des entreprises gérées par la Direction des Grandes Entreprises (DGE) mais aussi de celles figurant dans le portefeuille des Centres des Impôts des Moyennes Entreprises (CIME) et remplissant les conditions préalablement rappelées. Les premiers mois d'exploitation de l'IFU ont révélé quelques insuffisances qu'il fallait corriger au plus tôt.

Il était apparu la nécessité de procéder à l'extension de ce système aux structures déconcentrées de la DGI d'une part, et aux systèmes de gestion d'informations des autres structures ou régies du Ministère de l'Economie et des Finances, d'autre part. C'est dans ce cadre qu'un plan d'action pour le déploiement et l'extension de l'IFU a été initié afin d'assurer le bon déploiement et l'évolutivité du système d'immatriculation à l'IFU. Ce plan d'action a prévu :

- la mise en place d'un Comité pour le suivi de la mise en œuvre de l'IFU et l'appui informatique à la DGI ;
- un arrêté pour la création du cadre institutionnel et organisationnel du Comité mis sur pied pour le suivi et l'appui à la mise en œuvre de l'Identifiant Fiscal Unique.

[71] Impôts-Bénin, « L'IFU pour plus d'opérabilité », *in*, www.impots.finances.bj, *Actualités*, 2018

L'arrêté pour la création du cadre institutionnel et organisationnel a été pris et un budget de trois cent millions (300 000 000) de francs CFA avait été mis à la disposition de la DGI pour l'exercice 2009 par le PIP (Programme d'Investissement Public) pour la réalisation de certaines tâches prévues au plan d'action de l'IFU.

Trois (03) centres d'immatriculation ont donc été créés. Il s'agit du :

- Centre d'immatriculation de la Direction Départementale des Impôts du Borgou Alibori (DDIBA)
- Centre d'immatriculation de la Direction Départementale des Impôts de l'Atlantique et du Littoral (DDIAL)
- Centre d'immatriculation et de numérotation de Cotonou sis à la Direction de l'Information et des Etudes (DIE) de la DGI.

Depuis la mise en œuvre en janvier 2008 de cet outil, seules les administrations financières se sont appropriées cet outil. Pour conformer sa mise en œuvre, le cadre institutionnel a été revu avec la loi de finances gestion 2011 en son article 15. Eu égard aux enjeux liés à l'utilisation de l'IFU, il était devenu nécessaire de procéder à l'évaluation de la réforme de l'IFU afin d'identifier les obstacles à son évolution et au besoin redéfinir son cadre institutionnel.

A cet effet, il a été organisé le 31 décembre 2012, les 03 et 04 janvier 2013 à l'hôtel SEA VIEW de Cotonou, le premier séminaire de concertation qui a regroupé les responsables des administrations financières. Un second séminaire a été organisé les 20 et 21 août 2013 puis les 29 et 30 août 2013 au Palais des Congrès de Cotonou et a regroupé les acteurs socioprofessionnels autour du thème intitulé : « **ETAT DES LIEUX DE LA MISE EN ŒUVRE DE L'IDENTIFIANT FISCAL UNIQUE** ».

Lesdits séminaires ont permis de :

- répondre à la question relative à la nécessité de transformer le décret instituant l'IFU en texte de loi ;
- résoudre les problèmes liés à la localisation des entreprises, à la création de plusieurs entreprises individuelles par un même promoteur, au changement de forme juridique et à la généralisation de l'IFU.

Au terme des échanges au sein des différents ateliers, il a été retenu ce qui suit :

- identifier les informations à échanger et définir le cadre d'échange. Une plateforme d'échange d'informations entre divers acteurs a été envisagé ;

- sécuriser les informations qui seront échangées de manière à mettre en confiance les partenaires, dans le strict respect de la loi sur les libertés individuelles. A cet effet, il a été envisagé la mise en place de dispositifs sécuritaires renforcés selon les habilitations ou le degré d'intervention des acteurs ;

- de faire appuyer la généralisation de l'IFU par une volonté politique manifeste et déterminante ;

- conjuguer les efforts entre le secteur public et le secteur privé ;

- mettre en place un groupe de travail rassemblant les acteurs du secteur public et du secteur privé pour décliner en objectifs globaux ou spécifiques et en autant d'activités nécessaires pour faire de l'IFU, l'Unique Identifiant National.

A l'issue des débats en plénière, les propositions suivantes ont été faites :

- faire le toilettage du décret portant création de l'IFU ;
- revoir la contexture de l'attestation ;
- instituer un groupe de travail secteur public - secteur privé ;
- élaborer l'arrêté d'application dudit décret ;
- remplacer la lettre « F » de l'acronyme IFU en vue du changement de la dénomination.

En ce qui concerne les contribuables des CIPE (petites entreprises relevant de la TPU, les personnes physiques), la DGI a entrepris depuis le mois d'octobre 2013, des actions de sensibilisation et de vulgarisation en direction des acteurs socio-professionnels et des collectivités territoriales et locales.

Dans ce cadre, elle a bénéficié de l'appui de la Coopération Financière Allemande KFW à travers la mise à disposition d'un Expert. La stratégie adoptée visait à susciter l'adhésion de tous ces acteurs socio-professionnels et des collectivités territoriales et locales en mettant l'accent sur les intérêts que chaque acteur tirerait de l'appropriation de l'IFU. Ainsi, des séances de travail ont eu lieu avec les Préfets, les Maires, les élus locaux, les sages et notables, l'Association Professionnelle des Banques et Etablissements Financiers (ABPEF), la CNSS, la SBEE, la SONEB, la SEGUB, la

SOBEMAP, les GSM, la BCEAO, les Commissionnaires Agréés en Douane, l'Autorité de Régulation des Télécommunications. Ce qui a permis de démarrer deux expériences pilotes avec les mairies de Comè et de Porto-Novo, qui consiste à arrimer l'IFU au RFU (Registre Foncier Urbain) à l'occasion des opérations de recensement et d'adressage dans ces deux villes.

Avec l'évolution du système RFU mis en place dans la ville de Comè qui prend en compte les rues et entrées de parcelles et qui permet une localisation fiable du contribuable de ladite ville, il a été proposé de faire l'arrimage de l'IFU au RFU avec la collaboration de la KFW, par le biais des enquêtes fiscales qui s'y tiennent. Cette procédure a consisté à recenser les contribuables propriétaires d'immeubles ou gérants d'entreprises et à les immatriculer à l'IFU suivant une procédure allégée préalablement définie. Ainsi, toutes pièces pouvant servir d'identité (carte LEPI, carte nationale d'identité, passeport, carte d'apprentissage, carte de commerçant, etc.) y est utilisée. L'expérience de cette localité bien qu'ayant été édifiante, n'a pas été dupliquée dans les autres villes où le même système est existant, pour défaut de financement.

Pour le succès de l'opération de couplage de l'immatriculation à l'IFU avec la reprise des enquêtes fiscales dans ladite ville, les agents enquêteurs recrutés ont été formés sur la procédure de collecte des informations devant servir à l'immatriculation des contribuables lors du recensement. Cette disposition répond aux recommandations des différents séminaires sur la généralisation de l'IFU. L'expérience de Comè a ainsi permis d'immatriculer sept cent vingt-trois (723) contribuables.

La généralisation de l'IFU a conduit la DGI à mettre en place le centre d'immatriculation de Hilla-condji pour faciliter la délivrance en temps réel du numéro au niveau du cordon douanier.

Par ailleurs, des travaux de généralisation de l'Identifiant Fiscal Unique (IFU) ont été faits à partir des données de la Liste Electorale Permanente Informatisée (LEPI). A cet effet, au titre de l'année 2015, un million de citoyens béninois âgés d'au moins dix-huit ans, a été ciblé pour être immatriculé à l'IFU. C'est dans ce cadre que les travaux de généralisation de l'IFU à partir de la LEPI, ont démarré et ont pris fin le 08 janvier 2016.

Il faut rappeler que les autres régies financières se connectent de façon automatique à la Base de Données IFU pour extraire les nouvelles immatriculations afin d'alimenter leurs bases de données. Aussi, l'immatriculation des nouveaux contribuables se fait depuis l'Agence de Promotion des Investissements et des Exportations (APIEX).

Les Agents de l'Etat ne sont pas restés en marge de cette procédure d'immatriculation. En effet, près de soixante mille ont été immatriculés à l'IFU, au 31 décembre 2014.

Par ailleurs, la Direction Générale des Impôts se veut une administration moderne qui souhaite rendre des services de qualité à ses clients tout en se donnant les moyens pour accroître ses performances. C'est pour cette raison qu'elle s'est dotée d'un nouveau système de gestion des informations fiscales dénommé SIGTAS qui a été développé dans le cadre de la mise en œuvre du Projet d'Appui à l'Accroissement des Recettes Intérieures du Bénin (PAARIB), fruit de la coopération entre le Bénin et le Canada.

Cet appui a permis de revoir le système informatique en place afin de le redynamiser, de mettre en place un nouveau module d'immatriculation qui a pris en compte les insuffisances du précédent.

Le module immatriculation du Système Intégré de Gestion des Impôts et Taxes (SIGTAS) permet d'immatriculer essentiellement les contribuables des impôts tels que les promoteurs d'entreprises, les sociétés, les ONG, les missions diplomatiques, les prestataires, etc...

Le Processus d'immatriculation

Toute personne physique ou personne morale ayant des obligations et des relations d'intérêt avec l'administration béninoise devra se faire immatriculer à l'Identifiant Fiscal Unique (IFU). C'est une exigence des dispositions de l'article 21 de la loi N°2016-33 du 26 décembre 2016 portant loi de finances pour la gestion 2017. Cet article stipule que le numéro IFU sert de base à la constitution du répertoire national des contribuables. En clair,**l'IFU n'est plus exigée à tous les citoyens.**

L'immatriculation consiste à attribuer un numéro IFU à tout contribuable. L'attestation IFU au format A4 est remplacée par une carte IFU en PVC, au format carte de crédit. Cette carte stratifiée avec le logo de la DGI en filigrane a une durée de validité de 10 ans. **Aucun frais n'est exigé**. La carte IFU est délivrée séance tenante à partir de l'acceptation du dossier complet. Tout demandeur absent peut même se faire délivrer cette carte à condition de fournir les pièces exigées.

La nouvelle carte IFU entrée en vigueur depuis le 18 avril 2017 n'est délivrée qu'aux nouveaux immatriculés. Le remplacement de l'attestation IFU par la carte IFU se fera sur présentation d'une attestation fiscale ou d'un quitus fiscal. Comment et où se faire immatriculer ? Selon les services compétents de la DGI, toute personne désirant se faire immatriculer devra se présenter à la DGI pour ce qui concerne les prestataires de service, les associations, ONG et missions diplomatiques, les entités administratives et autres structures sans but lucratif. En revanche, les personnes physiques et morales promoteurs d'entreprises se présenteront à l'Agence de Promotion des Investissements et des Exportations (APIEX).

Après dix années de mise en exploitation, le système d'immatriculation à l'IFU a permis d'immatriculer globalement **1 094 438** contribuables, toute catégorie confondue.

Les immatriculations ont été effectuées de deux différentes manières à savoir :

- le processus normal d'immatriculation (dépôt des dossiers dans les centres de collecte ou d'instruction) ;
- généralisation à partir de bases de données existantes (SUNKWE ET LEPI)

2-Contraintes

Il fallait assurer le maintien en bon état de marche des interconnexions entre les centres d'immatriculation décentralisés avec le siège de la Direction Générale des Impôts. Par exemple, le centre d'instruction d'Hilla-Condji à la frontière Bénin-Togo a été fermé après quelques années de fonctionnement discontinu et de faible taux d'immatriculation à ce poste frontalier. Si l'IFU s'est imposé dans l'administration publique, cela n'est pas encore le cas dans le secteur privé, il y a encore beaucoup d'effort à faire.

3. Dysfonctionnements prévisionnels et actuels

Des difficultés étaient nées suite aux travaux de généralisation. En effet, en 2014, après les travaux d'immatriculation des Agents de l'Etat, il a été constaté des failles dans le système, laissant apparaitre des doublons. Le problème est devenu aigu après la généralisation de l'IFU sur la base, des données issues du fichier de la LEPI. En outre, l'état civil du Bénin ne disposant pas d'un système de référencement unique des pièces délivrées (Actes de naissance, Carte d'identité) aux citoyens, les critères de contrôle de l'unicité étaient mis à mal. La non fiabilité des adresses de contact des contribuables ne permet pas de retrouver tous les contribuables après leur immatriculation à l'IFU. L'utilisation frauduleuse de l'IFU (usurpation d'IFU) lors des opérations d'importations et d'exportations est aussi à signaler.

4-Perspectives théoriques et opérationnelles

Le recoupement d'information entre les régies financières est devenu plus aisé avec l'IFU. Ce qui permet à la DGI de mieux suivre les contribuables et de mener les actions adéquates. Il est souhaité qu'avec la collaboration de la Direction Générale des Douanes, un système de notification par SMS et/ou par mail soit mis en place afin de prévenir le contribuable dont l'IFU est utilisé pour une opération d'importation ou d'exportation.

La mise en place du cadastre pour le Bénin pourra aider à régler les problèmes de localisation des contribuables. La mise à disposition des résultats du RAVIP (Recensement Administratif à Vocation d'Identification de la Population pourrait permettre d'apurer la base de données IFU.

Par ailleurs, il faut noter que des cadres d'échanges d'informations relatives à l'IFU entre la DGI et les structures comme la Caisse Nationale de Sécurité Sociale, le Port Autonome de Cotonou, sont en cours.

CONCLUSION

La mise en œuvre de l'IFU a fait augmenter les recettes de l'Etat. En effet, la plateforme d'échanges de données entre les administrations financières permet de suivre les importations et exportations des contribuables, les marchés publics attribués et les paiements effectués pour leur compte au Trésor. Ce qui permet de bloquer ces opérations en amont (désactiver l'IFU) ou de faire des redressements fiscaux en aval. L'IFU malgré ses faiblesses constitue une promesse d'avenir pour l'intensification du contrôle fiscal et l'accroissement des recettes fiscales.

ANNEXES

Les pièces indispensables à l'immatriculation

- **Pour les personnes physiques**

- Fiche signalétique d'immatriculation fournie par l'Administration, à remplir et à certifier exacte sur l'honneur par le contribuable ;

- Copie de l'acte de naissance ;

- Copie de la carte d'identité nationale ou du passeport ou de la carte LEPI ou du permis de conduire ou du titre de séjour ;

- L'attestation de résidence ou copie de la facture SBEE ou copie d'un plan sommaire de localisation de la résidence.

- **Pour les entreprises individuelles**

Les entreprises individuelles ne sont pas immatriculées en leur nom propre, mais portent le numéro IFU du promoteur. Pour ce faire, elles produisent un dossier contenant les pièces ci-après en vue de leur rattachement au promoteur :

- Une fiche signalétique d'immatriculation fournie par l'Administration, à remplir et à certifier exacte sur l'honneur par le contribuable ;

- Une copie de l'acte de naissance ;

- Une copie de la carte d'identité nationale ou du passeport ou de la carte LEPI ou du permis de conduire ou du titre de séjour ;

- Une copie du RCCM ;

- une attestation de résidence ou copie de la facture SBEE ou copie d'un plan sommaire de localisation de la résidence.

- **Pour les personnes morales**

- Une fiche signalétique d'immatriculation fournie par l'Administration, à remplir et à certifier exacte sur l'honneur par le contribuable ;

- Une copie de l'attestation IFU du gérant et ou des actionnaires. A défaut, les pièces devant servir à leur immatriculation.

- Une copie du RCCM ;

- Une copie des statuts enregistrés ;

- Un relevé d'identité bancaire s'il est disponible ;

- Une attestation de résidence ou une copie de la facture SBEE ou copie du plan sommaire de localisation de la résidence.

Par ailleurs, s'il s'agit d'une société étrangère, elle doit produire le contrat ou la lettre de commande des prestations exécutées au Bénin ou une copie de l'attestation ou de la carte d'immatriculation IFU du représentant fiscal au Bénin.

- **Pour les organisations, associations et ambassades**

- Une fiche signalétique d'immatriculation fournie par l'Administration, à remplir et à certifier exacte sur l'honneur par le contribuable ;
- Une copie de l'attestation IFU du gérant, du promoteur ou de l'Ambassadeur ou représentant résidant. A défaut, les pièces devant servir à leur immatriculation ;
- Une copie du récépissé de création (ONG locales) ou de l'accord de siège (ONG Internationales) ;
- Une copie de la lettre d'accréditation (ORGANISATIONS INTERNATIONALES ET AMBASSADES) ;
- Un relevé d'identité bancaire s'il est disponible ;
- Le plan sommaire de localisation ou la copie de la facture SBEE de la résidence.

- **Pour les personnes morales**

- Une copie du décret, de l'arrêté ou de l'AOF de la structure ;
- Le plan sommaire de localisation ou la copie de la facture SBEE de la résidence.

DEPENSES FISCALES AU BENIN :
PROPOS ÉVALUATIFS

CHARLES YEHOUENOU,

CHEF DE L'UNITÉ DE POLITIQUE FISCALE -DGI

INTRODUCTION

La dépense fiscale est un instrument de politique économique et sociale ayant pour but la promotion de l'activité économique ou la recherche de l'équité sociale. Cependant, l'Etat peut déroger aux règles d'imposition afin d'atteindre un objectif visé pour certaines catégories de contribuables.

Ces allègements de charges fiscales peuvent prendre diverses formes à savoir : les exonérations, les abattements sur le revenu imposable, les crédits d'impôt, les réductions du taux de l'impôt et les aides sous forme de délai de paiement de l'impôt. En effet, elles entraînent des pertes de recettes aux régies financières, notamment les Impôts et la Douane sans oublier que leurs effets sur le Budget Général de l'Etat peuvent être comparables à ceux des dépenses de transfert. C'est d'ailleurs pour cette raison qu'elles sont appelées « dépenses fiscales » ou « subventions fiscales ».

Toutes les pertes de recettes fiscales ne sont pas considérées comme des dépenses fiscales. Considérer toutes pertes de recettes conduirait à une surestimation des dépenses fiscales induisant ainsi une illusion desdites dépenses.

La dépense fiscale est définie par rapport à un Système Fiscal de Référence (SFR). Le Système Fiscal de Référence indique pour chaque impôt, droit ou taxe, l'assiette et le taux. Toute mesure dérogatoire au système de référence est considérée comme une dépense fiscale et entre dans le périmètre de l'évaluation.

Encadré : Elaboration du Système Fiscal de Référence et correction de l'illusion des dépenses fiscales au Bénin

La première évaluation des dépenses fiscales a été produite au Bénin par la Commission chargée du suivi des exonérations et de l'évaluation des dépenses fiscales en 2008. L'évaluation a été poursuivie tous les ans sur la base d'un ratissage assez large de l'ensemble des mesures dérogatoires. Les différentes évaluations ont considéré toutes les pertes de recettes comme étant des dépenses fiscales surestimant ainsi les dépenses fiscales induites par les mesures ayant fait l'objet d'évaluation. Quelques mesures au nom de certains principes en matière de fiscalité ne devraient pas être considérées comme des dépenses fiscales. On distingue notamment :

- ✓ ***les pertes de recettes induites par les conventions internationales régulièrement ratifiées par le Bénin (Convention de Vienne, Convention de Florence, Convention de Chicago). Ces exonérations relèvent du droit international et doivent à ce titre être intégrées dans le système fiscal de référence.***
- ✓ ***les pertes de recettes liées à la TVA sur les importations des sociétés agréées au code des investissements. Cette considération met ainsi en mal le principe de déductibilité de la TVA. En effet, cette exonération de TVA sur les biens d'équipements ou éventuellement sur les intrants ne signifie pas que les biens produits par ces entreprises sont exonérés de la TVA. L'exonération en douane n'est donc pas une perte de recettes, mais simplement une facilité de trésorerie accordée par l'État.***
- ✓ ***les pertes de recettes liées à l'exonération de TVA sur les importations d'équipements des sociétés minières et pétrolières. La production de ces sociétés est généralement destinée à l'exportation, donc assujettie à un taux zéro de TVA. Le paiement de TVA en douane sur les biens d'équipements imposerait donc un remboursement des crédits de TVA, qui risquerait de mettre à mal tout le mécanisme de la TVA.***
- ✓ ***les allègements fiscaux accordés par la loi portant régime de la Zone Franche Industrielle (ZFI). La ZFI constitue une enclave territoriale isolée de l'environnement géographique par un cordon douanier, véritable frontière qui délimite un espace géographique à l'intérieur duquel les activités commerciales internationales de stockage, de transbordement et les activités industrielles tournées vers l'exportation peuvent être exercées dans les conditions administratives, douanières et fiscales particulières.***
- ✓ ***L'exonération de la TVA sur les importations de sociétés de téléphonie mobile de norme GSM dans le cadre des conventions signées avec l'Etat. Ces sociétés collectent la TVA à l'intérieur et la reverse entièrement. Compte tenu du principe de déductibilité, il n'y a plus de dépenses fiscales pour l'Etat.***

L'élaboration du Système Fiscal de Référence a ainsi permis de corriger l'illusion. Toutefois, il est important de suivre les pertes de recettes pour éviter des abus.

Au total de 2010 à 2017, les pertes de recettes non considérées comme dépenses fiscales ont été évaluées à 110 milliards FCFA.

Source : rapport Dépenses fiscales 2017, Bénin

La publication des rapports d'évaluation des dépenses fiscales semble être aujourd'hui reconnue comme un instrument de bonne gouvernance budgétaire. Au Bénin, la première évaluation de la dépense fiscale a été réalisée en 2008 et a été annexée au projet de loi de finances. Cet exercice s'est poursuivi jusqu'en 2017.

EVOLUTION RECENTE DES DEPENSES FISCALES AU BENIN

1-Revue des mesures d'exonérations

Une revue en 2018 des mesures d'exonération en vigueur au Bénin, sur la base du nouveau Système Fiscal de Référence, a permis de recenser 313 mesures constitutives des dépenses fiscales dont 175 au titre de la fiscalité directe et 138 pour la fiscalité indirecte[72]. Sur les 313 mesures, 134 sont évalués, soit un taux de 42,8%.

Les mesures d'exonérations fiscales et douanières sont prévues par des actes juridiques : Code Général des Impôts, Code Général des Douanes, Code des investissements, Code minier, Code pétrolier et Décrets, Loi de finances, Arrêtés, Conventions, Accords, Contrats et Notes d'informations.

Les mesures évaluées sont relatives à la Taxe sur la Valeur Ajoutée, le Droit de Douane, l'Impôt sur les Sociétés, une partie de l'Impôt sur le Revenu des Personnes Physiques, le Versement Patronal sur Salaire et la Taxe sur les Véhicules à Moteur.

Le graphique 1 montre que les mesures d'exonération de la TVA et du droit de douane sont les plus importantes.

Graphique 1 : Repartition des mesures d'exonération évaluées

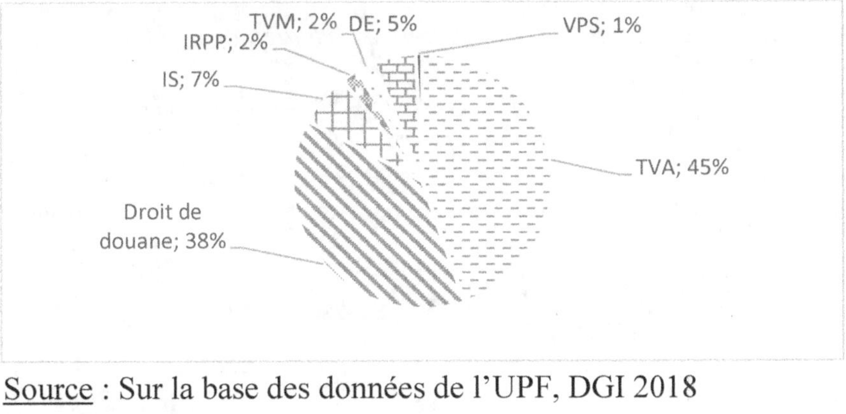

Source : Sur la base des données de l'UPF, DGI 2018

[72] *Matrice des mesures d'exonération UPF/DGI*

2.Evaluation des dépenses fiscales au Bénin

L'évaluation des dépenses fiscales au Bénin est faite sur la base d'un Système Fiscal de Référence (SFR) par impôt, droit et taxe.

2.1.Méthode d'estimation

Il existe trois principales méthodes de calcul du coût des dépenses fiscales à savoir :

- la méthode des pertes de recettes fiscales consiste à calculer *ex post* le montant du manque à gagner sur les recettes du fait de l'application d'une mesure.
- la méthode des gains de recettes consiste à calculer *ex ante* l'augmentation de recettes attendue en cas de suppression de l'avantage. Cette méthode diffère de la première dans la mesure où elle implique une estimation des comportements probables en réaction au changement apporté.
- la méthode de l'équivalent en dépense permet de calculer combien il en coûterait d'offrir un avantage monétaire équivalent à la dépense fiscale au moyen d'une dépense directe, en supposant, comme dans la méthode des pertes de recettes, que les comportements demeurent inchangés.

La méthode adoptée dans ce document est la perte de recettes fiscales.

2.2.Coût des dépenses fiscales

Sur la base des statistiques disponibles, les dépenses fiscales sont ressorties à 129,5 milliards FCFA en 2017 contre 59,67 milliards FCFA en 2010 après 143,1 milliards FCFA en 2016.

Graphique 2 : Evolution des dépenses fiscales de 2010 à 2017

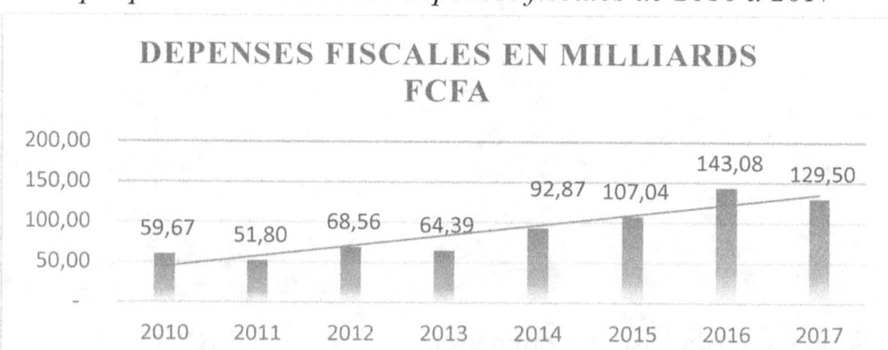

Source : sur la base des données de l'UPF, MFRE/DGI, Août 2018

En dépit du repli observé en 2017 par rapport à 2016, la tendance des dépenses fiscales au Bénin est à la hausse comme en témoigne le graphique 2, d'où la nécessité d'adopter une stratégie de rationalisation.

En pourcentage du PIB, les dépenses fiscales représentent en 2017, 2,4% contre 2,8% en 2016.

Graphique 3 : Evolution des dépenses fiscales en % du PIB de 2010 à 2017

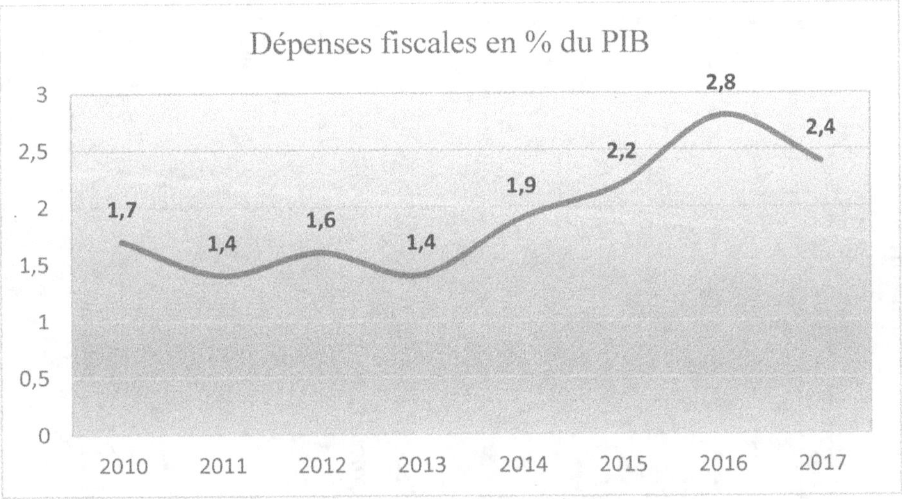

2.3.Les dépenses fiscales par nature d'exonération

L'analyse des dépenses fiscales par grand groupe montre que celles liées aux régimes spéciaux occupent la première place (31,1% en moyenne) sous la période 2013-2017 suivis de celles relatives à l'exonération de TVA sur certains produits spécifiques (24,4% en moyenne) et des marchés publics à financement extérieur (21,9% en moyenne).

Tableau 1 : Situation des dépenses fiscales par nature d'exonération de 2013 à 2017 (en milliards FCFA)

	2013	**2014**	**2015**	**2016**	**2017**
MARCHES PUBLICS A FINANCEMENT EXTERIEUR	14,9	20,6	28,0	23,8	27,8
EXONERATIONS CLASSIQUES ***dont***	10,0	14,0	10,7	6,0	5,6
Code des investissements	*7,0*	*8,0*	*7,1*	*4,3*	*3,7*
Code pétrolier	*0,5*	*3,1*	*2,0*	*0,3*	*0,1*
EXONERATIONS SUR INTRANTS AGRICOLES	0,1	5,7	7,6	12,7	1,6
REGIMES SPECIAUX dont	25,7	35,0	35,2	35,5	26,3
Franchises accordées aux sociétés de GSM	*15,3*	*19,8*	*16,4*	*17,6*	*0,9*
Exonération sur Motocyclettes à quatre temps	*7,0*	*10,4*	*13,0*	*9,8*	*13,0*
Franchises accordées par l'Etat	*0,9*	*1,8*	*3,0*	*3,8*	*8,8*
EXONERATION DE TVA SUR CERTAINS PRODUITS SPECIFIQUES DONT	13,7	17,6	25,6	42,9	35,9
sur les produits alimentaires de 1ère nécessité non transformés	*5,7*	*7,3*	*16,1*	*31,3*	*24,4*
sur le transport public de voyageurs	*1,1*	*3,1*	*3,5*	*3,6*	*Nd*
sur les médicaments et matériels médicaux	*6,0*	*6,2*	*5,3*	*7,9*	*11,2*
DROITS D'ENREGISTREMENT	-	-	-	16,4	32,4
TITRES CONSOLIDES DE LA BCEAO	-	-	-	5,6	-
Total	**64,39**	**92,87**	**107,05**	**143,07**	**129,50**

Source : Sur la base des données de la MFRE, DGE, DGI, août 2018

En 2017, prises individuellement, les dépenses fiscales induites par l'enregistrement gratis des actes représentent la part la plus importante (25%) suivies de celles liées aux marchés publics à financement extérieur (21,4%). Ensuite, viennent la mesure d'exonération des produits alimentaires de première nécessité et non transformés (18,8%) et entrant dans le cadre de l'application effective de la directive n°02/2009/CM/UEMOA portant harmonisation des législations des États membres en matière de Taxe sur la Valeur Ajoutée ; les exonérations de droit de douane et de la TVA sur les motocyclettes à quatre temps, matériels informatiques et autres (10,0%) ; et les exonérations des médicaments et matériels médicaux (8,6%). Ces cinq mesures représentent à elles seules 84% des dépenses fiscales évaluées.

Une analyse plus détaillée de chaque mesure montre que l'importance des enregistrements gratis des actes est induite dans une large mesure par celui des contrats de marchés en lien avec le Programme d'Actions du Gouvernement et des conventions de ventes de parcelles. L'exonération des droits d'enregistrement gratis particulièrement des parcelles se justifie car elle est considérée comme un catalyseur pour la bonne tenue des activités de l'Agence Nationale du Domaine et du Foncier. En effet, l'enregistrement constitue une étape fondamentale à l'immatriculation des parcelles et un élément d'élargissement de l'assiette dans le domaine du foncier pour la Direction Générale des Impôts.

S'agissant des dépenses fiscales liées aux marchés publics à financement extérieur, elles sont considérées comme la contrepartie de l'Etat au financement des infrastructures de soutien à la production. Notons que ces dépenses fiscales sont comptabilisées dans les performances des Régies financières.

En ce qui concerne l'exonération de la TVA sur certains produits spécifiques, son importance en termes de volume est induite par la mesure d'exonération des produits de première nécessité mais aussi des médicaments et matériels médicaux et des activités de transport public de voyageurs.

Au niveau des régimes spéciaux, il est constaté que les franchises accordées aux sociétés mobiles de norme GSM (18% des dépenses fiscales totales en moyenne entre 2013 et 2016) ont enregistré un net repli en lien avec l'arrivée à terme de la mesure d'exonération (0,7% en 2017 contre 12,3% en 2016). Les exonérations classiques sont ainsi tirées par la mesure relative aux motos à quatre temps en 2017 et les autres franchises accordées par l'Etat.

Les dépenses fiscales induites par l'exonération des droits et taxes à l'importation des intrants agricoles représentent aussi une part importante (9,0% en 2016 contre 7,1% en 2015). En 2017, elles n'ont représenté que 1,2% des dépenses fiscales totales.

2.4.Les dépenses fiscales par objectif

La dépense fiscale, instruments de politique économique par excellence, vise généralement un objectif. Au Benin, en 2017, l'objectif dominant est la promotion des institutions privées notamment celle du secteur privé avec 21,1%, du bien-être de la Population (20,9%), et de l'allègement de la charge fiscale aux ménages (8,7%).

Graphique 4 : part des dépenses fiscales par objectif en 2017

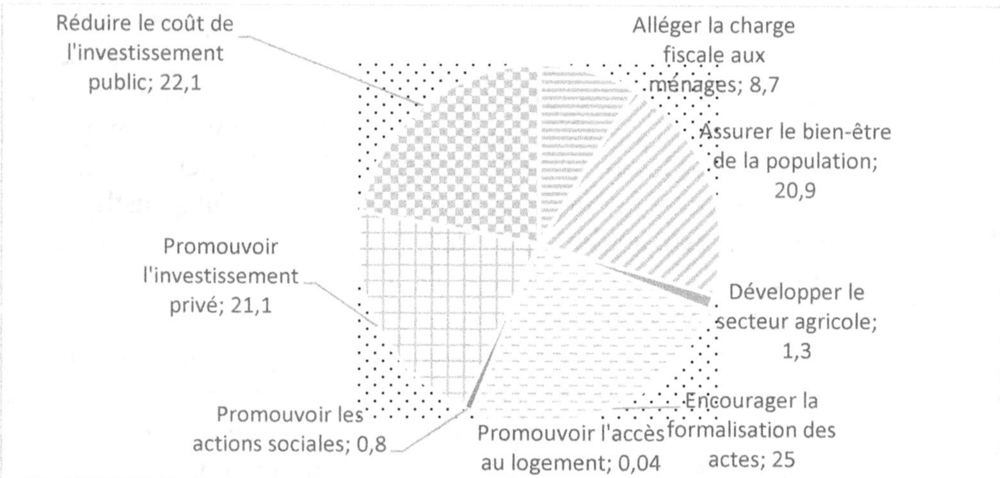

Source : sur la base des données de l'UPF, Août 2018

L'encouragement à la formalisation des actes est transversal et profite aussi bien aux institutions privées qu'aux institutions publiques. Les dépenses fiscales profitent également aux institutions publiques notamment à travers l'exonération des marchés publics à financement extérieur et les importations de l'Etat et des collectivités publiques.

ANALYSE COUT-BENEFICE DES DEPENSES FISCALES

La dépense fiscale est souvent adoptée par le législateur sans une grande visibilité sur leur opportunité. Le danger d'une telle démarche est qu'elle laisse la porte ouverte aux dérapages et engendre de ce fait un déséquilibre au niveau des recettes de l'Etat.

Au Bénin, la Commission de suivi des exonérations et de l'évaluation des dépenses fiscales et la Direction Générale des Affaires Economiques ont évalué l'impact socio-économique de certaines mesures spécifiques. Il sera présenté dans cette partie, les conclusions de quelques études qui demeurent toujours d'actualité.

1.Exonération des sociétés mobiles de norme GSM

Le Bénin a fait son entrée sur le marché du GSM par des réseaux mobiles de première génération à partir de 1995 avec le démarrage des activités de Libercom. Les premières licences ont été cédées par l'Etat à 120 millions FCFA en 2000 puis réévaluées à 5 milliards en 2004 après l'entrée sur le marché d'un quatrième opérateur en 2003.

Au fil des années, la nécessité de passer à la technologie de deuxième génération (2G) s'est imposée et des négociations entre le Gouvernement et les opérateurs de téléphonie mobile ont permis d'aboutir en octobre 2007 à la signature de conventions entre les deux parties et qui fixe le montant de la licence 2G à 30 milliards FCFA pour les opérateurs déjà présents sur le marché béninois et à 33 milliards FCFA pour l'opérateur Glo mobile qui y faisait son entrée, pour une durée de 10 ans. Ces conventions qui ont précisé les dispositions fiscales à appliquer aux opérateurs prévoyaient des exonérations : (i) sur les droits de douane et la Taxe sur la Valeur Ajoutée (TVA) sur les importations des opérateurs pour une période de 5 ans et (ii) sur l'Impôt sur les Sociétés (IS) pour une période de 3 ans à choisir librement par l'opérateur.

L'année 2012 a marqué le passage du Bénin de la 2G à la troisième génération (3G) de réseaux mobiles. Le coût de la licence est de 50 milliards FCFA et couvre une période de 20 ans avec à la clé de nouvelles exonérations et quelques innovations. En effet, les nouvelles conventions signées entre l'Etat et chaque opérateur prévoient la mutation de la licence 3G en une licence neutre, une exonération des droits de douane et de la TVA pour 3 ans et de l'IS sur 5 ans et une exonération des redevances sur les ressources en numérotation et en fréquences pour une période de 4 ans.

Tableau 2 : Situation de paiement des frais de licence 2G et 3G (en milliards FCFA) au 30 août 2013

	Cout de la licence	Montant payé	Solde à payer	Observation
	2G			
Glo-mobile	33	33	0	
MOOV-	30	30	0	
MTN	30	30	0	
BBCOM	30	17,25	12,75	Engagement non respecté
Libercom	30	15	15	Engagement non respecté
Total G2	153	125,25	27,75	
3G				
MTN	50	50	0	
MOOV	50	50	0	
Total 3G	100	100		
TOTAL	253	223	30	

Source : DGTCP/MEF, septembre 2013

L'analyse des dispositions fiscales appliquées aux opérateurs mobiles de norme GSM au Bénin a fait ressortir des insuffisances dont notamment la non définition de la nature des importations concernées par la mesure d'exonération et la non pertinence de l'exonération de l'IS.

De plus, ces exonérations comparées aux dispositions fiscales appliquées aux opérateurs mobiles de norme GSM dans les pays africains et du monde s'apparentent à « un cadeau offert sur un plateau d'or ».

Graphique 5 : Coût de la licence 3G dans quelques pays africains en 2012 (en milliards FCFA)

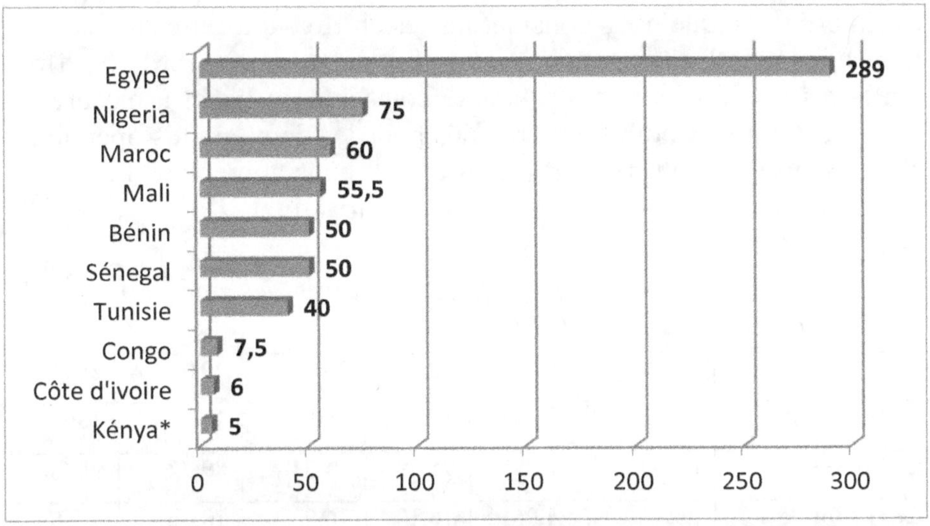

De 2008 à 2017, les dépenses fiscales liées au GSM ont été évaluées à 125 milliards FCFA contre un montant de 223 milliards FCFA perçus au titre des licences 2G et 3G.

En effet, comparé au pays du Maghreb, notamment la Tunisie, et à certains pays de l'UEMOA et de la CEMAC dont la Côte d'Ivoire et le Congo, le coût de la licence 3G au Bénin parait très élevé. Mais comparé au Sénégal, le coût de la licence semble se situer dans la même fourchette. Le coût de la licence est plus élevé en Egypte, au Nigeria au Maroc et même au Mali par rapport au Bénin.

Dans l'ensemble des pays dont les dispositions fiscales ont été passées en revue dans le cadre de l'étude, il a été noté que c'est le régime de droit commun qui est appliqué. De plus, certains Gouvernants ont compris que le secteur de la téléphonie mobile est à forte valeur ajoutée et les dispositions fiscales appliquées aux opérateurs vont souvent au-delà de celles appliquées aux autres biens et services. C'est le cas de la TVA en Egypte et du prélèvement des droits d'accise en Côte d'Ivoire, en République Démocratique du Congo, au Togo, etc.

Les mesures d'exonération accordées au Bénin, touchant aussi bien la fiscalité de porte (Droits de douane et TVA), que la fiscalité intérieure notamment l'IS, mais aussi certaines redevances (dans le cadre de la 3G) induisent d'énormes manques à gagner à l'Etat, contribuant ainsi à accroître le déficit budgétaire et à réduire les dépenses sociales.

En effet, lorsque nous considérons les chiffres d'affaires réalisés en moyenne par les opérateurs mobiles de norme GSM (chiffres d'affaires qui s'inscrivent en hausse constante au fur et à mesure de l'augmentation du nombre d'abonnés pour les deux grands opérateurs et de l'élargissement des services fournis), nous apprécions l'ampleur du manque à gagner qu'implique pour l'Etat l'octroi de ces exonérations.

Tableau 3 : Evolution des chiffres d'affaires des opérateurs GSM de 2012 à 2017 (en milliards FCFA)

	2012	**2013**	**2014**	**2015**	**2016**	**2017**
SPACETEL	125,53	128,482	145,62	160,96	162,36	136,25
ETISALAT	64,04	72 ,00	75,39	84,31	89,32	94,08
GLO Mobile	26,99	24,96	16,10	16,93	10,36	5,77
LIBERCOM	1,14	1,1	0,81	0,94	1,03	0,54
BBCOM	4,22	5,58	1,77			
TOTAL	221,94	232,13	239,69	263,14	263,07	236,64

Source : Rapports d'activités, 2014, 2015, 2017, ACERP

De plus, les statistiques sur les dépenses fiscales indiquent que l'Etat renonce en moyenne, au titre de chaque année, à des recettes fiscales de l'ordre de 12,5 milliards FCFA au profit des sociétés de téléphonie mobile de norme GSM.

De même, ces exonérations n'ont pas induit un accroissement substantiel des investissements des opérateurs tel qu'escompté car, à l'exception du dernier opérateur, l'ensemble des opérateurs avaient déjà construit leur réseau avant l'entrée en vigueur des mesures d'exonération.

Tableau 4 : Investissement des réseaux de téléphonie de norme GSM (en milliards FCFA)

	2007	**2008**	**2009**	**2010**	**2011**	**2012**	**2013**	**2014**	**2015**	**2016**	**2017**
MTN	37,80	29,77	49,11	11,96	13,66	65,68	17,36	9,22	14,49	19,6	27,45
MOOV	14,03	38,66	12,16	30,47	18,65	6,52	76,57	29,86	18,76	26,11	14,93
Glo mobile		122,65	95,77	0,00	47,51	9,67	3,80	2,66	0,99	-	
BBCom	32,61	17,07	1,51	3,85	1,70	0,75	0,61	0,01	-	-	
Libercom	0,20	0,56	0,07	0,00	0,00	0,89	0,67	0,82	0,80	0,72	
Total	***84,64***	***208,71***	***158,62***	***46,28***	***81,52***	***83,51***	***99,01***	***42,57***	***35,04***	***46,43***	***42,38***

Source : ACERP Bénin, Rapports annuel d'activités 2008 à 2017.

Sur le niveau des prix, il est difficile de dissocier l'effet de la mesure d'exonération, la concurrence et le rôle de régulation joué par l'Autorité de Régulation des Communications Electroniques et de la Poste (ACERP). En effet, pendant longtemps les prix ont varié d'un opérateur à un autre et ont été harmonisés à partir de 2017 sous la pression de l'ACERP.

Tableau 5 : Evolution des tarifs de communication au Bénin de 2013 à 2017

	2012	**2013**	**2014**	**2015**	**2016**	**2017**
		Service Voix (en FCFA/min)				
Intra réseau	30/72	30/72	30/72	30/72	30/72	30/60
Vers les réseaux mobiles et fixes	60/120	60/120	60/120	60/120	60/120	60
Inter/Afrique	60/180	60/185	60/185	60/185	60/185	60/200
		Service SMS (en FCFA/SMS)				
Intra réseau	15/25	15/25	15/25	10/14	10/14	12/14
Inter Réseaux	50	25	25	25	25	25
Vers l'international	65/75	65/75	65/75	65/75	65/75	65/75

Source : ACERP Bénin, Rapports annuels d'activités, 2014, 2015, 2017.

Les prix pratiqués au Bénin sont légèrement plus compétitifs que les prix pratiqués dans la sous-région UEMOA

Tableau 6 : Evolution des tarifs de communication dans les pays de l'UEMOA de 2014 à 2016

	Intra réseau			**Inter réseaux**		
	2014	2015	2016	2014	2015	2016
BENIN	60	60	60	60	60	60
BURKINA-FASO	90	90	90	90	90	90
COTE D'IVOIRE	82	88	88	82	93	93
GUINNE BISSAU	90	90	90	150	150	150
MALI	108	108	108	108	108	108
NIGER	120	120	120	120	120	120
SENEGAL	88	88	88	98	98	98
TOGO	80	80	80	120	120	80

Source ARTP/Togo, 2017

2. Exonération du matériel informatique des droits et taxes à l'importation

Le Gouvernement, depuis 2000, en adoptant la mesure relative à l'exonération des matériels informatiques, logiciels et imprimantes vise à promouvoir l'utilisation généralisée des NTIC par tous les béninois et relever le niveau d'informatisation des administrations publique et privé. En effet, au début des années 2000, le coût d'acquisition de l'ordinateur généralement élevé et les niveaux de vie généralement faibles des populations ont incité le Gouvernement à adopter cette mesure pour permettre d'améliorer la productivité du facteur humain à travers l'utilisation généralisée des nouvelles technologies de l'information et de la communication. Cette ambition du Gouvernement a été encore confirmée depuis 2006 à travers l'élaboration et l'adoption des Orientations Stratégiques de Développement (OSD 2006-2011) dans l'un de ces principaux axes stratégiques. Ainsi, la mesure est en cohérence avec les documents de politique économique élaborés, et répond à un besoin clairement identifié et prioritaire pour faire de notre administration, une administration informatisée, de service et de développement. Ce qui justifie la pertinence de la mesure.

L'efficacité de la mesure reste encore mitigée. En effet, du point de vue des résultats obtenus et mesurés par le taux d'informatisation de l'Administration publique, des services privés et de la proportion des étudiants qui utilisent des ordinateurs personnels, on pourrait penser à une mesure efficace.

Cependant, les avantages obtenus par les importateurs au niveau du cordon douanier ne semblent pas réellement être transmis à l'acheteur à travers la baisse des prix. Il pourrait donc s'agir d'une rente captée par les seuls commerçants car les prix d'achat des ordinateurs portatifs et accessoires dans les pays voisins sans exonération ne semblent pas trop différer de ceux de notre pays. La baisse significative des prix des ordinateurs sur le marché béninois semble donc être due beaucoup plus à la technologie.

En se basant sur l'analyse coût/bénéfice ou coût/efficacité de la mesure on pourrait simplement parler d'une mesure non efficiente. En effet, en dix-huit ans d'application de la mesure relative à l'exonération du matériel informatique et accessoires (2001-2018), l'Etat a renoncé à la mobilisation au titre des recettes fiscales d'environ 80,6 milliards de Francs CFA, soit en moyenne 4,5 milliards de Francs CFA par an. Le résultat obtenu en termes de la baisse du prix d'achat de l'ordinateur par la population est faible et témoignerait d'un transfert marginal d'avantage aux acheteurs.

Les avantages de la mesure, bien que mitigés, semblent durables. Cette durabilité se trouverait encore renforcée si des mesures d'accompagnement telles que : l'accroissement des revenus des populations à faible pouvoir d'achat, l'accélération de l'électrification des zones encore non électrifiées, le relèvement du taux d'alphabétisation des populations, etc. y ont été prises.

ANALYSE COMPARATIVE DES DEPENSES FISCALES SUR LA PERIODE 2014-2017 DANS L'UEMOA

La présente section fait l'étude comparative du niveau des dépenses fiscales au sein de certains pays de l'UEMOA. Il s'agit du Bénin, de la Côte d'Ivoire, du Mali et du Sénégal. La section est articulée autour (i) des mesures dérogatoires constitutives des dépenses fiscales et (ii) du niveau des dépenses fiscales totales par pays.

1-Mesures dérogatoires recensées et évaluées par les pays membres

Les mesures dérogatoires constitutives des dépenses fiscales pour ces pays ont évolué sur la période. Sur la base des statistiques disponibles il ressort que la Côte d'Ivoire a un taux de mesures évaluées de 66,3% contre 42,8% pour le Bénin. On constate également que la législation fiscale malienne (521 mesures) a accordé plus d'incitation en 2017 que les autres pays.

Tableau 7 : Mesures dérogatoires par pays sur la période 2014-2017

N°	Pays	2014			2015			2016			2017		
		Mesures recensées	**Mesures évaluées**	**Part (%)**	**Mesures recensées**	**Mesures évaluées**	**Part (%)**	**Mesures recensées**	**Mesures évaluées**	**Part (%)**	**Mesures recensées**	**Mesures évaluées**	**Part (%)**
1	*Bénin*	*73*	*73*	*100*	*73*	*73*	*100*	*73*	*73*	*100*	*313*	*134*	*42,8*
2	*Côte d'Ivoire*	*nd*	*nd*		*nd*	*nd*		*277*	*98*	*35,4*	*457*	*303*	*66,3*
3	*Mali*	*nd*	*nd*		*452*	*nd*		*452*	*nd*		*521*	*nd*	
4	*Sénégal*	*326*	*222*	*68,1*	*nd*	*nd*		*nd*	*nd*		*nd*	*nd*	

<u>Source</u> : Extrait des rapports d'évaluation des pays, 2018

2-DEPENSES FISCALES TOTALES SUR LA PERIODE 2014-2017

On constate une tendance globale à la baisse du niveau des dépenses fiscales totales au sein de tous les pays. En effet, les dépenses fiscales totales de la Côte d'Ivoire sont passées de 409,1 milliards FCFA en 2015 à 326,8 milliards FCFA en 2017, soit une baisse de 20%. Le Mali a connu une baisse de 10% du niveau de ces dépenses fiscales. Entre 2016 et 2017, les dépenses fiscales du Bénin ont baissé de 9,5%.

En général, la tendance est à la rationalisation des dépenses fiscales au sein de l'Union. Toute chose qui permettra d'améliorer la performance des administrations fiscales en vue d'accroître le recouvrement des impôts, droits et taxes.

Graphique 6: Dépenses fiscales totales par pays entre 2014 et 2017 (en milliards FCFA)

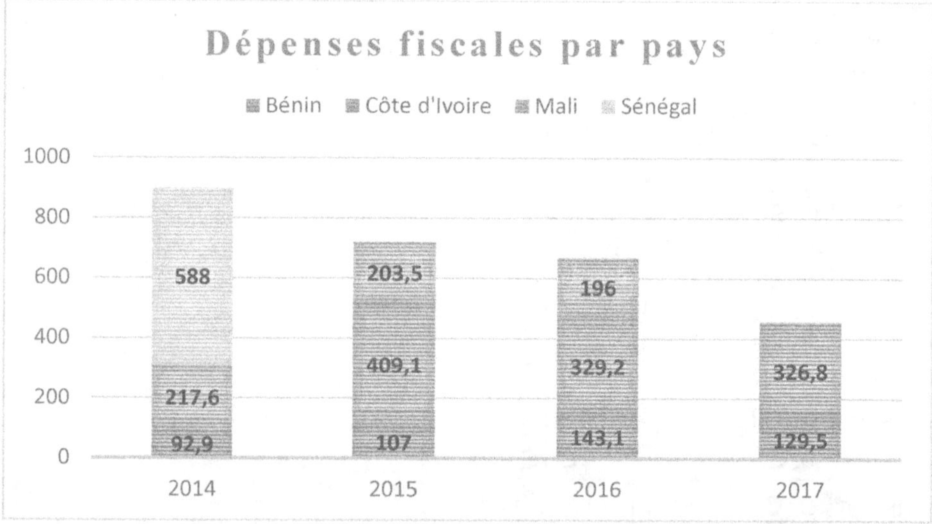

<u>Source</u> : Extrait des rapports d'évaluation des pays, 2018

L'analyse approfondie de la répartition des dépenses fiscales par impôts, droits et taxes montre que la Taxe sur la Valeur Ajoutée (TVA) à l'intérieur constitue la principale source de dépenses fiscale au sein des pays. A titre illustratif, on constate qu'en 2017, la TVA à l'intérieur représente environ 43% pour le Bénin et 52,2% pour la Côte d'Ivoire sur les dépenses fiscales totales.

L'analyse portant sur les bénéficiaires fait ressortir qu'en 2017, elles bénéficient en Côte d'Ivoire plus aux entreprises avec 84,7 milliards (25,9%) en vue de booster l'investissement et le réinvestissement, redynamiser le secteur privé et promouvoir la politique de l'emploi. Au Bénin, l'analyse des dépenses fiscales par type de bénéficiaire montre qu'elles ont profité en grande partie aux entreprises privées (39,6%). L'importance des dépenses fiscales des entreprises privées témoigne de la volonté du Gouvernement du Bénin de promouvoir le secteur privé.

Par secteur d'activités, il ressort que le secteur Industrie et Commerce a bénéficié de 36,35% en 2017 pour le Bénin contre 56,8% pour la Côte d'Ivoire.

CONCLUSION

Les dépenses fiscales constituent de nos jours un enjeu très important comparé au PIB et aux recettes fiscales. Les besoins en ressources de nos pays sont bien réels et il urge que les gouvernants s'investissent réellement pour une rationalisation des dépenses fiscales.

L'analyse cout-bénéfice a très souvent montré que les objectifs escomptés en matière d'exonération ne sont pas souvent atteints. La dépense fiscale profite généralement à l'investisseur.

L'amélioration du climat des affaires ne doit pas être axée sur l'octroi de mesures d'exonération, mais plutôt sur l'investissement dans les infrastructures de soutien à la production pour permettre aux investisseurs de minimiser les coûts de production.

Il convient avant tout de souligner que les investisseurs nationaux et étrangers accordent une grande importance au fonctionnement de la justice et à son indépendance, à la sécurité des biens et des personnes, à la lutte contre la corruption, à l'accès au crédit, la taille du marché et à la disponibilité et la qualité des différentes infrastructures de soutien à la production (Energie, Télécommunication, routes, etc..).

Pour les investisseurs, les régimes d'exonération relèvent de politique de second rang, en ce sens que la fiscalité est moins ressentie comme une contrainte majeure par les entrepreneurs que la sécurité de leurs capitaux et de leurs personnes.

La rationalisation de dépenses fiscales devrait s'articuler autour des actions suivantes :

- la limitation des exonérations hors codes (Code Générale des Impôts, Code des Douanes, Code des Investissements, Code minier, code pétrolier) ;
- L'évaluation de l'impact socioéconomique des dispositions contenues dans les différentes lois de finances assortie d'un plan de rationalisation ;
- le suivi des exonérations contenues dans le code Général des Impôts et le code des douanes et leur limitation aux dispositions communautaires.
- la responsabilisation des ministères sectoriels sur l'évolution des dépenses fiscales liées à leurs secteurs d'activités.

REFERENCES BIBLIOGRAPHIQUES

A. GEOURJON et G. ROTA-GRAZIOSI « l'illusion des dépenses fiscales en Afrique », Mai 2014

CCSE. MEF : « Etude portant « analyse comparative et impact socio-économiques des dispositions fiscales appliquées aux sociétés de téléphonie mobile de norme GSM au Bénin et dans quelques pays africains », novembre 2013.

ACERP BENIN, rapport d'activités 2014 à 2017

DGAE. MEF : Etude portant analyse de l'efficacité des dépenses fiscales au Bénin. 2016

DGI MEF BENIN : Rapport d'évaluation des dépenses fiscales 2017. Août 2018

Gouvernement du QUEBEC : Rapport Dépenses fiscales 2017. Edition 2018

LA TVA : VERS UN MEILLEUR RENDEMENT

ERICK MAXIME M. AKAKPO-DJIHOUNTRY

ADMINISTRATEUR DES IMPÔTS

DIRECTEUR DES GRANDES ENTREPRISES (DGE) À LA DGI DU BÉNIN

INTRODUCTION

La Taxe sur la Valeur Ajoutée (TVA) est un impôt indirect sur la consommation. C'est un impôt unique, à paiement fractionné, dû par les personnes morales et physiques (exerçant des activités imposables) et dont la charge finale est supportée par le dernier acquéreur non redevable.

Cet impôt est unique parce que, pour un prix final donné, la charge fiscale qui grève un produit ou une prestation de services est la même quel que soit le nombre des opérateurs qui sont intervenus dans sa fabrication et sa mise à la consommation au stade du commerce de détail ou dans l'accomplissement du service.

Son paiement est fractionné parce que chaque entreprise intervenant dans le circuit économique paie un montant de TVA qui est proportionnel à la valeur qu'elle a ajoutée au produit. D'où son appellation de Taxe sur la Valeur Ajoutée.

Ainsi, lorsque le produit ou le service parvient au consommateur final, la somme de la TVA que chaque opérateur a payée en amont (à l'importation, à la production, à la distribution, puis au niveau de la vente finale) est égale à la TVA résultant du prix de vente.

De plus, cet impôt qui est basé sur un mécanisme de taxation-déduction permet d'en assurer la neutralité à l'égard de l'opérateur économique qui en est redevable vis-à-vis de l'Etat, ce qui emporte, *a priori*, son adhésion à sa collecte.

Le fait que cet impôt, assis sur la consommation, soit collecté par l'assujetti-redevable légal qui l'incorpore en général dans le prix de vente des biens ou prestations de services, sans mettre toujours en évidence son montant, fait que le contribuable réel qui est le dernier consommateur en supporte la charge fiscale sans s'en rendre compte. Son paiement est donc plus aisé pour le contribuable qui ne se doute pas forcément avoir supporté un véritable impôt sur sa consommation.

Ce sont ces caractéristiques qui font que la TVA est devenue, de nos jours, un instrument moderne ou un outil de choix dans la mobilisation des ressources pour financer le développement économique et social des Etats en général et singulièrement des Pays en développement comme le Bénin.

Ainsi, la TVA est un impôt indirect aujourd'hui en vigueur dans plusieurs pays du monde alors que sa mise en œuvre avait commencé en France en 1954[73]. Dans ce pays précurseur de la TVA, cet impôt a rapporté 162 milliards d'euros en 2017. Les recettes nettes de TVA ont augmenté de 2,3% en moyenne annuelle de 2004 à 2017. Le ratio TVA/PIB est resté quasiment constant en France entre 2004 et 2017, s'établissant autour de 7,1%. La TVA représente plus de 50% des recettes fiscales de l'Etat français.

Au Bénin, la TVA a été introduite dans le dispositif fiscal en 1991 dans le cadre des réformes engagées par le Gouvernement de transition au lendemain de la conférence des forces vives de la nation de février 1990. En effet, le Bénin avait été secoué par une crise économique généralisée, caractérisée, entre autres, par le non-paiement des salaires aux agents de l'Etat, l'impossibilité pour l'Etat

---

[73]Selon WIKIDEDIA, les premières bases théoriques de la taxe sur la valeur ajoutée ont été définies par Georg Wilhelm von Siemens en 1919 sous le nom de « *Veredelte Umstatzsteuer* » (taxe sur le chiffre d'affaires perfectionnée). C'est toutefois en France que cette taxe sera mise en œuvre pour la première fois sous l'impulsion de l'inspecteur des finances français Maurice Lauré en 1954, alors directeur adjoint des Impôts. Son idée convainc les dirigeants politiques pour des raisons de simplicité et de neutralité.

Son caractère simple : la TVA est levée sur chaque entreprise au fur et à mesure du processus de production ;

Sa neutralité : la TVA — à la différence des impôts indirects traditionnels — évite d'imposer « en cascade » les activités qui se succèdent dans une filière économique ou commerciale (auparavant, la taxe dite sur le chiffre d'affaires, instaurée en 1937, était fortement contestée).

Le système de Lauré fut mis en place le 10 avril 1954 et toucha d'abord les grandes entreprises. Le 6 janvier 1966, sur proposition de Valéry Giscard d'Estaing, alors ministre d'État, ministre de l'Économie et des Finances, la TVA est étendue au commerce de détail.

d'honorer ses engagements financiers, des grèves généralisées dans la fonction publique ayant conduit à l'année blanche de 1989.

Ainsi, après l'historique conférence ayant débouché sur des réformes politiques et économiques, le Pays a contracté un Programme d'Ajustement Structurel (PAS) avec le Fonds Monétaire International (FMI), avec, à la clef, plusieurs engagements financiers à tenir face aux institutions internationales. Il fallait donc trouver le moyen de moderniser le système de collecte des impôts et taxes en vue d'assurer une meilleure mobilisation des ressources fiscales aux fins de respecter les engagements internationaux.

Dans un tel contexte, où l'Impôt sur le Chiffre d'Affaires Intérieur (ICAI), qui était le principal impôt indirect en vigueur jusque-là au Bénin, a montré ses limites, l'avènement de la TVA au Bénin est apparu comme un passage obligé, un recours incontournable et assez précieux.

Depuis lors, la TVA béninoise occupe une place de choix dans le système fiscal en particulier en raison de son rendement. En effet, depuis son institution en 1991 jusqu'à nos jours, les recettes de TVA ne cessent de progresser d'année en année. Pour donner un ordre de grandeur, il convient de faire remarquer que les recettes intérieures, en matière de TVA en 1998, s'élevaient à 18.986.872.754FCFA représentant 20,95% de l'ensemble des réalisations de la Direction Générale des Impôts. Une vingtaine d'année plus tard, soit en 2017, les recouvrements de TVA se sont chiffrés à 196 266 098 857FCFA et représentent 48,67% des réalisations de l'Administration fiscale qui se sont élevées à ***403 251 160 818FCFA.*** A ces recettes de TVA réalisées en régime intérieur, il faut ajouter celles effectuées au cordon douanier qui est de 127, 17 milliards en 2017 pour apprécier le poids global de la TVA dans le financement des politiques publiques. Il est de 317,44 milliards et représente 6% du PIB nominal en 2017.

Malgré le niveau substantiel de l'apport de la TVA dans le financement du budget de l'Etat béninois, tous les spécialistes s'accordent à affirmer qu'il existe, à l'instar de la majorité des pays africains en général et particulièrement des pays de l'UEMOA, un potentiel de TVA inexploité. En Afrique, ce potentiel s'élèverait à 70%. On estime, en effet, que les sommes encaissées ne représentent que 30% de son potentiel sur le continent. C'est dire que la mobilisation des recettes de TVA reste tributaire d'une marge de progression notable.

Quels sont les obstacles qui empêchent la TVA d'atteindre un rendement optimal au Bénin ? Comment y remédier afin d'améliorer le système actuel ?

Ce sont ces interrogations que nous allons nous atteler à élucider à travers la présente communication. Pour ce faire, nous ferons, dans un premier temps, le point de la mise en œuvre de la TVA au Bénin avant de mettre en exergue, dans une seconde partie, les dysfonctionnements qui limitent son rendement et les suggestions pour l'amélioration de la solution actuelle.

1-Mise en œuvre de la TVA au Bénin : Motifs, objectifs et bilan

La taxe sur la valeur ajoutée mise en œuvre au Bénin résulte de motivations et objectifs précis. Des décennies d'application de cette taxe s'étant écoulées, il serait judicieux de procéder à un bilan du chemin parcouru.

1.1.Motifs et objectifs du passage de l'ICAI à la TVA

La Taxe sur la Valeur Ajoutée a été instituée au Bénin le 1er avril 1991 par la loi n° 91-005 du 22 février 1991, portant loi de finances gestion 1991.Elle se substitue à l'Impôt sur le Chiffre d'Affaires Intérieur (ICAI), à la Taxe Spéciale d'Amortissement (TSA) et à la Taxe Intérieure (TI) perçue au cordon douanier.

Cette réforme majeure dans l'histoire de la fiscalité béninoise est la résultante d'une série d'insuffisances relevées, au fil des années, au niveau du système d'imposition indirecte en général et dans l'application de l'Impôt sur le Chiffre d'Affaires Intérieur en particulier. Il s'agit notamment :

- ✓ de la multiplicité des taxes indirectes appliquées en régime intérieur et au cordon douanier ;
- ✓ du niveau élevé du cumul des taux des taxes indirectes appliquées ;
- ✓ de la complexité des modalités d'imposition ;
- ✓ de l'absence d'un mécanisme de déduction transparent (l'ICAI un impôt cumulatif, incorporé au prix de revient) ;
- ✓ du frein à l'investissement et à l'exportation des produits locaux ;
- ✓ deux taux (18% pour les opérations de production ; 21% pour les prestations).

A ces insuffisances, s'ajoutent les besoins de financement de l'Etat, de plus en plus croissants, accentués par la crise socio-économique des années 80 ayant débouché sur la conférence des forces vives de la nation de 1990.

Ces nombreuses difficultés nécessitant des solutions pertinentes ont conduit finalement à l'institution de la TVA au Bénin. L'adoption de cette nouvelle taxe vise spécifiquement à :

✓ promouvoir les investissements et la compétitivité des produits locaux ;

✓ moderniser le système d'imposition indirecte ;

✓ accroître le niveau des recettes fiscales de l'Etat.

1.2. Bilan fiscal et bilan économique

Après plus de deux décennies de mise en œuvre de la TVA au Bénin (institution en 1991, consolidation des acquis par la réforme de la loi de finances pour la gestion 1994 et diverses modifications apportées à ces textes par les différentes lois de finances qui ont suivi, il appert qu'un bilan fiscal et économique des résultats obtenus soit fait.

1.2.1. Bilan fiscal

Le système d'imposition à la TVA mis en place a permis d'avoir un système de type nouveau avec une simplification sensible des modalités d'imposition applicables jusque-là à l'ICAI. Cette TVA revêt des caractères d'un impôt indirect, réel, unique et à paiement fractionné.

De 1991 à ce jour, des évolutions remarquables ont été réalisées tant sur le champ d'application que sur les modalités de recouvrement de la TVA. En revanche, les modalités de liquidation et de contrôle ont peu évolué. Il en est de même des sanctions applicables aux infractions relatives aux dispositions régissant cette taxe.

Concernant le champ d'application de la TVA, il convient de mentionner fondamentalement la réforme de 1994 qui a institué la Taxe Professionnelle Unique (TPU), en remplacement de tous les impôts (Impôt sur les BIC/BNC-TVA-IGR-Patente...)[74] dus par les petites entreprises initialement imposées au forfait en raison de l'exercice d'une activité. Ces entreprises sont désormais exonérées de

---

[74] BIC : Bénéfices Industriels et Commerciaux, BNC : Bénéfices Non Commerciaux, IGR : Impôt Général sur le Revenu.

la TVA bien que se situant dans son champ d'application. Par contre, toutes les moyennes et grandes entreprises sont désormais assujetties à la TVA dès lors qu'elles exercent une activité taxable. Le champ d'application de la TVA a été ainsi élargi au commerce de détail alors que cette catégorie d'activité était exclue précédemment de ce champ. Les modifications apportées par les lois de finances qui ont suivi sont surtout relatives aux opérations exonérées (institution de nouvelles exonérations ou suppressions d'exonérations antérieurement en vigueur).

A l'état actuel de la législation fiscale béninoise, toutes activités commerciales, industrielles, agricoles, artisanales, non commerciales, réalisées au Bénin par des personnes physiques ou morales sont imposables à la TVA à l'exception des activités salariées. Cette possibilité d'imposition est, soit de plein droit, soit sur option. L'option concerne en effet les opérations de transport public de voyageurs, l'importation, la production ou la vente de produits exonérés, les activités agricoles et les affaires réalisées par les personnes dont le chiffre d'affaires est supérieur ou égal à vingt millions (20.000.000) de francs CFA[75].

Plusieurs opérations sont exonérées[76] de la TVA. Il s'agit notamment :

➢ des ventes et prestations réalisées par les personnes dont le chiffre d'affaires annuel hors taxes ne dépasse pas cinquante millions (50.000.000) de francs CFA[77] ;

➢ de l'importation, de la production ou de la vente de produits médicaux et de produits alimentaires non transformés et de première nécessité, dont la liste est limitativement fixée ;

➢ des activités d'enseignement ;

➢ des activités médicales à l'exclusion des soins prodigués par les vétérinaires ;

➢ de la composition, l'impression et la vente de journaux et périodiques, à l'exception des recettes de publicité ;

➢ des opérations de transport public de voyageurs ;

➢ des affaires réalisées par les compagnies d'assurance ;

➢ des opérations bancaires et financières soumises à la taxe sur les activités financières ;

---

[75] Article 223 nouveau du Code Général des Impôts

[76] Article 224 nouveau du Code Général des Impôts

[77] Article 1084-18 nouveau du Code Général des Impôts

- des opérations de transfert de propriété ou d'usufruit de biens immeubles, de fonds de commerce ou de clientèle, soumises à la formalité d'enregistrement ;
- les activités agricoles ;
- les locations d'immeuble nu à usage d'habitation,
- le gaz à usage domestique ;
- les dispositions photosensibles y compris les cellules photovoltaïques même assemblées en module ou constituées en panneaux diode émettrices de lumière.

S'agissant des exportations de produits et marchandises taxables au Bénin, elles sont taxables à la TVA par application d'un taux zéro à la base d'imposition. Quant au taux applicable pour la liquidation de la TVA, aucun changement n'est apporté au taux unique de 18% initialement adopté lors de l'institution de la TVA en 1991. De même, le taux de zéro (0) % applicable aux exportations de produits taxables, sans remettre en cause le droit à déduction de la TVA ayant grevé les biens et services utilisés pour leur réalisation, n'a pas changé.

Les notions de «fait générateur[78]» et d'«exigibilité[79]» de la TVA ont été innovées à la faveur de la loi n°2017-40 du 29 décembre 2017 portant loi de finances pour la gestion 2018. En effet, l'exigibilité qui était confondue au fait générateur, pour la plupart des opérations sauf celles réalisées avec l'Etat et ses démembrements (opérations de fournitures ou de livraison), est désormais séparée du fait générateur pour les « travaux immobiliers » et les « prestations de services ». Pour ces opérations, la taxe devient exigible lors de l'encaissement du prix, ou à concurrence du montant encaissé, lors de l'encaissement d'une fraction du prix.

Les modalités de déclaration et de paiement sont en train d'être améliorées surtout avec l'adoption progressive des télé-procédures (télé-déclaration et télépaiement) par la Direction Générale des Impôts (DGI).

La mise en œuvre de l'ensemble de ses dispositions juridiques a permis à la DGI de mobiliser d'importantes recettes de TVA dont l'évolution sur les dix dernières années est indiquée ainsi qu'il suit.

---

[78]Le fait générateur de l'impôt est l'acte juridique ou l'événement qui fait naitre une dette fiscale.

[79] L'exigibilité est le droit que l'administration fiscale peut faire valoir à partir d'un moment donné pour obtenir le paiement de l'impôt.

Tableau n°1 : Évolution des Recettes de TVA au Bénin par rapport au total recouvré par la DGI

TVA ET RECETTES TOTALES DE 2008 A 2017

Rubriques	2008		2009			2010			2011			2012		
	Réalisations	tx.réal	Prévisions	Réalisations	tx.réal	Prévisions	Réalisations	tx.réal	Prévisions	Réalisations	tx.réal	Prévisions	Réalisations	tx.réal
TVA intérieure	77 699 500 386	114,26%	86 000 000 000	85 940 995 400	99,93%	110 535 000 000	91 215 123 273	82,52%	102 100 000 000	105 153 499 432	102,99%	106 000 000 000	107 474 022 581	101,39%
RECETTES TOTALES	***240 801 365 393***	102,47%	***281 000 000 000***	***265 972 480 131***	94,65%	***316 600 000 000***	***264 186 812 128***	83,44%	***290 000 000 000***	***286 062 637 721***	98,64%	***297 400 000 000***	***301 220 111 550***	101,28%
TVA/Recettes totales	32,27%		30,60%	32,31%		34,91%	34,53%		35,21%	36,76%		35,64%	35,68%	

2013			2014			2015			2016			2017		
Prévisions	Réalisations	tx.réal	Prévisions	Réalisations	tx.réal	Prévisions	Réalisations	tx.réal	Prévisions	Réalisations	tx.réal	Prévisions	Réalisations	tx.réal
128 000 000 000	122 514 318 247	95,71%	133 890 000 000	145 490 527 971	108,66%	140 606 000 000	163 691 225 722	116,42%	160 606 179 000	148 843 330 589	92,68%	166 945 000 000	196 266 098 857	117,56%
329 000 000 000	***310 087 105 895***	94,25%	***345 790 000 000***	***355 275 627 563***	102,74%	***377 806 000 000***	***388 297 428 005***	102,78%	***407 700 000 000***	***381 464 383 862***	93,56%	***415 200 000 000***	***403 251 160 818***	97,12%
38,91%	39,51%		38,72%	40,95%		37,22%	42,16%		39,39%	39,02%		40,21%	48,67%	

Source : Statistiques de la Recette Nationale des Impôts

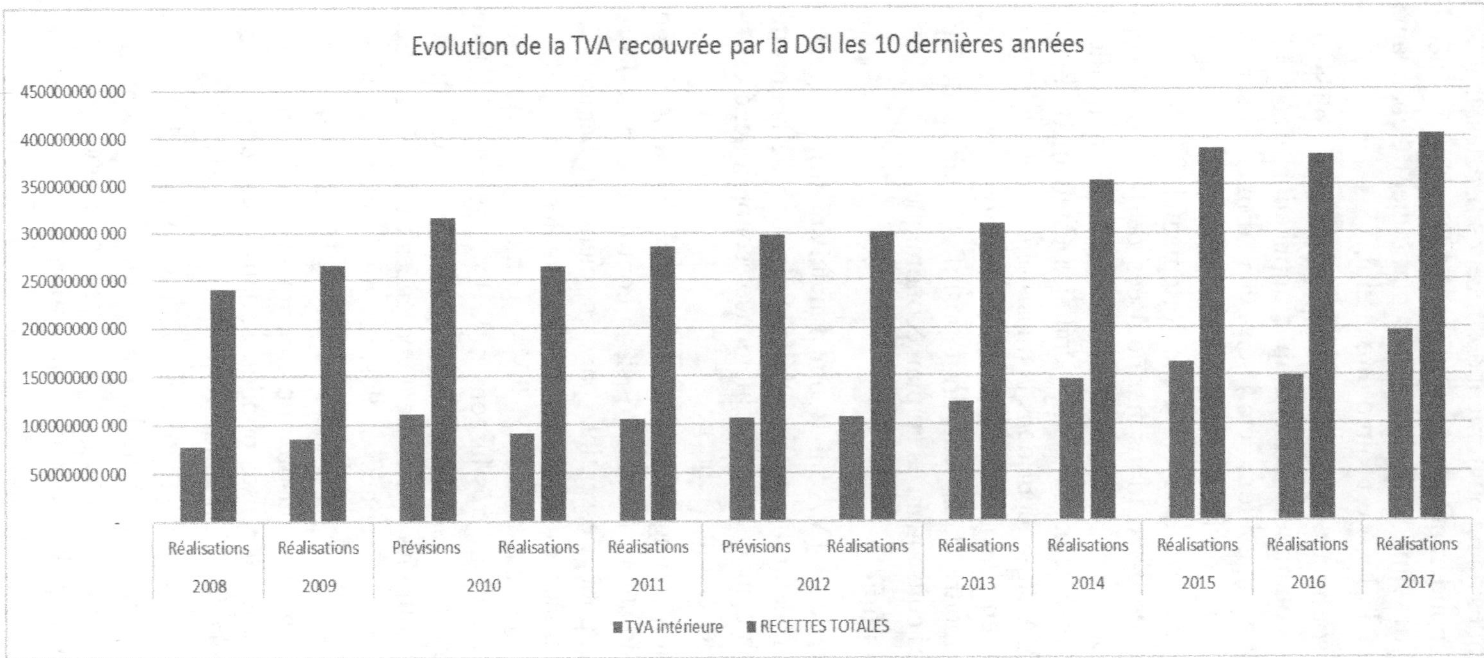

Evolution de la TVA recouvrée par la DGI les 10 dernières années
450000000 000
400000000 000
350000000 000
300000000 000
250000000 000
200000000 000
150000000 000
100000000 000
50000000 000
-
Réalisations
2008
Réalisations
2009
Prévisions
Réalisations
2010
Réalisations
2011
Prévisions
Réalisations
2012
Réalisations
2013
Réalisations
2014
Réalisations
2015
Réalisations
2016
Réalisations
2017
TVA intérieure
RECETTES TOTALES

Suivant les statistiques de recouvrement des recettes fiscales, la TVA est de loin l'impôt prépondérant dans les réalisations fiscales en général et dans les recettes des impôts indirects en particulier. Cependant, l'optimum des recettes de TVA est loin d'être atteint.

Il convient de souligner que le Bénin a modifié plusieurs dispositions relatives notamment au champ d'application de la taxe (exonérations, seuil d'imposition, etc.) en vue d'internaliser les directives communautaires de l'UEMOA. C'est dire que la législation fiscale béninoise en matière de TVA a été fortement influencée ces dernières années par les dispositions harmonisées de l'UEMOA qui recèlent, dans bien d'aspects, des mesures handicapant un meilleur rendement de la Taxe. Mieux, la TVA béninoise est comparable, à maints égards, à la TVA en vigueur dans la quasi-totalité des pays de la sous-région UEMOA en raison des dispositions harmonisées que les Etats s'efforcent de mettre dans leur droit positif. Certaines de ces mesures emportent des conséquences au plan économique.

1.2.2. Bilan économique

La mise en œuvre de la TVA au Bénin poursuivait trois objectifs essentiels : rendement, neutralité et simplicité. La notion de neutralité de la TVA conduit à une analyse de son incidence économique, c'est-à-dire qui en supporte réellement la charge.

Dans sa construction juridique, la TVA est censée être à la charge exclusive des consommateurs finaux. Ainsi, la contribution à la TVA devrait être assurée, pour l'essentiel, par les ménages béninois à l'exclusion des entreprises qui en sont les redevables. En effet, le principe de la taxation-déduction de la TVA permet aux entreprises assujetties à la taxe de déduire très largement la TVA ayant grevé leur consommation et leurs investissements. Mais en réalité, les entreprises assujetties ne sont pas toujours entièrement épargnées de la charge de la TVA dans la mesure où certaines exclusions du droit à déduction limitent la neutralité de la TVA à leur égard.

De même, l'Etat lui-même constitue un contributeur non négligeable de la TVA, par le biais des dépenses publiques, dans la mesure où il ne bénéficie pas du droit à déduction contrairement aux entreprises.

Le fait, pour les ménages ou consommateurs finaux, d'être les principaux véritables contributeurs de la TVA a eu pour conséquence une réduction du pouvoir d'achat des ménages avec une inflation évidente sur les prix des produits à la consommation dès l'institution de la TVA au Bénin. Cette situation a entraîné une certaine attraction vers le secteur informel qui est demeuré prépondérant au détriment des assujettis-redevables de la TVA qui se retrouvent dans le formel.

Pour contourner l'impact négatif de la TVA sur le pouvoir d'achat des ménages les plus exposés, l'Etat béninois a cru devoir instituer plusieurs exonérations dont celles se rapportant à certains produits alimentaires ou de première nécessité. Cette tendance a été aujourd'hui érigée en règle de principe par la Commission de l'UEMOA qui a instruit les pays membres de cette communauté à ce sujet à travers une Directive. Or, ce choix, qui en définitive consiste à faire jouer un rôle social à la TVA, n'est pas sans conséquence sur son rendement. Aujourd'hui, plusieurs analystes économiques s'accordent à dire que cette attitude est contreproductive et mérite d'être abandonnée.

Par ailleurs, en dehors des nombreux cas d'exonérations où la taxe n'est pas collectée, il est une constance que les exportations de biens et services taxables au Bénin échappent en totalité à l'imposition en raison de leur soumission au taux de 0%. Par contre, bien qu'étant des opérations taxables, dans certains cas, l'Etat lui-même décide de prendre en charge l'incidence de la TVA en accordant des certificats de crédit TVA sous forme d'aide à la mobilisation de ressources extérieures (cas des marchés publics à financement extérieur) ou dans le dessein de capter des investissements créateurs d'emplois ou de valeur ajoutée pour l'économie nationale (Code des Investissements, Code minier, Zone Franche Industrielle, etc.).

Ainsi, comme on peut le constater ci-dessus, la mise en œuvre de la TVA au Bénin a impacté tous les agents économiques et singulièrement les ménages. Elle ne manque pas d'effet sur l'économie du pays. Sur la période, il a été observé une évolution du Produit Intérieur Brut (PIB), indicateur économique principal de mesure de la production économique réalisée à l'intérieur d'un pays donné, ainsi qu'il est indiqué dans le tableau ci-après. Les exportations qui constituent des opérations imposables à la TVA, mais pour des raisons de promotion économique, bénéficient d'une taxation au taux 0%, en font partie.

La mise en œuvre de la TVA au Bénin a ainsi impacté quasiment tous les secteurs d'activités et, pas seulement ceux qui y sont soumis, par voie de conséquence, la production intérieure ainsi que les importations. Ces composantes permettent de déterminer le Produit Intérieur Brut (PIB) qui mesure la richesse produite par l'économie nationale.

Tableau n° 2 : Évolution du PIB du Bénin sur les dix dernières années

CONTRIBUTION DE LA TVA DANS LA FORMATION DU PIB NOMINAL

ANNEE	2008	2009	2010	2011	2012	2013	2014	2015	2016	2017	MOYENNE
PIB NOMINAL	3 194,00	3 351,20	3 452,00	3 687,20	4 162,20	4 524,10	4 799,50	4 903,80	5 083,95	5 389,97	
TVA INTERIEURE EN MILLIARD FCFA	77,70	85,94	91,22	105,15	107,47	122,51	145,49	163,69	148,84	196,27	
TVA A L'IMPORTATIONEN MILLIARD FCFA	139,22	143,07	135,68	128,13	154,16	177,35	148,65	122,75	102,94	121,17	
TVA INT. + TVA A L'IMPORTATTION	216,92	229,01	226,89	233,29	261,63	299,87	294,14	286,44	251,78	317,44	
(TVA INT.+ TVA A L'IMPORT)/PIB NOM EN %	6,79	6,83	6,57	6,33	6,29	6,63	6,13	5,84	4,95	5,89	6,08

Source : L'Unité de Politique Fiscale de la DGI

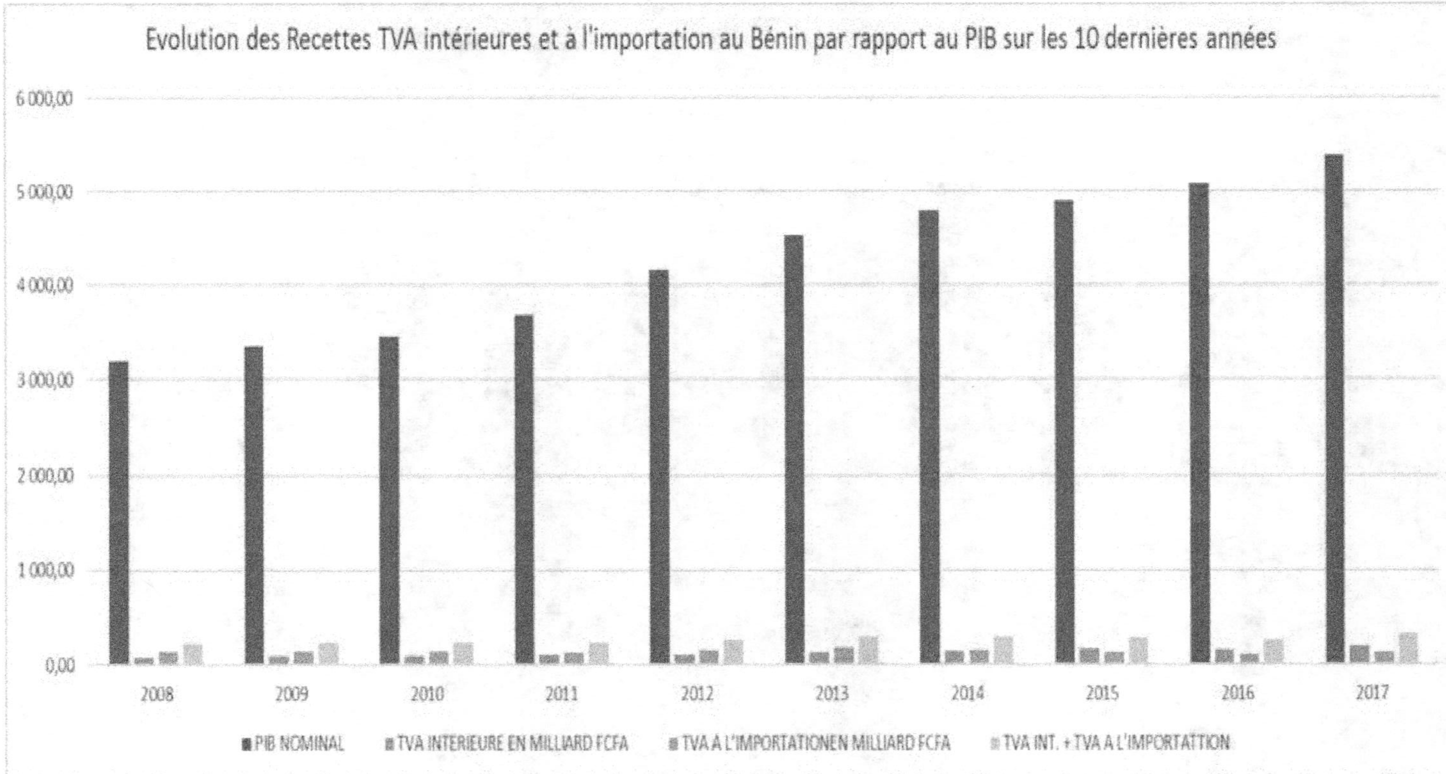
Evolution des Recettes TVA intérieures et à l'importation au Bénin par rapport au PIB sur les 10 dernières années
6 000,00
5 000,00
4 000,00
3 000,00
2 000,00
1 000,00
0,00
2008
2009
2010
2011
2012
2013
2014
2015
2016
2017
PIB NOMINAL
TVA INTERIEURE EN MILLIARD FCFA
TVA A L'IMPORTATIONEN MILLIARD FCFA
TVA INT. + TVA A L'IMPORTATTION

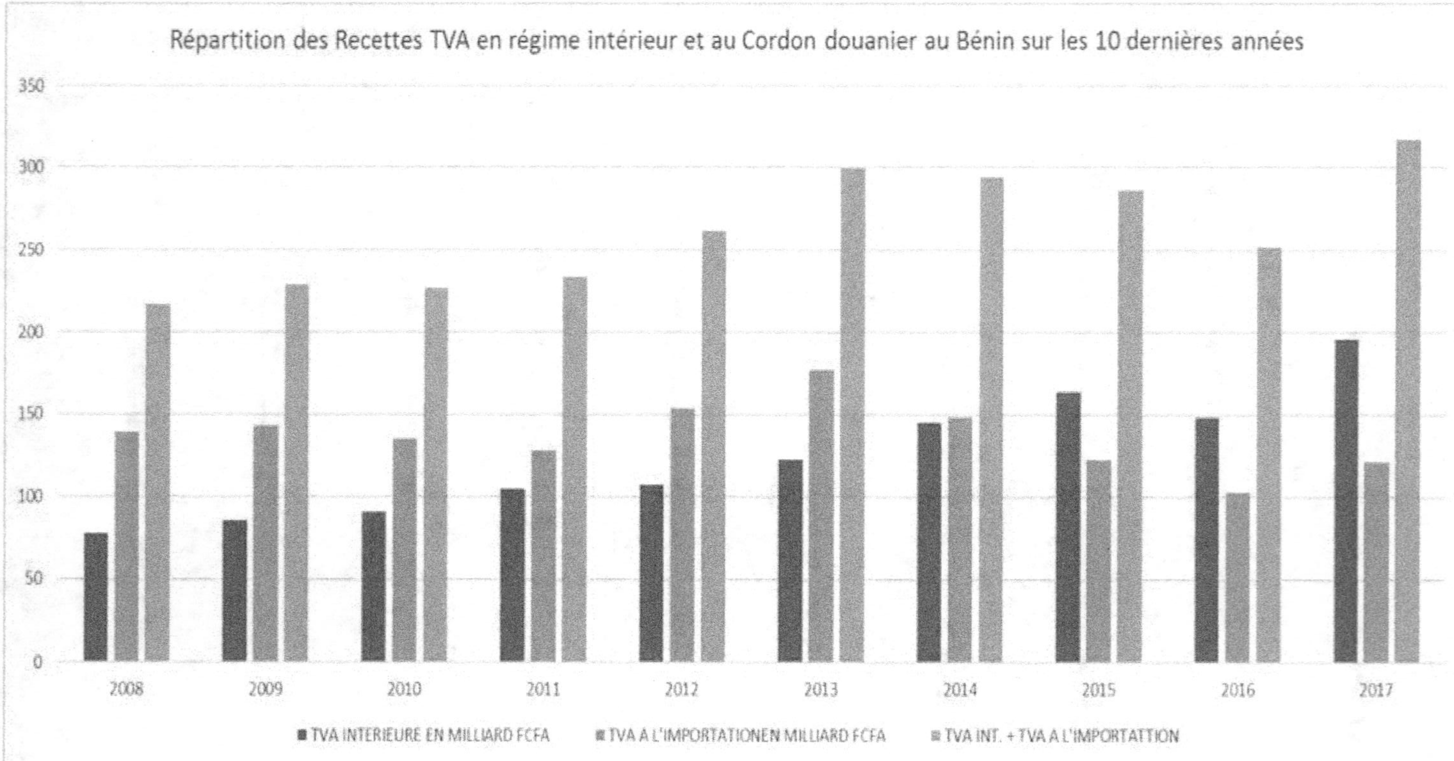

Répartition des Recettes TVA en régime intérieur et au Cordon douanier au Bénin sur les 10 dernières années
350
300
250
200
150
100
50
0
2008
2009
2010
2011
2012
2013
2014
2015
2016
2017
TVA INTERIEURE EN MILLIARD FCFA
TVA A L'IMPORTATIONEN MILLIARD FCFA
TVA INT. + TVA A L'IMPORTATTION

Il ressort de l'analyse du tableau n°2 et des graphiques qui l'accompagnent que le total des Recettes de TVA prélevé au Bénin sur la richesse nationale représente une moyenne annuelle de 6% sur ces 10 dernières années. En tenant compte du fait que l'informel demeure assez prépondérant[80] par rapport à l'évaluation du PIB du Bénin, à l'instar des autres Etats de l'UEMOA, il est assez difficile d'apprécier le niveau du prélèvement de la TVA par rapport au potentiel réel de l'économie.

2. Dysfonctionnements et perspectives pour un meilleur rendement de la TVA au Bénin

Au fil des années d'application de la TVA, plusieurs dysfonctionnements sont observés. Ceux-ci plombent le rendement de cette taxe et font appel à une recherche de solutions pertinentes.

2.1. Définition et présentation des dysfonctionnements avec à la clé les perspectives d'amélioration de la politique fiscale

Les principaux dysfonctionnements observés seront définis et présentés ci-dessous en référence aux meilleures pratiques qui ont déjà fait leur preuve dans certains pays où la TVA est mise en œuvre.

A ce sujet, il convient de rappeler que la TVA est un instrument de mobilisation de recettes, un outil de modernisation du système fiscal (transition fiscale) et un catalyseur de réformes (effet structurant sur l'administration fiscale). Elle ne doit aucunement avoir un rôle social ou être un levier économique. Ainsi, la conception idéale de la TVA doit reposer sur les principaux piliers ci-après :

- une base très large ;
- un minimum d'exonérations ;
- un taux unique et un seuil d'assujettissement suffisamment élevé ;
- la fluidité des remboursements est essentielle pour la neutralité de la TVA ;
- un trop grand nombre d'exonérations est rapidement contreproductif

[80] D'après une étude réalisée en 2017 intitulée MOBILISATION DES RECETTES FISCALES DANS L'UEMOA, L'obstacle de l'informel, le levier du mobile-money, la part de l'informel dans le PIB du Bénin en 2014 est de 57%.

2.1.1. Exonérations multiples et superposées

Il y a exonération lorsqu'une opération entrant dans le champ d'application de la TVA est dispensée de cette taxe par une disposition particulière de la loi. L'énumération des exonérations données par la loi est limitative.

En présence d'exonérations, la TVA qui devrait être théoriquement neutre pour le producteur, le grossiste et le détaillant, dans la chaîne de production et de distribution, constitue plutôt une charge pour eux. Ils supportent le paiement de la taxe sur leurs consommations intermédiaires alors qu'en temps normal la taxe devrait être supportée par le consommateur final. La rupture de la chaîne de TVA du fait d'exonération est source de divers dysfonctionnements.

Bien que l'exonération ait le plus souvent un but social (favoriser l'accès de la population à certains produits de base), elle ne manque pas de poser certains problèmes préoccupants tant à l'économie qu'aux finances publiques. En effet, étant une dépense fiscale, la multiplication des exonérations réduit l'assiette de la TVA et compromet, par voie de conséquence, l'optimisation des recettes attendues. Les exonérations affectent donc le rendement de la TVA.

Dans les pays de la zone franc, nombre de ces exonérations, consistant en des réductions d'impôts ou de taxes sur la consommation de produits alimentaires et pétroliers, ont été mises en place pour limiter la hausse des prix mais génèrent des pertes de ressources élevées pour les budgets des États (Boisset, Louis, et Hélène Ehrhart, 2014).

En particulier, l'exonération des consommations de base, obstacles dirimants à un renforcement des recettes de TVA. Seul un élargissement de l'assiette de la TVA à l'ensemble des biens de consommation pourrait permettre aux recettes de TVA de progresser suffisamment pour réussir la transition fiscale (Chambas, Gérard, 2005).

En outre, l'exonération fait perdre au redevable, opérateur économique, le droit à déduction de la TVA ayant grevé les biens et services utilisés pour la réalisation d'opérations exonérées. Elle entraîne une augmentation des coûts de production des biens. En effet, le redevable est amené à imputer la charge fiscale supplémentaire, induite par l'exonération de TVA, sur le consommateur en procédant à une augmentation du prix de vente. Cette situation lui fait courir le risque de proposer sur le marché des produits non compétitifs.

2.1.2. L'absence ou le retard dans le remboursement de la TVA désorganise le système

Le remboursement de la TVA est la récupération directe, par les assujettis-redevables, de la TVA ayant grevé les biens ou les services ouvrant droit à déduction et dont l'imputation sur la TVA due au titre des opérations imposables n'a pu être opérée.

Certains redevables[81] peuvent obtenir le remboursement des crédits de TVA dont ils disposent à l'issue d'un bimestre civil lorsqu'ils en font la demande. Cette demande accompagnée des pièces justificatives requises doit être déposée au service des impôts compétents dans un délai donné qui est limité actuellement au dernier jour du mois suivant le bimestre civil et exceptionnellement au 30 avril de l'année suivante, sous peine de forclusion.

Ainsi, tous les assujettis disposant de crédits de TVA n'ont pas nécessairement droit à un remboursement. Pour ceux qui sont éligibles, le remboursement n'est pas automatique. Ils doivent remplir des conditions fixées par le législateur fiscal pour pouvoir obtenir le remboursement de leurs crédits de TVA.

Les crédits non remboursés à temps peuvent être une source de tension de trésorerie pour l'assujetti. Le plus souvent, ces crédits font l'objet d'un report indéfini. Sans remboursement effectif, la TVA devient une taxe sur le chiffre d'affaires, provoquant une distorsion néfaste au développement économique du pays en pénalisant notamment les secteurs exportateurs (Mansour Mario et Rota-Graziosi Grégoire, 2012).

Au nombre des handicaps au remboursement rapide des crédits de TVA, le plus important est généralement la crainte de demandes frauduleuses qui conduit à multiplier les exigences de documents justificatifs en procédant au contrôle systématique de toutes les demandes (Bodin, Jean-Paul, 2012).Or, il est impératif de rembourser

---

[81] Il s'agit des producteurs, des assujettis réalisant pour plus de la moitié de leur chiffre d'affaires annuel des opérations d'exportation ou des opérations assimilées, assujettis qui acquièrent des biens d'investissement ouvrant droit à déduction pour une valeur supérieure à 40 000 000 FCFA, des agréés suivant le code communautaire des investissements.

aux entreprises les crédits de TVA dont elles disposent pour assurer la neutralité de la taxe, gage de son meilleur rendement.

Pour ce faire, l'idéal en la matière est de créer un compte séquestre alimenté directement par une partie des recettes de TVA perçue au cordon douanier et en régime intérieur pour assurer l'extrême fluidité des remboursements.

2.1.3. Rationaliser certains éléments de politique fiscale

Ils concernent le seuil d'assujettissement, le taux d'imposition et le champ d'application.

Pour des raisons de pertinence, il est procédé ainsi qu'il suit à la comparaison de la pratique du Bénin en matière de TVA à celle des autres pays de l'UEMOA[82]. Le choix de cet ensemble s'explique par le fait que le Bénin, qui est un pays de l'Afrique de l'Ouest, fait partie de cette union dont trois (03) États membres (Togo, Burkina Faso, Niger) sont des pays limitrophes. L'appartenance à l'UEMOA impose à l'État membre le respect des dispositions communautaires notamment la Directive N°02/98/CM/UEMOA du 22 décembre 1998 portant harmonisation des législations des États membres en matière de TVA et la Directive n°02/2009/CM/UEMOA du 27 mars 2009 portant modification de la Directive n°02/98/CM/UEMOA.

Il convient de retenir que la dynamique d'harmonisation de la TVA au sein de l'union tend fondamentalement vers l'élargissement du champ d'application et du seuil d'imposition[83], l'élargissement de la base d'imposition, le rapprochement des modalités d'imposition[84] et de remboursement des crédits.

---

[82] Créée depuis le 10 janvier 1994 à Dakar (Sénégal), l'UEMOA est une organisation ouest-africaine dont la mission est la réalisation de l'intégration économique des États membres, par le renforcement de la compétitivité des activités économiques dans le cadre d'un marché ouvert et concurrentiel et d'un environnement juridique rationalisé et harmonisé (Wikipédia).

[83] Le montant du chiffre d'affaires annuel, hors taxes, constituant le seuil d'assujettissement est compris entre 30 et 100 millions de FCFA, s'agissant des entreprises réalisant des opérations de livraison de biens, et entre 15 et 50 millions de FCFA, s'agissant des entreprises réalisant des prestations de services (article 16 nouveau de la Directive N°02/2009/CM/UEMOA modifiant la Directive N°02/98/CM/UEMOA).

[84]Les États membres fixent un taux de TVA applicable pour l'ensemble des opérations imposables. Ce taux est compris entre 15 % et 20%. Toutefois, les États membres ont la faculté de fixer un taux réduit de la Taxe sur la Valeur Ajoutée compris entre 5% et 10%. Les États membres appliquent ce taux réduit à un nombre

Seuil d'assujettissement à la TVA

S'agissant du seuil, il doit être élevé pour éviter que la TVA soit collectée par des redevables indélicats avec le risque de ne pas être reversée. Au Bénin, le seuil d'assujettissement est aujourd'hui de 50 millions et est aligné sur le seuil des moyennes entreprises qui est en même temps la limite du régime forfaitaire de la TPS. Il convient de maintenir ce seuil et de l'élever davantage au besoin pour renforcer la sécurisation des recettes de TVA. Dans le même temps, il est primordial d'éviter la généralisation des mécanismes d'option à la TVA qui pollue le dispositif et mine au final les recettes de TVA. Source de fraude, ils sont générateurs de crédits difficilement contrôlables.

Le taux de la TVA

A l'État actuel, tous les pays de l'UEMOA ont adopté comme le Bénin un taux de TVA de 18% en dehors du Niger (19%) et la Guinée Bissau. Outre l'adoption de ce taux uniforme, d'autres pays notamment la Côte d'Ivoire, le Mali, le Sénégal et le Togo ont inséré dans leur système fiscal, des taux réduits de TVA respectant la fourchette de 5 à 10% prévue par la Directive 02/2009/CM/UEMOA. Mais, cet élargissement de taux peut augmenter le risque de concurrence fiscale entre États membres et de détériorer la neutralité de la TVA.

Le taux d'imposition doit être, de préférence, un taux unique pour éviter les problèmes d'administration et de gestion des taux multiples. Le Bénin a opté pour un taux unique depuis l'institution de la TVA. Malgré la possibilité de taux réduit offerte par la directive de l'UEMOA, il est préférable que le Bénin maintienne le statut quo en la matière pour rester en phase avec les bonnes pratiques et se prémunir

---

maximum de dix (10) biens et services choisis sur la liste communautaire définie ci-après :
1) Biens : - huiles alimentaires ; - sucre ; - lait manufacturé ; - pâtes alimentaires ; - aliments pour bétail et pour volaille ; - poussins d'un jour ; - farine de maïs, de mil, de millet, de sorgho, de riz, de blé et de fonio ; - matériel agricole ; - matériel informatique ; - matériels de production de l'énergie solaire.
2) Services : - prestations d'hébergement et de restauration fournies par les hôtels, les restaurants et organismes assimilés agréés et les prestations réalisées par les organisateurs de circuits touristiques agréés ; - location de matériel agricole ; - réparation de matériel agricole ; - prestations réalisées par les entreprises dans le cadre des activités de pompes funèbres. (Article 29 nouveau de la Directive N°02/2009/CM/UEMOA modifiant la Directive N°02/98/CM/UEMOA).

des déconvenues afférentes aux difficultés d'administration de taux multiples.

A titre d'information, dans l'espace UEMOA, les taux de TVA adoptés par les différents pays se présentent ainsi qu'il suit :

Tableau n°3 : Taux de TVA adoptés pays les pays de l'UEMOA

Pays de l'UEMOA	Année d'adoption	Taux de TVA	Existence de taux réduit
Bénin	1991	18%	Non
Burkina Faso	1993	18%	Non
Côte d'Ivoire	1960	18%	Oui
Guinée Bissau		18%	-
Mali	1991	18%	Oui
Niger	1986	19%	Non
Sénégal	1980	18%	Oui
Togo	1995	18%	Oui

Source : Administrations financières nationales

Champ d'application large

La technique la plus convenable en matière d'administration de la TVA est de soumettre toutes les activités économiques à la TVA sans institution d'impôts particuliers sur les secteurs comme les Banques et les Assurances. A ce titre, il convient que les dispositions communautaires soient révisées pour permettre d'atteindre cet objectif dans le la zone UEMOA, dans un très proche avenir.

Par ailleurs, il faut absolument limiter les régimes dérogatoires (conventions et autres codes incitatifs) et réduire le nombre de produits ou d'activités exonérées. Car, la TVA n'est pas un levier économique qui permet de favoriser les investissements étrangers ni un outil de redistribution sociale (produits de première nécessité, favoriser l'industrie locale, etc.).

1.2. Autres mesures de renforcement pour assurer un rendement optimal de la TVA

1.2.1. Amélioration du pilotage de la TVA

L'une des difficultés qu'il convient de résoudre afin d'assurer un meilleur rendement en matière de TVA est de travailler à améliorer le pilotage des recettes de TVA en se servant d'un outil informatique qui permette une analyse détaillée et approfondie des données collectées en matière de TVA. Ensuite, il est impératif de calculer, à travers une étude, le GAP TVA, c'est-à-dire l'écart entre les recettes potentielles de TVA et le rendement effectif. Ce gap peut être de trois types à savoir : le gap législatif, le gap administratif et le gap causé par la fraude. Ainsi, il serait possible de fixer des objectifs de recette de TVA plus conséquents.

1.2.2. Les échanges et recoupements de données

-Organiser de façon efficiente les échanges de données ;

-Automatiser les recoupements ;

-Développer des solutions types entrepôt et informatique décisionnelle ;

-Suivre l'utilisation qui en est faite.

1.2.3. La gestion du risque

-Définir une stratégie pluriannuelle claire ;

-Arrêter des indicateurs de gestion et des indicateurs stratégiques ;

-Mettre en place un dispositif d'évaluation des résultats.

1.2.4. Le contrôle fiscal

-Multiplier le nombre de contrôles en recourant davantage aux contrôles ponctuels ;

-Etaler la programmation et les contrôles tout au long de l'année et pas seulement en fin d'année (la TVA est un impôt mensuel) ;

-Utiliser le module Contrôle fiscal ;

-Renforcer le pilotage de la mission ;

-Associer les receveurs dès la programmation pour faciliter le recouvrement ultérieur.

1.2.5. L'action en recouvrement

-Éviter que les entreprises se fassent de la trésorerie sur le dos de l'État ;

-Doter les administrations fiscales d'un réseau comptable autonome ;

-Assurer un suivi mensuel rigoureux des débiteurs ;

1.2.6. La gestion de la performance

-Mettre en place un tableau de bord mensuel ;

-Définir une dizaine d'indicateurs de gestion pertinents ;

-Ne pas se limiter au seul montant des recettes encaissées ;

-Automatiser la collecte de ces indicateurs et développer l'analyse des données ;

-Collecter et entreposer ces données sur 5 à 10 ans ;

-Développer à terme une informatique décisionnelle (Business Intelligence).

CONCLUSION

L'atteinte d'un meilleur rendement de la TVA passe par l'élimination des dysfonctionnements qui handicapent sa bonne administration. Dans ce cadre, il serait productif de mettre en œuvre les actions aussi bien théoriques qu'opérationnelles identifiées ci-dessus. Ces actions doivent être menées en harmonie avec les dispositions communautaires (UEMOA).

L'assujettissement de tous les biens et services d'une économie à la TVA permet sa grande neutralité économique car son effet est essentiellement d'augmenter l'ensemble des prix à la consommation à proportion du taux de la TVA, tandis qu'en raison de la déductibilité de la TVA, le coût des biens et services utilisés comme consommations intermédiaires reste inchangé. L'élargissement de l'assiette de la TVA à l'ensemble des consommations permettrait aussi une forte augmentation des recettes de TVA, elle toucherait alors des biens de très large consommation dont le poids est important dans la consommation finale et dont l'élasticité de la demande par rapport au prix est faible (Chambas, Gérard, 2005).Les exonérations étant des dépenses fiscales qui créent de gaps de recettes et handicapent la neutralité de la TVA, il convient alors, dans une démarche progressive, de les limiter au strict minimum nécessaire.

L'amélioration du remboursement des crédits de TVA passe par l'élaboration d'une stratégie adaptée et la création de compte séquestre dédié, alimenté par des prélèvements opérés, à la source de préférence, sur la TVA au Cordon douanier. Par ailleurs, l'amélioration du traitement des demandes de remboursement implique le développement de méthodes de contrôle basées sur la gestion du risque dans un environnement informatisé (Bodin, Jean-Paul, 2012).

La modernisation de l'administration fiscale est un facteur déterminant dans l'amélioration du rendement fiscal en général et celui de la TVA en particulier. Il convient de poursuivre le renforcement de l'administration fiscale par l'informatisation et l'amélioration des procédures d'exploitation. Il en est de même de la poursuite des travaux d'assainissement des fichiers des contribuables pour mieux les maîtriser et faciliter le contrôle de leurs obligations fiscales par les services opérationnels.

Enfin, pour gagner le pari, la Direction Générale des Impôts devra accentuer la promotion du civisme fiscal en assurant notamment la multiplication des sensibilisations pour une meilleure culture fiscale du contribuable.

Bibliographie

- Chambas, Gérard. « TVA et transition fiscale en Afrique : les nouveaux enjeux », *Afrique contemporaine*, vol. 215, no. 3, 2005, pp. 181-194.

- Mansour Mario et Rota-Graziosi Grégoire, « Coordination fiscale dans l'Union Économique et Monétaire Ouest Africaine » Tax Coordination *in* the *West African Economic and Monetary Union*, *Revue d'économie du développement*, 2012/3 Vol. 26, p. 9-34. DOI : 10.3917/edd.263.0009

- « La mobilisation fiscale dans les pays de la Zone franc : principaux enseignements sur longue période », *Techniques Financières et Développement*, vol. 115, no. 2, 2014, pp. 15-28.

- UEMOA, (2008) Rapport : l'évaluation de l'application des directives de l'UEMOA, portant harmonisation des législations des Etats membres en matière de taxe sur la valeur ajoutée et de droits d'accises.

CERDI, Etudes et Documents, E 2010.34

- Bodin, Jean-Paul, « Modernisation de l'administration fiscale dans les pays en développement : impact de la TVA. « Modernizing the Tax Administration in Developing Countries : Impact of the VAT », *Revue d'économie du développement*, vol. 20, no. 3, 2012, pp. 83-103.

- Francis LEFEVRE, « Mémento pratique », 2014, pp.693-881

- Direction Générale des Impôts et des Domaines du Bénin, « Ce que vous devez savoir sur la Taxe sur la valeur Ajoutée », Août 1994.

******

PANEL 2 :
LES GISEMENTS FISCAUX PUTATIFS

LA FABRIQUE DE LA NORME FISCALE EN DROIT POSITIF BENINOIS

PIERROT SEGO,

DOCTEUR EN DROIT PUBLIC

CHERCHEUR ASSOCIÉ AU CENTRE D'ETUDES ET DE RECHERCHES SUR L'ADMINISTRATION ET LES FINANCES (CERAF)

UNIVERSITÉ D'ABOMEY-CALAVI (BÉNIN)

INTRODUCTION

Le précepte de Jean-Baptiste COLBERT selon lequel, « *l'art de l'imposition consiste à plumer l'oie pour obtenir le plus possible de plumes avec le moins possible de cris* »[85] illustre à lui seul la nécessité d'une réflexion permanente sur l'adaptation de l'impôt au corps social auquel il est appelé à s'appliquer. Les impôts et taxes constituant la principale source pourvoyeuse de ressources pour l'Etat au Bénin[86], le cadre juridique de la fiscalité requiert une revue permanente dans le sens du raffermissement de l'adhésion des contribuables aux prélèvements institués.

Les défis liés à la mobilisation des ressources domestiques sont, en effet importants pour le Bénin. A l'instar des autres Etats en développement, le Bénin est à construire. Les indicateurs de développement ne sont pas au vert et il faut renforcer les bases de la croissance économique pour espérer agir efficacement sur eux. L'indice de pauvreté[87], l'Indice de Développement Humain[88] et bien

[85]http://www.atlantico.fr/decryptage/lecon-colbert-pour-plumer-oies-ou-depardieu-avec-moins-cris-possible-florin-aftalion-583018.html#FthovDbEg704CvSd.99, consulté le 23 octobre 2018.

[86] Les recettes fiscales représentent 87,1% des recettes totales en 2015, 86% en 2016, 75,4% en 2017. Pour l'année 2018, la proportion des recettes fiscales dans les recettes totales du budget est estimée à 83,7%.

[87] Au Bénin, l'incidence de la pauvreté monétaire s'est établie à 40,08% en 2015 contre 36,19% en 2011 et 35,21% en 2009 et 33,36% en 2007. Quant à l'incidence

d'autres indicateurs renseignent sur l'importance des défis à relever. Or, deux facteurs sont souvent mis en avant comme clés des solutions au problème de sous-développement. L'argent, c'est-à-dire les ressources financières puis l'Homme c'est-à-dire le capital Humain. Le premier conditionne, par ailleurs, les efforts à faire pour arriver à un niveau de qualification du second pour en faire un véritable outil de développement.

Les ressources financières restent la clé dont le Bénin doit se doter pour engager une transformation structurelle de son économie[89], exécuter les projets novateurs contenus dans les différents instruments de planification et de programmation de développement comme le Plan National de Développement (PND), le Plan de Croissance pour un Développement Durable (PC2D) ou encore le Programme d'Actions du Gouvernement (PAG 2016-2021).

Or, le Bénin est un pays qui, pour le moment, n'exploite pas véritablement de ressources naturelles susceptibles de lui procurer des moyens financiers suffisants pour faire face aux défis de développement. Les prélèvements obligatoires qui demeurent la principale source d'alimentation du budget de l'Etat ne sont toujours pas recouvrés à un niveau satisfaisant. Le taux de pression fiscale oscille autour de 14% alors que le critère de convergence de l'UEMOA pour la mesure de la capacité des Etats à collecter les recettes fiscales intérieures est passé à 20% depuis la révision des critères de convergence de l'UEMOA en janvier 2015.

Au-delà des défis que représente la collecte des revenus fiscaux pour le financement du développement au Bénin, l'amélioration du taux de pression fiscale est par ailleurs un objectif de convergence économique vers lequel il faut tendre. Le renforcement de l'adaptation du système de fiscalité est, à ce double titre, un impératif. Les normes fiscales étant la colonne vertébrale du système de la fiscalité, il

---

de la pauvreté non monétaire, elle s'est établie à 29,41% en 2015 contre 29,57% en 2011 et 30,84% en 2009.*Cf.* Ministère d'Etat Chargé du Plan et du Développement, *Plan National de Développement, 2018-2025*, Cotonou, P. 48.

88 En ce qui concerne l'Indice de Développement Humain (IDH), il est établi à 0,485 en 2015 contre une moyenne de 0,523 en Afrique Subsaharienne et 0,717 au niveau mondial. Quant à l'IDHI, sa valeur en 2015 était de 0,304 contre une moyenne mondiale de 0,557. En Afrique Subsaharienne, la valeur de l'indicateur était de 0,355. *Cf.* Ministère du Plan et du Développement, *Op.cit.*, p. 47.

89 Ambition affichée par le Gouvernement dans le Programme d'Actions du Gouvernement 2016-2021 dénommé « Bénin Révélé ».

apparaît opportun de mener des réflexions adéquates en vue de la mise en place d'un cadre juridique qui porte le défi du nécessaire accroissement des recettes fiscales. C'est cet impératif qui a certainement conduit à initier le colloque sur le thème « les recettes publiques en débat » et à inscrire à son ordre du jour, une communication sur la création de la norme fiscale, avec pour objectif, la mise en relief des mécanismes institutionnels, des pratiques en cours ainsi que la prospection sur les facteurs d'amélioration de la production normative financière.

Dans le droit positif béninois, les normes fiscales sont relatives à ce que le constituant de 1990 a désigné sous le vocable d'impositions de toutes natures[90]. Cette expression utilisée pour cerner les règles relatives à l'impôt est présente dans les constitutions de la plupart des Etats membres de l'UEMOA et même au-delà de l'UEMOA[91]. La catégorie des « *impositions de toutes natures » est large, mais elle ne couvre ni les redevances (pour lesquelles le prélèvement obligatoire opéré par la puissance publique trouve une contrepartie directe dans un service qu'elle fournit), ni les cotisations sociales (pour lesquelles existe une contrepartie, virtuelle*»[92].Elle porte essentiellement sur les prélèvements qui s'analysent comme une contribution à la couverture des charges publiques et non comme une rétribution d'un service rendu par un organisme de droit public. La norme fiscale, dans la présente étude, est perçue sous l'angle des règles qui portent sur l'encadrement de la collecte des impôts et taxes.

« *Une norme est souvent définie en première approche comme une référence ou un modèle: une « description » de ce qui devrait être, selon un point de vue déterminé; c'est-à-dire donc une certaine forme de prescription* »[93]. Dans la tradition juridique, les normes à portée générale sont souvent désignées sous le vocable de règles juridiques, et de nombreux auteurs considèrent qu'il faudrait concevoir les règles

---

[90] *Cf.* Article 98 de la Constitution du Bénin du 11 décembre 1990.

[91] *Cf.* Article 84 de la Constitution du Togo du 14 octobre 1992, modifiée par la loi n° 2002-029 du 31 décembre 2002 ; article 101 de la loi n°2016-886 portant Constitution de la République de Côte d'Ivoire.

[92] E. DE CROUY CHANEL « Les limites aux compétences du pouvoir législatif en matière fiscale », *Revue internationale de droit comparé*, Vol. 58, n°2, 2006, p. 644.

[93] E. MILLARD, « Qu'est-ce qu'une norme juridique ? », *Cahiers du Conseil Constitutionnel* n° 21, janvier 2007.

comme désignant cette seule catégorie de normes[94]. Les normes fiscales peuvent donc être définies comme des règles juridiques prescriptives d'obligation de paiement de prélèvements obligatoires. Elles ont vocation à créer ou modifier l'impôt, définir ou réviser les modalités de recouvrement et, enfin, instituer et actualiser les sanctions et les procédures de contrôle.

Dans la dynamique de l'examen des règles prescriptives d'obligation de paiement de prélèvements fiscaux, à travers leur processus de création et d'administration, la revue des procédés institutionnels inhérents à la création de la norme fiscale apparaît comme une dimension importante de l'analyse. Elle permettra d'interroger les fondements théoriques des règles fiscales et de questionner à des fins d'état des lieux, la pratique du Bénin en matière de mise en place ou de modification du cadre juridique de la fiscalité.

Les centres d'intérêts de la réflexion sur l'édification des normes fiscales au Bénin amènent à appréhender les ressorts institutionnels de la production normative financière. Ce qui induit l'identification des acteurs et du dispositif de mise en œuvre des pouvoirs normatifs financiers. Quels sont alors les organes investis des prérogatives de création de l'impôt au Bénin et quelle est l'efficacité du dispositif d'établissement des normes prescriptives d'obligation de paiement d'impôt au Bénin ?

La réponse à cette question nécessite l'examen, dans un premier temps, de la pratique en cours au Bénin en matière de production de normes fiscales, pour en ressortir les aspects institutionnels et les repères juridiques. L'analyse de l'efficacité de la production de normes fiscales au Bénin, non pas sur un plan quantitatif, mais au regard de la nécessité de la pluralité et du rendement de l'impôt permettra, par la suite, de relever et d'approfondir les réflexions sur les conditions d'efficacité du système de la fiscalité au Bénin. L'idée centrale de la réflexion est construite autour du postulat que la création de la norme fiscale répond à un processus qui implique les pouvoirs exécutif et législatif (I) et qui affiche une efficacité relative (II).

---

[94] V. notamment O. PFERSMANN, « Norme », *in* D. ALLAND et S. RIALS (sous dir.), *Dictionnaire de la culture juridique,* Paris, PUF, 2003.

I-LA CREATION DE LA NORME FISCALE AU BENIN : UN PROCESSUS IMPLIQUANT LE GOUVERNEMENT ET LE PARLEMENT

L'impôt est un produit de la loi[95]. Son institution au Bénin obéit aux procédures définies par la Constitution du 11 décembre 1990, en ce qui concerne le droit d'initiative, les prérogatives de vote et le contrôle de constitutionnalité. Les acteurs de la création de la norme fiscale sont limitativement désignés par la loi fondamentale. Ce sont des organes politiques qui s'affrontent sur deux dimensions essentielles de la procédure législative à savoir l'initiative qui semble être une prérogative partagée (A) et le vote qui relève exclusivement du domaine parlementaire(B).

A-L'initiative de la norme fiscale : Une compétence partagée

L'initiative de la norme fiscale, norme à valeur législative appartient concurremment au Gouvernement et au Parlement (1). Cependant, dans la pratique, le Parlement semble absent de l'exercice de cette prérogative qui lui est constitutionnellement reconnue, laissant le pouvoir exécutif à l'origine de l'essentiel de la production normative financière (2).

1-Une prérogative reconnue au Gouvernement et au Parlement

« *L'initiative des lois appartient concurremment au président de la République et aux membres de l'Assemblée nationale...* »[96]. Le groupe de mots « appartient concurremment », utilisé par le constituant pour désigner les organes qui détiennent la compétence juridique de création de la loi, et par voie de conséquences, de la norme fiscale, renvoie à la question du droit d'initiative[97]. On peut comprendre à travers la formulation de la disposition que le Président de le République peut mettre en mouvement un processus destiné à introduire dans le système fiscal un nouvel impôt ou à retirer ou supprimer un impôt déjà institué. Sur la base des mêmes dispositions

---

[95] Contrairement à la thèse développée par Thomas HOBBES dans son ouvrage *le Léviathan* paru en 1651, qui postule que l'impôt est une prérogative du Monarque et que celui-ci n'a pas à demander l'avis de ses sujets en ce qui concerne la création des impôts.

[96] *Cf.* Article 57 de la Constitution béninoise du 11 décembre 1990.

[97] Le droit d'initiative est le droit de soumettre à l'autorité compétente une proposition en vue de la faire adopter par celle-ci. *Cf.* L. TROTABAS, *Les finances publiques et les impôts de la France*, Paris, Armand Colin, 1953, p.22.

de l'article 105 de la Constitution du 11 décembre 1990, il n'y a pas de doute que la possibilité est également donnée au Parlement d'en prendre l'initiative.

L'entrée dans l'ordonnancement juridique d'une norme fiscale découle ainsi de la volonté partagée des pouvoirs exécutif et législatif. C'est à ces derniers que le constituant de 1990 reconnaît le droit d'initiative en matière législative. Les règles concernant l'assiette, le taux et les modalités de recouvrement des impositions de toute nature étant du domaine de la loi[98], c'est au Gouvernement et au Parlement qu'il revient, sur le fondement des compétences détenues de la Constitution béninoise du 11 décembre 1990, de prendre l'initiative de la création de la norme fiscale.

L'initiative de la norme fiscale peut ainsi prendre des formes différentes selon qu'elle émane du pouvoir exécutif ou selon qu'elle provient du pouvoir législatif. Dans le premier cas, elle prend la forme de projet de loi. Dans le second cas, c'est-à-dire lorsque c'est le Parlement qui est à l'origine de l'initiative de la norme fiscale, on parle de proposition de loi fiscale.

Sur le domaine de compétence de chacun de ces pouvoirs, la loi n'est pas restée muette sur les personnes habilitées à déclencher la procédure de création des règles légales prescriptives d'obligation de paiement d'impôt. Au niveau de l'exécutif, la loi attribue la compétence au Président de la République. En ce qui concerne le pouvoir législatif, les prérogatives d'initiative sont accordées aux membres de l'Assemblée Nationale. Ce qui signifie que, pris individuellement, les députés régulièrement élus au Parlement détiennent le droit d'initier des propositions de lois et donc des propositions de lois fiscales.

La formule de consécration du droit d'initiative législative au niveau du pouvoir exécutif, semble être restrictive. Elle cible directement le Président de la République[99] et non pas, par exemple, les membres de l'exécutif. Elle s'inscrit ainsi dans une dynamique de circonscription du droit d'initiative autour de la seule personne du Président de la République. Implicitement, les ministres, c'est-à-dire les autres membres du Gouvernement, ne sont pas inclus dans la

---

[98] *Cf.* Article 98 de la Constitution béninoise du 11 décembre 1990.

[99] Aux termes des dispositions de l'article 57 de la Constitution du 11 décembre 1990, « *le président de la République a l'initiative des lois concurremment avec les membres de l'Assemblée nationale* ».

catégorie des personnes détentrices du droit d'initiative en matière législative.

L'exclusion des membres du Gouvernement, autres que le Président de la République, des personnes habilitées à l'exercice du droit d'initiative législative n'est cependant pas absolue. Selon les dispositions de la Constitution, les ministres ne peuvent pas porter par eux-mêmes les projets de loi, mais ils sont associés aux délibérations du Conseil des Ministres sur les projets de loi. Leur implication se matérialise notamment par la cosignature avec le Président de la République des décrets de transmission à l'Assemblée Nationale des projets de loi[100]. Dans la pratique, on note généralement comme cosignataires des décrets de transmission des projets de loi au Parlement, le Ministre chargé des relations avec les Institutions et le Ministre en charge du domaine concerné par le projet de loi.

En ce qui concerne spécifiquement les projets de loi contenant des dispositions normatives financières, le décret de transmission est revêtu, en plus de la signature du Ministre chargé des relations avec les Institutions, de celle du Ministre chargé des finances. Lorsque que les dispositions fiscales sont insérées dans le projet de loi de finances, le Ministre chargé du plan est également cosignataire du décret de saisine du Parlement. Les exemples des décrets n° 2018-447 du 1er octobre 2018 et n° 2017-484 du 05 octobre 2017 portant respectivement transmission à l'Assemblée nationale du projet de loi de finances, gestion 2019 et du projet de loi de finances pour la gestion 2018 confirment la pratique de cosignature des actes règlementaires de saisine du Parlement au sujet des projets de loi contenant des normes fiscales. Ces décrets portent, outre la signature du Président de la République, celles du Ministre du plan et du développement, du Ministre chargé des finances et du Ministre de la justice et de la législation, en charge des relations avec les Institutions de l'Etat.

On peut dès lors assimiler l'exercice du droit d'initiative législative au niveau du pouvoir exécutif à une activité conjointement menée par le Président de la République et les ministres. En réalité, quand bien même le Président de la République est seul détenteur des prérogatives d'initiation de loi dans la sphère du pouvoir exécutif, il n'est pas habilité à le faire seul. Le Constituant du 11 décembre 1990 l'oblige à mettre en œuvre cette prérogative de façon collégiale. En

---

[100] *Cf.* Article 55 de la Constitution béninoise du 11 décembre 1990.

termes clairs, seul il ne peut l'exercer utilement et légalement. Le concours des ministres est impératif et obligatoire pour couvrir de la légalité nécessaire, l'exercice du droit d'initiative législative par le Président de la République.

La création de la norme fiscale consiste donc, pour chacun des acteurs détenteurs du droit d'initiative législative, à identifier et à inscrire dans un texte de loi, la matière que l'impôt est censée frapper, le taux ou le tarif applicable, de même que les mécanismes appropriés pour la collecte des prélèvements à opérer. Prendre l'initiative de la loi fiscale s'entend donc de la détermination de l'élément de richesse à taxer, de la définition des modalités et niveau de prélèvement à appliquer et de la transmission du texte au Parlement pour examen et adoption.

En analysant les personnes ciblées au niveau du pouvoir exécutif et du pouvoir législatif pour l'exercice du droit d'initiative législative, on peut retenir qu'il s'agit d'une catégorie particulière d'acteurs. Au niveau de l'exécutif, les ministres, on le sait, ne sont pas compétents par eux-mêmes pour initier une procédure législative devant conduire à la création d'une norme fiscale et au niveau du Parlement, la qualité de membre de l'Assemblée Nationale retenue par la Constitution pour désigner les personnes compétentes pour enclencher une procédure législative, renvoie aux élus. Par voie de conséquence, même sur la sphère législative, tout le monde ne peut prendre l'initiative d'une loi, qu'elle soit fiscale ou non. On peut, en définitive, considérer que c'est le statut d'élu qui détermine au niveau de chacune des institutions (Gouvernement et Assemblée Nationale), la détention du droit d'initiative. Le Président de la République est un élu[101], de même que les membres de l'Assemblée nationale, entendu comme députés[102].

Dans la pratique, les textes porteurs de normes fiscales sont presque toujours des projets de loi. Les propositions de loi en matière fiscales sont presque inexistantes.

---

[101]*Cf.* Art. 41 de la Constitution du 11 décembre 1990 dispose : « *le président de la République est le Chef de l'État. Il est l'élu de la Nation et incarne l'unité nationale* ».

[102]*Cf.* Art. 80 de la Constitution du 11 décembre 1990 : « *les députés sont élus au suffrage universel direct. La durée du mandat est de quatre ans. Ils sont rééligibles. Chaque député est le représentant de la Nation toute entière et tout mandat impératif est nul* ».

2-Une compétence presque exclusivement exercée par le Gouvernement

Les parlementaires ne se montrent pas particulièrement actifs dans l'exercice de leur droit d'initiative législative en matière de création de normes fiscales. Il semble que l'examen et le vote de l'impôt revêtent, au-delà de tout, un intérêt particulier pour eux, car ils sont « *peu enclins à mécontenter le contribuable-électeur* »[103]. On note par voie de conséquence, une sorte de rationalité politique qui s'intègre dans la logique des parlementaires concernant l'institution de l'impôt et la justification de la décision fiscale vis-à-vis de leurs mandants[104]. On pourrait en déduire que c'est la crainte de sanction électorale qui pousse les parlementaires au renoncement à l'exercice de leur droit en matière d'initiation de normes fiscales.

Dans ces conditions, le Président de la République, investi des prérogatives de définition de la politique gouvernementale[105], se voit bien tout seul, dans la pratique, à l'origine des réformes et modifications nécessaires du cadre juridique de la fiscalité. Quand bien même, il est aussi exposé à la sanction des urnes, il semble ne pas avoir d'autres choix que de s'investir dans les aménagements requis des normes et procédures fiscales pour accélérer la mobilisation des ressources financières indispensables à la mise en œuvre de la politique gouvernementale. L'action publique a un coût qu'il faut pouvoir faire supporter dans la mesure du possible aux citoyens par le biais de la fiscalité.

Pour ce faire, il lui est loisible de faire recours à des lois ordinaires. L'état des lieux de la législation fiscale au Bénin montre cependant un intérêt particulier pour une catégorie particulière de lois ordinaires. Le processus de création des normes en matière de fiscalité s'aligne presque toujours sur le processus d'édification de la loi de finances

---

[103] *Cf.* M. LEROY, « La décision à l'aune de la sociologie des finances publiques », *in* D. DESMOULIN et G. DESMOULIN*, La décision financière publique*, Paris, LGDJ, 2013, p.9.

[104] Fiscalement, le suffrage universel a des effets variés selon la répartition de la propriété qui sert d'assiette à l'impôt. Il donne réellement le gouvernement de la société aux pauvres, c'est-à-dire au plus grand nombre qui ne peut vivre sans travailler. Le gouvernement de la majorité démocratique ne peut ignorer les demandes de ses pauvres qui sont nombreux. *Cf.*M. LEROY, article précité.

[105] L'article 54 de la Constitution du 11 décembre 1990 dispose : « *le président de la République est le détenteur du pouvoir exécutif. Il est le chef du Gouvernement, et à ce titre, il détermine et conduit la politique de la Nation* ».

qui semble ainsi être le canal privilégié retenu par le Gouvernement pour modifier le cadre juridique de la fiscalité en République du Bénin.

Il est, en effet, constaté que le Gouvernement se garde de prendre des initiatives en matière de création ou de modification de normes fiscales à travers des lois ordinaires, autres que la loi de finances. Les lois fiscales adoptées par la procédure législative ordinaire sont très rares pour ne pas dire inexistantes. Juridiquement, rien n'empêche le Gouvernement de le faire, mais il use moins ou presque jamais de cette possibilité, du moins pour les normes concernant les dispositions relatives à la matière imposable, au calcul de l'impôt, etc.

La préférence de l'insertion des dispositions fiscales dans les textes de loi de finances n'est pas uniquement propre au Bénin ou aux Etats membres de l'UEMOA. Elle est également une réalité au-delà des frontières africaines. V. DUSSART affirme à ce propos, pour ce qui concerne la France, que « *l'essentiel de la législation fiscale se trouve dans des lois de finances et maintenant plus rarement dans des lois ordinaires*[106].

Il n'y a cependant pas d'option juridique clairement affichée pour l'insertion des mesures fiscales exclusivement dans la loi de finances. En dépit de l'inexistence de choix clairs en la matière, la tendance désormais structurelle de la pratique suggère qu'on la qualifie d'option de mise en œuvre de la politique fiscale.

Contrairement au silence observé au Bénin et dans la plupart des États de l'UEMOA sur la préférence de législation fiscale à travers la loi de finances, ailleurs, des options sont prises par le Gouvernement pour indiquer une ligne de conduite en matière de création de norme fiscale. C'est le cas notamment de la France où par une circulaire en date du 4 juin 2010 le Ministre Michel SAPIN a officialisé l'interdiction de dispersion des mesures concernant des prélèvements obligatoires dans des textes autres que les lois de finances[107].

DE CROUY CHANEL observe cependant, en matière d'adoption de la loi fiscale que «*la proposition ou le projet de loi fiscale ne suit pas nécessairement, la procédure particulière d'adoption des lois de finances, même si, en pratique, la plupart des mesures fiscales sont*

[106] V. DUSSART, « Le Parlement et l'impôt », *Pouvoirs*, n°151, 2014.
[107] V. DUSSART, article précité.

votées dans ce cadre-là »[108]. Ce qui confirme la position de V. DUSSART qui estime que « *l'adoption des dispositions fiscales procède d'un jeu institutionnel largement maîtrisé par le pouvoir exécutif* »[109]. L'auteur estime en outre que « *le consentement à l'impôt n'a jamais signifié que le Parlement fait la loi fiscale. Il la consent, il l'accepte, il la vote, mais il ne la construit pas* »[110].

On note donc une volonté presque partagée des États à cumuler, par le truchement d'un acte unique, l'exercice du pouvoir de décision budgétaire et du pouvoir normatif financier. Autrement dit, la décision fiscale suit un processus similaire à celui usité quant à la prise de la loi de finances de l'année. Ce qui fait penser à la limitation de son initiative aux mains du pouvoir exécutif.

En effet, pour l'établissement de la loi de finances de l'année, le droit d'initiative n'est pas une prérogative partagée. C'est un droit exclusivement réservé au Gouvernement, au pouvoir exécutif. La loi de finances est toujours d'initiative gouvernementale, qu'il s'agisse de la loi de finances de l'année, de la loi de finances rectificative ou de la loi de règlement. C'est-à-dire que c'est toujours par un projet de loi que l'initiative prend corps, mais jamais par une proposition. C'est le constituant qui en a ainsi voulu. Après avoir affirmé en son article 105 que l'initiative législative est concurremment prise par le Gouvernement et les membres de l'Assemblée Nationale, la Constitution du 11 décembre 1990 y met un bémol à l'article 109. Elle dispose aux termes des dispositions de cet article que « *l'Assemblée nationale est saisie du projet de loi de finances au plus tard une semaine avant l'ouverture de la session d'octobre* ».

Cette disposition de la Constitution montre que l'initiative de la loi de finances est du ressort du pouvoir exécutif. Le Parlement ne peut qu'être saisi du projet de loi de finances. Nulle part dans ses dispositions de la Constitution, il n'a été question de proposition de loi en matière de loi de finances. Sur ce point, la loi organique relative aux lois de finances a été plus claire. Elle dispose en son article 55 que « *le ministre en charge des finances prépare les projets de lois de finances qui sont adoptés en Conseil des ministres* ». Ce qui lève tout doute sur l'exercice du droit d'initiative en matière de loi de finances.

---

[108]E. DE CROUY CHANEL « Les limites aux compétences du pouvoir législatif en matière fiscale », *Revue internationale de droit comparé*, Vol. 58, n°2, 2006, p. 644.
[109] V. DUSSART, article précité.
[110] V. DUSSART, article précité.

A y voir de près, le Gouvernement semble dédié à la construction de la norme fiscale alors que le Parlement conduit le processus de validation législative.

B- La validation de la norme fiscale : une compétence exclusive du Parlement

Pour avoir un socle légal et s'imposer à tous, il est nécessaire que l'impôt soit approuvé par l'institution habilitée que représente le Parlement. Celui-ci dispose à cet effet, aux termes des dispositions de la Constitution du 11 décembre 1990, du droit de consentement à l'impôt[111]. Le consentement à l'impôt, expression de l'acceptation des prélèvements obligatoires, se matérialise par l'approbation de l'impôt par l'Assemblée Nationale à travers l'amendement et le vote de la norme fiscale (1). Cependant, il est juridiquement possible, dans des cas déterminés, que la norme fiscale entre en vigueur, sans l'approbation du Parlement (2).

1- L'amendement et le vote de la norme fiscale

L'opposabilité en droit des normes fiscales est conditionnée par la délibération parlementaire qui clôture les étapes d'examen et d'adoption à l'Assemblée Nationale. Autrement dit, aucune règle prescriptive d'obligations de paiement d'impôt ne peut être juridiquement opposable, si elle n'a été soumise à l'amendement et au vote des députés à l'Assemblée Nationale.

L'amendement est un acte visant à modifier un article déterminé ou à introduire une disposition nouvelle dans un projet de loi ou dans une proposition de loi[112]. Il est exercé par le Parlement qui le tient comme un privilège et comme un droit d'origine constitutionnelle. En effet, c'est par son article 103 que le constituant de 1990 dispose que « *les députés ont le droit d'amendement* ». Le droit des parlementaires à amender les propositions de loi ou les projets de loi, trouve ainsi son ancrage juridique dans la loi fondamentale de 1990. La présence dans le texte de la Constitution béninoise du 11 décembre 1990 de dispositions consacrant le droit d'amendement n'est cependant pas une innovation du constituant de 1990. La même disposition était déjà

---

[111]*Cf.* Article 96 de la Constitution du 11 décembre 1990.

[112]*Cf.* P. BINCZAK, « le conseil constitutionnel et le droit d'amendement : entre « errements » et malentendus », *Revue Française de Droit Constitutionnel*, n°47, 2001/3 pp.479-528.

présente dans plusieurs constitutions ou textes constitutionnels du Dahomey, devenu Bénin à partir de 1975[113].

Les normes fiscales empruntant généralement le canal de la loi de finances, leur amendement par les parlementaires se fait dans le respect de l'encadrement constitutionnel lié à la nécessité de garantir l'équilibre de la loi de finances. La constitution de 1990 dispose en effet, s'agissant de l'exercice du droit d'amendement dans le cadre de l'examen des projets de loi de finances, que « *les propositions et amendements déposés par les députés ne sont pas recevables lorsque leur adoption aurait pour conséquence soit une diminution des ressources publiques, soit la création ou l'aggravation d'une charge publique* »[114]. Il ne s'agit pas, toutefois, d'un encadrement insurmontable mais exigeant au plan technique.

En réalité, quoique la constitution garantisse le droit des parlementaires à l'amendement des projets et propositions de loi, elle impose, s'agissant de la loi de finances, que l'amendement ne doit pas remettre en cause l'équilibre du budget de l'État. L'article 110 de la constitution qui en dispose ainsi, précise que « *l'Assemblée Nationale vote le budget en équilibre* ». *In fine*, en matière financière au Bénin, tout député, dans le respect des dispositions de l'article 107 de la constitution, est fondé à apporter d'amendement à tout texte soumis à l'examen et au vote de la représentation nationale.

L'amendement de la norme fiscale vise à faire en sorte que l'impôt incarne les réalités socio-économiques. Son intérêt est d'assurer à l'impôt nouveau les caractéristiques pouvant lui permettre de s'inscrire dans les assertions dominantes sur la relation entre l'impôt et les contribuables. Celles-ci postulent notamment qu'« *un impôt qui vient à frapper une fortune considérable n'enlève que du superflu* » et que d'autre part, qu'« *il n'y a rien de si désastreux qu'une grosse taxe venant à frapper une petite fortune* »[115].

Tout comme l'amendement qui participe déjà de l'exercice du pouvoir législatif, le vote est aussi une compétence constitutionnellement consacrée au profit de l'Assemblée Nationale et, par ricochet, des députés. Il est l'acte matériel de l'exercice par l'Assemblée Nationale du pouvoir législatif et tire son fondement juridique des dispositions de l'article 79 de la Constitution béninoise du 11

---

[113] *Cf.* par exemple, l'article 66 de la constitution du 11 janvier 1964.
[114] Article 107 de la constitution béninoise du 11 décembre 1990.
[115] M. LEROY, *Sociologie des finances publiques*, Paris, La Découverte, 2007, p.8.

décembre 1990 qui prévoient que « *le Parlement exerce le pouvoir législatif…* »[116]. Ce pouvoir reconnu au Parlement est en réalité un pouvoir conféré individuellement aux députés qui l'animent. C'est à eux qu'il revient de légiférer au nom de l'institution parlementaire et du peuple tout entier, conformément à leur statut de représentants de la nation, comme l'a mentionné l'article 80 de la Constitution : « *…chaque député est le représentant de la nation tout entière et tout mandat impératif est nul* »[117].

Le vote, vu comme l'aboutissement de plusieurs processus (étude d'ancrage économique, étude d'ancrage social, étude d'ancrage sociologique et amendement), est alors l'étape ultime du consentement à l'impôt. C'est par ce dernier que le Parlement crée dans l'arsenal fiscal, de nouveaux prélèvements. Son exercice reste toutefois encadré par la constitution qui précise que « *le droit de vote des députés est personnel* »[118]. Un assouplissement est néanmoins apporté à cette disposition. La constitution autorise un vote par délégation, mais celui-ci doit être prévu par le règlement intérieur de l'Assemblée Nationale, en respect de ce que « *nul ne peut recevoir délégation de plus d'un mandat* »[119]. Pour ce qui concerne le quorum nécessaire pour la validité du vote, on peut retenir que « *la loi est votée par l'Assemblée Nationale à la majorité simple…* »[120], sauf en cas de deuxième lecture où une majorité absolue des membres composant l'Assemblée Nationale est requise[121].

Les étapes d'examen et de vote de la norme fiscale sont nécessaires pour l'entrée dans l'ordonnancement juridique des règles qui instituent des prélèvements obligatoires. Cependant, dans certains cas prévus par la Constitution, la norme fiscale peut entrer en vigueur, sans que l'examen parlementaire n'ait été concluant.

2. La substitution du Gouvernement au Parlement en matière d'institution de l'impôt

Il arrive bien souvent que des normes fiscales soient instituées par voie de règlement en lieu et place de la voie parlementaire. Plusieurs cas de figures sont à relever en la matière. Il y a d'un côté, le cas des

---

[116]*Cf.* Article 79 de la constitution béninoise du 11 décembre 1990.
[117]*Cf.* Article 80 de la constitution béninoise du 11 décembre 1990.
[118]*Cf.* Article 93 de la constitution béninoise du 11 décembre 1990.
[119]*Ibidem.*
[120]*Cf.* Article 97 de la constitution béninoise du 11 décembre 1990.
[121]*Cf.* Article 57 de la Constitution du 11 décembre 1990.

dispositions fiscales insérées dans les projets de lois de finances dont l'examen parlementaire se révèle infructueux. De l'autre, ce sont les mesures fiscales prises directement par acte règlementaire, en méconnaissance de la procédure législative.

Bien qu'ayant consacré le Parlement comme décideur en dernier ressort de la norme fiscale, le constituant béninois de 1990 aménage pour le pouvoir exécutif, des passerelles d'intervention dans la procédure législative d'institution de l'impôt. Au moyen des dispositions des articles 110 et 68 de la loi n° 90-32 du 11 décembre 1990 portant Constitution de la République du Bénin, le constituant a habilité le pouvoir exécutif à établir la loi de finances par ordonnance. Par voie de conséquence, les normes fiscales sont également susceptibles d'être établies par ordonnance. Cette éventualité se concrétise en cas de retard dans la délibération législative ou en cas de menace sur le fonctionnement régulier des institutions de l'Etat.

En effet, aux termes des dispositions de l'article 110 de la constitution béninoise du 11 décembre 1990, « [...] *si l'Assemblée nationale ne s'est pas prononcée à la date du 31 décembre, les dispositions du projet de loi de finances peuvent être mises en vigueur par ordonnance* [...] »[122]. Il faut, toutefois, pour que les conditions d'établissement de la loi de finances par ordonnance, sur la base des dispositions de l'article 110 de la Constitution soient réunies, que le projet de loi de finances soit déposé sur le bureau de l'Assemblée Nationale dans le délai constitutionnel. Ce délai est fixé à une semaine avant l'ouverture de la session budgétaire conformément aux dispositions de l'article 109 de la Constitution du Bénin du 11 décembre 1990 qui prévoit que « [...] *l'Assemblée nationale est saisie du projet de loi de finances au plus tard une semaine avant l'ouverture de la session d'octobre* [...] ».

Pour ce qui concerne l'établissement de la loi de finances par recours aux mesures exceptionnelles de l'article 68 de la Constitution béninoise, le constituant précise que cette éventualité est admise « *lorsque les institutions de la République, l'indépendance de la Nation, l'intégrité du territoire national ou l'exécution des engagements internationaux sont menacés de manière grave et*

[122] La même disposition est reprise à l'article 94 du Règlement Intérieur de l'Assemblée Nationale en ces termes, « *conformément aux dispositions de l'article 109 de la Constitution, l'Assemblée nationale est saisie du projet de loi de finances au plus tard une semaine avant l'ouverture de la session d'octobre* ».

immédiate et que le fonctionnement régulier des pouvoirs publics constitutionnels est menacé ou interrompu ». La seule exigence formelle à la mise en œuvre des mesures exceptionnelles est la consultation du Président de l'Assemblée Nationale et du Président de la Cour constitutionnelle avant la prise de l'ordonnance. Pour peu que cette condition soit observée, l'ordonnance est réputée régulière.

Sur le fond, le juge constitutionnel considère que « *le recours à l'application de l'article 68, dès lors qu'il a été exercé dans les conditions prescrites par la constitution, est un acte de gouvernement qui n'est pas susceptible de recours devant la cour constitutionnelle* »[123]

Au regard des procédés ci-dessus décrits, il est établi que la norme fiscale, dont la validation est réputée être du domaine du législatif, peut finir par être insérée dans l'ordonnancement juridique grâce à des actes pris par le pouvoir exécutif. Le retard parlementaire dans l'examen du projet de loi de finances peut être à l'origine de la substitution du Gouvernement au Parlement dans ses prérogatives. Il en est de même des controverses non résolues entre le Parlement et Gouvernement et qui sont interprétées par le Gouvernement comme sources de menaces sur le fonctionnement régulier des pouvoirs publics constitutionnel, l'exécution des engagements internationaux, etc.

La mise en œuvre de ces procédés pour la révision du cadre juridique de la fiscalité au Bénin est une réalité. L'examen des normes fiscales en vigueur montre que par le mécanisme des ordonnances prises sur le fondement des dispositions des articles 68-C et 110-C, des normes financières ont été créées. A titre d'illustration, l'ensemble des mesures fiscales contenues dans les lois de finances pour les gestions 1994[124], 1996[125], 2000[126], 2002[127], 2008[128] et 2010[129] ont été

---

[123]*Cf.* Décision DCC 27-94 du 24 août 1994, *in* N. MEDE, *Les grandes décisions de la Cour constitutionnelle du Bénin,* Berlin, Editions Universitaires Européennes, 2012. p.218.

[124] Ordonnance n° 94-001 du 16 septembre 1994 portant loi de finances pour la gestion 1994.

[125] Ordonnance n° 96-02 du 31 janvier 1996 portant loi de finances pour la gestion 1996.

[126] Ordonnance n° 2000-001 du 02 janvier 2000 portant loi de finances pour la gestion 2000.

[127] Ordonnance n° 2002-001 du 31 janvier 2002 portant loi de finances pour la gestion 2002.

instituées par le pouvoir exécutif sur la base des dispositions de l'article 68-C. Il en est de même des dispositions fiscales insérées dans la loi de finances pour la gestion 2014, à la différence que l'ordonnance n°2014-01 du 02 janvier 2014 portant loi de finances pour la gestion 2014 a été ratifiée, par la suite, par le Parlement.

Le cadre juridique de la fiscalité regorge, par ailleurs, de normes prises par voies de règlement, en dehors des dispositions précitées qui laissent une marge de manœuvre au pouvoir exécutif dans l'institution des règles prescriptives d'obligations de paiement d'impôt. Certaines d'entre elles ont été déférées devant le juge constitutionnel. On peut évoquer au nombre de ces actes, l'arrêté n° 159/MJSL/MFE/MTPT/MISD/MICPE/DC/SGM/SA portant mobilisation de ressources extrabudgétaires pour la participation du Bénin à la coupe d'Afrique des nations de football, Tunisie 2004. A travers cet arrêté, le Gouvernement a institué divers prélèvements obligatoires[130] en méconnaissance de la procédure définie par la Constitution béninoise du 11 décembre 1990 pour l'édiction de règles relatives aux impositions de toutes natures. L'acte a été déclaré contraire à la Constitution suite au recours du professeur Nicaise MEDE[131].

Plusieurs autres textes du corpus des règles fiscales ou mesures prises par le Gouvernement peuvent également être rangés dans cette catégorie. Les cas de la lettre n° 1171/PR/DC/CTI/SPC-C du 23 décembre 2007 et de certaines mesures portées par le relevé n° 44 des décisions prises par le Conseil des Ministres en sa séance du mercredi 07 décembre 2011 sont évocateurs. A travers la lettre du 23 décembre 2007, il est décidé l'extension de mesures d'exonérations, en marge de toutes dispositions légales alors que le relevé du Conseil des Ministres institue, en ce qui le concerne, un prélèvement de 25 FCFA sur tous les abonnés au réseau de téléphonie mobile de type GSM, dans le cadre d'une campagne de solidarité nationale.

---

[128] Ordonnance n° 2008 n° 2008-05 du 085 novembre 2008 portant loi de finances rectificative pour la gestion 2008.

[129] Ordonnance n° 2010-01 du 1er janvier 2010 portant loi de finances pour la gestion 2010.

[130] Il s'agit, entre autres, de prélèvements de 1 FCFA/ litre de produit pétrolier ; 3 FCFA par bouteille de produits SOBEBRA, de 1000 FCFA par passager embarquant à l'aéroport de Cotonou, de 75 FCFA par paquet de ciment.

[131] *Cf.* Décision DCC 06-108 de la Cour Constitutionnelle du Bénin, en date du 11 août 2006.

Les recours formulés devant le juge constitutionnel sur ces deux actes ont été diversement appréciés. Le juge s'est déclaré incompétent s'agissant de l'extension des mesures d'exonération, au motif que le recours tendait à faire apprécier par la Haute Juridiction, la conformité de la lettre querellée aux dispositions du code général des impôts[132] et a déclaré les mesures de prélèvement sur les abonnés des réseaux GSM contraires à la Constitution[133].

Au total, le processus de création de la norme fiscale au Bénin est un processus juridiquement encadré. Les acteurs, les compétences ainsi que les règles de procédures sont établies par la loi. Ce qui fait de la production des normes fiscales au Bénin, un processus qui obéit aux exigences de la hiérarchie des normes de Kelsen[134] et qui connaît une relative efficacité.

II-LA CREATION DE LA NORME FISCALE AU BENIN : UN PROCESSUS RELATIVEMENT EFFICACE

L'impôt est un fait de société. L'efficacité de sa collecte au profit des caisses de l'Etat pour le financement de l'action publique requiert sa permanente adaptation aux éléments caractéristiques de l'environnement économique et social. Un aménagement constant du système fiscal (A) apparaît indispensable pour le renforcement des conditions de la rentabilité fiscale (B).

A-Un système en permanente adaptation

La recherche de l'adhésion des populations contribuables à l'impôt est une dimension importante du processus de législation en matière de fiscalité (1). Elle s'accompagne logiquement de l'analyse de la cohérence des dispositions normatives financières (2).

---

[132]*Cf.* Décision DCC 08-127 du 18 septembre 2008 de la Cour Constitutionnelle du Bénin.

[133]*Cf.* Décision DCC 12-144 du 19 juillet 2012 de la Cour Constitutionnelle du Bénin.

[134] La création de la norme fiscale est soumise à des procédures bien établies et la validité de la norme fiscale est conditionnée par sa conformité aux dispositions de la Constitution.

1-Une recherche de légitimité renforcée.

« La norme fiscale suit un processus d'élaboration empreint tout à la fois de clarté et de technicité »[135]. La clarté renvoie à la nécessité d'une réelle identification de la matière que l'impôt va frapper et la mise en relief des éléments susceptibles de favoriser sa compréhension par les contribuables. L'adhésion à l'impôt repose, en effet, sur la capacité donnée aux contribuables de se l'expliquer et de pouvoir accepter ou comprendre la justification de son institution. La certitude de la taxe et son caractère non arbitraire permettent, quant à eux, de prémunir le système fiscal contre l'insolence et la corruption[136].

L'institution de l'impôt, pour s'adouber des caractéristiques qui favorisent son acceptation, doit s'inscrire dans la veine de la réalisation des trois fonctions de l'Etat[137]. Le défi en la matière est de démontrer aux futurs assujettis de l'impôt que son institution est sous-tendue par le souci de mobilisation de ressources financières pour l'amélioration de leurs conditions de vie.

Ainsi, pour assurer à l'impôt l'ancrage socioéconomique nécessaire à son efficacité, la construction de la norme fiscale implique une série d'activités. Celles-ci visent le renforcement de la légitimité de l'impôt et une bonne inscription des prélèvements obligatoires dans le cadre juridique existant.

La procédure suivie au Bénin pour l'institution des prélèvements obligatoires démontre, à travers l'enchaînement des étapes, le souci d'asseoir un système fiscal favorable à l'accélération de la collecte des revenus fiscaux, tout en aménageant et en garantissant les conditions de développement du tissu économique local. Le processus révèle plus

[135]M. CHASTAGNARET, « La volonté individuelle en droit fiscal », disponible sur https://books.openedition.org/putc/1244?lang=fr.

[136]*Cf.* A. SMITH, *La richesse des nations*, Ecorse, William Strahan, Thomas Cadell, 1776.

[137] Il s'agit de l'allocation et de la production de biens publics qui naissent du caractère socialement insatisfaisant ou sous optimal du fonctionnement des marchés notamment du fait de la présence d'externalités, de l'équité et de la justice distributive qui visent en particulier à corriger les inégalités engendrées par la répartition primaire des revenus, dans le sens de la justice sociale et, enfin, de la stabilisation et de la politique macroéconomique qui sont essentiellement tournées vers la lutte contre l'inflation et le chômage et pour relancer l'activité en situation dépressive. *Cf.* R. A. MUSGRAVE (1959), *The Theory of Public Finance. A study in public economy*, New York, McGraw-Hill.

ou moins une coproduction des normes fiscales, vu le degré de collaboration qu'il affiche avec le secteur privé.

Il est en effet constaté que les propositions de révision du système fiscal émanent aussi bien de l'administration que des organisations du secteur privé. Les mesures proposées par ce dernier concernent généralement les révisions de procédures et les aménagements et suppressions d'impôts existants. Pour celles initiées par les services publics, en l'occurrence ceux des régies financières, elles portent aussi bien sur les aspects de révisions de procédures, d'aménagement d'impôt existant que sur l'introduction de nouveaux prélèvements fiscaux.

L'examen de la plateforme des propositions de mesures fiscales formulées par le secteur privé dans le cadre de l'élaboration de la loi de finances pendant ces trois dernières années atteste cette double contribution à la formation des normes fiscales[138]. A titre d'illustration, pour la loi de finances, gestion 2017, le Groupe de Travail Fiscalité du secteur privé a soumis à l'administration, une plateforme de proposition riche de quatorze (14) mesures[139]. Les mesures proposées sont relatives, entre autres, à l'extension aux crédits d'impôts directs, des mesures de remboursement liées aux crédits de TVA, à l'harmonisation de certaines dispositions du code général des impôts avec les dispositions supranationales, au plafonnement des amendes et pénalités, etc.

Pour ce qui concerne les mesures directement initiées par les administrations financières, elles tirent fondamentalement leurs sources des orientations économiques du Gouvernement et des politiques fiscales sous-jacentes. Les concertations avec les partenaires de l'administration sur les mesures fiscales interviennent donc après que des options fiscales soient définies par le Gouvernement.

Ainsi, deux éléments fondent le déclenchement des cycles de négociation avec le secteur privé, la société civile et autres parties prenantes du processus d'édification des normes financières. Le premier, et de loin le plus important, ce sont les orientations politiques

---

[138] *Cf.* plateformes des propositions de mesures fiscales du Groupe de Travail Fiscalité du secteur privé, les propositions de mesures fiscales de la Direction Générale des Impôts et de la Direction Générale des Douanes et Droits Indirects.

[139] *Cf.* Groupe de Travail de Fiscalité, *Plateforme 2016 des propositions fiscales du secteur privé béninois pour la loi de finances, gestion 2017*, juin 2016.

qui sont décidées et qui doivent en conséquence recevoir un habillage technique pour pouvoir entrer dans le dispositif fiscal. Le second, ce sont les revues de procédures rendues nécessaires par des points d'attention notés dans la mise en œuvre d'impôts déjà en cours.

S'agissant des mesures fiscales élaborées pour porter les orientations décidées par le Gouvernement, la recherche de légitimité peut porter sur les conciliations de positions sur des aménagements de fond, comme il peut porter sur une pré-sensibilisation par rapport à un prélèvement qui s'annonce. Quant aux révisions de procédures de liquidation et de recouvrement, elles ne donnent lieu à de véritables recherches de conciliation de positions que lorsque, par exemple, un raccourcissement de délai de versement ou de reversement est jugé porteur d'un risque de tension de trésorerie pour les contribuables. Ainsi en est-il par exemple des impôts collectés et reversés trimestriellement, mais dont les échéances sont proposées pour être ramenées à des périodicités mensuelles.

Dans tous les cas, des tours de réunions sont ouverts avec une frange de contribuables se retrouvant dans le champ d'imposition touché par les réaménagements en vue. Ainsi, le secteur privé et certaines organisations professionnelles sont consultés. Ce sont le Patronat, l'Association des Banques et Établissements financier, l'Ordre des Experts Comptables et comptables agréés, etc.

Les conclusions issues de ses concertations font l'objet d'un deuxième tour de réunions dans un cadre administratif bien structuré. Il s'agit de la Conférence d'examen des mesures fiscales qui est une étape clé de la procédure budgétaire. C'est cette instance qui délibère finalement sur l'éligibilité ou non des mesures à intégrer dans la loi de finances. Il faut toutefois relever que pour les mesures qui relèvent de décision d'orientation de la politique fiscale, la conférence examine, non pas en tant que telle la recevabilité, mais beaucoup plus la portée économique de la mesure et ses implications sur les différentes branches d'activités. On peut évoquer à titre d'illustration, les exemples de la Taxe Professionnelle Synthétique (TPS) et de la Taxe sur les Véhicules à Moteur (TVM) insérées récemment dans la fiscalité béninoise.

Les propositions de mesures qui franchissent les différentes étapes d'analyse technique, de discussions avec les parties prenantes et d'approbation des résultats de la conférence d'examen des mesures fiscales, sont insérées dans le projet de loi de finances et soumises à la validation du Parlement. Pour la loi de finances, gestion 2017, elles sont au nombre de cinquante et huit (58)[140], y compris les propositions de mesures non fiscales. En ce qui concerne les projets de loi de finances des gestions 2018 et 2019, on en dénombre respectivement trente-et-quatre (34)[141] et trente-et-une (31)[142].

Les concertations menées dans le dessein d'assurer à l'impôt une légitimité, sont beaucoup plus administratives et consultatives. L'essentiel du volet technique de la procédure de création de norme fiscale, au niveau du pouvoir exécutif, est centré sur le travail de mise en cohérence des prélèvements fiscaux à instituer avec le système fiscal existant.

2-Une amélioration continue de la cohérence du système fiscal

La production normative financière est un exercice délicat, vu que la création de nouvelles normes fiscales ou la suppression de prélèvements obligatoires existants ne reste presque jamais sans incidence sur le cadre global de la fiscalité. Ainsi, à l'étape technique de la construction de la norme, « *s'ajoute un autre aspect : la sédimentation normative. Toute évolution de la règle fiscale n'ayant pas nécessairement pour conséquence de supprimer la règle antérieure, il en résulte des strates successives qui se sédimentent ainsi au fil des temps* »[143].

Pour la préservation de la cohérence du système fiscal, plusieurs stratégies sont mises en œuvre. La loi de finances est tenue comme canal unique d'insertion de nouvelles mesures fiscales dans l'ordonnancement juridique, l'évaluation des nouvelles dispositions fiscales est réalisée par rapport à la législation fiscale dans sa totalité et la fréquence des changements est limitée pour une plus grande stabilité du cadre juridique de la fiscalité.

Par voie de conséquence, un fil conducteur de l'historique de chaque type d'impôt est nécessaire pour permettre d'assurer la cohérence globale du système fiscal. Un prélèvement à instituer peut avoir des liens avec un autre institué des décennies plus tôt, et même

---

[140] Cf. Décret n° 2016-615 du 05 octobre 2016 portant transmission à l'Assemblée Nationale du projet de loi de finances pour la gestion 2017.
[141] *Cf.* Décret n° 2017-484 du 05 octobre 2017 portant transmission à l'Assemblée Nationale du projet de loi de finances pour la gestion 2018.
[142] *Cf.* Décret n° 2018-447 du 1er octobre 2018 portant transmission à l'Assemblée Nationale du projet de loi de finances pour la gestion 2019.
[143] M. CHASTAGNARET, article précité.

déjà modifiés à plusieurs reprises. Il faut en tenir compte pour ne pas créer de disharmonie et hypothéquer par-là, la rentabilité fiscale.

Le Code Général des Impôts[144] et le Code des Douanes[145] constituent des repères pour les directions techniques de l'Administration des Impôts et de l'Administration des Douanes pour l'exercice d'une meilleure articulation des nouvelles dispositions avec le cadre légal existant. Le séquençage matériel et technique de leurs structures permet aux administrations fiscales d'y relever les éléments nécessaires à la réalisation de l'analyse de cohérence des mesures fiscales nouvelles avec les dispositions en vigueur. La stabilité fiscale en dépend car, « *l'alternance politique aidant, chaque loi de finances apporte son lot de mesures nouvelles, au détriment de la simplicité du système et parfois même de sa cohérence d'ensemble, et le contribuable n'échappe pas toujours à une désagréable impression d'instabilité fiscale...* »[146].

La définition et l'observance des règles de codification permettent, par ailleurs, de réaliser une bonne inscription des dispositions régissant les nouveaux prélèvements dans le code général des impôts. Les classifications au Code Général des Impôts et du Code des Douanes revêtent en effet un intérêt certain sur un triple plan. D'abord en ce qui concerne l'institution du prélèvement, ensuite en ce qui concerne la définition des modalités de recouvrement et, enfin, en ce qui concerne les contrôles et sanction. Dans l'enchainement des dispositions normatives, on a ainsi successivement, les dispositions liées à la création de la norme fiscale, au fait générateur, à la fixation du taux et du tarif applicables, aux modalités de recouvrement et enfin au contrôle et sanctions.

Ces éléments sont différemment classifiés et leur absence ou un mauvais renvoi peut être constitutif d'un handicap pour la collecte des produits attendus des prélèvements fiscaux. La présentation des dispositions des articles 280 nouveau-27, 280 nouveau-28, 280

---

[144] Le Code Général des Impôts est actualisé chaque année pour prendre en compte les mesures fiscales nouvellement adopté par le Parlement. La version en vigueur est disponible sur http://www.impots.finances.gouv.bj.

[145] Tout comme le Code des Impôts, le Code Général des Impôts, le Code des Douanes est révisé chaque année, en cas d'adoption de nouvelles de mesures relatives à la fiscalité de porte. La version en vigueur est disponible sur le site http://douanes-benin.net.

[146] D. GOUADAIN, « La complexité fiscale, un mal nécessaire ? », *Annales des mines*, septembre 2000.

nouveau-29, 280 nouveau-30 et 280 nouveau-31 relatives à la taxation des lingots d'or renseigne sur la prise en compte de ces différentes dimensions dans la codification des normes fiscales. Ils disposent s'agissant de l'identification de la matière imposable, qu'il est « *institué une taxe sur les lingots d'or* [et que] *cette taxe frappe toutes les importations ou cessions de lingot d'or effectuées à titre onéreux ou à titre gratuit et réalisées en droit ou en fait dans les conditions de livraison en République du Bénin.....*»[147]. On constate que cette disposition a vocation de cibler la matière à soumettre à imposition, de l'inclure dans le champ des taxations et d'indiquer les opérations la concernant qui peuvent donner lieu à prélèvement.

De même, il est indiqué dans le code des impôts que « *la taxe est fixée à 5%* »[148]. L'article 280-29 prévoit, par ailleurs, que le taux d'imposition est appliqué à l'importation, à la valeur en douane, majorée des droits et taxes d'entrée, à l'exception de la taxe sur la valeur ajoutée et, en régime intérieur, au prix de vente sortie d'usine, à l'exclusion de la taxe sur la valeur ajoutée.

En ce qui concerne les modalités de recouvrement, les dispositions du code prévoient que le recouvrement de la taxe sur les lingots d'or est effectué au cordon douanier par la Direction Générale des Douanes et Droits Indirects (DGDDI) pour le compte de la Direction Générale des Impôts (DGI). A l'intérieur, la taxe est collectée et reversée par le producteur[149].

Les dispositions relatives au contrôle et aux sanctions en matière de collecte de la taxe sur les lingots d'or ont également fait l'objet de codification. L'article 280-31 du Code Général des Impôts précisent à cet effet, que les règles régissant le contrôle, les obligations et les sanctions relatives à la taxe sur les lingots d'or sont celles en vigueur en ce qui concerne la taxe sur la valeur ajoutée.

La vérification de la cohérence et de la conformité des textes fiscaux aux dispositions communautaires est également réalisée par les services techniques des administrations fiscales. Le Bénin évoluant dans plusieurs espaces à vocation d'intégration, des normes de référence en matière fiscale sont prises au plan communautaire et intègrent les repères à observer pour l'édification des règles fiscales au plan interne. L'examen des mesures fiscales prend à cet effet en

---

[147]*Cf.* Article 208 nouveau-27 du code général des impôts du Bénin, édition de 2018.
[148]*Cf.* Article 208 nouveau-29 du code général des impôts du Bénin, édition de 2018.
[149]*Cf.* Article 208 nouveau-30 du code général des impôts du Bénin, édition de 2018.

compte, la vérification des taux et tarifs proposés avec les fourchettes définies dans des textes supra nationaux.

Parfois, les champs d'impositions sont déterminés par des directives communautaires, de même que les champs d'application des exonérations fiscales. Ce que l'État s'oblige à respecter en vertu des accords auxquels il est partie. Au sein de l'Union Économique et Monétaire Ouest Africaine (UEMOA) par exemple, l'harmonisation des politiques fiscales est un volet important des missions de l'organisation. Plusieurs dispositions sont consacrées à cette thématique dans le texte fondateur de l'Union. On peut y lire, entre autres, que «*l'Union a pour objectif d'harmoniser, dans la mesure nécessaire au bon fonctionnement du marché commun, les législations des Etats membres et particulièrement le régime de la fiscalité*»[150] et que «*les Etats membres de l'Union harmonisent leurs politiques fiscales, pour réduire les disparités excessives prévalant dans la structure et l'importance de leurs prélèvements fiscaux*»[151]. L'adoption des Directives n°08/2008/CM/UEMOA sur l'harmonisation du taux d'impôt sur les bénéfices qui fixe un intervalle de taux comprise entre 25%et30% et n°02/2011/CM/ UEMOA portant harmonisation de la fiscalité applicable aux entreprises d'investissement à capital fixe au sein de l'UEMOA est une manifestation de la mise en œuvre de ces dispositions statutaires.

Toute cette bactérie d'activités administratives et techniques préalables à la modification de la législation fiscale revêt un autre intérêt : celui de la réunion des conditions de rentabilité des prélèvements à instituer.

B-Des conditions de rendement fiscal à renforcer

A travers l'institution de l'impôt, on le sait, les pouvoirs publics poursuivent un but précis : celui d'assurer la réunion des moyens nécessaires à l'accomplissement des missions de service public[152]. L'atteinte de cette finalité requiert des conditions d'efficacité que doit remplir le système fiscal. Les conditions de choix de la matière imposable et la nature du prélèvement (1) comptent. L'examen des

---

150 *Cf.* Article 4 du Traité de l'UEMOA.

151 *Cf.* Article 65 du Traité de l'UEMOA.

152 Activités dont l'objectif est de satisfaire un besoin d'intérêt général. Les services publics sont exercés par l'Etat ou les collectivités territoriales ou encore par tout organisme privé ou public doté des prérogatives lui permettant d'assurer cette mission.

moyens à mobiliser pour la collecte des revenus fiscaux[153] n'est pas, non plus, moins important (2).

1-Un choix optimal

La décision fiscale doit être une décision rationnelle et la rationalité de la décision suppose, entre autres, la définition d'objectif précis, en tenant compte d'une part, de l'environnement social, sociologique, économique voire historique et d'autre part, en faisant recours à des définitions existantes[154]. *« L'impôt ne peut évidemment être « efficace» (c'est-à-dire assurer les rentrées prévues) que si ses caractéristiques sont en harmonie avec celles du corps social»*[155]. Le choix de la matière imposable et l'établissement de lien avec l'objectif poursuivi permettent d'examiner pendant le processus de conception de l'impôt, son aptitude à produire les résultats escomptés.

L'identification de la matière imposable doit provenir d'une analyse multicritère. Le processus d'institution de l'impôt nécessite en effet, pour des fins d'adaptation, que les implications du nouveau prélèvement soient cernées sur au moins trois plans à savoir, les considérations d'ordre économique, les références sociologiques et enfin les repères historiques.

L'analyse au plan économique tire son intérêt de ce que l'impôt ne sera prélevé que lorsque la matière imposable existe, perdure dans le temps et se développe. Les potentiels rapports de l'impôt à instituer avec la dynamique économique qui caractérise la matière à faire frapper d'impôt méritent d'être mis en relief. Ceci permet de jauger la consistance et l'effectivité de la matière imposable et d'apprécier en quoi l'institution de l'impôt ne serait pas un facteur prohibitif de son développement. Autrement dit, il n'est pas pertinent de faire reposer un impôt sur une matière imposable dont la stabilité est discutable.

---

[153]Le meilleur impôt, selon A. SMITH est celui qui est économiquement neutre et qui respecte également les principes de commodité et d'économie. La commodité recouvre l'idée que l'impôt doit être adapté au contribuable et non pas uniquement au pur intérêt de l'État. Le principe d'économie suggère la prise en compte de l'analyse du coût d'administration de l'impôt pour assurer l'efficience dans la collecte des revenus.

[154] La finalité est de maximiser les éléments pour permettre à l'impôt de réunir toutes les conditions possibles pour mettre une meilleure compréhension. *Cf.* Circulaire du Ministre Michel Sapin relative à la charte de gouvernance fiscale.

[155] D. GOUADAIN, « La complexité fiscale, un mal nécessaire ? », *Annales des mines*, septembre 2000.

Au plan sociologique, lorsque dans la conception de la norme fiscale, les éléments caractéristiques de la société sont pris en compte, l'impôt rencontre une adhésion moins difficile. Le paiement des prélèvements obligatoires n'a jamais été un plaisir pour le contribuable. Pour le déterminer, il faut identifier dans l'environnement du contribuable les éléments qui peuvent participer à sa décision de se libérer d'un prélèvement sur son patrimoine au profit de la communauté.

La démocratisation de l'impôt par son rangement dans le domaine de compétence du législateur permet à cette fin, de titiller l'inclinaison des contribuables à la légalité pour les déterminer à payer l'impôt. Elle n'est cependant pas un facteur suffisant de motivation du citoyen contribuable à s'acquitter spontanément de sa dette fiscale. L'ancrage sociologique de l'impôt permet de renforcer l'élément légal par des considérations d'ordre sociétal pour asseoir la compatibilité de la norme fiscale aux us et coutumes, afin d'établir les conditions de son efficacité.

Sous cet angle, le choix de la matière imposable détermine la rentabilité de l'impôt. Lorsqu'il porte sur des éléments de patrimoine qui ne touchent pas l'identité des contribuables, l'adhésion au prélèvement est plus facile. Il en est de même pour la collecte des produits de l'impôt, lorsque que le bien constitutif d'élément imposable est liquide ou produit couramment de revenus. Les impôts assis sur la personne humaine, à l'instar de l'impôt de capitation[156], portent en eux-mêmes, les germes de la réticence et de la résistance des assujettis. De même, les impôts fonciers peinent à atteindre un rythme de collecte qui satisfait les attentes liées à leur institution, qu'il s'agisse d'imposition assise sur le foncier bâti ou sur le foncier non bâti. Ceci est surtout une réalité lorsque l'impôt inclut dans le champ de taxation, les propriétés foncières non mises en valeur ou lorsqu'il prend en compte, par exemple, la résidence principale[157].

---

[156] Pour plus d'éléments, lire K. A. IDRISSA, « L'impôt de Capitation : Les Abus du Régime de Surtaxation et la Résistance Des Populations », in *African Economic History*, n° 21, 1993, pp. 97-111.

[157] A. HENROT, dans une réflexion sur la philosophie de l'impôt en France constate que l'inclusion de la résidence principale dans les bases de l'ISF suscite chaque année, une protestation qui a donné lieu à des mesures d'atténuation. EN réalité, l'impôt sur la fortune est considéré comme un impôt réglé par prélèvement sur le revenu. *Cf.* A. HENROT, « *Philosophie de l'impôt* », *in Mémoire de l'Académie nationale de METZ*, 2010, pp. 113 et suivant.

La terre, dans le contexte du Bénin par exemple, est aussi importante pour l'Homme que sa vie. L'impôt qui la frappe est considéré comme touchant directement à sa personne et pourrait être considéré comme injuste, si on s'inscrit dans les réflexions de Montesquieu pour qui « *dans l'impôt de la personne, la proportion injuste serait celle qui suivrait exactement la proportion des biens* »[158].

Il est toutefois possible d'analyser cette étroite relation du citoyen contribuable au foncier comme un facteur d'incitation au paiement de l'impôt. Dans ce cas, on compterait sur l'attachement du contribuable à son bien pour se libérer au plus tôt de la dette fiscale. Cet effet n'est cependant pas systématique. Les efforts et les peines encourus pour sauver le bien des risques de saisie pour non-paiement d'impôt, finissent par diluer et effriter l'acception de l'impôt et faire naître auprès des contribuables un sentiment d'harcèlement fiscal. Ce qui ne contribue pas à l'entretien de la confiance fiscale, si nécessaire et si déterminante pour la construction d'un système fiscal efficace. L'exemple de l'impôt de capitation reste au Bénin le cas le plus illustratif des impôts dénués d'adhésion sociale et frappés d'impopularité.

Les réformes fiscales entreprises récemment au Bénin, semblent intégrer cette dimension des rapports des populations à la terre. La loi de finances rectificative pour la gestion 2016 a exonéré de tous droits et taxes, les opérations liées aux transactions sur le foncier, en l'occurrence, les cessions, les donations[159]. La suite de la réforme confirmera ou infirmera cette analyse.

L'examen de la norme fiscale sous l'angle des considérations d'ordre historique, à l'étape de la conception, est par ailleurs utile pour assurer à l'impôt, des chances de succès après son introduction dans l'ordonnancement juridique. Elle a l'avantage de tirer des éléments d'analyse des expériences d'impositions vécues pour faire des choix qui capitalisent les points positifs. Ainsi, les titres des impositions à instituer, les modalités de perception à retenir, de même que les échéances à arrêter pour la collecte des produits doivent être

[158] *Cf.* MONTESQUIEU (C.S), *De l'esprit des lois*, disponible sur source : http://www.uqac.uquebec.ca/zone30.

[159] *Cf.* Article 10 de la loi n° 2016-14 du 20 juillet 2016 portant loi de finances rectificative pour la gestion 2016.

fixés, non seulement en fonction de la nature de la matière saisie, mais aussi et surtout à l'aune des données empiriques.

Les éléments caractéristiques de l'efficacité de l'impôt se retrouvent également dans les options de présentation de la norme fiscale. Les stratégies utilisées pour communiquer sur les normes financières importent. Ceci peut déjà s'apprécier dans la manière d'introduction de la disposition fiscale dans le texte de loi. L'idée est d'afficher dans le texte législatif, l'ensemble des éléments nécessaires à la compréhension de la pertinence et du caractère juste des impositions proposées. La plupart de ces éléments sont contenus dans les exposés de motifs qui permettent au Gouvernement de présenter les mesures fiscales au Parlement[160].

A l'analyse, les exposés des motifs sont communiqués aux parlementaires pour les convaincre de la pertinence des mesures proposées et de leur importance pour la conduite de la politique gouvernementale. Ils semblent ne pas être directement destinés aux populations mais élaborés pour faciliter les travaux parlementaires. Les députés au Parlement se les approprient et forment leurs opinions à partir des éléments d'explication que les textes des exposés de motifs leur communiquent.

Les données d'analyse et de justification fournies aux parlementaires semblent pourtant également nécessaires pour une communication avec les populations, potentiels contribuables. Dans cette logique, il est opportun de ne plus limiter les destinataires des exposés des motifs aux parlementaires. Il faut trouver le moyen d'amener le contribuable à y avoir systématiquement accès, pour peu qu'il s'intéresse à la lecture de la loi fiscale. Il est vrai qu'avec les évolutions positives connues ces dernières années au Bénin en matière de gouvernance publique, les documents financiers sont systématiquement mis à la disposition du public[161]. L'accès à ces documents en ligne est gratuit et sans protocole d'identification.

Cependant, leur insertion directe dans le texte de loi de finances pourrait être une avancée. Ainsi, dans la présentation des dispositions normatives financières, un résumé des exposés de motif, pourrait être utilement inséré, juste avant l'article de loi qui porte la mesure fiscale.

---

[160] Citer les décrets qui comportent les exposés

[161] *Cf.* www.finances.bj; www.budgetbenin.bj ; www.impôts.finances.gouv.bj, etc.

C'est déjà le cas au Sénégal où les exposés de motifs sont introduits dans le corps du texte de loi de finances[162].

Les efforts de maximisation de la rentabilité de l'impôt sont perceptibles lorsqu'en dehors de la réalisation des conditions du choix optimal, des stratégies d'anticipation et d'analyse des coûts d'administration de l'impôt sont mises en place.

2-Une analyse coût/rendement à systématiser

« *La plupart des analyses économiques de l'impôt (la théorie de la taxation optimale) supposent que le prélèvement fiscal peut être contrôlé et collecté sans que cela n'impose de coûts à l'administration fiscale* »[163]. C'est une vue quelque peu erronée car « *l'administration fiscale est confrontée à des dépenses non négligeables en matière de gestion, de traitement et de contrôle de la procédure fiscale* »[164].

L'administration de l'impôt a un coût. Elle implique dans tous les pays, la mise en place de services techniques spécialisés capables d'exécuter les différentes activités inhérentes à l'institution de l'impôt, à l'interprétation de la norme fiscale[165] et à la collecte de l'impôt. On note par exemple au niveau de la Direction Générale des Impôts, une importante production normative orientée sur la définition des conditions d'application de certaines règles législatives[166]. Au Bénin,

---

[162]*Cf.* la loi de finances pour la gestion 2011 du Sénégal.

[163] K. KOLEVA, « A la recherche de l'administration fiscale optimale : l'approche par les coûts d'efficience », *Cahiers de la Maison des Sciences Économiques,* 2005.50 - ISSN : 1624-0340. 2005. <halshs-00195354>.

[164] K. KOLEVA, article précité.

[165]Arrêté n°2018-471-c/MEF/DC /SGM/DGI/DLC/SLRI/049SGG18 du 12 février 2018

[166] A titre illustratif, on peut faire cas des arrêtés n°2018-471-c/MEF/DC /SGM/DGI/DLC/SLRI/049SGG18 du 12 février 2018 portant conditions d'application de l'article 268 ter nouveau du CGI instituant l'option à la TVA pour les petites entreprises, n°711-c/MEF/DC/SGM DGI /DIE/DLC/070SGG18 du 05 mars 2018 portant modalités d'utilisation des machines électroniques certifiées de facturation (MECeF), n° 1080-c/MIT/MEF/DC /SGM/DGI/RNI/155SGG17 du 31 mars 2017 portant Création du comité de supervision et de coordination du recouvrement de la Taxe sur les Véhicules à Moteur (TVM) et de la Taxe Professionnelle Synthétique sur les Transports Routiers (TPS/TR) au niveau du Centre National de Sécurité Routière, n°44/MDCB-MDEF /MDCB/DC/SGM/DGID du 24 janvier 2017 portant fixation du pourcentage de la TVA retenue à la source sur les opérations de fournitures ou de livraison à l'État et aux Collectivités Territoriales, n° 096-c/MEF/DC/SGM/DGI /DLC/SLD/009SGG17 du 17 janvier 2017 portant modalités d'évaluation des avantages en nature en matière d'impôt sur le revenu des personnes physiques dans la catégorie des traitements et salaires, n°

c'est la Direction Générale des Impôts et la Direction Générale des Douanes et Droits Indirects qui assument cette fonction. Le Togo l'a confié à l'Office Togolais des Revenus (OTR). C'est la même Option qui est faite au Rwanda[167]. Dans les autres pays membres de l'UEMOA et même au-delà de l'UEMOA[168], il est toujours créé des administrations spécialisées chargées du suivi du cadre juridique de la fiscalité et de la réalisation des revenus.

Le fonctionnement des unités administratives responsables de la collecte des revenus fiscaux génère pour le budget de l'Etat divers types de dépenses. La rémunération du personnel en poste dans les services fiscaux (salaires, primes et indemnités) et les mises à dispositions de fournitures, de biens et autres acquisitions nécessaires pour l'accomplissement de la mission de collecte constituent les principaux facteurs porteurs de charges dans les institutions de collecte de revenus. Les dépenses de communication, de contrôle, d'informatisation ne sont certes pas à ignorer, de même que celles occasionnées par les comportements d'évitement qui forment une part importante des coûts d'administration. Ces dernières comprennent l'ensemble des coûts spécifiques engendrés par le processus de taxation.

L'ensemble de ces dépenses est regroupé en trois catégories de coûts pour caractériser les dépenses des administrations fiscales. Les coûts administratifs proprement dits qui comprennent toutes les dépenses liées à la collecte de l'impôt intègrent les coûts de collecte et

---

4115-c/MEF/DC/SGM/ DGI/DLC /SLD/124SGG16 du 12 décembre 2016 portant institution du Médiateur fiscal au profit des micros et petites entreprises adhérents aux Centres de Gestion Agréés en République du Bénin, n° 2831/MEFPD/DC /SGM/DGI/DDIAL du 03 juillet 2015 portant modalités d'utilisation du coût administratif des impôts et taxes perçus du budget des Communes, n° 1302-c/MEFPD/CAB/SGM/DGI/DGTCP/ du 30 mars 2015 portant autorisation de paiement des impôts, droits et taxes et produits assimilés par virement bancaire, n° 1502/MEF /DC/SGM/DGID/DLC/SLD du 10 juin 2014 portant composition et fonctionnement de la Commission des impôts, n° 0815/MEF/DC/ SGM/DGID/DGDDI du 02 avril 2014 portant précision des notions de riz de luxe, de viande à l'état frais et de lait non transforme contenues dans l'article 224 nouveau du code général des impôts inséré dans l'ordonnance n°2014-01 du 02 janvier 2014 portant loi de finances pour la gestion 2014, n° 687MF/DC/ SGM/DGID/DGTCP/DGE/RGF du 17 juillet 2007 portant ouverture des comptes et procédure de remboursement des certificats de détaxe.

[167]*Rwanda Revenues Office* (RRO).

[168]C'est le cas de l'Agence de Revenus du Québec, l'Agence des douanes et du revenu du Canada, etc.

de traitement des impôts, les coûts de réduction des activités d'optimisation fiscale et les coûts de détection de la fraude. Chacune de ces composantes nécessite un examen quotidien de profil et d'évolution. Le quotient de leur rapport à la taille des recettes peut servir de repère pour maitriser leur évolution et l'arrimer au rythme d'accroissement des recettes.

Les coûts de (non) mise en conformité, quant à eux, prennent en compte, les coûts liés à l'obligation de se conformer à la loi fiscale et ceux imputables à l'effort de réduction de la "facture" fiscale.

En troisième lieu, il est important de mettre l'accent sur les coûts de renforcement légal dont la maîtrise est également utile pour l'efficacité de la rentabilité fiscale. Ce sont les coûts engendrés par le risque associé aux stratégies d'évitement fiscal. Sont rangés dans cette catégorie, les coûts liés à d'éventuelles sanctions pour les contribuables et les coûts de monitoring du côté de l'administration fiscale.

Le rôle de la politique fiscale consiste, sur cette dimension, à contribuer à la réduction ou à l'optimisation des coûts et à améliorer l'efficience des processus de taxation. Les différents coûts méritent d'être suivis. Il est, en conséquence, indiqué que leurs déterminants soient encadrés de sorte à permettre *in fine* de les minimiser sous la contrainte du renforcement des capacités financières de l'Etat. L'analyse permanente des éléments caractéristiques des coûts doit s'étendre, pour être efficace, aux différentes catégories de coûts.

Les différents coûts ci-dessus décrits constituent des charges inévitables dans la mise en œuvre des processus de taxation. Ce qui importe pour la politique fiscale, c'est d'être suffisamment apte à contrôler ou à lisser le profil des dépenses générées par ces coûts pour l'administration fiscale. Pour ce faire, la gouvernance de la fiscalité appelle la définition et la mise en application d'un certain nombre de critères liés essentiellement à l'administration de l'impôt. On peut évoquer à ce titre, la flexibilité, la simplicité administrative et la transparence.

Selon le critère de la flexibilité par exemple, tout doit être mis en œuvre pour que l'impôt à instituer ne porte pas des germes de rigidité managériale. En clair, les besoins de modification du système fiscal, suite à des modifications de la structure de la conjoncture économique doivent être faciles à opérer.

Quant au critère de la simplicité administrative, il postule que l'impôt ne doit pas donner lieu à des procédures complexes en ce qui concerne l'identification de la matière imposable, la liquidation et la mise en recouvrement. Il y a enfin la transparence du système fiscal qui est un facteur qui aide à la compréhension des contribuables et à leur adhésion à l'impôt. Toutes choses qui permettraient à l'impôt de mieux rentrer.

L'efficacité du rapport coût/rentabilité fiscale peut s'apprécier si l'administration fiscale réussit à diversifier la clarification des textes fiscaux et à étendre ses prises de positions sur l'essentiel des dispositions fiscales. L'idée est de systématiser les rescrits fiscaux et de leur donner une force opératoire dans le système de taxation. L'objectif est de limiter les différences d'interprétation qui peuvent être à l'origine de contentieux coûteux pour les services publics à tous égards. Les temps consacrés aux sessions de conciliation, les honoraires et autres frais engagés à l'occasion des oppositions de vues sur l'application de la loi fiscale pourraient être contenus dans une proportion qui n'annihile pas les efforts de recouvrement.

La contribution de la doctrine fiscale à l'efficacité du système fiscal est conditionnée par l'ancrage juridique du rescrit fiscal. Pour le moment, il n'est pas clairement inscrit dans les textes en vigueur au Bénin, la place de la doctrine fiscale. La valeur des positions exprimées par l'administration fiscale sur la compréhension qu'il faut avoir des normes fiscales reste à définir[169]. L'idéal est que l'administration fiscale soit liée par sa position clairement exprimée et que cette position puisse lui être juridiquement opposable. Dans ce cas, la loi fiscale pourrait prévoir que le contribuable pourra se prévaloir d'une doctrine fiscale qui lui est favorable même lorsqu'elle est contraire à la loi. Peut-être que cela conduira vers l'émergence d'une notion de chose interprétée au fiscal.

[169] En prenant position par rapport à un article publié dans sa revue d'information, la Direction Générale des Impôts semble défendre pourtant la thèse contraire. Elle estime qu'« en dehors du rescrit fiscal, tous les autres écrits de l'administration ne peuvent acquérir la force légale pour lui être opposables ». Ce qui signifie implicitement qu'elle reconnaît l'opposabilité du rescrit fiscal. *Cf.* « Note de la Direction Générale », *inTrimestriel d'informations de la DGID, n° 009, Octobre-Novembre - Décembre 2013.*

CONCLUSION

Le processus de création de la norme fiscale met en jeu des acteurs politiques. Le Président de la République et les Députés au Parlement en sont les principaux. Sa conception et son entrée dans l'ordonnancement juridique sont encadrées par des dispositions de rang supérieur, notamment celles consacrées par la constitution au consentement à l'impôt, à la définition de la matière imposable et au droit d'initiative en matière législative.

Pour des besoins d'efficacité, la norme fiscale s'attache des critères de stabilité[170], d'intelligibilité[171] et de disponibilité[172]. Ces critères, lorsqu'ils sont remplis, permettent de déterminer un système fiscal optimal dont les principaux atouts sont de réduire les inefficacités et les distorsions économiques, de tenir compte de l'ampleur réelle des coûts d'efficience, de définir clairement et sans ambiguïté la loi fiscale à appliquer et de permettre une plus grande simplicité et administrabilité de la règle fiscale[173].

---

[170] B. PARENT, « Propos informes sur la sécurité juridique et fiscale », *RFFP*, 1er février 2016, n°133, p.203,

[171] Compréhension et accessibilité de la norme pour une bonne application.

[172] Disponibilité des compétences, capacité de l'administration fiscale à clarifier, à dialoguer pour lever les coins d'ombre.

[173] K. KOLEVA, article précité.

L'IMPOT FONCIER, SCENARIO D'OPTIMISATION

EMMANUEL A. SONON

ADMINISTRATEUR DES IMPÔTS

DIRECTEUR DÉPARTEMENTAL DES IMPÔTS DE L'ATLANTIQUE ET DU LITTORAL

INTRODUCTION

Parmi les causes de la faible croissance économique des pays africains figurent les carences des États à offrir les biens publics indispensables au développement. Ces carences ont pour conséquences de faibles niveaux d'éducation et de santé, des infrastructures collectives insuffisantes et de graves défaillances dans la gouvernance).

Or, dans le contexte actuel marqué par l'instauration d'un nouveau cadre harmonisé des finances publiques et l'émergence d'une nouvelle génération très ambitieuse de gouvernants, les États africains doivent faire face à une demande sociale de plus en plus accrue tout en accélérant la croissance et le développement. Cet impératif se complexifie par la poussée de l'urbanisation et l'instabilité, voire la raréfaction des financements classiques au rang desquels se trouvent l'aide publique au développement et la fiscalité de porte[174].

De la sorte, en même temps qu'au niveau de l'État, le financement de la dépense publique ne se fera pas en marge d'une meilleure exploitation du potentiel fiscal domestique, la décentralisation mérite d'être crédibilisée en donnant un contenu concret et effectif au

[174]Depuis 2017, la DGI s'impose comme la première régie financière du fait de l'installation progressive du programme de transition fiscale. Le rôle de la DGI devrait davantage s'accentuer dans la mobilisation des recettes domestiques au cours des prochaines années.

principe de la libre administration des collectivités territoriales. Comment alors exploiter au mieux les gisements fiscaux caractérisés par stabilité, rentabilité et neutralité, lesquels constitueraient l'avenir certain des recettes publiques ?

Face à ces défis, « la taxe foncière est le moyen le plus viable, efficace et progressiste pour augmenter les recettes des administrations, ayant des répercutions significatives et positives sur les constructions de l'État et la redevabilité publique » (R. MCCLUSKEY, « Initiative pour la fiscalité foncière en Afrique », 2017, ICTD).

Au Bénin, bien que relevant d'une vieille tradition fiscale qui remonte aux anciens royaumes organisés[175], l'imposition des biens immeubles telle qu'elle se présente de nos jours a germé de la réforme fiscale consacrée par l'ordonnance N°94-001 du 16 septembre 1994 portant loi de finances pour la gestion 1994, modifiée par la loi de finances rectificative N° 09-13 du 26 septembre 1995. Cette réforme a permis de substituer dans les communes dotées du Registre Foncier Urbain (RFU), aux impôts fonciers, une taxe synthétique dénommée Taxe Foncière Unique (TFU), synthèse des impôts fonciers locaux perçus sur les propriétés bâties et non bâties et de deux autres impôts fonciers d'État préexistants (l'IGR et la TIL). Mais en l'état actuel de la législation, la fiscalité foncière au Bénin se décline en quatre impôts que sont : les impôts sur les détentions d'immeubles ; les impôts sur les acquisitions et les mutations ; les impôts sur les revenus locatifs d'immeubles et les impôts sur le revenu des cessions. Le produit des impôts sur la détention d'immeubles est affecté aux budgets des communes tandis que le produit des trois derniers alimente le budget général de l'État.

Dans le contexte actuel où, de plus en plus reconnu, le rôle de catalyseur de développement durable échéant à la gestion foncière commande une refonte d'envergure de sa gouvernance, le présent travail entreprend une réflexion sur la performance actuelle, les contraintes et les scénarios d'optimisation de l'impôt foncier au Bénin.

---

[175] Par exemple, le royaume du Danxomè.

C'est ainsi que seront successivement exposés :

- la fiscalisation des biens immeubles au Bénin ;
- les contraintes et mécanismes d'évasion fiscale ;
- le rendement des impôts assis sur le foncier ;
- les perspectives théoriques et opérationnelles de l'impôt foncier au Bénin.

1-LA FISCALISATION DES BIENS IMMEUBLES AU BÉNIN : CADRE LÉGAL

Le patrimoine foncier, en tant que richesse immobilière est en droit fiscal béninois une manne ou gisement tant pour le budget de l'Etat que celui des collectivités territoriales. La fiscalité foncière qui en découle est avant tout basée sur les aménagements législatifs prévus au Code Général des Impôts. Ce cadre légal organise l'assiette, la liquidation, le recouvrement et le contentieux des différents impôts assis sur le patrimoine foncier. En effet, la fiscalité foncière béninoise est aménagée de manière à appréhender les détentions ou simples propriétés des immeubles, leurs acquisitions ou mutations, les revenus locatifs qui en sont tirés éventuellement ainsi que leurs cessions.

Les impôts applicables à raison de la propriété ou de la détention sont affectés aux budgets des collectivités locales alors que ceux provenant des revenus locatifs fonciers, des acquisitions, mutations et cessions sont destinés au budget général de l'État.

Nous présenterons donc les impôts fonciers locaux (CFPB, CFPNB et TFU) dans un premier temps avant d'aborder les impôts fonciers d'Etat (l'IRPP-RF et droits d'enregistrements).

1.1.Les impôts fonciers locaux

Les impôts fonciers locaux institués par le CGI portent sur la propriété/détention des biens immeubles. Il s'agit de la contribution foncière des propriétés bâties et non bâties (articles 976 à 996 nouveau du CGI) et de la taxe foncière unique (TFU) prévue aux articles 996 nouveau 1 à 996 nouveau 7 du CGI.

En réalité, une différenciation importante existe dans l'application des impôts fonciers locaux. Celle-ci repose sur l'existence ou non au niveau de la collectivité territoriale bénéficiaire du produit de l'impôt d'un Registre Foncier Urbain (RFU). En effet, dans les communes dotées du RFU, c'est la taxe foncière unique qui est d'application tandis qu'au niveau des communes qui en sont dépourvues, il s'agit de la contribution foncière des propriétés bâties et non bâties. La contribution foncière des propriétés bâties et non bâties tout comme la taxe foncière unique[176] est au sens du Code Général des Impôts, « une contribution annuelle » sur les propriétés foncières sises au Bénin. L'imposition repose sur le principe que le bien immobilier soit fixé au sol à demeure.

Cependant qu'il s'agisse de la TFU ou des contributions foncières, l'imposition dépend du caractère bâti ou non bâti du foncier considéré, les principes d'assiette et d'exemption demeurant les mêmes. Seules diffèrent en effet, les modalités de liquidation.

1.1.1. Le foncier bâti

Au plan fiscal, s'entendent de propriétés bâties, les maisons, les fabriques, manufactures, usines et en général tous les immeubles construits en maçonnerie, fer ou bois et fixés au sol à demeure. Rentrent également dans cette catégorie, les terrains non cultivés, employés à usage commercial ou industriels, tels que chantiers, lieux de dépôts de marchandises et autres emplacements de même nature.

1.1.2. Le foncier non bâti

L'assiette du foncier non bâti est liée aux « propriétés non bâties de toutes natures sises au Bénin » ainsi que les propriétés légèrement bâties.

1.1.3. Les modalités de liquidation

Les modalités de liquidation des impôts fonciers locaux sont consignées dans le tableau ci-dessous :

---

[176] Elle s'applique sur le territoire des collectivités territoriales disposant d'un Registre Foncier Urbain dont la liste est arrêtée par le Ministre en charge des Finances. En l'état actuel de la législation, les communes où est appliquée la taxe foncière unique sont celle de Cotonou, Porto-Novo et Parakou.

Tableau 8: Modalités de liquidation des impôts fonciers locaux

Zone	Nature de l'impôt	Usage du foncier	Mode de liquidation
Zone hors RFU	Foncier non bâti		Impôt = Valeur administrative x taux de l'impôt
	Foncier bâti	Usage industriel	Impôt = [Valeur locative - Abattement (50%)] x Taux de l'impôt
		Usage commercial ou d'habitation	Impôt = [Valeur locative - Abattement (40%)] x Taux de l'impôt
Zone RFU	TFU/Foncier non bâti		Impôt = Valeur locative x 5%
	TFU/Foncier bâti		Impôt = Valeur locative x 6%

Source : Compilation à partir des dispositions du CGI

1.1.4. Le régime des exemptions

Deux catégories d'exemption sont prévues, les unes temporaires et les autres permanentes qui sont motivées par des considérations d'ordre public, d'intérêt général ou accordées pour promouvoir certaines catégories de construction.

1.1.4.1. Les exemptions permanentes

Les exemptions permanentes prévues sont présentées dans le tableau ci-dessous :

Tableau 9: Exemptions permanentes en matière d'impôts fonciers

Nature du foncier	Immeubles concernés
Foncier bâti	1. les immeubles, bâtiments ou constructions appartenant à l'Etat, aux départements, aux communes et aux établissements publics, lorsqu'ils sont affectés à un service public ou d'utilité générale et sont improductifs de revenus ; 2. les installations qui, dans les ports maritimes, fluviaux ou aériens et sur les voies de navigation intérieures, font l'objet de concessions d'outillage public accordées par l'Etat, à des chambres de commerce ou à des municipalités et sont exploitées dans les conditions fixées par un cahier des charges ; 3. les ouvrages établis pour la distribution de l'eau potable ou de l'énergie électrique et appartenant à l'Etat ou à des communes ; 4. les édifices servant à l'exercice des cultes, lorsque ceux-ci appartiennent à la communauté religieuse ; 5. les immeubles à usage scolaire et universitaire, lorsque ceux-ci appartiennent à l'établissement scolaire ou universitaire ; 6. les immeubles affectés à des œuvres d'assistance médicale ou d'assistance sociale; 7. les immeubles servant aux exploitations agricoles pour loger les animaux ou serrer les récoltes 8. les immeubles servant exclusivement à l'habitation et habités par leurs propriétaires lorsque le revenu net est inférieur à 2 880 francs ; 9. les constructions légères (kiosques, tonnelles, pavillons, guérites, cases construites en paille, en banco, etc.) simplement posées sur le sol ou démunies de fondations en maçonnerie.

Foncier non bâti	1. les terrains appartenant à l'État, aux départements et aux communes, affectés ou non à usage public, mais improductifs de revenus ; les pépinières et jardins d'essais créés par l'Administration ou par les sociétés d'intérêt collectif agricole dans un but de sélection et d'amélioration des plants ; les terrains ou les lieux à usage scolaire, universitaire ou sportif appartenant aux communautés religieuses, à des établissements scolaires ou universitaires, ou à des sociétés à but sportif reconnues par l'État ; les terrains, non à bâtir, appartenant aux coopératives agricoles ; 2. les sols et dépendances immédiates des propriétés bâties ainsi que les terrains affectés à un usage industriel ou commercial dont la valeur locative sert de base à la contribution foncière des propriétés bâties ; 3. les terrains cultivés ou effectivement utilisés au 1er janvier de l'année d'imposition pour la culture maraîchère, florale ou fruitière ou pour la production de plants et semis, lorsque ces terrains sont situés en dehors d'un périmètre fixé par arrêté du Préfet pour chaque commune ou localité ; 4. les terres de culture de cinq hectares ou moins d'un seul tenant, lorsque le propriétaire ne possède aucune autre terre de culture.

Source : Compilation à partir des dispositions du CGI

1.1.4.2. Les exemptions temporaires

Ce régime est dédié en matière de foncier bâti aux constructions, reconstructions et additions de constructions. La durée de cette exemption est de trois ans de sorte que l'assujettissement à l'impôt foncier démarre à partir de la quatrième année suivant celle de l'achèvement ou de l'utilisation de l'immeuble.

S'agissant de la contribution foncière des propriétés non bâties, les « terrains ensemencés, plantés ou replantés en bois de toutes essences sont exonérés pendant trente (30) ans pour compter de la première année du semis, de la plantation ou de la replantation.

Encadré n°1 : Conditions de bénéfice de l'exemption temporaire de la TFU et de la CFPB au Bénin

Extrait de la note d'application de la loi de finances pour la gestion 2018 (page 11-12)

E- L'exemption temporaire des taxes foncières

Les modifications apportées en matière de Contribution Foncière des Propriétés Bâties et de la Taxe Foncière Unique (articles 979, 980, 981 et 996 nouveau 2 du CGI) se rapportent au bénéfice de l'exemption temporaire. Ainsi :

- *la période d'exemption temporaire est réduite à 3 ans quel que soit le titre de propriété dont dispose le contribuable ;*
- *seule la maison destinée exclusivement à l'habitation du propriétaire et sa famille bénéficie de l'exemption temporaire.*
- *Pour bénéficier de l'exemption temporaire, le propriétaire devra déposer auprès du service compétent, dans l'année de l'achèvement des travaux ou de l'utilisation de l'immeuble (et au plus tard le 1er janvier de l'année suivant celle de l'achèvement ou de l'utilisation), un dossier comprenant : un devis estimatif, un devis descriptif et toutes pièces utiles attestant de sa qualité.*

1.2. Les impôts fonciers d'État

Les impôts fonciers dont le prélèvement abonde le budget général de l'État sont assis sur les revenus locatifs, acquisitions ou mutations et les cessions d'immeubles. Mais, il sied de préciser dès l'entame que les acquisitions ou mutations des biens immeubles sont soumises aux droits d'enregistrements, lesquels sont, depuis la loi de finances rectificative pour la gestion 2016, soumises à la formalité gratis. Aussi, convient-il d'indiquer que les plus-values de cession d'immeubles dégagées par les particuliers ne sont pas imposables. Au demeurant, seule sera développée l'imposition des revenus fonciers locatifs.

Le régime fiscal applicable aux revenus tirés de la location des biens immeubles diffère fondamentalement selon que la location est consentie nue (c'est-à-dire que l'immeuble est loué vide, sans meubles et équipements) ou que celle-ci est meublée. L'imposition du revenu dont aurait ainsi disposé le bailleur présente alors les particularités suivantes :

1.2.1. Cas de la location nue

En droit fiscal béninois, les revenus provenant de la location des immeubles nus sont taxables dans la catégorie des revenus fonciers. Ainsi, en dispose l'article 112 du Code Général des Impôts. En effet, sont imposables à l'IRPP dans la catégorie des revenus fonciers, les revenus des propriétés bâties telles que les maisons et usines, ainsi que les revenus de l'outillage des établissements industriels attachés au fonds à perpétuelle demeure ; les revenus de toutes installations commerciales ou industrielles assimilées à des constructions ; les revenus des propriétés non bâties de toute nature, y compris ceux des terrains occupés par les carrières, les mines, les étangs, les salines et les marais salant et les revenus accessoires provenant de la location du droit d'affiche.

Toutefois, le régime applicable est déterminé suivant le montant annuel retiré de ce type de location.

1.2.1.1. Le régime réel en cas de location nue

Le régime réel est celui applicable dès lors que les loyers annuels excèdent trois millions (3.000.000) de francs CFA ou que ce revenu catégoriel n'est pas le seul dont a disposé le contribuable au cours de l'année d'imposition.

Dans ce cas, le revenu foncier contribue, après déduction des charges de la propriété (dotation forfaitaire d'amortissement et d'assurance -30%-, frais d'entretien et de réparation, intérêts des emprunts, impôts fonciers), à la formation du revenu brut global du foyer fiscal qui sera soumis au barème progressif de l'IRPP.

1.2.1.2. Le régime du micro foncier fixé à l'article 143 bis du CGI

Dans l'hypothèse où le revenu foncier est inférieur ou égal à trois millions de francs CFA et qu'il constitue la seule cédule revenant au foyer fiscal, la taxation se fait au taux de 20% après une déduction d'un forfait d'amortissement et d'assurance de 30% augmenté du montant des impôts fonciers se rapportant à l'immeuble.

1.2.1.3. L'exception des revenus des immeubles figurant à l'actif d'une entreprise

L'inscription de l'immeuble à l'actif d'une entreprise et donc la comptabilisation des produits et des charges y relatifs dans les bénéfices industriels ou commerciaux déroge à la règle de l'imposition des revenus de la location nue dans la catégorie des revenus fonciers.

En réalité, dans cette éventualité, le revenu généré par la location est taxable à l'IRPP dans la catégorie des BIC si le bailleur est une personne physique ou à l'Impôt sur les sociétés, s'il s'agit d'une personne morale.

1.2.2. Cas de la location meublée

A la différence de la location nue, les revenus tirés de la location meublée sont taxables d'après les règles applicables aux bénéfices industriels et commerciaux. La location meublée englobe ici la location d'appartements meublés (article 145 alinéa 9 et article 14 alinéa 4 du CGI), la location d'un établissement commercial et industriel muni du matériel ou du mobilier nécessaire à son exploitation, que la location comprenne ou non tout ou partie des éléments incorporels du fonds de commerce ou d'industrie (Article 14 alinéa 1 du CGI).

Deux régimes d'imposition sont applicables en fonction du chiffre d'affaires annuel réalisé par l'entité qui consent ladite location.

1.2.2.1. Le régime réel

Les titulaires des revenus de location meublée sont tenus à toutes les règles du régime réel dès lors que, de droit, leur chiffre d'affaires annuel excède cinquante millions (50.000.000) de francs CFA ou sur option, à partir d'un niveau de chiffre d'affaires dépassant vingt millions (20.000.000) de francs CFA.

Ainsi, sur le plan de l'impôt sur le revenu, si l'entité est une personne physique (entreprises individuelles ou sociétés de personnes n'ayant pas opté à l'IS), c'est l'IRPP-BIC qui serait applicable. Il s'agira *a contrario* de l'impôt sur les sociétés pour les personnes morales.

Bien entendu, la TVA est applicable au sens de l'article 221 alinéa 4 point 2 du CGI).

1.2.2.2. Le régime forfaitaire

Au cas où le chiffre d'affaires totalisé annuellement est inférieur ou égal à cinquante millions (50.000.000), les régimes forfaitaires des micros et petites entreprises sont d'application. En clair, le bailleur est imposable à la Taxe Professionnelle Synthétique.

2. CONTRAINTES ET MÉCANISMES D'ÉVASION FISCALE DE L'IMPÔT FONCIER AU BÉNIN

Tout comme à l'échelle du système fiscal dans sa globalité, la mobilisation de l'impôt foncier rencontre quelques contraintes à la pleine exploitation de son potentiel. En vue d'appréhender l'essentiel de ces contraintes, la réflexion mérite de s'orienter vers la problématique de la localisation et de l'évaluation des biens immobiliers, la question de la gestion et de la mise à jour des bases de données d'assiette, l'enjeu de l'adaptation de l'action en recouvrement face à un incivisme fiscal poussé et le défi de la collaboration entre l'administration fiscale et les collectivités territoriales.

2.1. La problématique de la localisation et de l'évaluation des biens immobiliers

Les causes du faible rendement des impôts fonciers résident essentiellement dans les difficultés liées à l'insuffisance du système de repérage des propriétés et l'imprécision de l'identification du contribuable et le mode d'évaluation subjectif des bases d'impositions.

2.1.1. L'identification et la localisation de la matière imposable : système d'adressage

L'adressage est une opération qui permet de localiser sur le terrain une parcelle, un résident, une activité ou un réseau.

Auparavant, la ville de Cotonou avait bénéficié de deux systèmes d'adressage non entretenus. Le système d'adressage par rue qui cohabitait avec le système de numérotation des carrés dans les anciens quartiers, a été très tôt abandonné. La numérotation des carrés ne respectait aucun principe technique, des doubles numéros de carrés étaient enregistrés d'un quartier à un autre, ceci a rendu le système caduc et inexploitable.

Face à la rapide croissance et l'extension des villes, les besoins d'un système rationnel, cohérent et fonctionnel de localisation se font sentir. Les investigations ont montré que plusieurs services urbains expriment de plus en plus un besoin d'adressage dans le cadre de leurs activités. Le système d'adressage apparait de loin comme l'outil incontournable dans le processus de développement des applications fiscales foncières et urbaines.

Pour répondre à ce besoin pressant et profitant de la mise en place du Registre Foncier Urbain (RFU) financé par le Fonds d'Aide et de Coopération Française, le Gouvernement du Bénin a commis un groupe de travail qui avait pour mission de définir les principes de base permettant la mise en place d'un système d'adressage rationnel, évolutif et codifiable. Les résultats des travaux ont débouché sur la proposition de deux systèmes d'adressage complémentaires :

- Le système d'adressage dénommé Q/ZIP (Quartier ou Zone – Ilot – Parcelle) est le système basé sur le repérage de la parcelle à partir de sa situation géographique. Ce système utilise une codification de découpage administratif ou du découpage en zones homogènes de la ville, qui a le mérite d'être indifférent à des changements administratifs dans le découpage de la ville. Dans ce système, la parcelle est identifiée par : le code quartier ou code zone ; le numéro d'îlot composant la parcelle ; et le numéro de la parcelle.

- L'adressage par rue (REP) est basé sur la numérotation des rues et des entrées de parcelles. Il intègre les éléments existants (noms de rue et numéros d'entrée de parcelles). La codification R.E.P. est composée du numéro de la rue et du numéro d'entrée dans la parcelle. La combinaison de ces deux numéros détermine l'entrée de chaque parcelle qui est donc identifiée par : le numéro d'entrée de la parcelle dans la rue et le numéro d'ordre de la rue. L'adressage est matérialisé par une opération de panneautage qui comporte l'élaboration d'un plan de panneautage définissant les principes directeurs, le choix des plaques ; la pose des plaques des rues, la campagne d'information et de popularisation.

Le système Q/ZIP développé à Cotonou, Parakou et étendu par la suite à Porto-Novo n'a pu être généralisé que partiellement dans d'autres villes du bénin où le problème de repérage de la matière imposable demeure entier. Même dans les villes où le système est opérationnel son appropriation et son usage restent partiels.

Le système REP a connu récemment un début d'opérationnalisation avec le panneautage des rues mais reste peu accessible à ce jour.

En outre, plusieurs problèmes se posent à la confection et à la mise à jour de la cartographie de base :(i) absence d'archivage des plans de lotissement dont les plans de récolement ne sont jamais réalisés, (ii) disparité des levés topographiques qui sont référencés dans des systèmes différents, (iii) absence de politique foncière cohérente.

L'existence d'une bonne cartographie est un facteur de développement de la ville et de son hinterland (la commune). La finalité en détermine la qualité et la précision. Elle doit être mise à jour et vulgarisée ; techniquement, son évolution vers le cadastre doit être assurée.

2.1.2. L'évaluation des biens immobiliers

La fiscalité foncière efficace est impossible sans évaluation foncière efficace (Fish, P, 2017, Évaluation des biens aux fins de l'impôt foncier). En effet, c'est l'évaluation qui permet d'asseoir l'impôt et de le liquider.

Or, au Bénin comme « dans la plupart de contextes africains, les marchés immobiliers sont à la fois sous-développés et opaques, particulièrement hors des villes capitales. Cela pose des défis qui sont à la fois pratiques et conceptuels. Quand les marchés immobiliers sont sous-développés, il y a peu de données de vente sur lesquelles les évaluations peuvent être faites. Par conséquent, il est nettement plus difficile d'attribuer des évaluations immobilières précises. » (N. ZEBONG, « Évaluation des biens aux fins de l'impôt foncier », 2017, Initiative pour la fiscalité foncière en Afrique).

Le législateur béninois a fait l'option de la valeur locative pour le foncier bâti et celle de la valeur administrative pour le foncier non bâti. Cependant, à l'opérationnel, autant la valeur locative que la valeur administrative soulèvent des difficultés d'application.

2.1.2.1. Difficultés liées à l'évaluation par voie d'appréciation administrative (Code)

Selon l'article 982 du Code Général des Impôts, « la valeur locative est le prix que le propriétaire retire de ses immeubles lorsqu'il les donne à bail ou s'il les occupe lui-même, celui qu'il pourrait en tirer en cas de location. La valeur locative est déterminée au moyen de baux authentiques ou de locations verbales passées dans les conditions normales. En l'absence d'actes de l'espèce, l'évaluation est établie par comparaison avec les locaux dont le loyer aura été régulièrement constaté ou sera notoirement connu. Si aucun de ces procédés ne peut être appliqué, la valeur locative est déterminée par voie d'appréciation directe : détermination de la valeur vénale, détermination du taux moyen d'intérêt des placements immobiliers… »

Dans la pratique, d'énormes difficultés se posent lorsqu'il s'agit de déterminer la valeur locative par voie d'appréciation administrative.

La première difficulté est liée à la définition de la valeur vénale. L'article 982 du CGI s'est contenté d'évoquer le terme « valeur vénale » sans en apporter une définition, ce qui contraint les inspecteurs à utiliser en lieu et place la valeur d'origine des immeubles. Or, la valeur vénale est une expression désignant la valeur d'un bien sur le marché. Elle est constituée donc de la valeur qu'il est possible d'obtenir d'un bien en cas de revente.

La deuxième difficulté est liée à l'évaluation proprement dite de la valeur locative à partir de la valeur vénale. En la matière, le procédé n'a pas été indiqué par les dispositions de l'article 982 du CGI, ce qui fait que dans la pratique, les inspecteurs se réfèrent aux dispositions de la patente, en l'occurrence l'article 1004 du CGI. Ainsi, pour obtenir la valeur locative, un taux de 5% est appliqué à la valeur d'origine de l'immeuble, des agencements et installations et à la valeur des sols.

En cas d'absence de bail, la solution a consisté à fixer unilatéralement et autoritairement la valeur locative (valeur forfaitaire manuelle). En effet, le code général des impôts, en son article 983, donne la possibilité à l'inspecteur de déterminer par voie d'appréciation directe la valeur locative des biens immobiliers. Cette pratique a rencontré plusieurs obstacles liés à l'absence de cadastre, l'existence d'un droit morcelé, lacunaire et inadéquat, la non sécurisation du foncier et l'instabilité du marché immobilier.

2.1.2.2. Difficultés liées à l'évaluation automatique dans le contexte RFU/SIF

La valeur locative annuelle du bâtiment ou de la parcelle calculée à partir du taux de capitalisation des revenus bruts générés par la construction ou la parcelle est une approche dans laquelle il est difficile de déterminer ces taux de capitalisation suivant les villes, les zones, le standing et l'usage des bâtiments à cause des difficultés évidentes inhérentes à la gestion foncière au Bénin à savoir: démarcheurs informels, agences immobilières mal structurées, documents de la direction des domaines et des études notariales pratiquement inaccessibles, données incohérentes et très fragmentaires

Cependant, les déclarations effectives de loyers ont permis de fixer des taux moyens de capitalisation par la ville. Même dans ce cas, la démarche a souffert de plusieurs insuffisances : la taille réduite des échantillons qui en limite la représentativité et multiplie les extrapolations, les difficultés pour concilier la méthode d'expertise relativement complexe du fait de l'appréciation de l'expert avec la nécessité de simplifier le calcul informatique, les valeurs locatives réelles (du marché) étaient nettement supérieures aux valeurs locatives administratives et ont occasionné une augmentation brusque des impôts.

2.1.2.3. Difficultés liées à la valeur administrative

Si la valeur administrative devant constituer la base du foncier non bâti doit être arrêtée par délibération des conseils communaux ou municipaux et révisable tous les cinq (5) ans, rares sont les conseils municipaux qui satisfont cette obligation.

Dans les communes rurales, les Préfets doivent définir par arrêté, le périmètre dans lequel est opérante l'exemption permanente relative aux terrains cultivés (article 989, al 3 du CGI). A l'opérationnel, cette prescription souffre également d'un manque d'effectivité.

2.1.2.4. Comparaison avec d'autres pays

Dans la sous-région et en France, les valeurs utilisées pour l'assiette de l'impôt foncier sont les suivantes :

Tableau 10: Assiette de l'impôt foncier au Cameroun, Togo, Sénégal et France

Pays	Base Foncier bâti	Base Foncier non bâti
Cameroun	**Valeur vénale** **Article 580** : La taxe sur la propriété foncière est assise sur la valeur des terrains et des constructions telle que déclarée par le propriétaire. À défaut de déclaration ou en cas de minoration, la valeur administrative de l'immeuble déterminée conformément aux dispositions de l'Article 546 bis du présent Code, sert de base à l'imposition. **II - Taux de l'impôt** **Article 581**: (1) Le taux de la taxe sur la propriété foncière est fixé à 0,1 %.	**Valeur vénale** **Article 580** : La taxe sur la propriété foncière est assise sur la valeur des terrains et des constructions telle que déclarée par le propriétaire. À défaut de déclaration ou en cas de minoration, la valeur administrative de l'immeuble déterminée conformément aux dispositions de l'Article 546 bis du présent Code, sert de base à l'imposition. **II - Taux de l'impôt** **Article 581**: (1) Le taux de la taxe sur la propriété foncière est fixé à 0,1 %.
Togo	**Valeur locative cadastrale** **Art. 257** : Les propriétés bâties sont imposées à raison de la valeur locative cadastrale de ces propriétés au 1er janvier de l'année de l'imposition sous déduction de 50 % de cette valeur en considération des frais de gestion, d'assurances, d'amortissement, d'entretien, de réparations et de frais divers. **Art. 261**: Le taux de la taxe foncière sur les propriétés bâties est fixé à 15 % du revenu net cadastral visé à l'article 260.	**Valeur vénale** **Art. 269** : Les propriétés non bâties sont imposables à raison de leur valeur vénale au premier janvier de l'année d'imposition. **Art. 272**: Le taux de la taxe foncière sur les propriétés non bâties est fixé à 2 % de la valeur vénale
Sénégal	**Valeur locative** **Article 290** : La contribution foncière est réglée en raison de la valeur locative annuelle de ces propriétés au 1er janvier de l'année d'imposition. **Art 294**:Les taux de la contribution foncière sont fixés à 5% pour les immeubles autres que les usines et à	**Valeur vénale** **Art 297** : Les terrains soumis à la contribution foncière des propriétés non bâties sont imposables à raison de leur valeur vénale au 1erjanvier de l'année d'imposition. Cette valeur vénale est déterminée d'après la méthode cadastrale.

	7,5% pour les usines et autres établissements industriels assimilés	Le taux de la contribution foncière des propriétés non bâties est fixé à 5% de la valeur vénale.
France	**Valeur locative cadastrale** **Article 1388** La taxe foncière sur les propriétés bâties est établie d'après la valeur locative cadastrale de ces propriétés déterminée conformément aux principes définis par les articles 1494 à 1508 et 1516 à 1518 B et sous déduction de 50 % de son montant en considération des frais de gestion, d'assurances, d'amortissement, d'entretien et de réparation.	**Valeur locative cadastrale** **Article 1396** I. – La taxe foncière sur les propriétés non bâties est établie d'après la valeur locative cadastrale de ces propriétés déterminée conformément aux règles définies aux articles 1509 à 1518 A et sous déduction de 20 % de son montant.

Source : Compilation à partir des dispositions des CGI des pays concernés

2.2. La question de la gestion et de la mise à jour des bases de données d'assiette

L'impôt foncier ne saurait accuser d'un rendement optimal en dehors du maintien d'un fichier des contribuables actualisé. Un tel fichier dont l'importance n'est plus à démontrer a un coût d'actualisation et de maintenance extrêmement lourd que peinent à financer tant l'administration fiscale que les communes. La prise de l'arrêté 2831/MEFPD/DC/SGM/DGI du 03 juillet 2015 portant modalités d'utilisation du coût administratif des impôts et taxes perçus du budget des communes n'a pas notoirement amélioré la situation, faute d'un processus efficace d'ordonnancement et de paiement des ressources de ce coût. En outre, les ressources dégagées par ce prélèvement sont insuffisantes face aux enjeux de maintenance du système et des ambitions légitimes des élus à valoriser leur potentiel fiscal. Au plan matériel, la quête du rendement des impôts assis sur le foncier a milité depuis longtemps à la mise en place et l'expérimentation de plusieurs outils dont celui ayant connu le plus de succès reste à ce jour le Registre Foncier Urbain (RFU). Tout de même, d'autres applications informatiques telles que le Logiciel de Gestion des Impôts Locaux (LOGIL) permettent une meilleure fiscalisation du patrimoine foncier.

De nos jours, le Registre Foncier Urbain constitue une glorieuse innovation qui perd de plus en plus de sa superbe. Outil de gestion municipale, il a été mis en place en 1989 pour les villes à statut particulier que sont Cotonou, Parakou et Porto-Novo. Le système a été étendu par la suite à certaines villes secondaires comme un simple Système d'Informations Foncières (S.I.F) avec pour particularité la prise en compte des spécificités des zones rurales et des zones non loties dans la base d'exploitation en procédant à la mise à jour en fonction du processus d'urbanisation. A l'avènement de la décentralisation en 2003, le législateur béninois comme dans la plupart des pays francophones, notamment de l'UEMOA s'est abstenu de confier l'administration des impôts locaux aux collectivités territoriales. Celles-ci ne disposent que d'un pouvoir fiscal limité, lequel porte essentiellement sur la fixation des tarifs et des taux des différents prélèvements. Depuis lors, l'application fiscale du RFU est l'outil informatique usité dans les Centres des Impôts des villes à statut particulier Cotonou et d'Abomey-Calavi. Mais, les difficultés de sa mise à jour demeurent réelles, occasionnant d'innombrables restes à recouvrer, faute généralement de financement et aussi de coopération étroite entre services fiscaux et administrations (voir encadré ci-dessous).

Encadré n°2 : **Extrait du rapport de la mission d'évaluation des registres fonciers urbains de Cotonou, Porto-Novo, Parakou et Kandi, Groupe huit, juin 2017, pp 7-8**

De l'analyse de ces éléments il ressort que :

- *le RFU a été financé et promu par les bailleurs de fonds internationaux depuis maintenant près de 30 ans, dans le cadre de la mise en place de la décentralisation au Bénin. Toutefois, il semble que ni les autorités nationales, ni les communes concernées, ne se sont réellement appropriées cet outil, qui nécessite une forte collaboration entre les services des impôts (déconcentrés) et les communes (décentralisées) pour fonctionner correctement ;*
- *le RFU a pourtant montré des résultats encourageants, au moins sur les 3 premières années fiscales après son installation, mais la faible reconnaissance de la part de l'Etat, n'a pas permis d'en faire un véritable outil à généraliser à toutes les communes dans le cadre de la décentralisation, au moins à celles avec le potentiel fiscal suffisant. Pour preuve, les textes nationaux qui encadrent les prérogatives du RFU ne le mentionnent pas (décentralisation, fiscalité, foncier...)*
- *l'obligation de collaboration au niveau local devrait d'abord être organisée au niveau national, mais les textes qui en parlent (notamment le décret précisant le coût administratif) restent flous et laissent la porte ouverte à beaucoup d'interprétations contradictoires. Les tensions qui existent au niveau de chaque commune sont récurrentes, et les arbitrages qui seraient nécessaires au niveau*

national ne sont pas faits.

- *les critiques concernant la non utilisation des deux autres volets (gestions urbaines et foncières) apparaissent injustifiées. En effet, même si le RFU a été envisagé comme un outil complet, dans la réalité, seule l'application fiscale a été développée et installée dans la plupart des villes. Les moyens n'ont jamais été mis en place, ni au démarrage ni plus tard pour que ces deux autres applications soient opérationnelles (formation personnel dédié, logiciel...). On ferait donc un faux procès au RFU depuis de nombreuses années. Il est donc temps de se poser les vraies questions sur les objectifs de cet outil et la pertinence ou non du développement des autres volets.*

Il semble même que l'avenir du RFU au Bénin devient de moins en moins certain car il sera fondu dans la vaste réforme cadastrale en cours à l'Agence Nationale du Domaine et du Foncier comme en témoigne l'encadré n°2 ci-dessous :

Encadré n°3 : AZON, J. 2016, Communication à l'atelier d'imprégnation et d'internalisation conceptuelle du cadastre au Bénin

« D'un point de vue technique, le RFU est un SIF permettant d'attribuer à chaque parcelle les renseignements nécessaires au développement d'applications pour le traitement d'une ou plusieurs « couches » spécifiques de données

- *Du personnel temporaire est recruté pour les enquêtes foncières et fiscales ainsi que des géomètres privés pour l'adressage (positionnement de la parcelle avec coordonnées géographiques).*
- ***CONCLUSION** : Au vu de ce qui précède, le RFU n'est qu'un sous ensemble du cadastre fiscal, lui-même sous-ensemble du cadastral national tel que stipulé par le CFD.*
- *L'élaboration du cadastre national met alors fin à la continuation des travaux RFU. Pour les RFU existant, des audits techniques sont nécessaires afin de les intégrer au cadastre.*
- *Il n'est alors guère utile de continuer à investir dans l'élaboration des RFU dès lors que le projet d'élaboration du cadastre national est entamé. »*

S'agissant du logiciel de gestion des impôts locaux (LOGIL), conçu pour le compte de la Direction Générale des impôts (DGI) avec l'appui de la coopération allemande, il est actuellement en usage dans 13 Centres des Impôts des Petites Entreprises impactant au moins 47 communes du Bénin.

Application permettant l'automatisation de l'ensemble des opérations de la chaîne fiscale, le LOGIL est doté des fonctionnalités importantes qui réduisent la pénibilité des travaux d'assiette telles que : l'immatriculation des contribuables au CIPE et la centralisation des diverses matières de ceux-ci avec leur seul numéro matricule, l'imposition par défaut dans une nouvelle année de tous les contribuables imposés l'année précédente, l'édition automatique des avis d'imposition , l'édition automatique des rôles, la mise à jour automatique des fiches de constatations annuelles du contribuable, etc. Mais, à l'heure actuelle, son appropriation et sa maîtrise par les utilisateurs demeurent un défi entier.

Au cœur des applications fiscales il convient de relever une contrainte majeure, celle liée aux systèmes informatiques. En effet, les systèmes informatiques dépendent du régime de taxation foncière. De nos jours, un régime de taxation foncière efficace doit réussir à intégrer une série de fonctions interconnectées : au minimum, l'identification des propriétés, l'estimation et l'évaluation, l'émission des avis d'impositions, les paiements et le contrôle de la conformité.

Il est parfois aussi nécessaire d'assurer une coordination et une coopération efficaces entre différentes agences et niveaux de l'administration. Mais lorsque les systèmes existants sont inadaptés, les systèmes informatiques sont peu susceptibles de produire des améliorations significatives.

C'est ce qui est observé dans les villes secondaires par exemple où les impôts fonciers, sont généralement définis par des potentiels de recettes limités dus aux faibles revenus des contribuables. Le cas échéant, il est peu probable que les régimes de taxation foncière même relativement efficaces génèrent plus de ressources et produire accessoirement le coût administratif nécessité par le fonctionnement du système. Ainsi, dépendre de solutions informatiques développées ou maintenues au niveau international, ou ayant des fonctionnalités extrêmement complexes, peut simplement dépasser la capacité budgétaire locale à moins que les coûts ne soient partagés à grande échelle.

2.3. Le défi de la collaboration entre l'administration fiscale et les collectivités territoriales

Dans la mesure où la DGI collecte l'impôt foncier pour le compte des communes, la synergie entre les services des impôts et les collectivités territoriales[177] est assurée par une concertation continue basée sur un protocole d'accord. Ce protocole d'accord qui retrace les obligations réciproques de la Mairie et de l'Administration fiscale qui permet la fixation et la mesure de l'atteinte des objectifs financiers de recouvrement avec un mécanisme de suivi et d'évaluation concertés (réunions hebdomadaires, échanges de statistiques périodiques, apports en personnels et en ressources, etc.).

Dans les faits, non seulement les protocoles d'accord n'ont pas une véritable valeur juridique, ils ne sont pas négociés et signés dans la grande majorité des communes, occasionnant des conflits de coopération préjudiciables à la bonne mobilisation des ressources.

Or, chaque protocole d'accord annuel est assorti d'un calendrier fiscal qui devrait être l'outil de planification tactique des interventions des services impôts et de la Mairie en lien avec la mobilisation des ressources fiscales.

2.4. L'enjeu de l'adaptation de l'action en recouvrement face à un incivisme fiscal poussé

Ainsi que l'écrit Gérard Chambas, « Les taxes foncières sont l'objet d'un rejet général dans les pays africains. Leur cumul avec l'impôt sur les revenus foncier ajoute à la confusion car le contribuable est désorienté par cette superposition d'impôts »[178].

Un recouvrement efficace est basé sur trois éléments fondamentaux : la répression, la sensibilisation et la bonne gouvernance locale. Mais le constat général dans nos services de recouvrement est que les paiements spontanés de l'impôt foncier constituent l'exception, au moment où les poursuites en la matière peinent à démontrer leur efficacité. Or, de nos jours l'expérience a montré qu'investir dans le contrôle et la répression apparait moins rentable que l'instauration d'un dispositif qui pourrait susciter l'adhésion volontaire du citoyen au paiement spontané de l'impôt.

[177]Conformément aux dispositions de la directive de l'UEMOA, portant régime financier des collectivités territoriales locales, transposées dans les textes sur la décentralisation, les Communes sont dotées de l'autonomie financière (art 3, al.1 Directive), mais il ne s'agit que d'une autonomie limitée de décisions caractérisée par l'inexistence d'un pouvoir fiscal local (art, 16 Directive). Cette limitation du pouvoir fiscal des Communes consacrée par la constitution (art, 98), place l'Administration Fiscale au centre de la mobilisation des ressources fiscales au profit de l'Etat et des collectivités décentralisées

[178]G. CHAMBAS, *La mobilisation des ressources locales propres en Afrique*, 2007.

L'administration fiscale béninoise, s'inscrit aujourd'hui dans cette dynamique, celle de « convaincre plutôt que de contraindre » à travers son plan stratégique décliné en trois grands axes : (i) améliorer la qualité des services à l'usager, (ii) moderniser l'administration fiscale et (iii) appliquer la loi fiscale de manière juste et équitable.

Il convient donc de poursuivre les efforts combien louables déployés par l'administration des impôts et les acteurs locaux appuyés des partenaires techniques et financiers dans la communication pour éduquer et sensibiliser nos concitoyens au civisme fiscal. Il semble d'ailleurs que la redevabilité publique qui consisterait à faire, pour le citoyen, le lien entre les services publics dont il bénéficie et les impôts qu'il est amené à payer, mérite encore d'être notoirement améliorée.

En outre, l'amélioration du recouvrement de l'impôt doit s'accompagner d'un débat général sur la gouvernance, la transparence et l'utilisation finale du surcroît de ressources publiques par l'État et ses démembrements.

3-Rendement et perspectives de l'impôt foncier au Bénin

Après avoir présenté le rendement de l'impôt foncier au Bénin, les perspectives qui s'y nouent seront abordées.

3.1. Rendement de l'impôt foncier

Comme développé au premier chapitre, les impôts fonciers comprennent des impôts locaux et des impôts d'Etat. Le rendement de ces impôts sera apprécié selon ces deux dimensions. Par la suite, l'appréciation du rendement des impôts fonciers se sera étendue au cas particulier de la ville de Cotonou.

3.1.1. Rendement des impôts fonciers locaux

Au Bénin, la place de l'impôt foncier dans les finances des collectivités locales est prépondérante. Selon les données statistiques de la Commission Nationale des Finances Locales recueillies entre 2012 et 2016, les impôts fonciers représentent 13% de l'ensemble des recettes de fonctionnement des communes, 18% de leurs ressources propres totales et 30% de leurs ressources fiscales globales.

La place de l'impôt foncier est d'autant importante que cet impôt se caractérise par une assez bonne stabilité dans le temps.

Tableau 11: Recettes de fonctionnement, recettes propres, recettes fiscales et recettes foncières au niveau national de 2012 à 2016

Recettes (en milliers de frs)	2012	2013	2014	2015	2016
Recettes de Fonctionnement	30 015 397	31 757 621	31 954 275	39 456 168	39 551 765
Recettes propres	22 140 376	24 651 313	24 787 545	25 115 680	26 695 411
Recettes fiscales	12 613 691	14 780 681	15 244 089	15 078 645	16 288 043
dont Foncier	3 776 576	4 463 381	4 751 682	4 762 155	4 770 813

Source : Commission Nationale des Finances locales, CONAFIL, Base FILOC

Il convient de préciser que la taxe foncière unique qui n'est applicable que dans les villes dotées du RFU comme Cotonou, Parakou et Porto-Novo compte dans une large proportion dans l'impôt foncier local, en raison du niveau d'urbanisation de ces villes. Ces seules villes détiennent plus de 65% des recettes foncières du pays.

Tableau 12: Répartition de l'impôt foncier local à l'échelle des 77 communes du Bénin

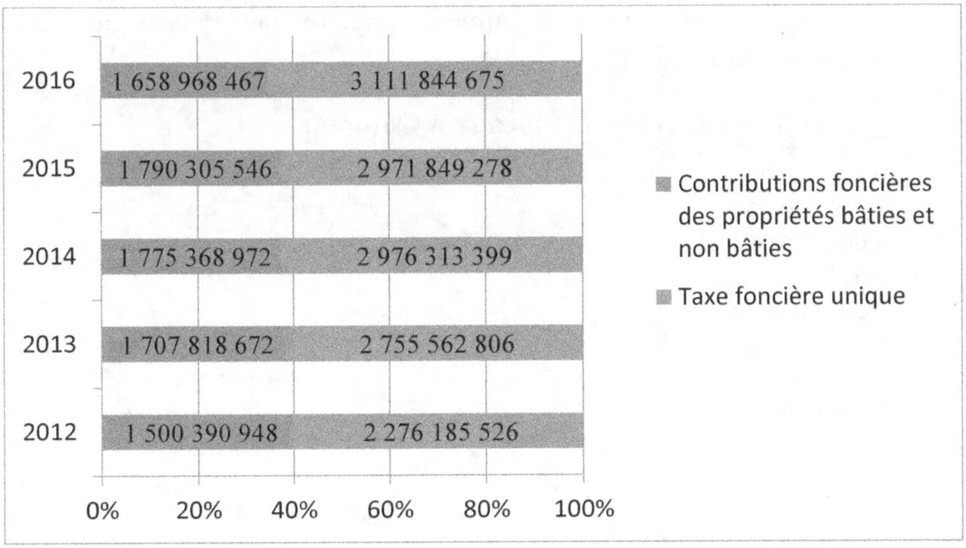

Source : Données compilées à partir de la base FILOC de la CONAFIL

3.1.2. Rendement des impôts fonciers d'État

Au plan de l'impôt foncier dont le produit est reversé au budget général de l'État figure l'IRPP RF. Il importe de noter que tout comme les impôts fonciers locaux, l'IRPP-RF est recouvré pour une large part surtout à Cotonou et de façon subsidiaire à Parakou et Porto-Novo.

Elle connaît depuis 2013, une tendance haussière malgré sa contribution marginale au budget de l'État.

Tableau 13: Évolution du rendement de l'IRPP-RF entre 2013 et 2017

Années	2013	2014	2015	2016	2017
IRPP RF et TFU/BN	914 418 206	1 108 594 696	1 295 864 552	2 120 312 948	3 691 437872

Source : Recette Nationale des Impôts

3.1.3. Le cas particulier de Cotonou

Avec une superficie estiméeà79 Km² et une population de 679 012 habitants, la Ville de Cotonou détient à elle seule la grande proportion des recettes foncières. A Cotonou, les impôts locaux en général se caractérisent depuis 2010 par un accroissement soutenu. Pendant ce temps, les impôts fonciers suivent une tendance erratique qui témoigne de leur stabilité.

Figure 1: TFU et impôts locaux à Cotonou

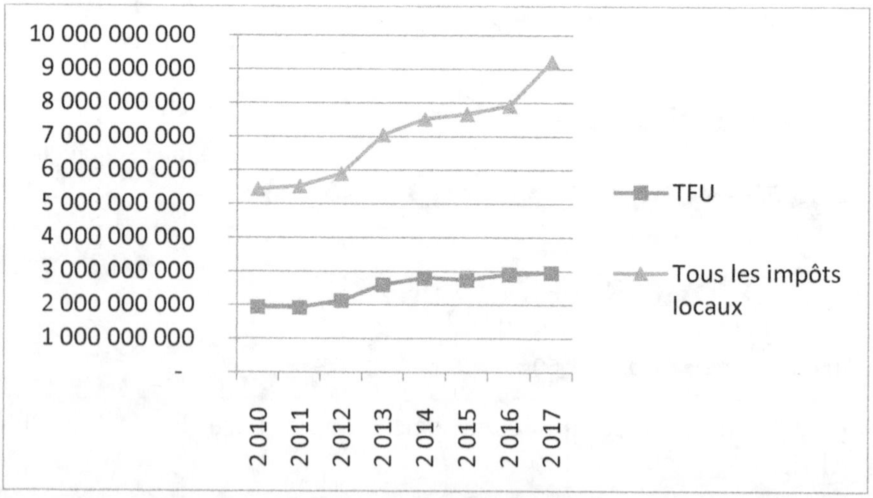

Source : Bases des statistiques de performance DDI-AL

3.3. Perspectives opérationnelles et théoriques de l'impôt foncier au Bénin

Dans le cadre de la réforme de la fiscalité foncière, l'adoption d'une orientation stratégique prenant en compte les axes ci-dessous, s'avère nécessaire.

- **1^er^axe** : Simplification du mode de calcul ;
- **2^ème^axe** : Généralisation du RFU dans toutes les Communes ;
- **3^ème^axe** : Redéfinition du mode de détermination de la base imposable par voie d'appréciation ;
- **4^ème^axe** : Mise en place d'un fichier national des propriétaires de biens fonciers ;
- **5^ème^axe** : Renforcement de la gestion concertée de la fiscalité locale entre l'Etat les Communes ;
- **6^ème^axe** : Mise en œuvre d'un cadastre ;
- **7^ème^axe** : L'appréhension et l'imposition des plus-values immobilières ;
- **8^ème^axe** : Renforcement des moyens de contrainte en matière de recouvrement et des efforts de sensibilisation et de promotion de la bonne gouvernance locale

Dans la perspective de cette réforme, la relecture des dispositions du CGI en matière d'impôts fonciers est indispensable.

Le secteur immobilier connait depuis quelques années une croissance extraordinaire et emploie beaucoup de main d'œuvre. Il peut donc être considéré comme un vrai moteur de croissance de l'économie nationale. A cet effet, il est à suggérer qu'au cours des travaux préparatoires, une attention particulière soit accordée à l'imposition des plus-values immobilières dans le cadre de la mise en œuvre d'une fiscalité immobilière. Cette dernière porte sur l'ensemble des actions concourant à la réalisation ou à la rénovation des biens immobiliers destinés à la vente, à la location ou à la satisfaction des besoins propres. L'impôt immobilier s'applique à l'ensemble des opérations visant la production ou la construction d'un immeuble. Ensuite, il s'étend aux acteurs de ces opérations à savoir : les propriétaires de terrains, les promoteurs constructeurs, les propriétaires d'immeuble, les copropriétaires d'immeuble, les lotisseurs, les sociétés immobilières et les marchands de biens fonciers, etc.

Le rendement optimal de l'impôt foncier étant largement tributaire de l'organisation du foncier, l'Etat se doit de définir et de mettre en œuvre une bonne politique cadastrale. Sur ce plan, l'institution de l'Agence Nationale des Domaines et du Foncier constitue un atout si les objectifs assignés à cette nouvelle structure sont atteints.

En outre, le Bénin a développé le Registre Foncier Urbain dans les villes à statut particulier et un Système d'Information Foncière dans quelques villes secondaires, comme une alternative au cadastre formel. Cet outil de gestion a besoin d'être reformé et généralisé en attendant la mise en place du cadastre. Le RFU étant un outil conçu à l'échelle communale, il convient de procéder à une liaison systématique des informations locales afin de parvenir à un système intégré des données fiscales et foncières à l'échelle nationale.

Les données foncières contenues dans la base RFU étant une présomption de propriété, il convient pour les sécuriser, d'envisager une mise à jour régulière de la cartographie par les structures appropriées sous le contrôle du juge judiciaire afin de libérer l'Inspecteur d'une foison de réclamations liées au foncier dont il ne peut répondre.

CONCLUSION

L'avenir des recettes publiques dans le contexte actuel de la raréfaction de l'aide au développement résidera dans les assiettes fiscales caractérisées par la stabilité, la neutralité et l'équité. Si déjà, depuis 2017, tant les prévisions que les réalisations de la fiscalité intérieure dépassent celles de la fiscalité de porte basculant définitivement le Bénin dans la transition fiscale, il n'y a plus guère à douter de la capacité de l'administration des impôts à générer des ressources tant pour l'Etat que pour les collectivités territoriales.

On l'a vu, ces cinq dernières années, un tiers des recettes fiscales des communes au Bénin, provient du patrimoine foncier et cette tendance devrait s'accentuer en raison de la croissance urbaine irréversible observée à l'échelle nationale. Pourquoi alors ne pas porter à la fiscalisation du foncier, toute l'attention qu'elle mérite pour libérer son plein potentiel ?

Ce gisement fiscal est aujourd'hui, de loin, sous-exploité en raison de nombreuses contraintes dont les plus importantes résident dans l'évaluation des biens immobiliers, la gestion et la mise à jour des fichiers des contribuables, la collaboration entre administrations locales et fiscales et l'incivisme fiscal.

Se dresse donc un laborieux chantier de réformes qui devra intégrer entre autres la fiscalisation des plus-values immobilières qui à ce jour, continuent d'échapper à toute imposition.

RÉFÉRENCES BIBLIOGRAPHIQUES

- J. AZON, « Communication à l'atelier d'imprégnation et d'internalisation conceptuelle du cadastre au Bénin », 2016, pp28
- G. CHAMBAS, La mobilisation des ressources locales propres en Afrique, 2007
- E. DISLE et al, *Droit fiscal : manuel d'applications*, Dunod, 2014
- E. SONON, « Communication sur la fiscalité foncière », 32ème colloque du CREDAF, 2017, pp 2
- P. Fish, et al, 2017, Evaluation des biens aux fins de l'impôt foncier
- Groupe huit, « Rapport de la mission d'évaluation des registres fonciers urbains de Cotonou, Porto-Novo, Parakou et Kandi juin », 2017, pp 7-8
- N. MEDE, Finances *Publiques espace UEMOA/UMOA*, Sénégal, L'Harmattan, 2017
- R. MCCLUSKEY, « Initiative pour la fiscalité foncière en Afrique », 2017, ICTD
- Codes Généraux des Impôts du Bénin, du Togo, du Sénégal, du Cameroun et de la France
- Arrêté 2831/MEFPD/DC/SGM/DGI du 03 juillet 2015 portant modalités d'utilisation du coût administratif des impôts et taxes perçus du budget des communes
- Ordonnance N°94-001 du 16 septembre 1994 portant loi de finances pour la gestion 1994, modifiée par la loi de finances rectificative N° 09-13 du 26 septembre 1995

LES REVENUS AGRICOLES : UNE NICHE FISCALE ?

ÉPIPHANE GUILLAUNE AGOSSOU,

CONSEIL FISCAL

Dans un pays où la production agricole peine à prendre de l'envol au regard des moyens rudimentaires qui la sous-tendent, des mesures fiscales incitatives s'avèrent indispensables pour encourager et promouvoir les entreprises qui s'y essaient.

Mais, s'il y a des mesures que l'administration fiscale craint le plus, ce sont les dispositions de défiscalisation qui entraînent un manque à gagner immédiat, et la contraignent à fournir plus d'efforts pour atteindre et dépasser ses performances de l'année précédente. Celles votées dans la loi de finances 2017, relatives à l'exonération des bénéfices des exploitations agricoles de l'impôt sur le revenu des personnes physiques, de l'impôt sur les sociétés et de la taxe professionnelle synthétique s'inscrivent dans ce registre. Il s'agit de mesures d'accompagnement du programme d'action du Gouvernement pour favoriser l'implantation des jeunes agriculteurs et des entreprises d'exploitation agricole. Mais à y regarder de près, elles viennent défoncer une porte ouverte car les "vrais" revenus agricoles n'ont presque jamais été imposés.

I- LE RÉGIME FISCAL DES REVENUS AGRICOLES

A- L'absence de définition des revenus agricoles

L'ordonnance n°2/PR/MFAE du 10 janvier 1966 portant codification des impôts directs et indirects au Dahomey avait prévu en matière d'imposition des revenus cinq cédules dont celle relative aux bénéfices industriels commerciaux, artisanaux, agricoles et exploitations forestières (BICAA). L'article 1er du code général des impôts jusqu'en 2010 avait soumis à l'impôt cédulaire, les bénéfices des professions agricoles et les exploitations forestières en plus des bénéfices industriels et commerciaux sans définir le contenu qu'il faut donner à chaque bénéfice. Le vocable profession agricole vise, à notre sens, les activités ayant trait au travail de la terre et comprend les activités exercées par les entreprises agricoles autant que celles effectuées par des milliers de paysans qui en font leurs activités de subsistance. Si les premières sont connues du fisc, les autres sont dans l'informel. Le critère retenu par le Conseil d'État français en matière de contribution des patentes pour tracer la frontière entre l'activité agricole et les autres activités est celui de la "participation au cycle biologique de développement animal ou végétal". Un critère qui lève toute équivoque quant à la confusion qui pourrait exister entre les activités agricoles et d'autres activités dans ce domaine. Au Bénin, le recours aux actes de commerce a permis de faire la démarcation entre activités commerciales et activités agricoles et constitue le fondement des impositions dans la cédule des BIC de toutes les activités qui empruntent les méthodes commerciales. Il en est ainsi de toutes les activités commerciales proprement dites et des activités relevant du domaine agricole qui n'entraînent pas l'implication directe des entrepreneurs agricoles.

La réforme de 2011 instituant un impôt global sur le revenu des personnes physiques n'a pas, pour autant, fait des bénéfices agricoles, une distinction catégorielle. Ils sont restés avec les bénéfices industriels et commerciaux mais le mérite de cette réforme est de leur avoir consacré deux articles qui les distinguent nettement des bénéfices industriels, commerciaux et artisanaux. En effet, aux termes de l'article 16 du code général des impôts, sont considérés comme bénéfices agricoles, les bénéfices réalisés par les agriculteurs, les planteurs, les éleveurs et les pêcheurs.

Ces bénéfices sont notamment ceux qui proviennent de la production forestière même si les propriétaires se bornent à vendre les coupes de bois sur pied.

Ils comprennent également les produits des exploitations agricoles, avicoles, piscicoles, ostréicoles, mytilicoles et conchylicoles ainsi que les profits réalisés par les chercheurs et obtenteurs de nouvelles variétés végétales.

L'article 17, quant à lui, fait la démarcation entre les opérations agricoles et les opérations commerciales en rangeant dans la catégorie des bénéfices industriels et commerciaux :

- les profits réalisés par les agriculteurs sur la vente des produits autres que ceux de leur propre exploitation ;

- les profits des ventes de produits des contribuables ne participant pas eux-mêmes aux travaux agricoles ;

- les profits que les agriculteurs retirent de la vente des produits de leurs récoltes lorsque les ventes sont réalisées dans une installation commerciale permanente agencée pour la vente au détail ou à l'aide d'un personnel spécialisé ;

- les profits réalisés par les cultivateurs qui font subir des transformations aux produits qu'ils récoltent eux-mêmes.

Au demeurant, les revenus qui doivent être imposés au titre des bénéfices agricoles sont ceux obtenus par les exploitants qui s'occupent personnellement de leurs activités et vendent sur place leurs produits sans leur faire subir de transformation.

B- Les différents modes d'exploitation agricole

On distingue généralement quatre modes d'exploitation agricole.

a) Le faire-valoir direct

C'est le mode d'exploitation le plus courant où le propriétaire exploitant assume la direction de son exploitation agricole. Dans cette hypothèse, il participe effectivement aux travaux agricoles ou utilise les services de manœuvres ou de salariés temporaires. Mais dans les deux cas, il conserve la direction des opérations, il est titulaire de l'exploitation.

b) Le fermage

Il s'agit d'un mode d'exploitation qui repose sur un contrat par lequel le propriétaire de l'exploitation transmet à un fermier, la libre jouissance du fonds pour que celui-ci assume l'exploitation agricole à son profit et fournisse en retour au bailleur une rémunération en nature ou en numéraire. En sa qualité d'exploitant, c'est le fermier qui est imposable dans la catégorie des bénéfices agricoles à raison des revenus que lui procure cette exploitation.

En sa qualité de propriétaire, le bailleur est, en principe, imposable dans la catégorie des revenus fonciers sur le montant des fermages qu'il reçoit.

c) Le métayage

Il s'agit d'un autre mode d'exploitation qui s'appuie sur un contrat par lequel le possesseur d'un domaine rural le remet pour un temps déterminé à un preneur qui s'engage à le cultiver moyennant un partage des fruits avec le bailleur. A la différence du fermage, le bailleur qui participe aux dépenses d'exploitation ne reçoit pas un fermage indépendant de la production, mais une rémunération en nature représentée par une fraction des produits du domaine.

En conséquence, le propriétaire a au même titre que le métayer la qualité d'exploitant agricole. Ils sont donc tous les deux imposables dans la catégorie des bénéfices agricoles.

d) L'exploitation familiale

C'est le cas du contribuable qui exploite un domaine agricole avec l'aide de sa famille (femmes et enfants). C'est le chef de famille qui devrait être soumis à l'IRPP sur ses revenus réalisés.

C- Le traitement fiscal des bénéfices agricoles

Le traitement fiscal des bénéfices agricoles est presque confondu avec celui des bénéfices industriels et commerciaux malgré le caractère atypique du secteur agricole. Les petits exploitants qui relèvent du régime forfaitaire sont appelés à souscrire des déclarations alors que ces derniers, en majorité analphabètes ne sont pas enregistrés. Ils sont allés à la terre par nécessité et pour la survie. La suppression en 1994 des coefficients de détermination du bénéfice minimum forfaitaire qui étaient prévus à l'article 25 du code général des impôts en a ajouté aux difficultés inhérentes à la détermination du bénéfice imposable. Certains pays ont pris en compte cette particularité des petites exploitations en leur prévoyant un régime propre. C'est ainsi que dans le système français, les petits agriculteurs étaient imposés jusqu'en 2016 forfaitairement en fonction des superficies emblavées ou des têtes de bétail. La plupart des pays africains (Côte d'Ivoire, Sénégal, Mali etc.) ont simplement exonéré cette catégorie. Certains pays ont mis en place une imposition forfaitaire consistant en une retenue à la source pour les cultures de rente (ananas, cacao, palmiers à huile etc.)

Les exploitants agricoles au Bénin semblent bénéficier d'une mesure d'exonération tacite sur leur revenu. On pourrait penser à l'absence de séparation des bénéfices agricoles de la catégorie des bénéfices industriels, commerciaux et artisanaux pour justifier ce fait.

Mais les statistiques ne mentionnent que le BIC et occultent les « AA » des bénéfices agricoles et artisanaux. En réalité, les exploitants individuels n'ont jamais été recherchés en paiement d'un impôt sur leur revenu. Non pas parce qu'une exonération est prescrite par un texte mais tout simplement parce que la fiscalisation du monde agricole apportera plus de difficultés qu'elle n'en résoudra.

Les exploitations agricoles sont de petites unités familiales de subsistance qui ne procurent aux agriculteurs que de maigres revenus. Quatre exploitations agricoles sur cinq sont de type individuel et occupent plus de soixante-dix pour cent (70%) de la population active. En marge de quelques rares exceptions, les chiffres d'affaires réalisés par exploitation ne dépassent pas le million de FCFA (Rapport thématique sur les entreprises agricoles au Bénin. INSAE juin 2010). Les données récentes publiées dans le plan stratégique de développement du secteur agricole révèlent que la pauvreté frappe plus durement les populations rurales que les populations urbaines. Malgré ces conditions, le secteur agricole contribue pour près de 23% au PIB et du quart au taux de croissance national. Un secteur clé de l'économie nationale qui est resté tristement confiné à un archaïsme affligeant. Il accuse, dans ses approches et méthodes, un grand retard par rapport aux techniques modernes d'exploitation. Il n'est pas organisé en filière (excepté quatre produits de rente, coton, ananas, anacarde, bois) et les bases de dénombrement, d'évaluation de la production, de comptage des troupeaux etc. restent à polir. Les revenus des cultures de traite échappent aussi à l'imposition. L'agriculture béninoise demeure, à nos jours, essentiellement une petite agriculture paysanne extensive attachée aux méthodes culturales traditionnelles et soumise aux aléas climatiques.

Peut-on voir dans cette exonération de fait une volonté non expresse des pouvoirs publics à promouvoir l'agriculture qui est regardée depuis les indépendances comme base de développement ? Aucun texte ne nous permet de l'affirmer avant la loi de finances 2017.

II-LA DÉFISCALISATION DES REVENUS DES ACTIVITÉS AGRICOLES

A- Le secteur agricole, un potentiel fiscal à améliorer

Le tableau ci-après montre la part du secteur agricole dans le produit intérieur brut du Bénin.

Années / Indicateurs	**2013**	**2014**	**2015**	**2016**	**2017**
PIB (Milliards)	4 523,8	4 799,5	4 802,0	5 084,0	5 390,0
Part du secteur agricole dans le PIB (milliards)	965,6	1 030,2	1 032,3	1181,5	1 230,0
Contribution du secteur agricole à la croissance du PIB (%)	1,08	1,20	1,59	2,06	1,13

Source : Direction Générale des Affaires Économiques.

Qu'en est-il de sa contribution aux recettes fiscales ?

L'absence de données fiscales sur le secteur ne permet pas de répondre à cette préoccupation. Les statistiques consultées et les dossiers fiscaux ne font pas cas de revenus agricoles déclarés. Mais il est une évidence que les activités purement agricoles ne sont pas imposées. La petite échelle des exploitations, la propagation spatiale de l'activité, le faible degré d'urbanisation des zones de culture et la modicité des revenus par exploitation sont des facteurs qui rendent difficile voire impossible la taxation. La facilité de lever l'impôt et l'aptitude des contribuables à se conformer aux obligations fiscales dépendent en grande partie du niveau d'urbanisation, vecteur du développement économique et de production de la richesse. La structure des réalisations de la DGI qui en est une illustration montre que ses réalisations proviennent pour plus de 90% des entreprises de la DGE et du CIME littoral, entreprises exploitées dans leur grande majorité à Cotonou, le pôle économique du Bénin.

Seule une modification de la structure des exploitations permettra d'en faire un vrai potentiel pourvoyeur de recettes fiscales. L'émergence de vraies entreprises agricoles aux méthodes culturales modernes réduira le nombre de petits agriculteurs qui se reconvertiront en ouvriers agricoles aux revenus sûrs et assujettis à l'impôt. D'autres activités connexes verront le jour (agro-industries alimentaires et d'intrants). La révolution industrielle dans les pays développés a eu pour point de départ la transformation du secteur agricole.

B-Le secteur agricole, un secteur fiscalement dopé

Dans un pays comme le Bénin où le sens de la contribution de tous aux charges publiques à travers l'impôt n'est pas compris de la majorité des citoyens, un impôt peut être préjudiciable pour certaines d'activités, telles les activités agricoles, qui jouent un rôle essentiel dans la croissance économique. Créer une niche fiscale, sous la forme d'une exonération pourrait donner un signal fort pour booster un secteur agricole qui attend beaucoup d'investissements pour sortir de son caractère traditionnel et rentrer dans la modernité.

Le gouvernement reconduit depuis 2006 les mesures d'exonération des machines, équipements, intrants et semences agricoles pour soutenir le secteur. Les dépenses fiscales du secteur agricole sont évaluées à plusieurs milliards de francs depuis 2013 comme en témoigne le tableau ci-dessous.

	2013	2014	2015	2016	2017
Dépenses fiscales autres que les intrants	0,59	7,03	8,71	15,25	3,60
Dépenses fiscales liées aux intrants	0,09	5,70	7,56	12,75	1,56

Source : Direction Générale des Impôts

Divers plans de relance et de promotion du secteur agricole sont mis en œuvre. Mais toutes ces initiatives affichent des résultats mitigés. Nul ne peut pour autant douter que l'existence d'un avantage fiscal soit un élément déclencheur de l'investissement dans les entreprises. L'exonération de fait n'ayant pas eu d'effets mesurables, il suffit de le faire expressément pour montrer combien le développement économique reste au cœur de l'action gouvernementale.

C- L'exonération des revenus agricoles

L'exonération des exploitants et entreprises agricoles est devenue effective avec l'article 20 de la loi de finances pour la gestion 2017. Cette exonération est encadrée et les services des impôts doivent jouer leur rôle de veille afin qu'elle ne serve pas d'instrument d'optimisation fiscale sauvage.

La modification des articles 19, 146 et 1084-18 alinéa 3 consacre l'exonération des activités agricoles. Le Bénin rejoint ainsi les pays comme le Mali, le Sénégal, le Togo qui exonèrent les activités agricoles traditionnelles, principale occupation de la population rurale.

Cette exonération prend en compte les sociétés d'exploitation agricole dont les revenus sont imposés à l'impôt sur les sociétés. Les revenus que ces dernières réalisent, quelles que soient leurs activités, sont des revenus commerciaux, d'où la nécessité pour les services des impôts de veiller à ce que celles qui effectuent d'autres activités concurremment avec l'exploitation agricole tiennent une comptabilité qui permette de faire la part des profits issus de l'exploitation agricole qui sont les seuls exonérés et les autres revenus.

Le but d'une exonération est de modifier la réalité économique, de changer un comportement et non de favoriser un contribuable. L'extension de cet avantage aux sociétés constitue une incitation à favoriser les investissements dans le secteur agricole en vue de sa transformation et de sa modernisation. Le développement des industries de transformation et de service passe par l'essor du secteur agricole qui ne peut être atteint avec les milliers d'exploitations individuelles, entreprises informelles de subsistance, trop petites pour être financées.

Cette exonération vient s'ajouter à celles temporaires que les entreprises peuvent obtenir sous agrément du code des investissements. Mais à la différence de cette dernière, elle est immédiate et permanente et ne nécessite aucune formalité autre que celle d'exercer effectivement dans le domaine agricole.

III-Cette exonération compromet-elle les objectifs du programme de transition fiscale ?

Des pertes de recettes pourraient temporairement découler de l'exonération des sociétés d'exploitation agricoles qui, à la différence des petits exploitants, étaient connues de l'administration fiscale. Les revenus réalisés par les sociétés sont, en raison de leur forme, des revenus commerciaux et imposés à l'impôt sur les sociétés. Mais l'essor du secteur par la transformation des méthodes culturales et la modernisation permettra de disposer de matières premières pour les industries de transformation et de produits pour le commerce. Le développement de ces activités est plutôt une opportunité pour le programme de transition fiscale grâce à l'élargissement de l'assiette fiscale qu'induira la taxation des nouvelles entreprises et industries.

Pour obtenir les effets de cette exonération, les services des impôts doivent pleinement jouer leur rôle de veille et de contrôle pour faire échec aux pratiques d'optimisation ayant pour finalité de détourner la mesure de son objet. Un cas de ce que pourrait être l'optimisation sur la mesure est actuellement pendant devant la commission des impôts. Il s'agit d'un contribuable qui a construit un complexe hôtelier en campagne et a intégré des installations pour élevage d'animaux sur une partie du domaine hôtelier. Le recours de ce contribuable devant la commission des Impôts tend à obtenir le bénéfice de l'exonération prévue en matière de contribution foncière des propriétés bâties pour la partie utilisée pour l'élevage des animaux. Sans anticiper sur la décision des commissaires, cette saisine peut être le prélude aux stratégies d'optimisation visant à étendre l'exonération de l'impôt sur le revenu et de l'impôt sur les sociétés des revenus agricoles aux revenus tirés des exploitations mixtes.

Ce cas n'est pas un cas isolé. Il existe des domaines du secteur agricole dans lesquels des affaires sont menées et dont les revenus n'ont pas la qualification de revenus agricoles. Les cas plus frappants se trouvent dans l'élevage, la pisciculture, l'aviculture et dans le maraîchage. Des entrepreneurs réunissent les moyens et du personnel pour l'exploitation de ces activités sans y prendre personnellement part. Il s'agit de véritables entreprises commerciales ayant pour support l'agriculture. Seule la forme juridique de l'entreprise pourrait faire la différence.

Ce n'est pas la défiscalisation des activités agricoles qui mettra à mal le programme de transition fiscale mais l'utilisation qu'en feront les contribuables et surtout la capacité de l'administration à encadrer cette mesure.

Le secteur agricole, un levier de la croissance économique du Bénin ne donne pas directement les recettes fiscales que son importance pourrait laisser espérer. Les diverses réformes entreprises tardent à induire la transformation du secteur pour la modernisation des méthodes et pratiques culturales. L'interventionnisme fiscal dans ce domaine peut être salutaire dans la mesure où les incitations prévues prennent en compte les entreprises qui sont les seules à mobiliser les financements et investir dans l'agriculture. Il peut temporairement induire des pertes de recettes mais c'est la condition pour rendre effectif le potentiel fiscal que recèle le secteur agricole.

BIBLIOGRAPHIE

G. CHAMBAS, «Afrique au Sud du Sahara : quelle stratégie de transition fiscale ?», 2005.01. 2011.

M.KHAN, « Agricultural taxation in developing countries: a survey of issues and policy», *Revue agricultural economics,* n°24, pp 315-3282001.

D. COGNEAU, « Transition fiscalo-douanière et répartition dans un pays en voie de développement éléments de réflexion et application aux cas du Cameroun et du Maroc » *in Fiscalité, Développement et Mondialisation,* Laval, Maisoneuve & Larose, 1999, p. 217-238.

J. HERSERAS, « La fiscalité implicite dans les pays en développement », *in Fiscalité, Développement et Mondialisation,* Laval, Maisoneuve & Larose, 1999, p. 107-157.

J.Y. MOISSERON, « Pression, structure fiscale et niveau de développement », *in Fiscalité, Développement et Mondialisation,* Laval, Maisoneuve & Larose, 1999, p. 85-106.

M. HOUNGBEDJI, *Les forces et faiblesses de la politique agricole du Bénin de 1990 jusqu'à nos jours, et les défis d'avenir pour le pays,* Université d'Abomey Calavi - Maîtrise en Sciences Economiques 2009.

Ministère de l'Agriculture. Plan Stratégique de Développement du Secteur Agricole (PSDSA) 2025 et Plan National d'Investissements Agricoles et de Sécurité Alimentaire et Nutritionnelle PNIASAN 2017-2021

INSTITUT NATIONAL DE LA STATISTIQUE ET DE L'ANALYSE ÉCONOMIQUE, *Les entreprises agricoles au Benin,* Rapport de synthèse 2010.

PANEL 3 :
LE MANAGEMENT DES ADMINISTRATIONS FISCALES

LA POLITIQUE FISCALE AU BENIN
LES SÉQUENCES DE L'ACTION : ENTRE VISION, STRATÉGIE ET OPÉRATIONNALISATION

NICOLAS YENOUSSI,

DIRECTEUR GÉNÉRAL DES IMPÔTS

INTRODUCTION

La Conférence de Doha tenue en 2008 sur le suivi du financement du développement a mis l'accent sur la nécessité de renforcer la mobilisation des ressources internes des pays africains, en vue de contribuer à l'atteinte des Objectifs du Millénaire pour le Développement(OMD). Cette nécessité est toujours d'actualité car il est question aujourd'hui de financer le développement de nos pays et de contribuer à l'atteinte des Objectifs de Développement durable.

En vue d'élargir leur base fiscale pour une mobilisation des recettes fiscales, les États membres de l'Union Économique et Monétaire Ouest-Africaine (UEMOA), à l'instar d'autres pays en développement, se sont engagés depuis plus d'une décennie à réformer leurs systèmes fiscaux. Ces différentes réformes fiscales ont été engagées dans le but d'asseoir une fiscalité capable d'impulser une nouvelle dynamique au développement des États. La mise en œuvre de ces réformes devrait donc permettre à ces pays d'atteindre et de dépasser le taux de pression fiscale dans l'UEMOA fixé à 20% depuis 2014.

Au Bénin, la Direction Générale des Impôts (DGI) est la direction en charge des questions relatives aux impôts directs et taxes assimilées ; aux impôts indirects et taxes assimilées autres que celles exigibles à l'importation et à l'exportation ; aux droits d'enregistrement et de timbre. La DGI s'est engagée depuis 2016, tout comme d'autres pays de la sous-région, dans une restructuration de son tissu fiscal par l'instauration d'un système de management stratégique.

La vision de la DGI est d'être une administration moderne et performante associant à la fois les impératifs de recettes et la qualité du service rendu à l'usager. Pour une meilleure mobilisation des recettes fiscales, la Direction Générale des Impôts s'est dotée d'un Plan d'Orientation Stratégique de l'Administration Fiscale (POSAF 2017-2021). Ce plan s'articule autour de la mise en œuvre de réformes institutionnelles, administratives, et opérationnelles.

La présente note est structurée en deux parties. Une première partie est consacrée à la présentation de la politique fiscale nationale et communautaire. La deuxième partie expose le plan d'orientation stratégique de l'Administration fiscale et sa mise en œuvre.

I.LA POLITIQUE FISCALE : VISION ET ENJEUX

La politique fiscale est l'ensemble des décisions prises par les pouvoirs publics en matière de fiscalité. Elle vise à modifier le droit fiscal en fonction d'objectifs déterminés. Les recettes fiscales constituent la principale ressource des pays en développement. La politique fiscale a donc pour objectif initial de garantir les rentrées budgétaires minimales pour contribuer au financement des dépenses publiques et à la redistribution des revenus.

Mais dès lors que la pérennité financière de l'État est assurée, il a été attribué d'autres objectifs à la politique fiscale. Selon Richard Musgrave, la politique fiscale est utilisée pour satisfaire aux trois fonctions de l'État définies par :

- l'État peut chercher à réguler l'activité économique en modulant le niveau des prélèvements obligatoires ;
- l'État peut mettre en œuvre des incitations fiscales pour influer sur l'allocation des ressources ;
- l'État peut rechercher une redistribution des revenus en ajustant l'impôt aux ressources des contribuables, selon l'effet recherché.

Le Bénin étant membre de l'Union Economique et Monétaire Ouest Africaine, sa politique fiscale en matière de fiscalité intérieure est quelque peu ancrée dans les dispositions communautaires en matière de fiscalité intérieure.

En effet, l'UEMOA dans sa vision de disposer d'une politique fiscale commune a élaboré plusieurs dispositions que les Etats se doivent de transposer.

S'agissant de la fiscalité de porte, la politique fiscale est étroitement calquée sur le Tarif Extérieur Commun de l'UEMOA, le Tarif Extérieur Commun de la CEDEAO et sur les dispositions de l'Organisation Mondiale des Douanes.

1.1. Politique fiscale au niveau de l'UEMOA

La politique fiscale en matière de fiscalité intérieure a connu une évolution importante au cours des deux dernières décennies au sein de l'Union Économique et Monétaire Ouest Africaine (UEMOA).

Dès sa création, l'Union a pris de façon progressive, des dispositions réglementaires (décisions, règlements et directives) pour harmoniser la pratique en matière de politique fiscale au sein des États membres.

La transposition des dispositions communautaires devrait permettre à terme l'optimisation dans la mobilisation des recettes fiscales intérieures. L'objectif est d'atteindre une pression fiscale minimale de 20%.

Graphique N°1 : Evolution de la pression fiscale (%) de l'UEMOA de 2008 à 2017

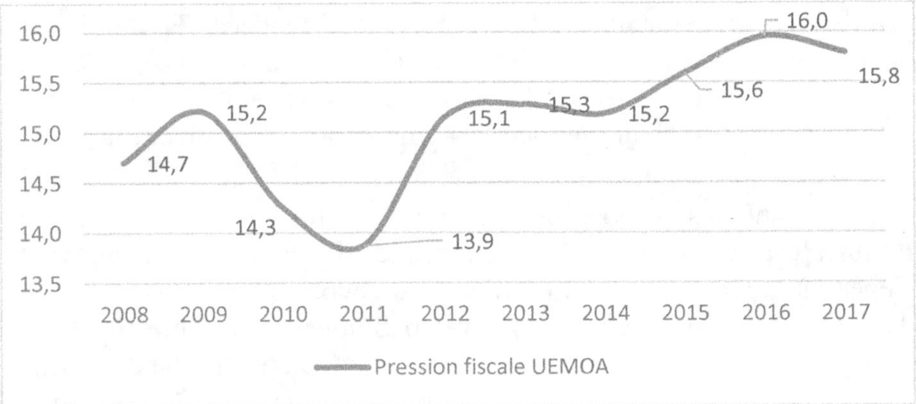

<u>Source</u> : UEMOA, 2018

Le graphique N°1 montre que l'objectif de 20% est loin d'être atteint, toutefois une progression de la pression fiscale a été observée depuis 2011. Cela traduit la nécessité pour les états de renforcer la mobilisation des recettes à travers la mise en œuvre de réformes aussi bien en termes d'administration que celles visant l'élargissement de l'assiette fiscale.

Le taux de pression fiscale de l'UEMOA est tiré dans une large mesure par le TOGO, le Niger, le Burkina Faso et le Sénégal.

Tableau N°1 : Taux de pression fiscale dans les pays de l'UEMOA en 2016 et 2017

PAYS	**2016**	**2017**
COTE D'IVOIRE	15,5	15,4
BENIN	12,6	13,5
BURKINA FASO	16	16,7
MALI	14,9	14,5
NIGER	18	18,9
SENEGAL	17,2	15,8
GUINEE BISSAU	9,2	9,2
TOGO	21,7	22,3

Source : BCEAO

1.2. POLITIQUE FISCALE AU BENIN

Le budget du Bénin est essentiellement fiscal. A ce titre, les autorités béninoises ne ménagent aucun effort à améliorer le potentiel fiscal. La politique fiscale au Benin est mise en œuvre sur la base des dispositions en vigueur, notamment le Code Général des impôts, le Code des Douanes, les dispositions communautaires, les autres dispositions règlementaires et les Lois de Finances. Toutefois, ces dispositions ne sont pas inamovibles et sont susceptibles de changement de toutes sortes. Le parlement est le seul organe habilité à autoriser ces modifications opérées chaque année à travers la Loi de Finances.

S'agissant des dispositions communautaires, il faut noter que le Bénin s'est résolument inscrit dans une discipline de transposition. Cependant, cette transposition n'est pas encore effective compte tenu de la spécificité même de l'économie béninoise et des objectifs que se sont fixés les autorités en matière de politique sociale. Une politique sociale axée entre autres sur l'exonération totale de la taxe sur la valeur ajoutée sur certains produits de première nécessité en lieu et place de l'application d'un taux réduit de TVA sur ces mêmes produits comme l'a préconisé l'UEMOA. Ces exonérations visent l'allègement de la charge fiscale aux ménages.

Le tableau ci-dessous présente le niveau de transposition des directives communautaires dans la fiscalité béninoise.

Niveau de transposition des directives communautaire de l'UEMOA dans la fiscalité béninoise

N°	Directives communautaires	Niveau d'intégration	Observations
1	En matière de Taxe sur la Valeur Ajoutée (TVA) (Dir.02/98/CM/UEMOA du 22/12/1998 modifiée par la Directive 02/2009/CM/UEMOA du 27/03/2009)	- La législation fiscale en vigueur prévoit un taux unique de 18%. - Inexistence de taux réduits tels que recommandés par la directive communautaire. - Existence de quelques produits et services qui sont exonérés de la TVA.	Les travaux sont en cours pour la mise en conformité des produits et services concernés aux normes communautaires.
2	En matière des droits d'accises Dir.03/98/CM/UEMOA du 22/12/1998 modifiée par la Directive 03/2009/CM/UEMOA du 27/03/2009 et Dir.06/2001/CM/ UEMOA du 26 novembre 2001	- Prélèvement de droits d'accises sur un nombre supérieur à celui préconisé par l'UEMOA (la Directive n°03/2009/CM/UEMOA retient huit droits d'accise au plus) - Existence d'écarts entre les montants des taxes frappant les différents produits pétroliers (entre l'essence et le gas-oil)	La suppression de taxes spécifiques intégrées dans la structure des prix des produits pétroliers est en étude.
3	En matière d'IRVM (Dir. n°02/2010 du 30/03/2010)	Non taxation des émissions d'obligations faites par les personnes publiques.	Intégration très prochaine desdites émissions.
4	Impôt sur les Sociétés (Dir.01/2008/CM/UEMOA du 28/03/2008)	Application d'un taux compris entre 35 et 45% aux bénéfices réalisés par les sociétés d'exploitation et de vente d'hydrocarbures naturels, alors que la directive communautaire limite le taux de l'impôt sur les bénéfices à 30%	

N°	Directives communautaires	Niveau d'intégration	Observations
5	Acompte sur impôt assis sur les bénéfices (AIB) (Dir.07/2001/CM/UEMOA du 26/11/2001)	Disposition intégralement internalisée	
6	Régime fiscal des sociétés d'investissement à capital fixe (Dir. n°02/2011 du 24/06/2011)	Disposition partiellement internalisée	La transposition intégrale de cette disposition est en cours.
7	Règlement pour éviter la double imposition (Règlement n° 08/CM/UEMOA du 26/09/2008)	Le règlement portant adoption des règles visant à éviter la double imposition au sein de l'UEMOA et des règles d'assistance en matière fiscale, publié dans le Journal Officiel du Bénin n°17 bis du 10 septembre 2009, est en application	

Source : DGI-Bénin

En matière de mobilisation des ressources fiscales, le graphique ci-dessous montre que le taux de pression fiscale au Bénin connaît une tendance baissière sur la période et reste encore très loin de la norme communautaire de 20%. En effet, le taux de pression fiscale est passé de 16,0% en 2008 à 14,0% en 2018 traduisant la nécessité pour le Bénin de mobiliser plus de recettes. Cette mobilisation de recettes supplémentaires ne devrait pas être axée sur l'accroissement des taux, ni sur la création de nouveaux impôts à moins qu'il ne soit effectivement prouvé la nécessité, mais plutôt sur l'élargissement de l'assiette fiscale, la rationalisation des dépenses fiscales, et la lutte contre l'optimisation fiscale des entreprises.

L'élargissement de l'assiette fiscale doit entre autres, viser la réduction du poids de l'informel qui est très prépondérant dans la formation du PIB béninois.

S'agissant de la dépense fiscale, s'il est bien vrai qu'elle est un instrument de politique économique et sociale ayant pour but la promotion de l'activité économique ou la recherche de l'équité sociale, il n'en demeure pas moins que les vrais bénéficiaires ne sont pas souvent très souvent ceux escomptés. D'où la nécessité de conduire des études en vue de leur rationalisation.

En ce qui concerne l'optimisation fiscale des entreprises, elle est réelle et plus spécifiquement au niveau des multinationales qui le pratique à travers les prix de transferts. Pour y lutter contre, l'administration fiscale doit se doter des textes législatifs conséquents.

Graphique N°2 : Evolution de la pression fiscale au Bénin

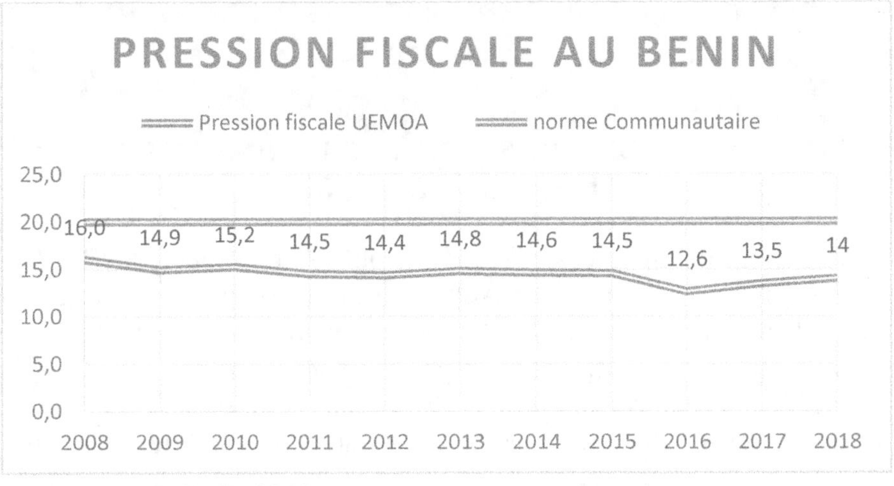

<u>Source</u> : *DGAE, 2019*

Les principaux impôts qui enregistrent de bonnes performances sur la période sous revue sont notamment la TVA et les traitements et salaires.

*La TVA est demeurée le principal pourvoyeur de recettes au niveau des impôts et taxes intérieures, mais, son effet d'entrainement des autres impôts et taxes semble être limité par la prépondérance de l'informel dans l'Economie béninoise. Le secteur informel, en effet, a contribué à la formation du produit intérieur brut en moyenne sur la période 2005 à 2011 à hauteur de 57,2%*179. *La structure du PIB n'ayant pas vraiment évolué entre 2011 et 2018, la situation du secteur informel n'a pas vraiment connu une évolution.*

Graphique N°3 *: Evolution des principaux impôts et taxes intérieures de 2014 à 2018*

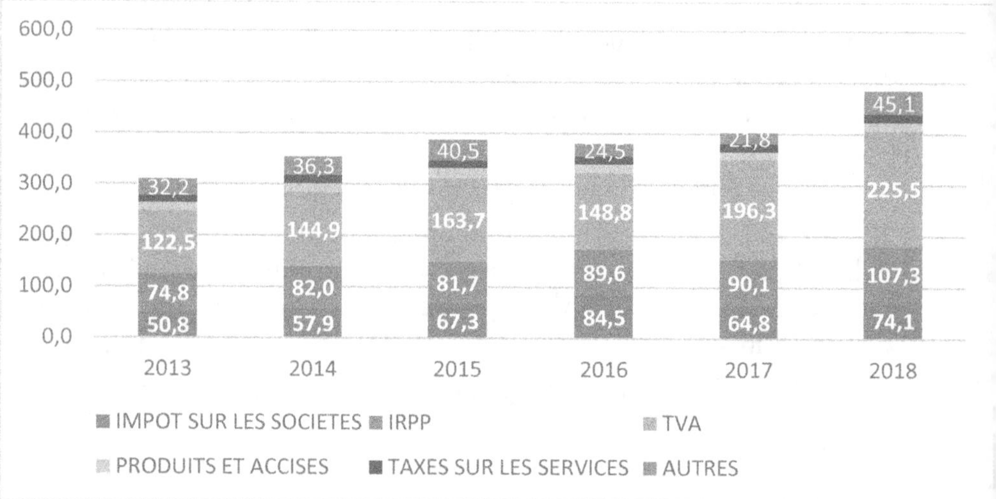

II-PLAN DE MODERNISATION DE L'ADMINISTRATION FISCALE DU BENIN

Les stratégies élaborées par la DGI ont été traduites dans le Plan d'Orientation Stratégique de l'Administration Fiscale (POSAF 2017-2021). Ce plan vise à faire de l'Administration des Impôts, une administration fiscale moderne et performante associant à la fois les impératifs de recettes et la qualité du service rendu à l'usager. Fondé sur les concepts et les principes de la " Gestion axée sur les résultats "

[179] INSAE, PIB prix base 2007

(GAR), le POSAF comporte trois grands objectifs stratégiques que sont la modernisation de l'Administration Fiscale, l'amélioration du service rendu aux usagers et l'application de manière juste et efficace de la loi fiscale. Ces objectifs stratégiques visent l'amélioration de l'efficacité et la performance de la DGI en matière de mobilisation des ressources fiscales intérieures. Ainsi, sa mise en œuvre permettra à l'administration fiscale: (i) de connaître une modernisation de ses structures, une implication et une automatisation de ses procédures et un renforcement de capacités des de ses ressources humaines ; (ii) d'améliorer la qualité de l'information fournie aux usagers, de même que les prestations qui leurs sont rendues et de renforcer l'éthique professionnelle ; (iii) d'améliorer le cadre législatif et règlementaire et de renforcer la lutte contre la fraude et l'évasion fiscales de même que la Coopération nationale et internationale avec les autres administrations fiscales à travers des échanges de renseignements.

L'avantage que présente le POSAF est qu'il est élaboré au moyen d'une méthodologie basée sur l'analyse diagnostique SWOT, permettant d'identifier les forces, les faiblesses, les menaces et les opportunités à saisir. Il présente une programmation détaillée de la mise en œuvre de cinquante-sept actions.

Ce plan d'orientation stratégique de l'administration fiscale s'inscrit totalement dans la vision globale du gouvernement à travers la mise en place d'un ensemble de mesures fiscales et d'un cadre adéquat pour la clarification et la gestion des droits et obligations en matière de contentieux fiscaux. Ces différentes mesures sont susceptibles de favoriser l'investissement privé et donc le Partenariat Public-Privé (PPP) qui constitue un pilier très important dans la mise en œuvre du Plan d'Action du Gouvernement (PAG) sur le quinquennat 2016-2021.

2.1. Actions de reformes contenues dans le POSAF

Plusieurs actions contenues dans le POSAF sont déjà mises en œuvre. On note principalement :

(i) le rattachement des CIME aux directions départementales et création de trois (03) nouveaux CIME dans les départements du Littoral, Ouémé-Plateau et Zou-Collines ;

(ii) la mise en production à travers le Projet d'Appui à l'Accroissement des Recettes Intérieures du Bénin (PAARIB) d'un nouveau Système de Gestion des Impôts et Taxes (SIGTAS) avec un entrepôt de données muni d'un système d'analyse (business intelligent) ;

(iii) la réforme du système d'immatriculation à l'IFU;

(iv) le relèvement des seuils de gestion de la population fiscale ;

(v) la mise en place des télé-procédures (télé-déclaration, télépaiement et télé-enregistrement);

(vi) l'introduction d'un Système de Facturation Électronique de la TVA ;

Le Service de la Planification du Suivi (SPS) de la Direction de la Planification et du Suivi Évaluation (DPSE) assure le suivi-évaluation de la mise en œuvre du POSAF. Un point périodique du niveau d'avancement des activités est fait au Comité de Direction et des recommandations sont formulées à l'équipe de mise en œuvre du POSAF.

III-OPERATIONNALISATION DES ACTIONS DE REFORMES

Dans un contexte d'harmonisation des prélèvements fiscaux au niveau communautaire, les Etats se sont inscrits dans un programme de transition fiscale. Ainsi la politique fiscale au niveau interne vise entre autres, (i) l'élargissement de l'assiette fiscale ; (ii) l'amélioration des rendements des différents type d'impôts ; (iii) la lutte contre la fraude et l'évasion fiscales et (iv) la fidélisation des contribuables.

3.1. Actions mises en œuvre

En lien avec le POSAF, la DGI a initié à partir de 2017, plusieurs réformes de politiques fiscales et d'administration de l'impôt dont entre autres,

- ✓ la mise en service de la plateforme Impôt-Douane -Budget pour le suivi des importations et des marchés Publics ;
- ✓ la simplification de la Taxe Professionnelle Synthétique (TPS) pour les micros et petites entreprises : les nouvelles modifications apportées à cet impôt sont entre autres l'uniformisation du taux d'imposition et l'institution du système déclaratif ;
- ✓ l'institution en 2017 de la Taxe sur les Véhicules à Moteur (TVM) pour les véhicules à quatre roues immatriculés en République du Benin et utilisés pour le transport privé des personnes ou des marchandises ;

- ✓ la mise en place en 2018 du Système Intégré de Gestion des Taxes et Assimilés (SIGTAS) pour une meilleure gestion des contribuables en vue de lutter contre la fraude et l'évasion fiscales et renforcer le suivi des obligations déclaratives et de paiement ;
- ✓ l'instauration des Machines Electroniques Certifiées de Facturation normalisée en 2018 pour améliorer le taux de recouvrement de la TVA ;
- ✓ la mise en place des télé-procédures (télédéclaration, télépaiement et télétransmission des états financiers) ;
- ✓ l'introduction en 2018 d'un nouveau taux d'AIB de 3% pour les importations de marchandises réalisées par les entreprises identifiées comme étant à risque.

3.2.Perspectives de reformes de la fiscalité intérieure au Bénin

Les perspectives de réformes sur la fiscalité intérieure se présentent ainsi qu'il suit :

- ✓ Assurer la généralisation de la Machine Electronique Certifiée de Facturation (MECeF) aux Micros et Petites Entreprises.
- ✓ Assurer l'extension du SIGTAS aux Centres d'Impôts des Moyennes Entreprises.
- ✓ Renforcer les stratégies de recouvrement de l'impôt foncier.
- ✓ Renforcer le contrôle fiscal à travers l'exploitation effective de la plateforme d'échange d'informations Impôts-Douane-Budget pour assurer un suivi des activités des importateurs et exportateurs afin de resserrer la maille des « passagers clandestins » du secteur informel ;
- ✓ Assurer la mise en œuvre effective du plan de rationalisation des dépenses fiscales : les Autorités doivent mettre en place une politique de réduction des dépenses fiscales générées par les régimes dérogatoires. La concurrence fiscale qui règne entre les Etats doit être combattue par l'Union afin qu'un cadre homogène puisse s'appliquer à tous. Ceci permettra de limiter les pertes fiscales énormes qui échappent aux Etats et non bénéfiques à l'intégration.
- ✓ Appliquer une fiscalité adaptée au secteur des télécommunications : ce secteur dispose d'un grand potentiel de croissance. Au Bénin, la fiscalisation de ce secteur n'est pas encore à son optimum. Plusieurs variables liées à la diversité des produits offerts aux consommateurs et la complexité de certaines opérations rendent difficile la maîtrise de la base imposable.

CONCLUSION

La présente communication soulève la sempiternelle question de la compétence fiscale des Etats africains et de la communautarisation des règles fiscales. Elle poursuit aussi un double objectif : i) analyser le degré de conformité de la politique fiscale béninoise avec les recommandations de l'Union en matière fiscale ; ii) apprécier la capacité du Bénin à s'adapter aux enjeux liés à l'érosion de la base imposable.

Par ailleurs, les administrations fiscales se trouvent aujourd'hui contraintes d'engager une véritable révolution structurelle de leur fonctionnement pour soutenir les programmes ambitieux de développement des gouvernants, porteurs de projets bénéfiques pour leurs populations. De plus, cette modernisation à travers la recherche de la performance fiscale est encore plus légitime dans un contexte actuel de l'exécution du Programme de Transition Fiscale pour renforcer le marché communautaire en transférant progressivement la pression de la fiscalité de porte vers la fiscalité intérieure.

Au Bénin, entre 2013 et 2017, les recettes fiscales intérieures ont connu une hausse moyenne de 7,95% par an. Cependant, la pression fiscale enregistrée au cours de la période reste toujours faible et en deçà de la norme communautaire de l'UEMOA. Ce constat révèle qu'il reste des efforts importants à déployer par la Direction Générale des Impôts du Bénin pour atteindre son potentiel fiscal en vue d'une mobilisation optimale des recettes fiscales d'une part, et d'autre part, pour soutenir la croissance économique tout en maintenant un climat de confiance avec les contribuables.

LE CONTROLE DE LA PERFORMANCE DU CONTROLE FISCAL EN FRANCE

THIERRY LAMBERT

PROFESSEUR AIX-MARSEILLE UNIVERSITÉ

PRÉSIDENT DE L'INSTITUT INTERNATIONAL DES SCIENCES FISCALES

La loi organique du 1er août 2001 (LOLF), qui a remplacé l'ordonnance du 2 janvier 1959 portant loi organique relative aux lois de finances, introduit une logique de performance dans le fonctionnement de l'administration, ce qui suppose que celle-ci fixe des objectifs à atteindre et affiche les résultats obtenus. La doctrine s'accorde à considérer que « cette démarche d'évaluation s'apparente au contrôle de gestion, tel que pratiqué au sein du secteur privé, qui doit permettre une appréciation, qualitative et quantitative, de l'activité de l'administration dans une démarche de performance »[180].

L'architecture budgétaire mise en place par la loi organique de 2011, sur laquelle nous ne nous attarderons pas, a été définie notamment avec des objectifs et des indicateurs afin d'évaluer la performance. Plus intéressante nous semble être l'idée d'apprécier l'impact de l'évaluation de la performance sur la gestion de l'administration et sur les objectifs qu'elle se fixe.

L'administration des finances n'a pas attendu la loi organique de 2001 pour mettre en place ses indicateurs et ses statistiques en matière de contrôle fiscal. Depuis fort longtemps cette administration était très attentive au rendement de ses agents et à leur capacité à traiter un certain nombre de dossiers dans le cadre d'un programme de contrôle fiscal annuel établi pour chaque agent. Chacun se souciait de l'objectif quantitatif à atteindre, autrement dit du nombre de dossiers à vérifier, mais peu s'inquiétaient du recouvrement des droits et pénalités.

*tlfiscal@laposte.net

**www 2isf.org

180 DAMAREY Stéphanie, *Finances publiques*, 6ème édition, Gualino, coll. Mémentos LMD, 2018, p. 203.

L'administration des finances publiques compte un peu plus de 100 000 personnes et gère un budget d'environ 8 milliards d'euros (2017). 12% des agents sont en administration centrale et 88% sont répartis sur plus de 4 000 implantations territoriales. Autrement dit l'administration des finances publiques est essentiellement une administration de terrain avec trois missions : une mission strictement fiscale, une mission de gestion publique et une mission de soutien aux entreprises.

C'est environ 14 000 agents (2016) qui sont affectés au contrôle fiscal, implantés dans des structures locales, départementales, régionales, interrégionales et nationales. L'idée étant d'assurer un maillage territorial satisfaisant de telle sorte qu'aucune partie du territoire national n'échappe au contrôle fiscal.

Les éléments statistiques que nous utiliserons sont ceux que l'on trouve dans le cahier statistique qui accompagne chaque année le rapport d'activité de la direction générale des finances publiques.

Le premier critère de la performance du contrôle fiscal est d'être capable de mener un nombre significatif de contrôles.[181]

[181] Concernant les procédures de contrôle fiscal consultez LAMBERT Thierry, *Procédures fiscales*, 3ème édition, LGDJ, coll. Précis Domat, 2017, 721 pages.

5 - La couverture du tissu fiscal (en nombre)	2015	2016	2017
Le contrôle des professionnels			
Contrôles sur pièces des professionnels	177 549	171 356	162 186
Contrôles sur pièces des demandes de remboursement de crédit de TVA	116 958	122 024	123 691
Contrôles sur place de la contribution à l'audiovisuel public	68 652	64 233	68 866
Vérifications de comptabilité	46 266	45 314	44 287
Droits d'enquête (art. L. 80 F à L. 80 J du LPF)	1 871	1 612	1 661

Le contrôle des particuliers	2015	2016	2017
Contrôles sur pièces de l'impôt sur le revenu	853 387	816 308	855 701
Contrôles sur pièces des impôts patrimoniaux	94 410	99 068	86 746
Contrôles sur place de la contribution à l'audiovisuel public	26 707	17 649	12 363
Examens de la situation fiscale personnelle	3 902	3 557	3 613

L'administration fait chaque année environ 45 000 vérifications de comptabilité et 3 500 examens de situations fiscales personnelles (appelés parfois dans d'autres pays vérifications approfondies de situations fiscales personnelles – VASFE). Ces chiffres sont à peu près constants.

Les objectifs ne peuvent être atteints qu'en raison d'une programmation très rigoureuse, à chaque strate administrative, des dossiers à vérifier. Leur dématérialisation est de nature à faciliter la sélection de ceux à vérifier.

Par arrêtés successifs l'administration, sous le contrôle de la Commission nationale informatique et libertés (CNIL), a constitué un certain nombre de fichiers utiles à la programmation comme à la conduite du contrôle fiscal.

Il s'agit d'utiliser les algorithmes.

Par exemple par l'arrêté du 21 février 2014 l'administration a mis en place un traitement automatisé visant à modéliser les comportements frauduleux à partir de fraudes avérées. C'est une analyse prédictive du risque de fraude fiscale pour certains contribuables et une recherche d'incohérence dans les déclarations souscrites. D'abord appliqué aux personnes morales, le dispositif a été étendu aux personnes physiques impliquées dans le fonctionnement des personnes morales, autrement dit les dirigeants de sociétés.

Autre exemple, l'arrêté du 10 avril 2014 permet à l'administration de faire un suivi des affaires contentieuses, de connaître aussi bien les demandes de rescrits que les demandes d'agréments ainsi que les demandes de remboursements d'impôt trop perçus.

Dans ce cadre l'administration doit à la fois gérer une masse importante de données personnelles et respecter les droits du contribuable notamment au regard de leur vie privée mais aussi pour protéger les données personnelles d'utilisation abusive.

D'ores et déjà la CNIL publie, au journal officiel l'avis qu'elle rend et l'arrêté autorisant la création d'un fichier. Elle a un pouvoir d'investigation et de contrôle près de l'administration et formule, si c'est nécessaire, des observations.

Le dispositif a été complété par le règlement général de protection des données (RGPD) entré en vigueur le 28 mai 2018. L'administration dispose, à Berçy, d'un délégué à la protection des données. Il doit tenir un registre des traitements mis en œuvre par l'administration et doit réaliser une étude d'impact sur la protection des données. Enfin il a l'obligation de notifier à la CNIL d'éventuels disfonctionnements. Le règlement prévoit la création d'un comité européen de protection des données doté de la personnalité juridique et chargé de missions plus larges.

Ces outils, les algorithmes, concourent à améliorer la qualité de la sélection des dossiers à vérifier mais ceci ne doit pas se faire au détriment des garanties du contribuable.

Le second critère à retenir est celui du rendement budgétaire du contrôle fiscal.

Il est parfois tentant d'afficher les résultats du contrôle au regard des droits notifiés. Il s'agit d'un affichage politique dont l'objectif est de dire, à la cantonade, que l'administration a été particulièrement performante dans la lutte contre la fraude.

LE CONTRÔLE FISCAL

1 - Le montant de l'impôt éludé et des sanctions (en M€)	2015	2016	2017
Droits nets notifiés	16 121	15 292	13 981
Pénalités et intérêts de retard	5 072	4 175	3 922
Total des droits et des pénalités [1] dont :	**21 193**	**19 467**	**17 903**
Crédit d'impôt ou taxes non remboursés	1 627	1 746	1 755
Montants notifiés en attente de confirmation des instances consultatives	3 312	3 216	2 692
Droits et pénalités notifiés mis en recouvrement	**16 255**	**14 505**	**13 456**

(1) Dont 1,316 Mds€ au titre du service de traitement des déclarations rectificatives (STDR) : 967 M€ de droits et 348 M€ de pénalités

Détail des droits nets par impôt (en M€) :	2015	2016	2017
Impôt sur les sociétés	4 837	4 029	3 930
Impôt sur le revenu [1]	2 789	2 817	2 454
Taxe sur la valeur ajoutée	2 235	2 267	2 129
Remboursements de crédit de TVA	1 513	1 617	1 602
Droits d'enregistrement [1]	1 726	1 635	1 353
Impôt de solidarité sur la fortune [1]	1 016	637	627
Impôts locaux	510	680	593
Impôts divers [2]	1 495	1 610	1 293

(1) Dont au titre du STDR : 290 M€ d'impôt sur le revenu, 219 M€ de droits d'enregistrement et 280 M€ d'impôt de solidarité sur la fortune

(2) Dont la contribution sociale généralisée (CSG), la contribution pour le remboursement de la dette sociale (CRDS), la contribution à l'audiovisuel public et les taxes annexes sur le chiffre d'affaires. Pour le STDR, cette ligne comprend les droits et pénalités au titre de la CRDS, la CSG et du prélèvement social ou de solidarité

On peut juger satisfaisant le fait que le montant des « droits nets notifiés », en 2017, ait été de quasiment 14 milliards d'euros et les pénalités majorées des intérêts de retard d'environ 4 milliards.

Il est un peu moins satisfaisant de considérer que l'on en recouvre 9 à 10 milliards par an, soit plus ou moins de 50% de ce qui est notifié.

2 - Le rendement budgétaire du contrôle fiscal (Mds €)	2015	2016	2017
Montant des encaissements [1]	12,2	11,1	9,4

(1) Montants encaissés au titre des contrôles fiscaux de l'année et des années antérieures et de la relance des déclarations de succession et d'impôt de solidarité sur la fortune et des dossiers déposés auprès du STDR

Il est un fait qu'un certain nombre de contribuables sont tentés par l'organisation de leur insolvabilité même si, sur le fondement de l'article 1741 du Code général des impôts, ils s'exposent à des sanctions pénales. Il convient de sécuriser le recouvrement.

De ce point de vue la transaction peut être utile. Il s'agit d'une convention portant atténuation des pénalités, qui peut intervenir entre l'administration et les contribuables lorsque ces pénalités, et le cas échéant les impositions principales, ne sont pas définitives, c'est-à-dire lorsque le contribuable dispose encore du moyen de les contester suivant la procédure contentieuse. L'intérêt de la transaction tient au fait que lorsqu'elle est exécutée par le contribuable et approuvée par l'autorité compétente, elle est définitive tant en ce qui concerne les droits que les pénalités et fait obstacle à toute introduction ou reprise d'une procédure contentieuse. Le délai au terme duquel le silence de l'administration vaut rejet est fixé à quatre mois.

Il est certainement souhaitable pour l'administration, mais aussi pour le contribuable, de savoir fermer définitivement un dossier en s'acquittant dans un délai raisonnable, en raison d'un échelonnement généralement demandé par le contribuable, des droits et pénalités.

Dans un contexte différent une autre procédure peut être utilisée pour sécuriser le recouvrement il s'agit de la flagrance fiscale.

Cette procédure permet aux agents de l'administration des finances publiques de dresser un procès-verbal relatif à des faits frauduleux qu'ils ont constatés. Il peut s'agir notamment d'une activité occulte ou illicite mais aussi de la comptabilisation ou de la délivrance de factures fictives. Devant un risque de destruction de documents ou de fuite du contribuable dès la notification du procès-verbal de flagrance, le comptable public peut, sans accord préalable d'un juge, procéder à une ou plusieurs mesures conservatoires, que sont les saisies conservatoires et les sûretés judiciaires, à hauteur d'un montant représentatif des impôts afférents à chaque année, exercice ou période concernés ainsi que du montant de l'amende qui trouve à s'appliquer.

Le contribuable peut saisir le juge du référé administratif pour qu'il soit mis fin à la procédure de flagrance fiscale ou, en cas d'urgence, à l'exécution des mesures conservatoires. Si le juge du référé constate l'irrégularité de la procédure de flagrance fiscale il prononce l'annulation de l'ensemble des effets de cette dernière et la mainlevée immédiate des mesures conservatoires effectuées.

Le troisième critère est celui du contentieux résultant du contrôle fiscal

Chacun est attentif à l'évolution des dépenses budgétaires associées au contentieux qui atteignent 36 milliards d'euros en moyenne. Le risque du contentieux fiscal est en forte augmentation. En effet, « la provision pour litiges s'élève à près de 25Mds€ soit 8% des recettes nettes du budget général de l'Etat, cette provision a été multipliée par cinq en dix ans »[182]. Les contentieux fiscaux de série d'origine communautaire représentent une part significative de ces dépenses. Il est un fait que le contentieux fiscal coûte cher aux dépenses de l'Etat.

Les préconisations de l'administration relatives aux demandes gracieuses consistent à les traiter dans un délai d'un mois après leur réception et au maximum dans les trois mois. Plus de 75% des décisions sont prises dans un délai d'un mois et 98% dans celui de trois mois, ce qui est satisfaisant[183].

Les impôts locaux représentent une part prépondérante des demandes gracieuses (45,4% en 2017).

---

[182] PERROTIN Frédérique, « La gestion du risque budgétaire en matière de contentieux fiscal », *Petites affiches*, 30 novembre 2018, pp. 4 – 7.

[183] Comité du contentieux fiscal, douanier et des changes, Rapport annuel 2017 à l'intention du gouvernement et du Parlement, Journal officiel, 6 septembre 2018.

LE CONTENTIEUX			
PHASE ADMINISTRATIVE			
Affaires reçues	2015	2016	2017
Réclamations contentieuses			
Impôt sur le revenu	1 038 399	781 338	723 091
Taxes foncières	304 318	302 932	317 607
Taxe d'habitation	888 088	876 739	887 477
Impôt sur les sociétés et autres impôts directs d'État	50 865	55 623	56 550
Taxe professionnelle, contribution économique territoriale et plafonnement en fonction de la valeur ajoutée	190 524	369 765	315 640
Taxes sur le chiffre d'affaires	52 393	52 585	46 040
Taxe sur les locaux vacants	93 053	94 806	91 037
Droits d'enregistrement	24 756	23 743	21 016
Contribution à l'audiovisuel public	427 995	417 207	412 782
Bouclier fiscal	36	17	6
TOTAL	**3 070 427**	**2 974 755**	**2 871 246**
Demandes gracieuses			
Impôt sur le revenu	200 779	191 542	168 392
Taxes foncières	149 068	114 328	67 051
Taxe d'habitation	494 792	396 970	370 399
Impôt sur les sociétés et autres impôts directs d'État	2 218	2 001	2 007
Taxe professionnelle et contribution économique territoriale	21 745	36 410	26 135
Taxes sur le chiffre d'affaires	157 221	129 591	107 455
Droits d'enregistrement	13 778	13 284	12 763
Contribution à l'audiovisuel public	363 008	290 942	267 301
TOTAL	**1 402 609**	**1 175 068**	**1 021 503**
TOTAL GÉNÉRAL	**4 473 036**	**4 149 823**	**3 892 749**

Affaires traitées	2015	2016	2017
Réclamations contentieuses			
Impôt sur le revenu	1 005 783	788 067	728 970
Taxes foncières	310 984	311 185	321 231
Taxe d'habitation	901 733	891 226	895 878
Impôt sur les sociétés et autres impôts directs d'État	53 640	57 218	53 543
Taxe professionnelle, contribution économique territoriale et plafonnement en fonction de la valeur ajoutée	214 685	366 519	316 998
Taxes sur le chiffre d'affaires	51 450	51 322	44 954
Taxe sur les locaux vacants	96 962	99 019	91 276
Droits d'enregistrement	25 129	25 118	23 335
Contribution à l'audiovisuel public	434 611	422 974	417 519
Bouclier fiscal	42	15	14
TOTAL	**3 095 019**	**3 012 663**	**2 893 718**
Demandes gracieuses			
Impôt sur le revenu	202 069	194 494	171 833
Taxes foncières	143 064	136 810	70 960
Taxe d'habitation	496 217	429 470	376 009

Impôt sur les sociétés et autres impôts directs d'État	53 640	57 218	53 543
Taxe professionnelle, contribution économique territoriale et plafonnement en fonction de la valeur ajoutée	214 685	366 519	316 998
Taxes sur le chiffre d'affaires	51 450	51 322	44 954
Taxe sur les locaux vacants	96 962	99 019	91 276
Droits d'enregistrement	25 129	25 118	23 335
Contribution à l'audiovisuel public	434 611	422 974	417 519
Bouclier fiscal	42	15	14
TOTAL	**3 095 019**	**3 012 663**	**2 893 718**
Demandes gracieuses			
Impôt sur le revenu	202 069	194 494	171 633
Taxes foncières	143 064	136 810	70 960
Taxe d'habitation	496 217	429 470	376 009
Impôt sur les sociétés et autres impôts directs d'État	2 469	2 154	2 210
Taxe professionnelle et contribution économique territoriale	25 009	36 043	26 516
Taxes sur le chiffre d'affaires	155 376	128 699	106 715
Droits d'enregistrement	14 106	13 558	13 303
Contribution à l'audiovisuel public	366 195	314 763	271 611
TOTAL	**1 404 505**	**1 255 991**	**1 039 157**
Décisions de dégrèvements prises d'office (tous impôts y compris contribution à l'audiovisuel public)	846 201	2 321 180 (1)	1 048 812
Réponses écrites à des demandes de renseignements	192 551	139 542	123 004
TOTAL	**1 038 752**	**2 460 722**	**1 171 816**
TOTAL GÉNÉRAL	**5 538 276**	**6 729 376**	**5 104 691**

(1) L'augmentation du nombre de dégrèvements d'office s'explique par la mise en œuvre des mesures gouvernementales en faveur des personnes âgées de condition modeste

Pour environ 3 000 000 de réclamations nous avons en moyenne 0,50% d'affaires déposées devant les tribunaux administratifs et 0,014% arrivent devant le Conseil d'Etat. La statistique tombe à environ 0,25% devant le tribunal de grande instance et le chiffre devient résiduel devant la Cour de cassation (environ 0,0018% sur trois ans). Ajoutons que l'administration reçoit chaque année plus d'un million de réclamations gracieuses par lesquelles bien souvent les contribuables font valoir des difficultés pour payer l'impôt. Le rejet de ces réclamations par l'administration peut, à la marge, augmenter les recours contentieux.

Il est une formalité qu'un contribuable qui conteste une imposition doit faire avant de saisir les tribunaux, c'est de formuler une réclamation préalable près de l'administration[184]. Celle-ci dispose d'un délai de six mois, suivant la date de présentation de la

[184] On consultera avec profit la thèse de NOEL Gilles, *La réclamation préalable devant le service des impôts*, LGDJ, coll. Bibliothèque de science financière, 1985, 654 pages.

réclamation, pour rendre une décision motivée. C'est souvent l'occasion pour le contribuable et l'administration de continuer d'échanger des pièces et arguments. Si la décision rendue n'est pas, ou n'est pas totalement, favorable au contribuable celui-ci, et son conseil, s'interrogent sur l'opportunité de poursuivre les débats devant le juge. Certains décident de renoncer.

D'une part, il faut observer que l'administration arrive à traiter ce contentieux de masse dans les délais essayant de résorber un stock parfois ancien. L'administration est très attentive à la nature du contentieux mais aussi à son évolution quantitative.

D'autre part, il nous faut constater que très peu de réclamations arrivent devant le juge. En effet un certain nombre de réclamations, reposant sur des questions de fait, ne présentent aucune difficulté juridique particulière. Le fait de poursuivre le débat, y compris en continuant de se rencontrer et de débattre, permet souvent de trouver une solution juridique satisfaisante.

Le quatrième critère consiste à faire sanctionner des fraudes les plus graves par le juge pénal[185].

L'administration qui a le monopole des poursuites, situation aujourd'hui contestée, se doit de saisir, la commission des infractions fiscales (CIF) qui rend un avis sur le point de savoir s'il y a lieu ou non d'engager des poursuites. Celles-ci quand elles le sont, c'est-à-dire quand la commission a rendu un avis favorable, se déroulent devant le tribunal correctionnel.

Concernant la procédure, les séances de la commission ne sont pas publiques et l'avis rendu n'a pas à être motivé. La commission n'est pas compétente en matière d'escroquerie. Une fois l'avis rendu et la plainte déposée, des agents de l'administration fiscale habilités et dirigés par le parquet peuvent procéder à l'enquête judiciaire.

---

[185] LOPEZ Christian, *Droit pénal fiscal*, LGDJ, coll. Systèmes, 2012, 227 pages.

4 - L'action pénale		2015	2016	2017
Nombre de dossiers transmis à l'autorité judiciaire dont :		1 195	1 116	1 095
	Plaintes pour fraude fiscale	948	862	879
	Dossiers transmis à la police fiscale	79	81	44
	Plaintes pour escroquerie	135	133	141
	Procédures d'opposition à fonction	33	40	31

Détail des plaintes pour fraude fiscale et des dossiers transmis à la « police fiscale »		2015	2016	2017
Propositions de poursuites à la Commission des infractions fiscales		1 061	944	973
Plaintes déposées (fraude fiscale et « police fiscale ») dont :		1 027	943	923
	Défaut de déclaration et exercice d'activités occultes	453	433	415
	Constatation de dissimulations	413	331	391
	Réalisation d'opérations fictives	15	18	57
	Autres procédés de fraude	146	161	60

C'est entre 900 et 1 000 dossiers par an qui font l'objet de poursuites de la part de l'administration.

L'objectif de l'administration est de faire sanctionner une diversité d'infractions et ce sur tout le territoire. Dit autrement il ne s'agit pas de cibler une profession, un corps de métier ou un territoire précis. Il serait hasardeux de conclure que la performance du contrôle fiscal se résume en quelques chiffres.

L'administration s'est efforcée de créer une « relation de confiance »[186]. Il s'agit d'un « protocole » signé par des entreprises volontaires et l'administration. Le document structuré en neuf articles retient que les parties observent des principes de « transparence », de « célérité et disponibilité », de « pragmatisme et prise en compte des contraintes techniques et opérationnelles » enfin de « conduite de la relation dans un esprit de confiance mutuelle ».

Qui pourrait contester ces principes généraux auxquels les partenaires doivent souscrire ?

Ces éléments forment un corpus déontologique. C'est le minimum que l'on est en droit d'attendre de partenaires qui agissent en confiance.

Les résultats sont mitigés car la confiance ne se décrète pas, elle se mérite.

La seule performance qui compte c'est celle de faire accepter le contrôle fiscal en assurant, de façon beaucoup plus satisfaisante qu'il ne l'est, le recouvrement des droits et pénalités rappelés.

---

[186] LAMBERT Thierry, « La vérification de comptabilité contractualisée : la relation de confiance », *Mélanges en l'honneur du Professeur Christian Louit*, Bruylant, 2016, pp. 239 – 252.

L'*AGENCIATION* DES ADMINISTRATIONS FISCALES : UNE SOLUTION D'AVENIR ? L'AGENCIATION DANS SON PRINCIPE

PAMELA ARIANE AGBOZO

INTRODUCTION

Les agences sont apparues dans le courant des réformes entreprises avec l'avènement du *New Public Management* (NPM) dans les années 1980. Le *New Public Management* a pour but l'application de méthodes managériales du secteur privé afin de permettre aux administrations publiques de devenir plus compétitives tout en garantissant un service public de qualité.

Dans les pays comme la Suède, le Royaume-Uni, la Nouvelle Zélande, le Japon, le Canada et la France, le *New Public Management* a été le modèle d'action gouvernementale depuis les années 1980-1990. Les causes à l'origine de la création des agences restent multiples et spécifiques à chaque pays. L'on peut observer, la mise en agence de l'ensemble de l'administration publique comme c'est le cas en Suède dès le 19è siècle ou la mise en agence de certains secteurs de l'administration comme c'est le cas en Italie avec quatre agences au niveau du ministère des finances en 2001. Dans la même période au Japon, c'est sous l'appellation d'Institutions Administratives Indépendantes (IAI) que les premières agences ont été établies.

Bien que les termes *agenciation* et *agencialisation* soient employés pour parler de la création ou de la transformation des services publics en agences, l'*agencification* est le terme répandu et faisant objet d'étude et de recherche en sciences politiques.

L'*agencification*, terme découlant d'un anglicisme, est une expansion rapide du recours des pouvoirs publics aux agences[187]. Le programme *Next Steps* mené par les néoconservateurs britanniques

[187] Avant-propos de Jean-Marc Sauvé, vice-président du Conseil d'État Français, les agences : une nouvelle gestion publique, Rapport du conseil d'Etat, Octobre 2012

fait souvent figure de cas type. Bien qu'il existe des opinions divergentes sur le sujet, l'on s'accorde sur l'effet recherché de l'*agencification* qui est celui de créer une sorte de fonction publique duale par une séparation des fonctions de conception et des fonctions d'exécution des politiques publiques.

I-LES AGENCES : UN PRINCIPE PARTAGE

Le terme « agence » est employé pour qualifier des entités fort disparates, tant en ce qui concerne leurs mandats (par exemple, réguler un secteur d'activité économique, fournir des services publics, conseiller le gouvernement, favoriser la participation citoyenne), leurs raisons d'être (plus ou moins idéologiques) et leurs designs institutionnels[188]. Ainsi, l'agence peut donc faire objet d'une diversité de définitions, variables d'une entité étatique à une autre.

Pour le Conseil d'Etat Français (2012)[189], « *une agence est un organisme autonome exerçant une responsabilité structurante dans la mise en œuvre d'une politique nationale* ».

L'Inspection Générale des Finances de la France pousse plus loin la définition en mettant l'accent sur les critères d'une agence (IGF 2012) : « *toutes les entités, dotées ou non de la personnalité morale sont présumées appartenir au périmètre des agences de l'État dès lors qu'elles respectent les deux critères suivants : elles exercent des missions de service public non marchand ; un faisceau d'indices indique qu'elles sont contrôlées par l'État* ».

La création des agences selon le Professeur Allen Schick[190] s'analyse sous quatre dimensions à savoir :

---

[188] Rigaud, B. (2012). « Agence », dans L. Côté et J.-F. Savard (dir.), *Le Dictionnaire encyclopédique de l'administration publique*, [en ligne], www.dictionnaire.enap.ca

[189] Les rapports du conseil d'Etat, Etude annuelle 2012, « Les Agences : une nouvelle gestion publique ? »

[190] Allen Schick est professeur à l'Institut d'administration publique de l'université du Maryland et chercheur invité de la Brookings Institution (États-Unis). Il a rédigé un article intitulé « Les agences à la recherche de principes », dans le cadre d'un groupe de travail de l'OCDE.

- **La dimension fonctionnelle**

A travers l'analyse de cette dimension, il ressort que les agences de par leurs caractéristiques managériales faites de souplesse et de réactivité satisfont plus aux attentes des usagers des services publics.

- **La dimension organisationnelle**

Cette dimension met plus l'accent sur la responsabilisation et l'autonomie des gestionnaires des agences qui contribuent à l'amélioration de la réactivité et de la capacité d'adaptation des services dont ils ont la charge.

- **La dimension structurelle**

Elle se manifeste à travers une identification et une séparation nette de ce qui relève de la décision et ce qui ressort de la mise en œuvre. Elle trouve sa concrétisation dans la complémentarité d'un pôle central et d'entités autonomes.

- **La dimension théorique**

La création d'agences répond aux théories de la gouvernance démocratique, où l'Etat n'est pas la source unique de légitimité mais doit la partager avec d'autres formes d'organisations.

Une agence est donc une organisation qui satisfait aux critères suivants (Pollitt & al., 2001)[191] :

- les statuts sont définis par voie législative ou réglementaire ;
- désagrégée fonctionnellement de l'appareil administratif du ministère dont il dépend ;
- bénéficiant d'un degré d'autonomie dont ne jouit pas l'administration ;
- statutairement dépendante d'un ministère qui peut peser sur ses budgets et ses objectifs ;

L'essence même du postulat fondant la mise en place d'agence se décline en :

- souplesse ;
- efficience ;
- transparence ;
- développement de nouvelles expertises ;

---

[191] Pollitt&al 2001 cité par Renaud Epstein, PUCA Retour sur 20 ans des modes d'action publique urbaine, communication en date du 1er février 2016

- réduction de l'interventionnisme politique ;
- repositionnement des administrations sur des fonctions stratégiques.

Il est ressorti d'une étude comparative sur les agences en Europe et aux Etats Unis que quatre instruments encadrent leur gestion à savoir[192] :

- la détermination de l'autorité détenant le pouvoir de nommer le ou les dirigeants des agences et la détermination des responsabilités de ces dirigeants. Elle s'observe à travers le mode de gestion bicéphale des agences entre, d'une part, le directeur général de l'agence qui la représente et qui assume les activités routinières de gestion et, d'autre part, le conseil d'administration, qui est composé de représentants du Gouvernement et parfois de représentants de la société civile ;
- les contrôles budgétaires au niveau des agences doivent s'effectuer *a posteriori* sur la base d'une définition claire des résultats obtenus ;
- la gestion d'une agence valorise une approche procédurale dans la mesure où ses pratiques administratives ne sont pas seulement déterminées par le texte juridique qui l'a constituée, mais également par les politiques internes, les avis, les directives produites par le conseil d'administration.
- la création d'une agence permet la spécialisation, le développement d'expertises dans un cadre stable et à l'abri des vicissitudes de l'ordre du jour gouvernemental.

Les agences ne sont pas exemptes de critiques bien que leur postulat soit partagé par beaucoup de pays et de chercheurs.

II-LIMITES ET CONTRAINTES DE L'AGENCIATION

Il est reproché au NPM dans le cadre duquel s'inscrit la création des agences, la forte responsabilisation des managers, ce qui diminue le niveau de responsabilité des leaders politiques envers le public dans la gestion administrative.

---

[192] Yataganas (2001) Delegation of Regulatory Authority in the European Union: The Relevance of the American Model of Independent Agenciess, cité parRigaud, B.

Pour en venir spécifiquement aux agences, le rapport annuel 2012 du Conseil d'Etat Français sur les agences a fait ressortir toute la difficulté d'une définition claire et unique des agences. En effet, plusieurs dénominations et statut juridiques sont appliqués aux agences rendant leur définition dans le champ administratif peu aisée, c'est que ce Renaud Epstein qualifie d'objet administratif mal identifié[193].

Les difficultés de coordination s'observent également au regard de la forte autonomie des agences. L'expansion rapide aux agences a entrainé un délitement du lien de subordination vis-à-vis de l'Etat Central. La fragmentation de l'appareil administratif ainsi que les doublons d'attribution engendrent des coûts supplémentaires pour l'Etat. Il est donc important que les agences soient biens pensées avec une définition claire d'un cadre commun de recours aux agences et une justification préalable de leur création à travers une étude. Au regard du postulat, la nécessité d'une expertise nouvelle que celle existante dans l'administration publique d'origine devrait être démontrée.

Sur le plan de la gestion des ressources humaines, il est observé une disparité dans le traitement du personnel des agences et ceux des autres services publics, ce qui dans bien de cas engendre la démotivation dans le service public ou le clientélisme dans la gestion des ressources humaines des agences. La modification de la structure des carrières de l'administration dans certains cas favorise le recrutement des acteurs du privé qui bien souvent ne maîtrisent pas les valeurs et principes au cœur de la gestion publique.

La fragmentation et la forte autonomie engendre également des difficultés de contrôle. Le caractère autonome des agences selon le Conseil d'Etat français, constitue des lignes de fuite dans la maitrise des dépenses publiques. C'est dans cette optique que l'étude annuelle 2012 sur les agences a proposé comme mesures, le plafonnement de l'affectation des recettes fiscales des agences ou l'inscription de celles-ci dans une logique de programmation pluriannuelle des finances publiques.

L'un des éléments majeurs afin que la création d'agence soit conforme au postulat et à l'effet recherché à travers la création des

---

[193]Renaud Epstein, PUCA Retour sur 20 ans des modes d'action publique urbaine, communication en date du 1er février 2016

agences est la définition d'un contrat d'objectifs clair devant être la boussole de toute agence et servir de base à l'évaluation de la performance. Il favorise ainsi donc la fixation d'objectifs réalistes et réalisables au top management des agences.

Quelle est l'expérience du Bénin en matière de création d'agences ?

III-LES AGENCES AU BENIN

La création d'agence au Bénin est instituée par la loi N° 94-009 du 28 juillet 1994 portant création, organisation et fonctionnement des Offices à caractère social, culturel et scientifique. D'après l'article 3 de ladite loi, un service public ne peut être érigé en office que sur la base d'une étude approfondie : de l'activité du service public concerné ; des conditions économiques, financières, matérielles et humaines de gestion de l'office. Un rapport circonstancié préalable doit être rédigé justifiant la nécessité d'une telle création.

La loi détermine les catégories de services publics pouvant être érigées en agence et fixe également toutes les conditions requises au bon fonctionnement des agences. Depuis plus de deux décennies, le Bénin a expérimenté la création des agences dans beaucoup de secteurs. Mais faute de recherche et d'étude sur ces agences, il est difficile d'apprécier leur contribution aux performances de l'administration publique et d'en dénombrer l'effectif exact à cette date.

Mais des limites peuvent être relevées par rapport à des pratiques dans la sous-région. L'arsenal juridique instituant la création d'agences au Bénin n'a pas fait mention d'un contrat de performance comme c'est le cas au Sénégal à travers le décret n° 2010-1812 en date du 31 décembre 2010 relatif au contrat de performance applicable aux agences d'exécution.

D'après la loi, le choix des gestionnaires des agences relève de la volonté du gouvernement. Cette approche ne prend pas en compte la question de la réduction de l'interventionnisme politique. Le Bénin disposant d'un répertoire des hauts emplois avec un processus de recrutement prédéfini, il aurait été plus approprié que le recrutement du top management des agences réponde au processus de recrutement pour les hauts emplois.

Si depuis 2017 le Bénin a recours à l'*agencification,* elle peut se comprendre de par le changement de paradigme qui s'observe avec l'avènement d'un nouveau régime, pour qui le recours aux pratiques managériales du secteur privé pourrait permettre l'atteinte des résultats de développement. Le projet de loi portant création, organisation et fonctionnement des entreprises publiques en République du Bénin validé en conseil des ministres du 19 septembre 2018 le démontre et offre la perspective d'un meilleur encadrement du recours à la création des agences et sur leur mode de fonctionnement.

CONCLUSION

L'histoire de la création des agences varie d'un pays à un autre et bien souvent les motivations sont différentes même si le principe commandant la gestion des agences est transposé dans bien des cas. En effet, l'histoire administrative des pays est faite de réformes et d'adaptation au regard des défis et enjeux.

Les agences, au-delà de leur rôle d'acteur de mise en œuvre de l'action publique, doivent contribuer à une meilleure identification des problèmes publics, à leur mise à l'agenda et participer pleinement à l'orientation des politiques publiques dans le domaine dans lequel elles interviennent. Mais il est évident que les préalables comme l'éthique, la responsabilité, l'intégrité soient de mise pour permettre à l'administration de répondre pleinement à la satisfaction de l'intérêt général à travers les agences.

BIBLIOGRAPHIE

- C.CHOL, B. COUÉ, M-T. DELEPLACE, O. GIRARDIN, M. MARÉCHAL, F. WAINTROP, *Perspectives Gestions Publiques*, N°5, Mars 2005. P6
- B. Guy Peters, « Le nouveau management public » *in* L. BOUSSAGUET, S. JACQUOT, P. RAVINET, *Dictionnaires des politiques publiques,* Paris, Références Gouvernance /Presses de Sciences Po, 2017, p398-404

- C. POLLITT, K. BATHGATE, J. CAULFIELD, A. SMULLEN, C. TALBOT, « Agency Fever? Analysis of an International Policy Fashion », *Journal of Comparative Policy Analysis*, November 2001, Volume 3, pp 271–290.

- B. RIGAUD, (2012). « Agence », dans L. COTE et J.-F. SAVARD (dir.), *Le Dictionnaire encyclopédique de l'administration publique*, [en ligne], www.dictionnaire.enap.ca

- Loi N° 94-009 du 28 juillet 1994 portant création, organisation et fonctionnement des offices à caractère social, culturel et scientifique en République du Bénin

- Y. ROBINEAU, B. STIRN, O. SCHRAMECK, H. TOUTEE, O. DUTHEILLET De LAMOTEE, B. PECHEUR, P. MARTIN, F. SENERS, Les Agences : une nouvelle gestion publique, les rapports du conseil d'Etat, 2012, p293

L'« AGENCISATION » EN MATIERE FISCALE : LE CAS DES OFFICES DES RECETTES D'AFRIQUE FRANCOPHONE

ERROL M. TONI

DOCTEUR EN DROIT PUBLIC

SECRÉTAIRE SCIENTIFIQUE DU CENTRE D'ÉTUDES ET DE RECHERCHES SUR L'ADMINISTRATION ET LES FINANCES (CERAF, UNIVERSITÉ D'ABOMEY-CALAVI)

CHERCHEUR ASSOCIÉ AU CENTRE D'ÉTUDES ET DE RECHERCHES FINANCIÈRES ET FISCALES (UNIVERSITÉ JEAN MOULIN – LYON 3)

INTRODUCTION

« Peut-il y avoir un État sans finances »[194] ? Telle était la question mise en perspective par le Professeur Paul AMSELEK, au moyen de l'uchronie, dans un article scientifique resté célèbre. À sa suite, un autre auteur, le Professeur Jacques BUISSON[195], s'est interrogé sur une question plus précise : « Peut-il y avoir un État sans impôt » ? La réponse négative à laquelle ce dernier est parvenu contraste quelque peu avec celle de Paul AMSELEK et témoigne de l'importance des recettes fiscales pour un État.

En effet, il existe peu d'États aujourd'hui qui ne tirent pas l'essentiel de leurs ressources de la fiscalité, qu'elle soit intérieure ou de porte. En Afrique, d'une manière générale, les recettes fiscales représentent les plus importantes du budget[196]. Pourtant, elles semblent bien souvent insuffisantes au regard des défis étatiques contemporains. Pour ne s'en tenir qu'à l'actualité récente par exemple,

---

194 P. AMSELEK, « Peut-il y avoir un État sans finances ? », *RDP*, n° 2, 1983, pp. 267-283.

195 J. BUISSON, « Impôt et souveraineté », *Archives de philosophie du droit*, n° 46, 2002, p. 27.

196 Pour illustrer, elles se situent autour de 70% des recettes budgétaires en Côte d'Ivoire, 65% au Gabon et 81% au Bénin. Ces calculs ont été faits à partir des lois de finances pour 2018.

lors de la dernière réunion des ministres des finances de la zone Franc, le 8 octobre 2018 à Paris, un accent particulier a encore été mis sur ce point. Il a été rappelé aux États concernés la nécessité d'accroître leur capacité de mobilisation de recettes fiscales[197]. En cela, cette réunion a juste fait écho aux recommandations de nombreuses études sur le sujet[198].

Il faut cependant reconnaître que des efforts ont été faits. En termes absolus, les niveaux de recettes collectées dans la plupart des États africains ont connu une augmentation ces dernières années[199]. Toutefois, l'intensification de ces efforts se révèle nécessaire. Elle est même indispensable pour faire face aux besoins croissants des populations, mais aussi à la stagnation de l'aide publique au développement qui fait suite aux crises qui surviennent dans les pays développés.

Comment parvenir alors à améliorer les niveaux de recettes fiscales dans les États africains ? Telle est la question cruciale. L'examen des expériences étrangères montre que, confrontés à une question similaire, de nombreux États ont choisi de procéder à une réorganisation du ministère ou département en charge des finances. Celui-ci comprend classiquement deux administrations chargées des impôts : l'une est consacrée à la fiscalité au sein de l'État (fiscalité intérieure) et l'autre à la fiscalité au niveau des frontières de l'État (fiscalité de porte). La première est l'administration (ou direction

---

[197] Le communiqué final de la rencontre est disponible en ligne : https://www.banque-france.fr/sites/default/files/communique_de_presse_-_ministre.pdf, consulté le 30 octobre 2018.

[198] African tax administration forum (ATAF), *La fiscalité en tant que catalyseur de la croissance économique exclusive : orienter l'Afrique vers une administration fiscale moderne*, Pretoria, 2015, p. 19 ; Banque de France, *Rapport annuel de la zone franc*, 2011, p. 107 ; Banque mondiale, *Le moniteur des finances publiques (résumé analytique)*, avril 2016, p. 3 ; Commission économique pour l'Afrique (Nations unies), *Financements novateurs et transformation économique en Afrique*, mars 2015, p. 18 ; Fonds monétaire international (FMI), *Mobilisation des recettes dans les pays en développement,* 2011, p. 8 ; Africa progress panel, *Énergie, population et planète : saisir les opportunités énergétiques et climatiques de l'Afrique*, Rapport 2015 sur les progrès en Afrique, Genève, p. 12 et H. B. SOLIGNAC LECOMPTE, « Fiscalité et développement en Afrique : une responsabilité partagée », Revue *Éclairag*e sur les négociations, vol. 9, n° 6, 2010, en ligne http://www.ictsd.org/bridges-news/eclairage-sur-les-négociations/news/fiscalité-et-développement-en-afrique-une, consulté le 4 septembre 2018.

[199] Commission économique pour l'Afrique (Nations unies), *Financements novateurs et transformation économique en Afrique*, *op. cit.*, p. 22.

générale) des impôts et la seconde l'administration (ou direction générale) de la douane[200]. La variabilité des modalités d'agencement de ces deux administrations[201] témoigne de la recherche continue par les États de la meilleure organisation possible pour les services dédiés à la collecte des recettes fiscales.

Parmi les diverses modalités possibles, l'une intéresse particulièrement en raison de sa nouveauté dans les États africains francophones. Il s'agit de l'« agencisation »[202] des administrations fiscale et douanière, c'est-à-dire leur fusion au sein d'une agence. Aux termes du *Dictionnaire encyclopédique de l'administration publique*, l'agence est « une entité qui bénéficie d'une certaine autonomie, sans être formellement indépendante, vis-à-vis d'un des organismes centraux du gouvernement (un ministère) et qui prend en charge des services d'intérêt public pour le compte de ce dernier ». Une définition similaire est retenue par le Conseil d'État français dans son étude annuelle de 2012. L'agence y est appréhendée comme « un

[200] Bien que les deux administrations soient chargées de la collecte des recettes fiscales (intérieures pour l'une et de porte pour l'autre), c'est d'ordinaire exclusivement la première qui est dénommée « administration fiscale », la seconde étant dénommée « administration douanière ». Cette convention est valable dans le cadre de la présente étude.

[201] Direction unique au sein du ministère chargé des finances, plusieurs directions au sein du ministère chargé des finances, organisme semi-autonome unifié, organisme semi-autonome unifié doté d'un conseil. Voir (v.) Organisation de coopération et de développement économiques (OCDE), *L'administration fiscale dans les pays de l'OCDE et dans certains pays hors OCDE,* série « Informations comparatives » (2008), janvier 2009, pp. 13-14. Il faut noter que, dans certains pays (Royaume-Uni et Canada notamment), le ministre en charge de l'intérieur exerce sa tutelle sur l'administration des douanes. *Ibidem*, p. 21.

[202] Les termes « agencification », « agenciation » et « agencialisation » sont aussi utilisés pour désigner la même réalité. V. à ce propos R. DORMOIS, « L'agencification : opportunité ou contrainte pour renforcer la capacité d'action politique des villes ? Le rapport à l'ANRU et à l'ANAH dans la conduite de la politique de renouvellement urbain à Saint-Etienne (2003 – 2015) », Revue *Métropoles*, n° 18, 2016, 25 p., en ligne : https://journals.openedition.org/metropoles/pdf/5252, consulté le 25 août 2018 ; A. SACKO, L'« agenciation » dans l'administration sénégalaise, *Le Journal de l'économie*, Dakar, 17 octobre 2002, en ligne : https://fr.allafrica.com/stories/200210180201.html, consulté le 15 septembre 2018 et Comité français de l'UICN, *Gouvernance et biodiversité*, Paris, 2008, p. 20 (« *L'agencialisation* est un mode d'organisation administrative développé à l'étranger… »).

organisme autonome exerçant une responsabilité structurante dans la mise en œuvre d'une politique nationale »[203].

Rapportée à l'administration financière, la création d'une agence fusionnant les services des impôts et de la douane peut *a priori* susciter un légitime scepticisme, tant les différences entre ces deux types de services ont été soulignées au sein de la littérature qui leur est consacrée[204]. Pourtant, ladite fusion a été réalisée avec succès dans de nombreux États[205]. Elle donne naissance à une entité qui se singularise par la pluralité des dénominations utilisées par la désigner : office des recettes, autorité fiscale, administration fiscale semi-autonome, autorité de revenu, etc.

L'office des recettes (OR) est « une expression utilisée pour désigner un régime de gestion d'une organisation en charge de la perception des recettes qui lui procure plus d'autonomie que celle accordée à une direction d'un ministère »[206]. En d'autres termes, l'OR fait référence à « un modèle de gestion où la fonction de perception des recettes est transférée du ministère chargé des finances à une agence bénéficiant d'une autonomie par rapport aux règles de la fonction publique dans son organisation et dans son

---

[203] Conseil d'État (France), *Les agences : une nouvelle gestion publique*, Paris, Les rapports du Conseil d'État, 2012, p. 57. V. *ibidem* des détails conceptuels intéressants. V. aussi Inspection générale des Finances (France), *L'État et ses agences*, Rapport n° 2011-M-044-01, 2012, p. 5.

[204] Il ressort d'une autre étude commanditée par l'OCDE auprès d'une trentaine de pays (membres et non-membres) qu'une tendance commune était « la reconnaissance du fait que l'administration des douanes est une activité séparée et très différente de l'administration des impôts, nécessitant une direction, une gestion et des infrastructures qui lui soient propres ». V. OCDE, *L'administration fiscale dans les pays de l'OCDE et dans certains pays hors OCDE,* série « Informations comparatives » (2006), février 2007, p. 10. T. YASUI (« La coopération entre les administrations douanières et fiscales : enseignements tirés d'autorités fiscales », *Document de recherche de l'OMD*, n° 5, 2009, p. 11) ajoute que « le processus d'intégration (entre les administrations fiscale et douanière) a d'ailleurs été comparé à un croisement entre deux races de chien, un terrier et un retriever, tant les bases historiques, culturelles et fonctionnelles sont différentes ». Sur les singularités de l'administration douanière, on pourra lire J. L. ALBERT, *Douane et droit douanier*, Paris, PUF, 2013, 240 p. et J. CLINQUART, *La douane et les douaniers*, Paris, éditions Tallandier, 1990, 300 p.

[205] En dehors du continent africain, on peut citer l'Argentine, le Mexique, la Lettonie, l'Espagne, l'Autriche, etc. En Afrique, v. liste en annexe.

[206] M. KIDD et W. CRANDALL, *Revenue authorities: issues and problems in evaluating their success*, FMI, 2006, p. 12. C'est nous qui avons traduit.

fonctionnement »[207]. L'OR peut également désigner l'administration en charge de la perception des recettes elle-même.

Ainsi défini, l'OR semble ne pas impliquer nécessairement la fusion des administrations fiscale et douanière[208]. Cependant, il demeure que l'immense majorité des OR sont le résultat d'une fusion de ces deux administrations. Il demeure également que, d'un point de vue historique, les potentiels avantages d'une fusion sont l'une des principales motivations à l'origine de la création des OR. C'est la raison pour laquelle il ne sera tenu compte, dans le cadre de cette étude, que des OR « intégrés », c'est-à-dire ceux réunissant les administrations fiscale et douanière.

L'autonomie, ou plus exactement la semi-autonomie, semble être la caractéristique principale des OR. Toutes les définitions insistent sur cet aspect. En effet, les OR sont détachés de la structure des ministères en charge des finances. Cette extériorité leur permet de jouir d'une certaine autonomie[209]. Elle les protège des interférences politiques directes et se traduit par un réel professionnalisme en matière de recrutement, de discipline et de licenciement du personnel, en matière de répression de la fraude fiscale, etc. Mais, compte tenu du caractère régalien de leur fonction, les OR ne sont jamais totalement autonomes. Ils sont, certes, plus autonomes que les services d'un ministère, mais jamais aussi autonomes que les banques centrales par exemple. Le gouvernement conserve un droit de regard sur leurs activités à travers le ministère chargé des finances qui assure leur tutelle.

---

[207] FJELDSTAD cité par F. OHEMENG et F. OWUSU, « Implementing a revenue authority model of tax administration in Ghana : an organization learning perspective », *The American review of public administration*, mai 2013, p. 4, en ligne : http://www.public.iastate.edu/~fowusu/The-American-Review-of-Public-Admin-paper_Owusu.pdf., consulté le 2 août 2018. C'est nous qui avons traduit.

[208] Il existe d'ailleurs des administrations fiscales « isolées » qui répondent à cette définition. C'est le cas au Nigéria (depuis 2007) et aux Comores (depuis 2012). L'administration fiscale est restée distincte de celle douanière, mais a été réorganisée en établissement public.

[209] Cette autonomie varie en fonction des pays. Ainsi, l'OR est plus autonome au Kenya qu'au Canada, où il l'est davantage qu'aux États-Unis. W. CRANDALL et M. KIDD, *Revenue administration: a toolkit for implementing a revenue authority*, FMI, 2010, p. 9.

Ces dernières années, il y a un engouement pour les OR qui s'affirme. En Afrique par exemple, les OR sont passés de huit à la fin des années 1990 à quinze en 2005, puis à vingt-un actuellement[210]. Cette évolution n'est pas sans susciter des questions. Qu'est-ce qui l'explique ? Comment et pourquoi sont apparus les OR ? Sont-ils la solution pour l'optimisation des administrations fiscales en Afrique ? Leur efficacité est-elle prouvée ?

Cette problématique acquiert une résonance particulière en Afrique francophone. Le phénomène « OR » y est très peu développé, mais y est de plus en plus évoqué. Plus encore, la France, qui sert souvent de modèle aux États de cette partie du monde, ne dispose d'aucun organe de ce type. Si elle a choisi, à un moment donné, de réorganiser son administration financière, ce fut plutôt dans un autre sens : la fusion de la Direction générale des impôts et celle de la comptabilité publique, donnant naissance à la Direction générale des finances publiques en 2008[211]. L'idée de l'implication de la Direction générale des douanes et droits indirects dans cette fusion, si elle a été évoquée, n'a pas été retenue, les « réformateurs » ayant préféré adopter une approche plus circonspecte[212].

Cette originalité et cette actualité de la question en Afrique francophone constituent donc le principal intérêt des présentes recherches. À cela, il est possible d'ajouter l'importance que revêt la recherche de l'efficacité au niveau des administrations fiscale et douanière d'un État[213]. En ce qui concerne particulièrement l'administration douanière, elle est actuellement confrontée, dans la

---

[210] Liste complète en annexe.

[211] Sur cette fusion, v. Cour des comptes (France), *La fusion de la Direction générale des impôts et de la Direction générale de la comptabilité publique : un premier bilan*, Communication à la Commission des finances du Sénat, 2011, 172 p.

[212] A. de MONTGOLFIER et P. DAILLIER, *Rapport d'information sur l'enquête de la Cour des comptes relative au bilan de la fusion de la direction générale de la comptabilité publique et de la direction générale des impôts*, Sénat (France), 2011, p. 33.

[213] « Il ne fait aucun doute qu'une administration des recettes faible et souvent corrompue demeure un obstacle fondamental à une imposition efficace et équitable, et au renforcement de la confiance des citoyens dans l'État ». FMI, *Mobilisation des recettes dans les pays en développement,* 2011, p. 23. V. aussi F. OHEMENG et F. OWUSU, « Implementing a revenue authority model of tax administration in Ghana : an organization learning perspective », article (art.) précité, p. 3 : « La dimension administrative est centrale, pas périphérique pour la réforme fiscale ». C'est nous qui avons traduit.

plupart des États africains, à des mutations (tarif extérieur commun, accords de partenariat économique…) qui affectent négativement ses capacités de mobilisation de ressources. En facilitant le déroulement des processus de transition fiscale, les OR peuvent constituer une solution à ce problème.

Pour examiner la question des OR dans la présente étude, les expériences de trois États serviront principalement d'illustration : le Ghana (pionnier africain en la matière), le Burundi et le Togo (deux États africains francophones expérimentant ce modèle). Le choix de ces États permet également de répondre à des considérations géographique (Afrique de l'Est et de l'Ouest) et linguistique, l'Afrique anglophone apportant des éléments utiles de comparaison à travers l'expérience ghanéenne.

En réalité, des questions soulevées par la problématique de l'étude, la plus importante est assurément celle de l'impact des OR en Afrique francophone. Mais, avant de pouvoir l'apprécier, il importe de s'interroger sur l'origine des OR dans cette partie du monde. On constate alors qu'ils sont le résultat d'un effet d'entraînement (I). Ce premier effet laisse ensuite place à un autre dès lors qu'il s'agit d'apprécier leur véritable impact. Ce dernier peut s'analyser en termes d'effet papillon sur l'ensemble du système fiscal (II).

I-L'EFFET D'ENTRAÎNEMENT

Il est intéressant de faire observer que les OR, dans leur grande majorité, sont situés dans les États d'Europe, d'Amérique du Sud et d'Afrique anglophone. Jusqu'au début de la décennie 2000 par exemple, il n'en existait aucun en Afrique francophone. Sans doute l'exemple des États africains anglophones[214] a-t-il, par la suite, inspiré ceux francophones et conduit à la création des premiers OR. En cela, ces organismes peuvent apparaître comme le vecteur d'un dialogue des cultures ou le résultat d'un effet d'entraînement : à leurs origines anglo-saxonnes (A) fait suite une appropriation francophone progressive (B).

[214] Il faut néanmoins mentionner l'existence d'OR dans des États africains autres que ceux anglophones (exemple du Mozambique qui est lusophone).

A-Des origines anglo-saxonnes

Comme le rappelle le Directeur du Centre international pour la fiscalité et le développement[215], « ce sont les pays anglophones qui ont frayé le chemin de la réforme de l'administration fiscale en Afrique, beaucoup plus que ne l'ont fait les pays francophones ». Entre autres raisons de cette situation[216], il y aurait le rôle actif joué par les pays développés anglophones. Ils ont été à l'origine de multiples réformes de l'administration fiscale dans ceux sous-développés ayant en partage la langue de Shakespeare. Les OR sont l'une de ces réformes. Leur trajectoire sur le continent commence donc par une implantation réussie dans les pays anglophones (1). L'engouement observé à leur égard sera, quant à lui, suscité par les performances de ces OR qui sont apparues aussi remarquables que discutées (2).

1. Une implantation réussie en Afrique anglophone

D'un point de vue chronologique, le premier OR a été installé au Ghana au milieu des années 1980[217]. À vrai dire, il ne s'agissait pas d'un OR, au sens moderne du terme, mais de trois organismes semi-autonomes remplissant des fonctions fiscales : le « National revenue secretariat » (NRS), l'« Internal revenue service » (IRS) et le « Custom, excise and preventive service » (CEPS). L'IRS et le CEPS, équivalents respectifs de la direction générale des impôts et de celle de la douane, correspondaient plus à une mutation institutionnelle (autonomisation de services existants par leur extraction de l'organigramme du ministère chargé des finances) qu'à une nouveauté comme c'était le cas du NRS. Dans cette configuration, le NRS avait des fonctions de centralisation et de supervision du fonctionnement des deux autres agences. Plus tard, avec la création de la taxe sur la valeur ajoutée en 1995, une autre agence fut ajoutée à ce paysage institutionnel : le « Value added tax service » (VATS).

---

[215] M. MOORE, *in* K. HOLMES et *alii*, *Pour l'État et le citoyen : la réforme de l'administration fiscale au Burundi*, Africa research institute, 2013, p. 14.

[216] Deux autres raisons citées par le Directeur sont l'existence de nombreux réseaux inter – administrations fiscales dans les pays anglophones et leur capacité d'innovation.

[217] Pour approfondir, on pourra lire F. OHEMENG et F. OWUSU, « Implementing a revenue authority model of tax administration in Ghana : an organization learning perspective », art. précité, pp. 15-22.

Mais l'expérience ghanéenne, au-delà de son ambiguïté originelle (trois agences au lieu d'un véritable OR), n'a pas abouti pour diverses raisons[218]. C'est ce qui fait que certains préfèrent situer la création du premier OR africain à 1991 en Ouganda[219]. Actuellement, les OR sont disséminés sur l'ensemble du continent, avec néanmoins une certaine disparité dans leur répartition géographique. Les parties septentrionale et centrale de l'Afrique semblent être des terres moins fertiles pour leur insémination. Plus exactement, « parmi les pays africains à avoir opté pour le modèle d'Office des recettes, huit sont en Afrique australe (Botswana, Lesotho, Maurice, Namibie, Seychelles, Afrique du Sud, Swaziland et Zimbabwe), sept sont en Afrique de l'Est (Burundi, Kenya, Malawi, Rwanda, Tanzanie, Ouganda et Zambie), et cinq en Afrique de l'Ouest (Gambie, Ghana, Liberia, Nigeria et Sierra-Leone) » (*sic*)[220].

En réalité, la multiplication des OR en Afrique dans les années 1990 s'inscrivait dans le cadre de l'amélioration des performances peu reluisantes jusqu'alors réalisées. En effet, plusieurs années après leurs indépendances, la plupart des États africains n'avaient pas obtenu des résultats significatifs. La décennie 1980 a été particulièrement difficile pour eux puisqu'elle a été marquée par de graves crises aussi bien sur le plan politique que sur celui économique.

Pour sortir de l'ornière, un accompagnement de la part des pays développés s'était révélé inévitable. Calqué sur des paradigmes propres à ces derniers[221], cet accompagnement, en matière fiscale,

---

[218] Elles sont d'ordres politique (Le consensus nécessaire à la réussite de la réforme n'a pas été obtenu. Aussi, le NRS a-t-il été perçu, à un moment, comme un moyen d'intimidation des opposants politiques.) et organisationnel (Le NRS était situé à un niveau équivalent à celui du Ministère des finances, ce qui n'était pas sans créer des tensions dans les relations entre les deux structures.). De même, il faut noter que la nouveauté de l'initiative, à cette époque, a constitué une difficulté supplémentaire.

[219] C'est le cas sur le site internet de l'Office togolais des recettes par exemple. V. http://www.otr.tg/index.php/fr/faqs/faqs.html, consulté le 4 septembre 2018.

[220] C. NTAGUNGIRA, « L'office togolais des recettes : un modèle de bonne gouvernance fiscale », Blog du Groupe de la Banque africaine de développement : *Mesurer le rythme de la transformation économique en Afrique de l'Ouest*, 2 juillet 2015, en ligne http://www.afdb.org/fr/blogs/measuring-the-pulse-of-economic-transformation-in-west-africa/post/togo-revenue-authority-a-model-for-good-tax-governance-14486/, consulté le 12 juillet 2018. Ces statistiques mériteraient d'être actualisées par l'intégration du Togo (V. la liste en annexe).

[221] Il ressort d'une étude publiée en 2009 et portant sur quarante-trois (43) États, majoritairement membres de l'Organisation de coopération et de développement économiques (OCDE), que plus de la moitié d'entre eux (24) disposait d'un OR.

s'est traduit par des recommandations allant dans le sens de la création d'OR. Ainsi, avec l'aide d'institutions telles que le Fonds monétaire international et la Banque mondiale, des OR ont été installés sur le continent. Il ne faudrait pas mésestimer, dans ce cadre, l'apport considérable d'organismes nationaux comme l'Agence des États-Unis pour le développement international (USAID) et le Département britannique pour le développement international (DFID)[222].

Le principal objectif visé par l'institution des OR était d'augmenter le niveau des recettes collectées[223]. Cela était particulièrement pressant dans le cas des premiers OR où il fallait redonner un nouveau souffle à des économies africaines véritablement éprouvées par des années de crises et de mauvaise gestion. L'état de l'économie ghanéenne à l'époque était symptomatique de la descente aux enfers à laquelle on assistait : « en 1983, le ratio des recettes fiscales par rapport au PIB s'était progressivement effondré à 4,5%, contre 13% en 1973, et même plus les années antérieures ; cette chute libre a entraîné une hausse du déficit budgétaire qui s'est prolongée par une inflation au niveau des prix du pétrole, mettant en péril l'ensemble des services publics »[224]. Dans ces conditions, il est légitime, avec le recul permis par l'écoulement du temps, de s'interroger sur les performances des OR. Ont-ils été à la hauteur des espoirs placés en eux ?

2- Des performances discutées

L'appréciation des performances des OR africains est rendue laborieuse par la rareté des statistiques disponibles sur le sujet. Celles disponibles sont souvent anachroniques et trop générales pour servir à des analyses minutieuses. Par exemple, peu d'OR africains sont en

---

OCDE, *L'administration fiscale dans les pays de l'OCDE et dans certains pays hors OCDE,op. cit.*, p. 10.

[222] M. KIDD et W. CRANDALL, *Revenue authorities : issues and problems in evaluating their success*, *op. cit.*, p. 5. Cette tendance correspond bien à l'article 4 de la *Déclaration de Lough Erne* (juin 2013) qui rappelle qu'il est du devoir des pays développés d'aider ceux en développement à améliorer leurs capacités fiscales.

[223] Plus généralement, sur les raisons à l'origine de la création des offices de recettes, v. M. KIDD et W. CRANDALL, *Revenue authorities : issues and problems in evaluating their success*, *op. cit.*, p. 5 et ATAF, *Rapport relatif à une recherche sur la bonne gouvernance fiscale en Afrique*, Pretoria, 2012, p. 51.

[224] CHAND et MOENE cités par F. OHEMENG et F. OWUSU, « Implementing a revenue authority model of tax administration in Ghana : an organization learning perspective », art. précité, p. 14. C'est nous qui avons traduit.

mesure, à l'instar de l'administration douanière française[225], de fournir les données liées au coût de gestion de chaque catégorie d'imposition. Au surplus, même lorsque ces statistiques sont disponibles, il se pose la question de leur fiabilité ou de leur comparabilité, les États laissant parfois prévaloir entre eux d'importantes différences quant aux méthodes de collecte et de restitution des données.

Il s'agit là d'un problème important et transversal qui, au demeurant, transcende le seul fonctionnement des administrations financières. Il nécessite une réponse adéquate, car de sa résolution dépend la capacité des administrations publiques africaines à se réformer. Il faut en effet pouvoir disposer de données actualisées et fiables pour aiguiller la réflexion dans le bon sens.

En tout état de cause, un consensus semble quand même se dégager sur le caractère satisfaisant des résultats des autorités fiscales lors des premières années suivant leur création. Il ressort des études sur le sujet qu'« il existe maintenant des preuves accumulées pour suggérer que les réformes des administrations fiscales semi-autonomes sont, au moins dans les premières années, associées à l'augmentation des recettes... »[226].

Concrètement, après la création de l'OR ougandais en 1991, le rapport impôt / produit intérieur brut (PIB) serait passé de 7 % en 1991 à plus de 10 % en 1997. Pareillement, l'OR tanzanien aurait collecté l'équivalent d'environ 10 % du PIB au cours de sa première année de fonctionnement (en 1996) et près de 11 % l'année suivante[227]. D'autres exemples peuvent être cités. Au Ghana, les recettes fiscales, qui équivalaient à environ 5% du PIB en 1983, seraient passées à 17% du PIB en 1993, et à près de 20% les années suivantes, malgré la réduction des taux d'imposition des personnes et

---

225 V. Cour des comptes (France), « Les missions fiscales de la Douane : une organisation et un rôle à repenser », *in Rapport public 2014*, Paris, p. 16.

226 FJELDSTAD cité par ATAF, *Rapport relatif à une recherche sur la bonne gouvernance fiscale en Afrique*, *op. cit.*, p. 51. La Commission économique pour l'Afrique (Nations unies) note, dans le même sens, que « la création de services fiscaux indépendants a permis dans certains pays tels que le Malawi, le Rwanda, la Tanzanie, l'Ouganda, l'Afrique du Sud et la Zambie de remédier aux capacités insuffisantes de leurs administrations fiscales ». V. *Financements novateurs et transformation économique en Afrique*, *op. cit.*, p. 21.

227 V. T. YASUI, « La coopération entre les administrations douanières et fiscales : enseignements tirés d'autorités fiscales », art. précité, p. 9.

des sociétés[228]. Au Rwanda où l'OR a été créé en 1998, il a été observé une augmentation des recettes fiscales intérieures de 700% de 2003 à 2010. En 2009, le Rwanda revenue authority permettait de couvrir plus de 90% des dépenses budgétaires récurrentes du gouvernement[229].

Mais, ces statistiques laudatives sont sujettes à caution pour certains auteurs. D'une part, ils font remarquer qu'il n'est pas possible de déterminer dans quelle proportion la création des OR a influé sur les résultats obtenus. Plusieurs facteurs exogènes pourraient avoir été à l'origine des performances notées. Cette thèse est confortée par l'expérience des pays comme le Maroc qui, sans pour autant créer une autorité fiscale, ont effectué des réformes fiscales profondes qui se sont traduites par une amélioration des recettes collectées[230].

D'autre part, lesdits auteurs invitent à se garder de tout triomphalisme. Les résultats remarquables des autorités fiscales ne tiendraient pas dans la durée[231]. De manière caricaturale, les OR seraient plus adaptés à des sprints qu'à des marathons. Ainsi, faut-il convenir avec Monsieur Edward PAICE, Directeur de l'*Africa research institute*, que « pour bon nombre d'institutions similaires (à

---

[228] F. OHEMENG et F. OWUSU, « Implementing a revenue authority model of tax administration in Ghana: an organization learning perspective », art. précité, p. 18.

[229] K. HOLMES et *alii*, *Pour l'État et le citoyen : la réforme de l'administration fiscale au Burundi*, *op. cit.*, p. 9. V. aussi p. 31 : « Le DFID lui a fourni £24 millions sur une période de 11 ans. En 2010, le Rwanda revenue authority percevait la même somme en recettes toutes les deux ou trois semaines. Un tel taux de rendement est sans précédent dans le secteur public. ».

[230] V. H. B. SOLIGNAC LECOMPTE, « Fiscalité et développement en Afrique : une responsabilité partagée »,art. précité : « « Le Maroc représente un bon exemple d'une réforme fiscale globale qui est parvenue à trouver un certain équilibre en termes de structure fiscale et qui a réussi à élargir l'assiette fiscale, tout en abaissant graduellement le taux d'imposition moyen sur plusieurs années (…). Cela s'est traduit par une augmentation de 10% de la part des impôts directs, et la TVA a parallèlement atteint son plein potentiel grâce à la suppression d'un vaste éventail de dérogations. ». V. aussi ATAF, *Rapport relatif à une recherche sur la bonne gouvernance fiscale en Afrique*, *op. cit.*, p. 8 : « La comparaison des deux formes institutionnelles d'administration fiscale en Afrique, illustrée par l'administration centrale du gouvernement marocain et le South African revenue service, ne montre aucune grande différence entre les deux en termes d'efficacité et de capacités de recouvrement des impôts ».

[231] Pour des exemples, v. T. YASUI, « La coopération entre les administrations douanières et fiscales : enseignements tirés d'autorités fiscales », art. précité, p. 9. et ATAF, *Rapport relatif à une recherche sur la bonne gouvernance fiscale en Afrique*, *op. cit.*, p. 45.

l'Office burundais des recettes) en Afrique, la vitesse initiale de l'amélioration dans la perception des impôts s'est avérée impossible à maintenir »[232].

Ces controverses liées aux résultats des OR n'ont cependant pas empêché leur développement sur le continent. Prenant le relais des pays anglophones, certains pays francophones ont initié cette réforme.

B- Une appropriation francophone progressive

Le modèle de l'administration fiscale centralisée (au ministère chargé des finances) serait-il en déclin dans les États africains francophones ? L'évolution récente semble le confirmer. Les remises en cause de ce modèle, lors des rencontres internationales[233], deviennent fréquentes. Les autorités étatiques n'hésitent plus à faire référence aux OR[234], au point, pour certaines, d'envoyer des délégations s'enquérir de l'expérience des États où ils existent[235]. Deux États africains francophones, Le Burundi et le Togo, ont même déjà franchi le Rubicon. L'examen de leurs expériences révèle qu'ils ont usé d'approches similaires (1), quoique différentes par endroits (2).

1. Des approches similaires

Le premier trait qui retient l'attention, lors de l'examen des OR burundais (OBR) et togolais (OTR) est leur origine législative. Ils sont créés, chacun, par une loi[236]. Cette dernière fait de l'OR un

---

[232] E. PAICE, « Avant-propos », *in* K. HOLMES et *alii*, *Pour l'État et le citoyen : la réforme de l'administration fiscale au Burundi*, *op. cit.*, p. 4. Cela s'expliquerait par diverses raisons : « D'abord, la fidélisation des meilleurs employés est particulièrement difficile, car les employeurs du secteur privé désirent vivement les embaucher. Ensuite, l'autonomie – ou la semi autonomie – se voit souvent compromise par des interventions politiques répétées ».

[233] Ce fut le cas lors de la réunion annuelle des gouverneurs africains de la Banque mondiale et du Fonds monétaire international, les 4 et 5 août 2016, à Cotonou.

[234] Au Bénin, v. l'exemple du Ministre en charge du développement dans un entretien accordé au journal *Le Monde*, le 3 juin 2016, accessible en ligne : http://www.lemonde.fr/afrique/article/2016/06/03/abdoulaye-bio-tchane-boni-yayi-a-laisse-le-benin-dans-un-etat-catastrophique_4933796_3212.html, consulté le 10 août 2018.

[235] Une délégation de l'École nationale des régies financières (ENAREF) du Burkina-Faso a effectué une visite à l'Office togolais des recettes le 12 août 2016.

[236] Loi n° 1/ 11 du 14 juillet 2009 portant création, organisation et fonctionnement de l'Office burundais des recettes et loi n° 2012-016 du 14 décembre 2012 portant création de l'Office togolais des recettes (ci-après, respectivement, loi sur l'OBR et loi sur l'OTR). À titre comparatif, v. le *Ghana revenue authority act*, 2009, *act* 791.

établissement public[237]. L'établissement public en question demeure cependant singulier au regard des canons du droit administratif.

En effet, bien que la loi lui accorde la personnalité morale et l'autonomie financière, caractères essentiels de l'établissement public[238], il est possible d'émettre quelques réserves sur cette dénomination. La personnalité morale, qui est liée, entre autres, à la possession d'un patrimoine propre et à la capacité à ester en justice, ne pose pas tant un problème. Elle est indéniable au niveau des deux OR. En revanche, leur autonomie financière peut soulever quelques doutes. Les législateurs ont prévu un encadrement de cette autonomie. Si cela ne constitue pas en soi une nouveauté[239], c'est l'ampleur de l'encadrement qui est nouveau. Il est à la fois l'œuvre du pouvoir exécutif et, chose exceptionnelle pour un établissement public, du parlement. Ainsi, le budget de l'OR, bien que préparé par ses organes, est intégré au projet de loi de finances et adopté par le parlement[240]. Son exécution est également soumise à un contrôle *a posteriori* de la part de la représentation nationale[241]. Cette manière de procéder contraste avec l'idée commune suivant laquelle le budget d'un établissement public est un budget autonome.

Au bénéfice de ces considérations, doit-on procéder à une requalification juridique des OR burundais et togolais ? Autrement dit, ne seraient-ils pas plutôt des autorités administratives indépendantes[242] ? L'existence de la personnalité morale pourrait en faire douter. De telles autorités ne l'ont pas en général. Mais, récemment, certaines en ont été dotées[243], d'où la nécessité

---

237 Art. 2 de la loi sur l'OBR et art. 2 de la loi sur l'OTR.

238 V. Y GAUDEMET, *Droit administratif*, Paris, LGDJ, 2012, pp. 398-407.

239 Les collectivités territoriales sont, depuis longtemps, soumises à un contrôle de tutelle de leurs budgets.

240 Art. 31 de la loi sur l'OBR et 28 de la loi sur l'OTR.

241 Art. 37 de la loi sur l'OBR et art. 30 de la loi sur l'OTR. V. aussi le *Ghana revenue authority act*, section 26.

242 En droit français, ce terme a été utilisé pour la première fois dans la loi du 6 janvier 1978 relative à la Commission nationale de l'informatique et des libertés (modifiée en 2004). Pour approfondir le sujet des autorités administratives indépendantes, on pourra lire P. L. FRIER et J. PETIT, *Droit administratif,* Paris, Montchrestien, 2012, pp. 148-152 et Y. GAUDEMET, *Droit administratif*, *op. cit.*, pp. 234-239.

243 Il est alors préférable de les désigner par l'expression « autorité publique indépendante ». Exemples en France de l'Autorité des marchés financiers (personne

d'examiner d'autres critères. Il peut alors être remarqué que le domaine d'intervention des OR burundais et togolais ne correspond pas à celui classiquement reconnu aux autorités administratives indépendantes[244]. Pareillement, ces dernières ont un pouvoir de décision (pouvoir normatif) dans leur domaine et sont, dans ce cadre, soustraites aux contrôles hiérarchique et de tutelle ; seul demeure en principe le contrôle juridictionnel. Ce cas de figure ne correspond pas aux OR examinés[245].

À défaut de pouvoir retenir une dénomination juridique univoque pour les autorités fiscales du Burundi et du Togo, il est possible de recourir à un compromis. En reprenant le Conseil d'État français[246], ces autorités seraient alors qualifiées de « personnes publiques *sui generis* », celles-là qui ne peuvent véritablement être classées dans aucune des catégories classiques d'établissement public.

Par ailleurs, il faut souligner l'assistance des partenaires extérieurs dont ont bénéficié les autorités politiques du Burundi et du Togo afin d'ériger leurs OR. L'idée de la création de l'OTR aurait même émergé suite à une discussion entre le Président d'alors de la Banque africaine de développement et le Président togolais[247]. C'est dire combien ces partenaires ont influencé les processus de création des OR.

Ces processus ont abouti, dans les deux pays, à la mise en place d'OR présentant une organisation similaire. Au sommet de l'organigramme se trouve un commissaire général (assisté d'un adjoint dans le cas de l'OBR). Il est responsable du fonctionnement quotidien de l'office et rend compte à un conseil d'administration qui assure l'interface entre le ministre de tutelle et lui. Le commissaire général est appuyé par des commissaires qui sont chargés des services

---

morale de droit public) et du Conseil des ventes volontaires de meubles aux enchères publiques (personne morale de droit privé).

[244] Il s'agit essentiellement de la régulation économique et de la protection des droits et libertés. V. P. L. FRIER et J. PETIT, *Droit administratif, op. cit.*, pp. 148-150.

[245] La tutelle du ministre chargé des finances est clairement affirmée (art. 2 de la loi sur l'OBR et 3 de la loi sur l'OTR). L'OR doit recueillir son avis conforme pour certaines décisions (art. 4 de la loi sur l'OTR) et accepter de remplir les missions confiées par lui (art. 6 de la loi sur l'OTR). À titre comparatif, v. le *Ghana revenue authority act*, section 11.

[246] Avis du 9 décembre 1999, Banque de France. V. aussi l'arrêt du 22 mars 2000, Syndicat national autonome du personnel de la Banque de France.

[247] Respectivement Donald KABERUKA et Faure YASSINGBÉ. V. C. NTAGUNGIRA, « L'office togolais des recettes : un modèle de bonne gouvernance fiscale », art. précité.

généraux, des impôts et de la douane[248]. L'organisation interne des commissariats varie et tient compte des fonctions assumées.

C'est le lieu de remarquer que la création d'un OR n'entraîne pas une disparition de l'identité de l'administration fiscale ou de celle douanière. Nulle part, le rapprochement opéré n'est allé jusqu'à l'indifférenciation[249]. L'organisation interne des commissariats ou directions des OR reflète bien le poids des spécificités de ces deux administrations. À un autre niveau, le poids des spécificités est également visible dans les différences au niveau de l'OBR et de l'OTR.

2- De subtiles différences

C'est l'existence d'un Conseil de surveillance au niveau de l'OTR qui constitue la principale différence avec l'OBR. Aux termes de la loi portant création de l'OTR[250], ledit Conseil « est composé de trois (3) membres nommés par décret en Conseil des ministres dont un (1) représentant la présidence de la République, le ministre chargé des finances et le ministre chargé du commerce. Il a pour mission d'approuver les rapports d'activité du Conseil d'administration, les rapports des commissaires aux comptes, les comptes et états financiers de l'Office » (*sic*). Il s'agit donc d'un niveau supplémentaire intercalé entre l'équipe opérationnelle de l'OR et le pouvoir exécutif qui en assure la tutelle à travers le ministre chargé des finances. Une telle architecture ne se retrouve ni au Burundi, ni au Ghana, ni au Rwanda.

Il est possible de s'interroger sur la pertinence de ce niveau supplémentaire. S'il permet sans doute au président de la République et au ministre chargé du commerce d'avoir un œil sur la gestion de l'OR (autrement que par le truchement du ministre chargé des finances), il est à craindre une certaine superfluité de cet organe. L'approbation « des rapports des commissaires aux comptes, des comptes et états financiers de l'Office », par exemple, fait double

[248] Au Burundi, il est ajouté un commissariat des enquêtes, des renseignements et de la gestion du risque.

[249] W. CRANDALL et M. KIDD, *Revenue administration: a toolkit for implementing a revenue authority*, *op. cit.*, p. 42. V. aussi p. 38.

[250] Art. 7.

emploi avec les missions confiées au Conseil d'administration[251] ou à la Cour des comptes[252].

De plus, le risque d'une transformation du Conseil de surveillance en un organe influençant la gestion de l'Office (contrairement à la lettre du texte) ne saurait être écarté. Il serait bien candide de penser que les fonctions d'approbation confiées à ce Conseil, puisqu'elles s'exercent *ex post*, ne sauraient avoir une quelconque incidence sur la gestion de l'Office. En effet, le pouvoir d'approbation comporte implicitement celui de refus d'approbation, à moins de transformer l'organe qui en est titulaire en chambre d'enregistrement. Comme personne n'aime voir ses comptes rejetés, les organes opérationnels de l'OR pourraient développer une tendance à la docilité et à la collusion vis-à-vis du Conseil de surveillance. La même propension pourrait se développer au niveau du Conseil d'administration dont les indemnités des membres sont fixées par le Conseil de surveillance[253].

En dehors de cette première différence entre les OR burundais et togolais, il est possible d'en identifier d'autres au niveau du domaine de compétences et de l'organisation de l'Office. Il y a aussi celles relatives à la composition et au fonctionnement du Conseil d'administration.

Ainsi, contrairement à l'OTR et à la tendance commune au niveau des OR, l'OBR s'occupe de la perception d'un certain nombre de recettes non fiscales. Il s'agit par exemple de la redevance pour la création d'un réseau de télécommunications ou des droits de licence pour les véhicules. Que les recettes soient fiscales ou non, leur perception par l'OR nécessite une organisation appropriée. Au Burundi, cette organisation est définie par le Conseil d'administration[254]. Au Togo, en revanche, c'est le ministre chargé des finances qui le fait par arrêté (sur proposition du Comité de direction de l'Office et après avis favorable du Conseil

---

[251] Art. 9 de la loi sur l'OTR : « Le Conseil d'administration est chargé : (…) d'adopter le rapport annuel d'activités, et les états financiers annuels et les comptes de l'Office ».

[252] Art. 30 de la loi sur l'OTR : « L'exécution du budget de l'Office et la gestion des comptes des recettes publiques sont respectivement contrôlées par les organes suivants : (…) la Cour des comptes qui statue sur les rapports des auditeurs externes et des commissaires aux comptes, et qui adresse son rapport à l'Assemblée nationale ».

[253] Art. 11 de la loi sur l'OTR.

[254] Art. 5 du règlement d'entreprise de l'OBR, janvier 2016.

d'administration)[255]. À titre de comparaison, il faut souligner qu'au Ghana, cette question a été réglée par le législateur lui-même dans la loi sur le *Ghana revenue authority*. La section 17 dispose que l'OR est composé de trois divisions (impôts, douane, services de soutien) ainsi que de toute division créée ultérieurement par le parlement.

En ce qui concerne le Conseil d'administration de l'OTR, il est composé de dix membres dont deux sont issus du secteur privé. Celui de l'OBR, quant à lui, est composé de huit membres et n'intègre pas expressément une représentation du secteur privé[256]. Dans les deux pays, le mandat des membres du conseil d'administration est renouvelable une fois, mais sa durée varie : trois ans au Burundi et quatre ans au Togo[257]. Ces durées ne s'appliquent évidemment pas aux personnes nommées *ès qualités*.

Le Conseil d'administration se réunit normalement au moins une fois par mois au Burundi et au moins une fois par semestre au Togo[258]. Les réunions du Conseil d'administration sont l'occasion d'identifier les voies et moyens adaptés à la réalisation de l'effet papillon escompté de la création de l'OR.

II-L'EFFET PAPILLON

Apparue dans le domaine météorologique, l'expression « effet papillon » fait référence à la capacité d'un phénomène isolé à produire des conséquences à une grande échelle[259]. Rapportée aux OR, elle traduit l'idée que leur création demeure un phénomène marginal, mais que, maîtrisée et bien accompagnée, elle peut constituer une formidable occasion de réformer les administrations fiscale et douanière en profondeur. Il est donc espéré de la création des OR un effet papillon (A) qui ne sera possible qu'à certaines conditions (B).

---

[255] Art. 25 de la loi sur l'OTR.

[256] Art. 8 de la loi sur l'OBR et art. 8 de la loi sur l'OTR. Au Ghana, la représentation du secteur privée est très forte. Quatre membres (dont deux femmes) sur les neuf en sont originaires. Section 4 du *Ghana revenue authority act*.

[257] Art. 10 de la loi sur l'OBR et art. 10 de la loi sur l'OTR.

[258] Art. 13 de la loi sur l'OBR et art. 13 de la loi sur l'OTR.

[259] V. http://www.larousse.fr/encyclopedie/images/Edward_Lorenz_leffet_papillon/1003235, consulté le 10 septembre 2018. L'expression « effet papillon » a été popularisée par Edward LORENZ lors d'une conférence présentée devant l'American association for the advancement of science (1972) et qui était intitulée « La prédictibilité : le battement d'ailes d'un papillon au Brésil déclenche-t-il une tornade au Texas ? ».

A-Un effet papillon espéré

Au fond, ce qui est principalement attendu de la création de l'OR, c'est d'améliorer substantiellement le niveau des recettes collectées. Au Togo par exemple, lors de la création de l'OTR, le gouvernement tablait sur « une mobilisation complémentaire de l'ordre de 300 à 400 milliards par rapport aux performances actuelles »[260]. Les résultats obtenus se sont révélés à la hauteur des espérances[261]. De même, au Burundi, « en 2011, (…) les recettes fiscales perçues par l'OBR étaient supérieures de près de 60% à celles de 2009 (année de sa création), ce qui représente une augmentation d'un tiers en termes réels. L'objectif initial, qui était de réaliser une augmentation de 1% de la contribution des recettes fiscales au PIB avant 2016, était déjà atteint. »[262]. « Comment de telles performances ont-elles été possibles ? » peut-on s'interroger. Elles l'ont été car la création de l'OR a permis d'exercer une action réformatrice d'ampleur sur les ressources humaines des administrations fiscale et douanière (1) et une autre sur leur fonctionnement global (2).

1-L'action sur les ressources humaines

La création de l'OR vise à mettre au service des administrations fiscale et douanière, désormais réunies sous une bannière commune, des ressources humaines de meilleure qualité et mieux motivées. La semi-autonomie de l'OR lui permet de disposer d'« une plus grande souplesse en matière d'embauche et de licenciement du personnel, et d'améliorer les salaires et les conditions de travail »[263]. Cela constitue un avantage considérable puisque, là où il n'existe pas d'OR, la rigidité dans la gestion des ressources humaines est déplorée et perçue

---

[260] V. « Fiscalité : la grande révolution », Journal *Republic of Togo*, 7 septembre 2012, en ligne http://www.republicoftogo.com/Toutes-les-rubriques/Finances/Fiscalite-la-grande-revolution, consulté le 12 juillet 2018.

[261] V. http://www.otr.tg/index.php/fr/536-apercu-general-sur-les-performances-de-l-office-togolais-des-recettes.html, consulté le 11 septembre 2018, où il est fait les deux constats suivants : « les performances de l'OTR toujours au-delà des objectifs assignés » et « les recouvrements de l'OTR en constante augmentation d'année en année ».

[262] E. PAICE, « Avant-propos », précité, p. 4. V. aussi BAD et FAD, *Burundi : Document de stratégie – pays 2012-2016*, 2011, pp. 3-4.

[263] ATAF, *Rapport relatif à une recherche sur la bonne gouvernance fiscale en Afrique*, *op. cit.*, p. 8. Pour approfondir, lire S. DELAY et *alii*, *The reform of revenue administration: a study for the Departement for the international development* (draft), juin 1998, pp. 38-41.

comme un frein à la modernisation des administrations fiscale et douanière[264]. Avec les OR, le processus de recrutement, les obligations des agents recrutés et leurs droits se distinguent sensiblement de ceux auparavant existants pour les agents de ces deux administrations. La tendance est dorénavant à la recherche de la performance, avec une inspiration provenant de la pratique dans le secteur privé.

D'une manière générale, l'accès à l'OR se fait sur concours ou test[265]. La compétition est la règle, et ceci jusqu'au sommet : les commissaires sont eux-mêmes recrutés sur concours[266]. Cette recherche d'un personnel le plus compétent possible conduit parfois à des solutions radicales. Ainsi, le Burundi a fait le choix de renouveler l'entièreté du personnel des administrations fiscale et douanière au moment de la création de l'OR. « L'ancien personnel avait la possibilité de poser sa candidature pour les nouveaux postes à l'OBR, (mais) sur un pied d'égalité avec les autres candidats (…). Le recrutement s'est décidé uniquement en fonction du mérite des postulants »[267]. Ce processus a conduit à retenir finalement 425 personnes sur les 9000 candidatures qui ont été reçues.

Ces personnes sont soumises à des exigences élevées de résultats qui transparaissent dans un contrat de performance. Les mauvaises performances, qui sont une présomption d'incompétence, constituent une faute grave susceptible d'entraîner le licenciement ou le non-renouvellement du contrat. Cette règle est applicable à l'ensemble du

---

[264] Pour l'exemple de la Tunisie, v. O. BENON et *alii*, *République tunisienne : modernisation de l'administration fiscale et réformes de l'administration douanière*, FMI, février 2013, p. 19.

[265] Art. 9 du règlement d'entreprise de l'OBR et art. 6 du statut du personnel de l'OTR.

[266] Art. 23 de la loi sur l'OBR et art. 18 et 24 de la loi sur l'OTR.

[267] K. HOLMES et *alii*, *Pour l'État et le citoyen : la réforme de l'administration fiscale au Burundi*, *op. cit.*, p. 9. V. aussi C. NTAGUNGIRA, « L'office togolais des recettes : un modèle de bonne gouvernance fiscale », art. précité : « L'OTR a recruté l'ensemble de son personnel sur de nouvelles bases. Le grand défi était de gérer la remise sur le marché du travail de 2 030 agents issus des deux anciennes administrations des douanes et des impôts. L'OTR n'a réengagé, après concours, que 52 % d'entre eux et l'effectif total du personnel – nouvelles recrues comprises – a été réduit de 17 %. ».

personnel, y compris les commissaires[268]. Au Togo, la logique est plus poussée et atteint les membres du Conseil d'administration de l'OR[269].

Dans le même sens, les exigences en matière de discipline sont très strictes[270] et font l'objet d'un code de conduite au niveau de l'OR. Deux illustrations sont éloquentes à cet égard : la neutralité politique et la déclaration des biens qui sont érigées au rang de règles cardinales. Aucun agent n'est autorisé à exhiber des attributs d'un parti politique ou à exercer des responsabilités politiques tant qu'il est au service de l'OR[271]. L'objectif visé est de réduire l'ampleur des liaisons incestueuses entre la politique et l'administration, de mettre fin au phénomène des « directeurs techniques – chefs de parti politique » qui a cours dans de nombreux pays africains. Quant à la déclaration des biens[272], elle est censée prévenir tout enrichissement illicite et susciter une autodiscipline des agents face aux pots-de-vin. Mais, on demeure loin des standards des pays scandinaves : la déclaration est conservée à l'abri des regards « indiscrets » des citoyens et n'est accessible qu'à des personnes et conditions précises.

En contrepartie de ces obligations, les agents de l'OTR ont droit à des avantages qui sont supérieurs à ceux normalement octroyés aux agents de la fonction publique. Leur rémunération, par exemple, se rapproche plus de celle ayant cours au niveau des grandes entreprises. Diverses incitations sont également prévues lorsqu'ils réalisent des performances appréciables (prime de performance, prime de fidélité, effacement des sanctions négatives précédemment obtenues...)[273].

---

[268] Art. 23 de la loi sur l'OBR et art. 19 et 22 de la loi sur l'OTR.

[269] Art. 12 de la loi sur l'OTR.

[270] Par exemple, « en 2012, on a identifié 37 affaires disciplinaires parmi les employés de l'OBR pour allégations de corruption, augmentation injustifiée de richesses, et vol. Parmi ces cas, seuls deux étaient d'une gravité suffisante pour mériter le licenciement. Aux débuts de l'OBR, avec le soutien total du deuxième vice-président, on a vu le licenciement de quatre fonctionnaires de très haut niveau et l'emprisonnement de deux autres. ». K. HOLMES et *alii*, *Pour l'État et le citoyen : la réforme de l'administration fiscale au Burundi*, *op. cit.*, p. 11.

[271] Art. 59-62 du code de conduite de l'OBR et art. 8-9 du code de conduite de l'OTR.

[272] Art. 47 du code de conduite de l'OBR et art. 12 du code de conduite de l'OTR. V. aussi leurs annexes.

[273] Art. 27 du règlement d'entreprise de l'OBR et art. 38, 39 et 82 du statut du personnel de l'OTR.

Souvent, une partie des recettes collectées est affectée à l'Office[274] et peut être utilisée dans ce cadre.

En somme, la création d'un OR constitue donc un bon prétexte pour opérer des changements considérables au niveau de la gestion des ressources humaines des administrations fiscale et douanière. Au-delà, elle constitue également un prétexte pour agir dans le sens de l'amélioration du fonctionnement général de ces deux administrations.

2- L'action sur le fonctionnement

Dans la plupart des pays d'Afrique francophone, le cadre institutionnel de l'administration financière demeure celui hérité de la colonisation. Il s'agit d'un ministère comportant, entre autres, deux directions séparées investies des fonctions fiscale et douanière. Pour le Fonds monétaire international, « le maintien de ce cadre institutionnel a plusieurs inconvénients, notamment en termes de manque de flexibilité dans la gestion du budget et des ressources humaines, et dans l'organisation des services. Cette rigidité est le plus souvent accompagnée par une forte concentration des pouvoirs... »[275], toutes choses qui ne permettent pas d'asseoir un fonctionnement performant des deux administrations. De ce point de vue, la mise en place d'un OR permet non seulement de réaliser des économies d'échelle (à travers la mise en commun de certaines ressources autrefois dupliquées au niveau des deux administrations), mais renforce également la synergie entre les administrations fiscale et douanière.

Dans les pays en développement, le manque de synergie entre ces deux administrations est souvent signalé. Leurs activités respectives font l'objet d'une « coordination (...), en général, médiocre »[276]. Cela se vérifie aisément en Afrique subsaharienne et au-delà[277].

---

[274]Art. 28 de la loi sur l'OBR. *Idem* au Ghana (Suivant la section 20 du *Ghana revenue authority act*, il est possible, avec l'accord du Ministre chargé des finances, d'affecter à l'Office un montant inférieur à 3% des recettes collectées).

[275]P. FOSSAT et M. BUA, *Réforme des administrations fiscales dans les pays francophones d'Afrique subsaharienne (1995-2010)*, FMI, 2011, p. 40.

[276] FMI, *Mobilisation des recettes dans les pays en développement, op. cit.*, p. 4.

[277]On en veut pour preuve les recommandations du FMI à l'égard des pays d'Afrique du Nord les invitant à adopter des mesures correctrices sur ce point. Pour le cas de la Tunisie, v. O. BENON et *alii*, *République tunisienne : modernisation de l'administration fiscale et réformes de l'administration douanière*, *op. cit.*, p. 48. Il y est recommandé de « mettre en place un cadre de collaboration entre la DGD (Direction générale de la douane) et la DGI (Direction générale des impôts) ». Pour l'ensemble des pays de la région Moyen-Orient et Afrique du Nord, v. P. MITRA,

Au Cameroun, par exemple, cette situation était devenue tellement problématique que le Ministre chargé des finances a dû superviser la signature, en juin 2016, d'un protocole d'accord entre les directions des impôts et de la douane[278]. Ledit protocole est censé dynamiser la collaboration entre les deux administrations, mais également bénéficier aux contribuables puisque, selon le mot du Ministre, il vise aussi à « permettre aux opérateurs économiques de gagner du temps au lieu d'être en permanence au niveau des administrations pour justifier telle ou telle opération »[279].

Pareillement, au Burundi, on sait que ce fut l'une des raisons à l'origine de la création de l'OBR. Le tableau peint par le premier Commissaire général de cet Office est assez édifiant : « (Avant la création de l'OBR), la collecte des recettes était fragmentée entre deux administrations séparées, l'une étant le département des impôts, et l'autre le département des douanes. Les deux appartenaient au ministère des finances, et les deux étaient réputées pour leur niveau de corruption. Il n'y avait pas de coordination ou de partage d'informations. De ce fait, très peu de revenu pouvait être recouvré. »[280].

Outre l'amélioration de la synergie entre les administrations fiscale et douanière, l'OR faciliterait leur fonctionnement quotidien. Les modalités de la tutelle du ministre chargé des finances étant généralement souples, ces deux administrations se verraient ainsi libérées du carcan bureaucratique et des interférences politiques récurrentes. De plus, les textes qui régissent les OR leur accordent la capacité d'ester en justice et une relative protection contre les coupes budgétaires. L'existence de telles marges de manœuvre pour une administration fiscale est déterminante. Pour preuve, l'Union européenne, à travers ses *Fiscal blueprints*, insiste pour que, dans les

---

Fiscalité équitable au Moyen – Orient et en Afrique du Nord, Note de réflexion des services du FMI, Septembre 2015, p. 27. Il y est recommandé d'« instituer un partage de l'information entre les administrations fiscale et douanière ».

278 F. BAHANE, « Cameroun : Douanes et Impôts ensemble pour la mobilisation des recettes », Journal *Cameroon Tribune*, 16 juin 2016, en ligne http://actucameroun.com/2016/06/16/cameroun-douanes-et-impots-ensemble-pour-la-mobilisations-des-recettes/, consulté le 28 août 2018.

279 Cité *ibidem*.

280 J. BAHLA, « Impôts en Afrique : entretien avec Kieran Holmes », *Africa research institute*, 24 février 2014, en ligne http://www.africaresearchinstitute.org/blog/impots-en-afrique-entretien-avec-kieran-holmes/, consulté le 28 août 2018.

pays souhaitant adhérer à l'Union, lesdites administrations disposent d'« un degré d'autonomie suffisant »[281].

Grâce à sa semi-autonomie, l'OR constituerait donc un moyen adéquat pour introduire plus de souplesse dans le fonctionnement des administrations fiscale et douanière. Il serait également apte à améliorer la coordination de leurs activités. Mais, pour que les changements voulus puissent prospérer, il importe que certaines conditions soient remplies.

B- Un effet papillon conditionné

Les avantages obtenus à la suite de la création d'un OR, s'ils sont indéniablement nombreux, ne sont effectifs qu'à la faveur de l'existence de certaines conditions. En d'autres termes, l'*aggiornamento* n'est possible que s'il est préparé, conçu et conduit de manière intelligente et globale. D'une part, il faut donc pouvoir assurer un pilotage adéquat de la réforme (1). D'autre part, il apparaît nécessaire d'adopter une approche holistique (2).

1. Un pilotage adéquat de la réforme

Les États africains francophones ont une chance unique : celle de la disponibilité de modèles. Ils peuvent dès lors s'en inspirer, avec tout ce que cela implique en termes de capitalisation des acquis positifs et d'évitement des erreurs. De ce point de vue, l'expérience des pays ayant effectué de telles réformes permet de mettre en exergue plusieurs éléments.

En premier lieu, la volonté politique est un facteur déterminant. Il est aisé de remarquer que les pays dans lesquels les meilleurs résultats ont été obtenus sont ceux dans lesquels les dirigeants ont fait de l'OR leur priorité[282]. Cette importance du facteur politique peut inquiéter, surtout dans certains États africains où ce sont les acteurs politiques

---

[281] Commission de l'Union européenne, *Fiscal blueprints : a path to a robust, modern and efficient tax administration*, Bruxelles, 2015, p. 13.

[282] « La volonté politique est de la plus haute importance pour l'établissement et le maintien d'une autorité fiscale professionnelle et efficace ». W. CRANDALL et M. KIDD, *Revenue administration: a toolkit for implementing a revenue authority*, *op. cit.*, p. 14. C'est nous qui avons traduit.
Pour des exemples précis, v. F. OHEMENG et F. OWUSU, « Implementing a revenue authority model of tax administration *in* Ghana : an organization learning perspective », art. précité, p. 23 (cas du Ghana) et K. HOLMES et *alii*, *Pour l'État et le citoyen : la réforme de l'administration fiscale au Burundi*, *op. cit.*, p. 12 (cas du Burundi).

qui protègent les contribuables les plus importants (lorsqu'ils ne le sont pas eux-mêmes)[283]. Tout se passe alors comme s'il fallait protéger ces contribuables d'une seconde imposition, la première ayant été réalisée dans le cadre du financement de la campagne électorale ou d'œuvres au profit du parti.

En deuxième lieu, l'idée selon laquelle « le succès se nourrit de l'échec » semble convenir au processus de création des OR. Cela suppose qu'il faille faire preuve d'humilité et de persévérance. Au Ghana par exemple, la création d'un OR dans les années 1980 s'est soldée par un échec. Néanmoins, « ceux qui ont été à l'origine de cette tentative sont devenus les principaux architectes des autorités fiscales dans de nombreux autres pays africains »[284]. Ce sont ces mêmes personnes qui ont postérieurement aidé à mettre en place, dès 2009, le *Ghana revenue authority*, avec les excellentes performances qui lui sont connues. De même, en France, sur un plan similaire, la fusion de la Direction générale des impôts et de la Direction générale de la comptabilité publique a connu un échec en 2000, ce qui aurait provoqué « un traumatisme »[285] au niveau des responsables politiques et administratifs. Cela n'a cependant pas émoussé les ardeurs. La fusion fut reprise et conduite à son terme en 2008.

La persévérance est également de mise puisqu'il est admis que la création d'un OR est un processus graduel[286]. La création de passerelles[287] entre les administrations fiscale et douanière peut constituer une bonne préparation à la mise en place effective de l'OR.

---

[283] V. S. YONABA, « Le recouvrement des recettes publiques dans les États africains : un état des lieux préoccupant », *Revue française d'administration publique*, n° 144, 2012, p. 1046.

[284] F. OHEMENG et F. OWUSU, « Implementing a revenue authority model of tax administration in Ghana: an organization learning perspective », art. précité, p. 34.

[285] Cour des comptes (France), « Les missions fiscales de la Douane : une organisation et un rôle à repenser », précité, p. 32.

[286] Pour une estimation de la durée du processus (par étapes), v. W. CRANDALL et M. KIDD, *Revenue administration: a toolkit for implementing a revenue authority*, *op. cit.*, pp. 108-111.

[287] Lesdites passerelles peuvent être constituées par des accords de partenariat entre les deux administrations, l'utilisation de logiciels communs, l'installation de certains de leurs services dans un même bâtiment ou la création d'une direction centralisant leurs activités. Cette dernière possibilité semble être celle retenue au Bénin avec la création, en 2016, d'une Direction centrale de la supervision des régies financières (au Ministère de l'économie et des finances) qui est chargée, entre autres, de suivre la mise en œuvre des réformes des régies financières. Décret n° 2016-421 du 20 juillet 2016, art. 19 et 20.

Elle a une valeur symbolique forte et permet une mise en condition psychologique aussi bien des agents que des usagers.

En troisième lieu, il y a le dynamisme et la compétence de l'équipe dirigeante de l'OR nouvellement créé qui entrent en ligne de compte. La recherche de ces deux qualités a conduit à placer des expatriés à la tête des OR du Burundi et du Togo lors de leur création[288]. Cette solution peut sembler extrême et heurter les nationaux, car elle semble être l'aveu implicite d'un déni de compétence à leur égard. Aussi, peut-elle donner prise aux supputations liées à la mainmise des puissances occidentales sur les ressources des États africains.

En quatrième lieu, il importe d'insister sur la recherche du consensus (et non l'unanimité) à toutes les étapes. Le changement organisationnel n'est pas qu'un processus technique[289]. Il est donc important de tenir compte du contexte, d'associer toutes les parties prenantes et de leur offrir les garanties nécessaires pour l'obtention de leur adhésion[290]. Cette démarche ne sera pas sans entraîner des coûts supplémentaires. Mais, il faut garder à l'esprit que les coûts et les gains d'une réforme évoluent en sens inverse dans le temps[291]. Cela conditionnera le succès et la pérennité de la réforme. Il en sera de même de la prise en compte, d'une manière holistique, des paramètres liés à l'ensemble du système fiscal.

2- Une approche holistique

Il s'agit d'avoir conscience que la réforme liée à l'érection d'un OR ne saurait être isolée. Elle se situe dans un système et, en cela, gagnerait à ce que les autres composantes du système soient optimisées.

---

[288] Respectivement, M. Kieran HOLMES (d'origine britannique) et M. Henry GAPERI (canadien d'origine rwandaise).

[289] C'est l'une des erreurs qui ont été à l'origine des difficultés d'implémentation des réformes du FMI et de la Banque mondiale dans les années 1980-1990 (ajustement structurel). Elles ont été conçues comme des prêt-à-penser applicables quels que soient l'environnement social et le contexte politique.

[290] Par exemple, au Ghana, le gouvernement a décidé de reprendre la totalité du personnel des administrations fiscale et douanière au niveau de l'OR. En France (pour la fusion sus-évoquée), il a été promis aux agents qu'aucun d'eux ne changerait de métier contre son gré ou ne subirait de perte de rémunération.

[291] Pour approfondir, lire F. DESCAMPS, « Les ministères à l'épreuve de la réforme fusions – réorganisations à l'échelle du siècle : le cas du ministère des finances 1918-1974 », *in Les réorganisations administratives*, IGPDE, pp. 13-40.

Par exemple, le reflux de l'incivisme fiscal ne saurait être l'affaire de l'OR seul. À quoi sert-il de créer un OR et de lui permettre d'ester en justice si les magistrats sont notoirement corrompus ? À quoi cela sert-il si les délais de jugement sont de l'ordre de plusieurs années ? Certainement pas à grand-chose. C'est la raison pour laquelle la mise en place d'un OR est souvent accompagnée de mesures visant à promouvoir le civisme fiscal.

Ainsi, en Île Maurice, il y a eu, concomitamment à la création de l'autorité fiscale, une réduction des taux d'imposition. Les Mauriciens travaillant dans l'informel ont été séduits par les faibles taux et ont décidé de régulariser leur situation pour éviter les tracasseries et les amendes. Au Rwanda, l'accent a été mis sur le système de gouvernance. De sévères mesures ont été prises afin d'assurer l'intégrité des acteurs. Pareillement, une certaine transparence a été instaurée de sorte à garantir aux contribuables que les prélèvements opérés étaient effectivement utilisés dans leur intérêt, c'est-à-dire pour l'amélioration de leurs conditions de vie et de travail.

La justice fiscale peut également constituer une bonne incitation au civisme. Comme le souligne un auteur[292], « il paraît illusoire de vouloir promouvoir le civisme fiscal chez le contribuable "ordinaire" (lorsque) les "gros" contribuables (...) échappent à l'impôt grâce aux divers réseaux auxquels ils appartiennent ». La même idée transparaissait déjà dans la *Déclaration des droits de l'homme et du citoyen* du 26 août 1789[293] : « Elle (la contribution commune) doit être également répartie entre les citoyens en raison de leurs facultés ».

Dans ces conditions, la maîtrise des exonérations fiscales doit devenir un thème central de gouvernance publique dans les États africains. En effet, plusieurs études[294] ont montré que ces exonérations, vecteurs de rupture d'égalité entre les contribuables, permettaient rarement d'atteindre les objectifs qui leurs étaient

---

[292] S. YONABA, « Le recouvrement des recettes publiques dans les États africains : un état des lieux préoccupant », art. précité, p. 1048.

[293] Art. 13.

[294] Commission économique pour l'Afrique (Nations unies), *Financements novateurs et transformation économique en Afrique*, mars 2015, p. 35 ; OSIWA, *Mobilisation des ressources domestiques en Afrique de l'Ouest : opportunités manquées*, février 2015, p. 17 ; OCDE, *Principes pour améliorer la transparence et la gouvernance es incitations fiscales à l'investissement*, 2014, p. 1 et P. MITRA, *Fiscalité équitable au Moyen – Orient et en Afrique du Nord*, *op. cit.*, pp. 10-11.

assignés. D'un côté, elles n'étaient pas les facteurs les plus déterminants pour inciter à l'investissement. D'autres facteurs comme la disponibilité des intrants de production, la fiabilité du système judiciaire, le niveau de corruption… contribuaient autant, sinon plus, à former l'opinion des potentiels investisseurs. De l'autre côté, les exonérations, au regard de leurs conditions d'attribution relativement opaques et partiales[295], semblaient cristalliser les frustrations des opérateurs économiques, d'où la nécessité de les assainir.

Par ailleurs, la création d'un OR ne sera pas sans incidence sur les réformes fiscales en cours et appelle la mise en œuvre de mesures idoines afin de les préserver. À titre illustratif, les États de l'Union économique et monétaire ouest-africaine (UEMOA) et ceux de la Communauté économique et monétaire de l'Afrique centrale (CEMAC) sont actuellement engagés dans un processus d'harmonisation de leurs législations en matière financière[296]. La réussite de ce processus risque d'être compromise s'il existe des différences importantes au niveau de leurs législations et administrations fiscales. L'exemple du Burundi, qui a été conduit à mettre en place un OR, à la suite de son adhésion à la Communauté de l'Afrique de l'Est en 2007 (des OR existaient alors déjà au Kenya, en Tanzanie, en Ouganda et au Rwanda), le montre assez bien.

---

[295]En Afrique subsaharienne notamment, l'attribution des exonérations fiscales est souvent fonction de l'allégeance manifestée à l'égard du pouvoir en place ou des dessous-de-table généreusement offerts. Des dérogations sont alors instituées de manière fantaisiste et, parfois, contre l'avis des cadres de l'administration fiscale ou en marge des mécanismes légaux (par arrêté, décision…).

[296] De nombreux textes (règlements et directives) ont été adoptés par les deux organisations dans ce cadre. Ceux les plus emblématiques sont les directives formant le nouveau cadre harmonisé des finances publiques dans chacun des deux espaces (2009 pour l'UEMOA et 2011 pour la CEMAC).

CONCLUSION

À l'issue de cette étude, il est permis, à l'instar d'un Directeur général des impôts du Bénin[297], de s'interroger : « La fusion Douane – Impôts est-elle la panacée ? ». En d'autres termes, faut-il exhorter les États africains francophones qui ne disposent pas d'une autorité fiscale à en créer une ? La réponse à cette interrogation est complexe. Dans tous les cas, elle ne saurait être manichéenne.

En effet, d'un côté, il faut relever que la création d'un OR peut être très coûteuse. Elle comporte également un risque de fragmentation de l'administration publique (là où le besoin est parfois plutôt celui de réformes systémiques) et un risque de confrontation avec les autres composantes du secteur public où les rémunérations sont moins intéressantes. D'un autre côté, les résultats remarquables obtenus par certains OR plaident pour l'expansion de ce modèle.

En tout état de cause, comme cela a été relevé ci-devant, les OR ne sont pas par eux-mêmes une panacée. Ce n'est pas parce qu'on en a créé un que toutes les difficultés s'estompent et qu'on atteint automatiquement des niveaux enviables de collecte de recettes fiscales. Le plus important en la matière, c'est la chaîne de conséquences permises par les OR. Autrement dit, la création d'un OR ne devient intéressante que s'il existe une organisation et une volonté politique aptes à en faire un levier pour la réforme de l'ensemble du système fiscal. Si cette condition est réunie, la création de l'OR peut constituer un véritable déclic et apporter des changements positifs considérables. Dans les États africains francophones ne disposant pas d'OR et envisageant la mise en place d'un tel organe, les questions essentielles à poser sont donc les suivantes : Le portage de la réforme par une volonté politique ferme est-il assuré ? La réforme est-elle suffisamment préparée et consensuelle ?

---

297 N. YENOUSSI, « La fusion Impôts – Douane est-elle la panacée ? », *Revue Le messager des Impôts*, n° 19, 2006, pp. 12-13.

BIBLIOGRAPHIE INDICATIVE

1- African tax administration forum (ATAF), *Rapport relatif à une recherche sur la bonne gouvernance fiscale en Afrique*, Pretoria, 2012, 105 p.

2- Codes de conduite et statuts du personnel des Offices des recettes du Burundi et du Togo.

3- Cour des comptes (France), *La fusion de la Direction générale des impôts et de la Direction générale de la comptabilité publique : un premier bilan*, Communication à la Commission des finances du Sénat (France), 2011, 172 p.

4- CRANDALL W. et KIDD M., *Revenue administration: a toolkit for implementing a revenue authority*, FMI, 2010, 112 p.

6- DELAY S. et *alii*, *The reform of revenue administration: a study for the Departement for the international development* (draft), juin 1998, 78 p.

7- GAUDEMET Y., *Droit administratif*, Paris, LGDJ, 2012, 624 p.

8- HOLMES K. et *alii*, *Pour l'État et le citoyen : la réforme de l'administration fiscale au Burundi*, Africa research institute, 2013, 35 p.

9- KIDD M. et CRANDALL W., *Revenue authorities: issues and problems in evaluating their success*, FMI, 2006, 93 p.

10- Lois sur les offices des recettes du Burundi (2009), du Ghana (2009) et du Togo (2012).

11- Organisation de coopération et de développement économiques (OCDE), *L'administration fiscale dans les pays de l'OCDE et dans certains pays hors OCDE,* série « Informations comparatives » (2008), Janvier 2009, 153 p.

12- OHEMENG F. et OWUSU F., « Implementing a revenue authority model of tax administration in Ghana : an organization learning perspective », *The American review of public administration*, mai 2013, en ligne : http://www.public.iastate.edu/~fowusu/The-American-Review-of-Public-Admin-paper_Owusu.pdf

13- YONABA S., « Le recouvrement des recettes publiques dans les États africains : un état des lieux préoccupant », *Revue française d'administration publique*, n°144, 2012, pp. 1043-1051.

ANNEXE : DATES DE CRÉATION ET ADRESSES INTERNET DES OFFICES DE RECETTES EN AFRIQUE

Pays	Années de création	Adresses internet
Afrique du Sud	1997	www.sars.gov.za
Botswana	2004	www.burs.org.bw
Burundi	2009	www.obr.bi
Éthiopie	2002	www.erca.gov.et
Gambie	2004	-
Ghana	1985 / 2009	www.gra.gov.gh
Île Maurice	2005	www.mra.mu
Kenya	1995	www.kra.gov.ke
Lesotho	2003	www.lra.org.ls
Libéria	2013	www.lra.gov.lr
Malawi	1995	www.sdnp.org.mw/mra
Mozambique	2006	www.at.gov.mz
Ouganda	1991	www.ura.go.ug
Rwanda	1998	www.rra.gov.rw
Seychelle	2007	www.src.gov.sc
Sierra Léone	2002	www.nra.gov.sl
Swaziland	2008	www.sra.org.sz
Tanzanie	1996	www.tra.go.tz
Togo	2012	www.otr.tg
Zambie	1994	www.zra.org.zm
Zimbabwe	2001	www.zimra.co.zw

Source : Nos recherches.

LES MOTIVATIONS ULTRA-MATERIELLES ET LA QUESTION DES MOYENS DE TRAVAIL DANS LES ADMINISTRATIONS FISCALES

PHILIPPE KOKOU TCHODIE

COMMISSAIRE DES SERVICES GÉNÉRAUX

OFFICE TOGOLAIS DES RECETTES

INTRODUCTION

Depuis la nuit des temps l'exercice des fonctions régaliennes relèvent de la souveraineté de l'État partout ailleurs. C'est ainsi que les institutions publiques, à l'intérieur des États, édictent les normes (législation, réglementation) et sanctionnent ceux qui les méconnaissent (justice, police) et, à l'extérieur des États, assurent la diplomatie et la défense nationale. Dans les sociétés contemporaines, l'action de l'État ne se limite plus aux seules fonctions liées à l'exercice de la souveraineté. Son champ d'intervention s'est étendu à de nombreux domaines où existe un intérêt général économique ou social qui ne peut être satisfait par la seule action des particuliers (en exemple : éducation, santé, culture, recherche, ...). Parallèlement, l'État est également devenu un élément de cohésion sociale et un garant de l'égalité entre les individus qui le composent.

L'exercice de toutes ces fonctions étatiques suppose d'énormes ressources publiques. Elles sont prélevées sur la collectivité nationale par le biais des impôts et taxes. Afin d'assurer de bons prélèvements de ces ressources, les États mettent en place des organismes fiscaux dédiés à qui ils délèguent cette mission de collecte des ressources publiques. L'administration fiscale est ainsi l'ensemble des organismes chargés par l'État et pour son compte, de l'établissement de l'assiette des impôts directs et indirects et de leurs perceptions. L'administration fiscale est également chargée de contrôler les contribuables soupçonnés d'échapper au prélèvement de l'impôt et de le recouvrer.

Cette délégation de fonctions de prélèvement des ressources par l'État aux organismes fiscaux s'accompagne de transfert de moyens et de ressources. De quels moyens de travail et ressources les administrations fiscales ont-elles besoin pour assurer une bonne exécution de leurs missions ? Comment évaluer le niveau des ressources et des moyens nécessaires à mettre à la disposition d'une administration fiscale afin d'appréhender son efficacité ? En d'autres termes quels moyens et ressources pour les administrations fiscales et pour quelle efficacité ?

Le personnel représente, à l'évidence, la principale ressource de toute organisation. Dans les organisations qui s'appuient de manière intensive sur le facteur humain (comme les organismes publics et en particulier des administrations fiscales), la bonne performance de l'organisation dépend en toute évidence en premier lieu de la qualité de son personnel mais aussi de sa motivation. Quelle motivation les agents de collecte des ressources publiques des administrations fiscales attendent-elle de de leurs employeurs et pour quelles performances ?

Le présent article étudie cette double problématique de moyens de travail dans les administrations fiscales en Afrique et des motivations ultra-matérielles de leurs personnels. L'analyse est structurée autour de trois (3) grandes parties. La première partie étudie la délégation de missions de prélèvements fiscaux et les moyens de travail pour une administration fiscale efficace. La deuxième partie analyse les systèmes de motivations du personnel et la performance d'une administration fiscale. Et enfin la troisième partie présente l'expérience de l'office togolais des recettes en termes de moyens de travail et du système de motivation du personnel ainsi que les résultats obtenus.

I-DELEGATION DE MISSIONS DE PRELEVEMENTS FISCAUX ET LES MOYENS DE TRAVAIL DES ADMINISTRATIONS FISCALES

La délégation de fonctions de la Puissance publique à un organisme qui exerce ces fonctions pour le compte de l'Etat, donne lieu au transfert des moyens et des ressources nécessaires à la bonne exécution des fonctions déléguées ou transférées. En principe, c'est tout simple. Mais en pratique, s'établissent entre les parties (l'Etat et les organismes fiscaux) des relations complexes dans la mesure où les intérêts des deux parties peuvent diverger, et surtout lorsqu'il existe une information imparfaite et/ou asymétrie d'information entre l'Etat et les organismes fiscaux en termes de moyens de travail et des résultats à atteindre.

En d'autres termes, quels moyens faut-il mettre à la disposition des administrations fiscales à un moment donné ? A quelle hauteur ? Et pour quelle efficacité ?

Avant d'aborder les moyens de travail dans les administrations fiscales, il est nécessaire d'éclaircir les relations entre l'Etat et les administrations fiscales.

I.1.Délégation de fonctions ou relation d'agence entre le gouvernement (les gouvernants) et l'administration fiscale

En économie ou même en économie politique, l'État était considéré comme une entité à laquelle pourrait être attribuée une volonté visant un objectif de maximisation du bien-être collectif. Par contre, l'école du *Public Choice* a développé une vision plus conforme à celle de l'économie néoclassique, postulant une recherche d'avantages « individuels » par les dirigeants ou la bureaucratie. Toutefois, les analyses appliquées en économie politique se fondent sur une approche plus poussée du fonctionnement interne de l'État. Par exemple, Tanzi [2000 : 448-449] distingue au plan étatique national trois niveaux : (i) le gouvernement, (ii) les directeurs de l'administration publique (*top bureaucrats*) et (iii) les agents publics « de base » (*employees*).

De manière à garder les choses aussi simples que possible, l'analyse menée dans cet article partira d'une simple distinction entre les « gouvernants ou le gouvernement », d'une part, et l'« administration fiscale », d'autre part. Nous désignons par « gouvernants ou le gouvernement » les personnes qui détiennent, au sein d'un État, les pouvoirs de décision finale en matière de définition du système budgétaire c'est-à-dire les systèmes de collectes et d'allocation des ressources publiques. Le terme « administration fiscale » désigne le corps de l'État qui nous intéresse ici c'est-à-dire celui plus particulièrement chargé de collecter les impôts et taxes. Il est principalement composé des agents des impôts et ceux de la douane en Afrique.

Ce corps est directement chargé du prélèvement des ressources publiques, pour le compte de l'Etat, en fonction d'un dispositif fiscal établi, avec l'aide éventuelle de corps plus directement répressifs. Nous considérerons ici le cas le plus fréquent en Afrique, dans lequel ce corps spécialisé de la collecte des impôts et taxes est constitué d'agents salariés de l'État. Pour fréquente qu'elle soit, cette situation n'est pas la seule possible. Il existe, en Afrique aujourd'hui près d'une vingtaine[298] d'agences autonomes ou semi-autonomes de collecte des impôts et taxes comme au Togo et dans la quasi-totalité des pays anglophones d'Afrique.

Les gouvernants en déléguant la mission de collecte des ressources publiques aux corps de l'administration fiscale établissent par là-même une forme classique de relation d'agence suivant la théorie d'analyse des formes d'organisations économiques. Comme le définissent si bien Jensen et Meckling, dans un article de 1976 : « Une relation d'agence est une sorte de contrat par lequel une (ou plusieurs) personne (le principal) engage une autre personne (l'agent) pour exécuter en son nom une tâche quelconque qui implique une délégation d'un certain pouvoir de décision à l'agent ». Cette délégation de pouvoir est accompagnée de transfert de moyens.

Les relations entre gouvernants (le principal) et corps des agents collecteurs d'impôts et taxes (l'agent) sont des relations de salariat marquées par une asymétrie d'information importante. D'ailleurs toute relation salariale se situe dans un contexte d'asymétrie d'information, mais celle des collecteurs de recettes est plus ou moins prononcée. Autant l'asymétrie d'information est faible dans le cas des travaux répétitifs suffisamment standardisés pour éliminer pratiquement toute initiative de la part du travailleur, autant elle est très importante lorsqu'on ne peut observer directement les travaux réalisés, ni même le type d'activités réellement menées. C'est pourquoi l'asymétrie d'information est particulièrement forte, d'une manière générale, dans le cas du travail administratif des agents de l'État en général. Dans les administrations fiscales en particulier, l'asymétrie d'information est très grande de même que l'ampleur de divergence d'intérêts entre les parties.

[298] Afrique du Sud, Ghana, Nigeria, Kenya, Lesotho, Malawi, Ouganda, Sierra Leone, Tanzanie, Zambie, Zimbabwe, Éthiopie, Gambie, Rwanda, Burundi, Ile Maurice, Togo

Cette asymétrie d'informations, et donc de divergence d'intérêts, est plus marquée entre les gouvernants et l'administration fiscale aussi bien au niveau des résultats à réaliser par l'administration fiscale qu'au niveau des moyens à obtenir de l'Etat. Avant d'arriver aux résultats de collectes des ressources, il faut parcourir les différents moyens nécessaires au bon fonctionnement de l'administration fiscale.

I.2.Moyens de travail dans les administrations fiscales

Les moyens de travail, contrepartie de la délégation des missions à exécuter par une organisation, sont une composante essentielle des conditions de travail, elles-mêmes définies comme tout ce qui entre dans le cadre du travail d'une personne, que ce soient le cadre légal ou institutionnel, l'ergonomie du lieu de travail, l'ambiance générale ou les avantages sociaux.

Du point de vue de l'administration fiscale dont la mission est d'asseoir, administrer et recouvrer les impôts, taxes et droits de douanes pour financer l'agenda public, les moyens de travail apparaissent comme une nécessité pour réaliser cet objectif. Cela suppose de doter l'administration fiscale (i) d'un cadre fiscal moderne (lois, procédures et règlements), (ii) des ressources humaines indispensables et (iii) et de ressources et matériels adéquats.

I.2.1.Un cadre légal solide, une politique et des procédures modernes

Le système fiscal d'un pays a besoin, pour son fonctionnement optimal, d'un cadre législatif et règlementaire solide dans le but d'appuyer l'élaboration et la mise en œuvre des politiques et des procédures fiscales modernes alignées sur les priorités économiques et sociales nationales.

Une politique fiscale, ensemble des mesures et décisions que prend un gouvernement et les pouvoirs publics en termes de fiscalité, vise en premier lieu à assurer la pérennité des encaissements suffisants de recettes pour financer le fonctionnement de l'Etat et à atteindre les objectifs de politiques publiques. Les recettes fiscales représentant la principale ressource d'un État.

Au plan pratique, les procédures fiscales viennent compléter la politique fiscale codifiant les relations entre l'administration fiscale et les contribuables pour définir les droits et les obligations de ces deux partenaires tout au long du processus d'imposition, depuis l'évaluation de la matière imposable jusqu'au recouvrement de l'impôt et sa contestation ou son contrôle.

L'intérêt de la politique fiscale s'est accru, en particulier dans les pays en développement, du fait de la naissance de contraintes nouvelles et de l'accentuation de contraintes anciennes sur les politiques publiques. D'un côté, le contexte de mondialisation des échanges et des intégrations régionales (marquées par l'ouverture des frontières, la dématérialisation des échanges, les facilités de transport, …) ainsi que la concurrence fiscale qui est venue limiter la souveraineté fiscale, conduisant les États à harmoniser leurs régimes fiscaux, du moins à ne pas trop se distinguer, fiscalement, les uns des autres. De l'autre, les États africains sont pris en tenaille entre le poids de la dette et la rareté des financements extérieurs et une difficile augmentation des taux de prélèvements obligatoires, jugée préjudiciable à l'activité économique. Ceci se traduit par la quête de nouveaux prélèvements et la recherche d'une meilleure efficience des prélèvements existants. Certes, un système fiscal n'est toutefois pas facile à réformer. Outre les résistances et les blocages de nature politique et administrative, cela requiert des investissements souvent importants.

En somme, l'action de l'administration fiscale doit se baser en permanence sur une politique et des procédures fiscales pertinentes dont l'ensemble des contraintes sont soumises à des arbitrages périodiques.

I.2.2.Cadre institutionnel et organisationnel adaptés

L'exécution d'un agenda fiscal est étroitement liée au cadre institutionnel et organisationnel de l'administration fiscale en place c'est-à-dire les structures organisationnelles, les règles et les procédures, les outils, le personnel de gestion, la communication et le dialogue social en accord le métier.

Les signes d'un cadre institutionnel et organisationnel inadapté sont directement perceptibles : de piètres résultats de l'organisation, l'adoption dans l'urgence de nouvelles mesures pour répondre à des exigences, des contraintes pressantes, l'éclosion de conflits, etc.

Il est donc fondamental de s'assurer que le cadre institutionnel et la structure organisationnelle en place sont appropriés et répondent aux processus et aux procédures fiscaux en vigueur. Il est nécessaire de s'interroger sur le niveau de fonctionnement des mécanismes de régulation qui promettent la bonne gouvernance, la transparence et l'obligation de rendre compte. L'attribution des mandats clairs associés aux responsabilités et aux pouvoirs de décision, d'une part, et la séparation des tâches, d'autre part, devraient pousser à l'efficience et l'efficacité organisationnelles.

I.2.3.Les ressources humaines

L'homme étant, à l'évidence, la principale ressource de toute organisation, il permet à une administration fiscale de fonctionner normalement. Mieux la performance d'une organisation fiscale est fonction, entre autres, du professionnalisme de son personnel, de son engagement pour la vision et les objectifs de l'organisation, de la capacité d'innovation de son personnel, de sa rigueur au travail et de sa rapidité à s'adapter à l'évolution de l'environnement et aux nouvelles méthodes de travail.

Il est donc vital, pour une administration fiscale, de disposer des ressources humaines adéquates en quantité et en qualité avec un statut du personnel qui pérennise l'emploi, un rigoureux processus de recrutement, des formations professionnelles initiales et continues pertinentes, des rémunérations attractives, un environnement de travail agréable, un processus transparent de promotion basé sur le mérite et la compétence, etc.

a-Statut du personnel et garantie de l'emploi

Le premier élément caractéristique de la politique de gestion des ressources humaines dans une organisation tient à la stabilité du personnel. L'essentiel des atouts de l'administration fiscale tient, aussi et surtout, aux fondements du cadre statutaire. Outre la forte motivation des agents, fondée sur une certaine idée de leur mission de service public et qui confère une identité culturelle forte au personnel de cette administration fiscale, la garantie de l'emploi offerte aux fonctionnaires est un levier positif sur lequel s'appuient les politiques de gestion des ressources humaines dans les administrations fiscales. A cet effet, la priorisation des contrats à durée indéterminée, surtout pour le personnel d'exécution traduirait cette garantie.

b-Adéquation entre ressources humaines et besoins de l'administration

Les politiques des ressources humaines doivent viser à satisfaire parfaitement les besoins en effectif de l'administration fiscale afin de lui permettre de remplir de façon convenable l'exécution de ses missions pour atteindre les objectifs stratégiques de la politique fiscale.

Il n'existe pas de normes en termes d'effectif d'agents qu'une administration fiscale doit disposer. Cet effectif dépend en toute évidence des ambitions en matière fiscale, de l'étendue du pays, du nombre de contribuables, de l'environnement de travail, du niveau d'équipements et de modernisation de l'administration fiscale en termes d'utilisation des nouvelles technologies, mais aussi de la capacité et de l'historique de négociations entre l'administration fiscale et le gouvernement. Toutefois, les comparaisons de certains indicateurs tels que le rapport des effectifs du personnel de l'administration fiscale à la population des contribuables ou à la population active, le rapport de la masse salariale du personnel aux recettes fiscales recouvrées, etc., peuvent donner des orientations sur les coûts d'intervention de l'administration fiscale en question.

A titre d'information les effectifs du personnel des administrations fiscales de quelques pays de l'UEMOA se présentent en 2016 comme suit :

Tableau 14 : Effectif du personnel de quelques administrations fiscales en 2016

Nombre d'agents	**Togo (OTR)***	**Bénin**	**Burkina Faso**	**Mali**	**Côte d'Ivoire**	**Sénégal**
Statutaires	1 586	488	2 224	959	4 157	1 201
contractuels	84	194	71	134	380	266
Total	1 670	682	2 295	1 093	4 537	1 467

*Effectif de l'OTR comprend les impôts et la douane dont l'effectif des impôts : 530

Source : FMI, la gestion des ressources humaines des administrations fiscales au Bénin, au Burkina Faso, en Côte d'Ivoire, au Mali, au Maroc, au Sénégal et au Togo ; mai 2017

La population active des pays rapportée aux effectifs des administrations fiscales montre un nombre très élevé par agent des administrations fiscales étudiées. Les chiffres représentent en 2016 (voir tableau suivant) un agent du fisc pour 6 667 actifs au Togo, 6 659 au Bénin, 3 048 au Burkina Faso, 6 343 au Mali, 1 767 en Côte d'Ivoire et 3 530 au Sénégal, soit une moyenne de plus de 3 300 actifs pour un agent.

Tableau 15 : Population active par agent de l'administration fiscale

	Togo		Bénin	Burkina Faso	Mali	Côte d'Ivoire	Sénégal
	Total OTR	Impôts					
Nbre agents (1)	1 670	530	682	2 295	1 093	4 537	1 467
Pop active (2)	3 533 540	3 533 540	4 541 700	6 995 460	6 933 000	8 015 970	5 179 010
Rapport (2)/(1)	2 116	6 667	6 659	3 048	6 343	1 767	3 530

Source : Données Banque Mondiale, 2016

A titre de comparaison de cet indicateur de nombre d'actifs pour un agent de l'administration fiscale, il est d'un agent pour 409 actifs en France, un pour 381 en Allemagne, un pour 1 622 aux États-Unis, un pour 474 au Royaume-Uni, un pour 1 113 au Japon, un pour 767 en Italie et un pour 976 en Espagne.

De cette comparaison, il ressort que les administrations fiscales en Afrique sont en très sous-effectifs pour une moyenne d'un agent pour plus de 3 000 actifs. De plus l'environnement de travail de l'administration fiscale en Afrique est dominé par le secteur informel qui demande un suivi étroit et, la plupart de temps, une présence physique des agents fiscalistes sur le terrain.

I.2.4.Informatisation et utilisation de la technologie de télécommunication appropriée

L'utilisation des technologies dans les administrations fiscales peut aider non seulement à pallier l'insuffisance des effectifs mais aussi à accroître la productivité des agents et à réduire les coûts aussi bien pour l'administration fiscale que pour les contribuables. En effet, les finances publiques, comme tant d'autres secteurs, traversent une révolution numérique. La technologie révolutionne la façon dont les administrations mobilisent et dépensent leurs deniers.

L'efficacité des administrations fiscales dans l'art de collecter les fonds publics dépend fondamentalement de leurs capacités à recueillir et à traiter des mines d'informations sur les contribuables (données sur les revenus des entreprises et des travailleurs), puis à agir. La numérisation commence à révolutionner ce fondement informationnel sur lequel reposent l'élaboration et l'exécution des politiques fiscales et de dépenses. Elle offre des outils non seulement pour améliorer l'efficacité des politiques existantes, mais aussi pour mettre en place des politiques totalement nouvelles.

Grâce aux systèmes numériques, aux formats normalisés de transmission des données et aux interfaces électroniques, les autorités fiscales peuvent accéder plus facilement aux riches trésors d'informations rassemblées par le secteur privé sur des éléments tels que les transactions bancaires et les produits financiers perçus.

La conjugaison d'une collecte améliorée des données et d'une puissance accrue de traitement permet aux autorités d'affiner les méthodes existantes de recouvrement des taxes. Avec la transmission électronique, il est plus facile et moins onéreux pour les contribuables de remplir les déclarations fiscales et pour les autorités de les traiter.

Les technologies numériques, notamment les systèmes électroniques de paiement, non seulement baissent le coût de la collecte des impôts, mais créent aussi la possibilité d'élargir l'assiette fiscale (en améliorant, par exemple, l'identification et le suivi des contribuables et en les aidant à s'acquitter de leurs obligations fiscales par des moyens tels que la technologie mobile).

I.2.4.Les ressources matérielles adaptées

La productivité des ressources humaines et donc de l'organisation dont elles dépendent, est liée à la manière dont les conditions matérielles de travail sont adaptées aux fonctions à réaliser. Du point de vue de l'administration fiscale, quatre (04) facteurs peuvent être retenus pour caractériser les moyens matériels de travail : l'espace de travail, les outils de travail, les infrastructures sociales et de perfectionnement conséquents et une vie associative épanouissante.

a- Un espace de travail agréable

L'espace concerne le cadre du travail et son environnement. La mise à disposition d'un espace de travail agréable se justifie par la nécessité de rendre le lieu de travail sain, propre, agréable pour l'agent qui y trouve du plaisir à venir y travailler et pour le contribuable à venir accomplir ses obligations fiscales. Un tel espace de travail doit avoir les attributs suivants : facile d'accès ; correctement aéré à défaut d'être climatisé ; non exigu ; quotidiennement nettoyé ; correctement éclairé ; à l'abri des nuisances climatiques et sonores ; répondant aux normes environnementales exigées et disposant de sanitaires toujours maintenus propres.

b- Des outils de travail modernes

La mise à disposition d'outils de travail modernes (archives, véhicules, facilités physiques, télécoms, ...) se justifie par la nécessité de mettre l'agent dans les conditions lui permettant d'exploiter et d'exprimer tout son savoir et son savoir-faire.

La mise en œuvre d'une bonne politique de communication et de conservation de l'information (services de documentation et d'archivage) au sein des administrations et services sont de nature à favoriser l'instruction objective des dossiers. Elle se justifie également par la nécessite de mettre le service public au standard des administrations similaires afin que les services rendus s'entendent de la même façon et se rendent dans des délais meilleurs (ou acceptables dans le pire des cas), dans le contexte de l'environnement économique international et de l'intégration régionale.

Tout cela requiert l'équipement des services publics en divers matériels : bâtiments administratifs modernes et équipés de mobiliers adéquats ; fournitures de bureau suffisants ; matériels de transport régulièrement entretenus ; matériels de communication modernes ; matériels informatiques et de reprographie adéquats ; équipements de sauvegarde ; meubles de rangement ; disponibilité d'un intranet entre les services ; logiciels robustes adaptés à la fonction, etc.

c-Des infrastructures sociales et de perfectionnement conséquents

La mise à disposition d'infrastructures sociales et de perfectionnement se justifie par la nécessité de préserver la santé morale du travailleur. A l'abri du souci et des stress de la vie quotidienne, l'agent de l'administration fiscale pourra rendre le meilleur de lui-même. La formation professionnelle des agents et l'acquisition par ceux-ci des réflexes et des automatismes adéquats favorisent la performance et la célérité dans la fourniture des prestations de services et la satisfaction des besoins des usagers.

Il est donc indispensable pour une administration fiscale de disposer sur place des infrastructures telles que : cantines ; infirmerie ; centre de formation continue et de perfectionnement ; etc.

d- Une vie associative

La vie associative trouve son fondement dans la nécessité pour le travailleur de s'épanouir dans un cadre sécurisant pendant qu'il est en activité et après son admission à la retraite. Ce cadre sécurisant passe par le regroupement de personnes exerçant une même profession en vue de la défense de leurs intérêts professionnels ou catégoriels communs.

Plusieurs centres d'intérêt sont à explorer : syndicats, sécurité sociale, mobilisation et utilisation de l'intelligence de la base.

I.2.5.Ressources financières

Les moyens financiers pour une administration fiscale, qu'elle soit un département ministériel dépendant directement d'un ministère ou une entité autonome ou semi-autonome, sont nécessaires pour assurer les charges de fonctionnement courant, les salaires, les primes et la formation des agents ainsi que des investissements dans les infrastructures, dans le matériel et l'innovation. L'ensemble de ces ressources financières, qu'elles soient gérées par des mécanismes internes ou externes aux services de l'administration fiscale, constituent pour le gouvernement des coûts dont il faut évaluer et maîtriser afin d'en mesurer l'efficience.

Il n'existe pas de méthodologie universellement reconnue pour évaluer les coûts administratifs de la collecte des ressources publiques. Suivant l'approche, en termes d'efficience, l'OCDE a déterminé en 2011 le coût des administrations fiscales exprimé en pourcentage des recettes nettes perçues. Il s'élevait à 1,2 % pour la France (à l'exclusion des cotisations de sécurité sociale et des droits d'accises) ; 1,4 % pour l'Allemagne (sous les mêmes réserves) ; 0,6 % pour les États-Unis ; 0,8 % pour le Royaume-Uni ; 1,75 % pour le Japon ; 1,0 % pour l'Italie et 0,9 % pour l'Espagne. Suivant l'approche du rapport au PIB, le coût des administrations fiscales la même année est de 0,226 % pour la France ; 0,284 % pour l'Allemagne et 0,082 % pour les États-Unis.

Ces chiffres doivent bien sûr être relativisés car le coût peut varier d'une administration fiscale à l'autre, de manière significative, en fonction de l'étendue des missions fiscales. La comparaison du coût de la collecte des recettes publiques entre les administrations fiscales ne peut donc pas s'arrêter à ces seuls chiffres.

Une voie plus riche en enseignements pourrait permettre de mesurer, pour l'administration fiscale, le chemin qui reste à parcourir pour atteindre le maximum de ressources que permet l'application pleine et entière de la législation fiscale. C'est la recherche du *tax gap*, de la matière taxable qui échappe de fait à l'impôt.

Cet écart est créé par l'absence de déclaration ou la sous-évaluation des revenus, la surévaluation des déductions et le défaut de paiement, autant d'éléments qui révèlent tout à la fois les erreurs du contribuable et les lacunes de l'administration fiscale, l'ampleur de l'évasion fiscale et l'étendue de la fraude. Son évaluation permet de repérer les insuffisances du système fiscal, de concentrer la politique de contrôle sur les risques les plus importants et de faciliter l'allocation des moyens.

II-SYSTEMES DE MOTIVATIONS DU PERSONNEL ET LA PERFORMANCE D'UNE ADMINISTRATION FISCALE

II.1.Asymétries d'information entre gouvernants et collecteurs de recettes

Les relations entre le gouvernement (ou les gouvernants) et le corps des agents collecteurs de recettes sont, comme présentées plus haut, des relations de salariat marquées par une asymétrie d'information importante.

Dans les rapports entre l'administration fiscale et le gouvernement, l'asymétrie d'information est même très grande. Il est en effet difficile pour le gouvernement d'évaluer les efforts effectivement déployés par l'autorité fiscale pour réaliser l'agenda fiscal qui lui a été fixé et d'en atteindre les objectifs. Il est également difficile pour le gouvernement de savoir quels sont les efforts effectivement déployés par l'administration fiscale pour identifier les fraudeurs et les corrompus. Il n'est pas aussi aisé de savoir quel genre d'accords peuvent être passés entre les contribuables fraudeurs et les agents corrompus de l'administration fiscale. Comme le notent Casanegra et Bird [1992:10]: « *Governments in some developing countries have little day to day control over tax officials, little knowledge of what they do, and, furthermore, no easy way to obtain some knowledge.* »

Quand bien même, l'asymétrie d'information caractérise toutes les relations entre les gouvernements et l'administration fiscale dans tous les pays y compris les pays industrialisés, elle est particulièrement forte dans les pays africains. En Afrique, les gouvernants ne connaissent même pas avec précision les évolutions de l'assiette des impôts et taxes, ni celles du dispositif de collecte réellement mis en œuvre. En effet, la base taxable peut varier rapidement d'une année sur l'autre, en fonction d'aléas économiques, politiques ou autres.

Cette asymétrie d'information est renforcée par la faiblesse du suivi conjoncturel, qui permettrait d'appréhender, au moins de manière approchée, l'évolution de l'assiette. Dans beaucoup de pays d'Afrique, le recueil de données conjoncturelles est extrêmement sommaire. Il se limite le plus souvent aux prix (et les indices de prix ne sont même pas toujours disponibles). Les données sur l'activité économique du secteur moderne sont souvent très lacunaires. Quand elles existent, le système de suivi par échantillon constant qui est généralement utilisé présente des biais systématiques qui sont rarement corrigés.

Plus encore, les systèmes africains de collecte des impôts s'apparentent à la « cueillette », en ce sens que les contribuables ne sont pas systématiquement répertoriés et que très peu effectuent des déclarations spontanées. En fait, seules les grandes entreprises, très visibles, ne peuvent échapper à l'impôt. La présence d'un secteur informel considérable est également une source de complexité dans la gestion des systèmes fiscaux et dans l'analyse des variations des recettes. Elle modifie les caractéristiques classiques des systèmes fiscaux.

Il est constaté également qu'en Afrique subsaharienne, les agents de l'administration fiscale disposent de possibilités assez nombreuses pour manipuler le dispositif réglementaire, pas nécessairement pour en tirer directement avantage. Cette possibilité de manipulation est très importante. Il est souvent constaté que certaines grandes entreprises disposent en fait pratiquement d'un tarif douanier spécial propre ou de système d'exonérations fiscales spécifique, résultant de multiples compromis historiques datant parfois d'avant l'indépendance.

Le montant des exonérations sur les seules taxes sur les importations, peut varier entre 10 et 30 % des montants recouvrés à la fin de l'année. Il varie entre 15 et 25% au Togo. Plusieurs tentatives (notamment du FMI) ont cherché à combattre ce fléau en faisant inscrire en recettes (virtuelles) le montant des exonérations, ou en demandant à ce que les taxes soient payées dans un premier temps et remboursées par la suite. Mais, la difficulté à gérer ces systèmes ainsi que le peu de motivation des administrations fiscales ont généralement conduit à les abandonner.

Enfin, l'asymétrie d'information tient encore aux multiples réformes du système fiscal (introduction de la TVA, changement de taux, simplification des tarifs douaniers et des taux d'imposition, modifications de ceux-ci dans le cadre des unions douanières, etc.). En conséquence, il est pratiquement impossible pour le gouvernement de savoir si le montant des recettes observé résulte de variations de la base taxable, de la modification de structure de cette base (entre produits exonérés ou non), de la faible activité des agents de collecte ou d'une variation de la corruption. Il leur est également difficile de savoir quelle est exactement la façon dont l'effort de collecte est relié à leur rémunération officielle (salaires + primes réglementaires).

II.2.Contrôle, sanctions et motivations comme solutions à l'asymétrie d'information

Face à l'importante asymétrie d'information qui marque la délégation des missions de recouvrement des recettes aux administrations fiscales par le gouvernement, celui-ci n'a pratiquement pas assez de visibilité sur les efforts que déploient réellement les agents de l'administration fiscale dans leur travail au quotidien, ni sur les moyens dont ils ont besoin pour les résultats qu'ils réalisent, ni encore sur les recettes réellement collectées et la part des montants effectivement mis à la disposition du gouvernement. Le potentiel ou le gap des recettes non recouvré n'est non plus véritablement connu du gouvernement.

En conséquence, le gouvernement n'a que trois options possibles, (1) contrôler les agents du corps de collecte des recettes, (2) les sanctionner en cas de dérapage ou (3) tout simplement négocier avec eux c'est-à-dire les motiver.

II.2.1.Contrôle des activités des agents de l'administration fiscale

Cette asymétrie d'information entre le gouvernement et l'administration fiscale pourrait sans doute être surmontée par un contrôle étroit des agents, mais cela se révèle soit impraticable, soit terriblement coûteux.

La mise en place d'un contrôle systématique de la valeur en douane et de la qualité des produits importés par des sociétés privées a été tentée dans le cadre des ajustements structurels en Afrique subsaharienne. Le coût est extrêmement élevé et les résultats ne sont généralement pas considérés comme très probants, en partie du fait de l'opposition passive des agents des administrations fiscales. De plus, contrôler les contrôleurs reste un problème bien réel.

Chambas [1994 :137] met l'accent sur la nécessité de restaurer l'autorité hiérarchique dans les corps d'agents de l'administration fiscale de sorte que les directeurs soient plutôt du côté des gouvernants (principal) que de l'administration fiscale (agent). Mais, il semble que les directeurs se comportent plutôt comme des 'chefs traditionnels', c'est-à-dire davantage comme des porte-paroles de leurs subordonnés (agents) que comme les représentants du gouvernement (principal).

Des pistes possibles d'amélioration de l'intégrité des systèmes de prélèvement fiscaux seraient de mettre l'accent sur la simplification des procédures, des tarifs, ..., de sorte qu'ils soient facilement maitrisables par toutes les parties prenantes c'est-à-dire les agents de l'administration fiscale, les gouvernants et les contribuables (entreprises et personnes physiques). Cependant, la simplification n'a pas toujours donné les résultats escomptés en matière de réduction de la corruption. Pour que la simplification des procédures entre en vigueur, il faut que les douaniers ou les fiscalistes appliquent le nouveau dispositif et qu'ils ne le compliquent pas lors de l'application (ce qui se produit immanquablement si cette simplification lèse leurs intérêts). Ainsi, le fait de faire entrer des simplifications dans les pratiques des douaniers ou des fiscalistes est donc une partie du problème, non sa solution.

II.2.2.Sanctions des agents indélicats

Les gouvernants disposent néanmoins d'un certain nombre de moyens pour discipliner ou sanctionner les agents des corps de collecte des recettes. Ils peuvent notamment procéder à de nouvelles affectations en nommant des personnes intègres ou qui leur sont liées aux postes clés ou en affectant certains récalcitrants à des postes dépourvus des possibilités d'enrichissement rapide (comme la direction des statistiques par exemple). Les agents des corps de collecte des recettes accorderaient une certaine efficacité à ce type de sanctions.

Mais, le maniement de ces sanctions est délicat, notamment du fait d'un fort esprit de corps. Ce type de travail suppose un certain degré de technicité, qui confère un pouvoir de résistance, au moins passive, aux agents. Une grève des agents des douanes ou des impôts peut remettre en cause la capacité des gouvernants à agir, compte tenu de l'extrême tension de la trésorerie publique. De plus, l'issue d'une épreuve de force est hautement incertaine pour chacune des parties, administration fiscale tout comme le gouvernement.

II.2.3.Négociations et systèmes d'incitation

Face aux difficultés de contrôle des activités des agents des administrations fiscales et l'inefficacité des sanctions à leur encontre dans un contexte d'asymétrie d'information très prononcée qui marque les relations entre les administrations fiscales et le gouvernement ; et face également à la nécessité vitale pour le gouvernement d'assurer une bonne collecte des recettes publiques, le gouvernement est réduit à négocier les niveaux des recettes à collecter par l'administration fiscale et à mettre en contrepartie des systèmes d'incitation particuliers pour les agents des administrations fiscales.

II.2.3.1.Explication théorique des arrangements entre gouvernement et régies financières

Un détour théorique dans le cadre des relations « principal/agent » de la théorie des contrats permet d'analyser la façon dont devraient se conclure en pratique les arrangements entre le gouvernement et les régies financières et de se fixer les idées.

a-Cadre incitatif et théorie des contrats

La situation décrite aux paragraphes précédents, comme la plupart des relations salariales, peut aisément être formalisée dans le cadre de la théorie des contrats (principal/agent). Les gouvernants tiennent ici la place du principal et le corps des collecteurs d'impôts celui de l'agent. La formalisation peut évidemment prendre des formes plus ou moins sophistiquées. Elle peut être centrée par exemple sur la relation agent de collecte-contribuable, de manière à étudier les questions de corruption. La question que nous étudions dans cet article y est liée, mais elle s'en distingue cependant. L'accent est mis ici sur les relations entre le gouvernement et ses agents de l'administration fiscale.

Nous supposerons que les agents, grâce à leur effort noté **e**, génèrent un certain montant de revenus (taxes et autres) noté **y(e)**. Ces revenus sont déterminés par l'effort des collecteurs d'impôts, le système fiscal et un aléa de densité de probabilité ***f*(y)**. Ces revenus sont normalement partagés entre le gouvernement et le corps des collecteurs d'impôts suivant une clé de répartition **a**. La difficulté porte essentiellement sur la détermination de cette clé **a**.

- L'objectif du gouvernement, c'est-à-dire l'objectif du principal est la maximisation de la part **(1 – a)y** qui lui revient, déduction faite de la rémunération **w** des agents.

Les autorités gouvernementales sont dans l'incapacité d'observer **y** et **a**. Elles n'observent que ce qui revient dans les caisses du Trésor, soit **(1-a) y**. Nous supposons qu'elles autorisent en fait le corps de collecteurs d'impôts à conserver tacitement une partie des revenus non reversés (elles ferment en quelque sorte les yeux). Mais, le gouvernement cherche à s'assurer un revenu plus ou moins stable, en prenant comme référence le niveau des reversements atteints l'année précédente, ou dans les bonnes années par le passé. Ce niveau sera noté **R*** et la sanction qui touchera les agents collecteurs d'impôts dépend de la différence entre **R*** et **(1-a) y**.

- Il faut de plus pour le gouvernement que les agents soient incités à demeurer dans l'administration fiscale, ce qui suppose que leur revenu global **y** déduction faite de l'équivalent monétaire de leur effort **e**, noté **c(e)**, et du coût en termes d'utilité de la sanction éventuelle soit supérieur à leur revenu alternatif **u***. Cette contrainte ne s'interprète certes pas de la même manière en Afrique ou dans les pays industrialisés ou d'autres pays en développement compte tenu des conditions des marchés de travail et des offres alternatives. Dans ces derniers, il faut souvent payer correctement cette catégorie de fonctionnaires car ils peuvent trouver des emplois lucratifs, notamment comme conseillers fiscaux. Dans le cas de l'Afrique, il est vraiment difficile de trouver un emploi mieux rémunéré (toutes formes de revenu prises en compte) que celui de douanier. C'est plus discutable en ce qui concerne les agents des impôts. Très rares, quelques agents ont cependant franchi le pas de s'installer à leur compte comme conseillers fiscaux. Leur clientèle est essentiellement formée d'entreprises multinationales.

- En ce qui concerne le corps des collecteurs d'impôts et taxes, l'objectif des agents peut être retracé comme une maximisation de leur propre utilité (supposée séparable) sous contrainte d'effort **e**.

Les trois conditions (équations) qui précèdent forment un système qui décrit le problème auquel est confronté le principal : (i) son objectif de maximisation des recettes, (ii) la contrainte de participation et (iii) la contrainte d'incitation des agents de collecte.

Ce système de trois conditions (équations) conduit à déduire que la rémunération de l'agent (administration fiscale) devrait être rendue contingente au montant des recettes. Cela devrait être d'autant plus net que le rapport **f'/f** est élevé.

Ceci montre que le gouvernement dispose en fait d'un trop grand nombre d'instruments. Puisqu'en principe, une participation à la totalité des montants recouvrés grâce aux redressements effectués pourrait suffire à assurer une collecte maximale des recettes publiques en éliminant la fraude, si cette participation dépasse un certain seuil.

b-Arrangements pratiques

En pratique, du fait de cette asymétrie d'information, il est ainsi préférable pour les gouvernants africains de négocier avec les corps de collecte des recettes le montant de la collecte. Il en résulte des arrangements plus ou moins sophistiqués.

Les agents des corps de collecte peuvent être autorisés à conserver collectivement une partie de leurs recettes définies pars des décrets ou par des arrêtés. (Redevance statistique, travail extra légal, …). Ces revenus sont généralement affectés à l'amélioration des conditions de travail (bureaux, véhicules, système informatique, etc.) ou distribués aux agents sous formes de primes. Les arrangements consistent aussi, pour les dirigeants, à fermer les yeux sur la « privatisation » plus ou moins discrète d'une partie des activités des agents (Travail Extra légal par exemple).

La rémunération publique étant généralement jugée insuffisante en Afrique, les agents de l'État sont parfois également « motivés » par des agents privés. Les entreprises (publiques ou privées), qui jugent par exemple que la contrebande est insupportable, sont amenées à négocier avec les agents de l'État une rémunération spéciale liée à certaines actions (par exemple, la saisie de produits de contrebande sur les marchés), rémunération spéciale souvent complétée par la mise à disposition de matériel adapté.

III.EXPERIENCE DE L'OFFICE TOGOLAIS DES RECETTES (OTR)

Depuis son opérationnalisation en janvier 2014, l'Office Togolais des Recettes (OTR) a mis en œuvre plusieurs réformes en vue d'accroitre ses performances et améliorer l'efficacité des services aux contribuables à travers le renforcement des ressources en matériels et aussi la motivation des agents. Parmi ces réformes, nous abordons successivement : (1) le cadre législatif et institutionnel, (2) la politique de gestion des ressources humaines, (3) les moyens de travail et (4) les ressources financières de l'Office.

III.1.Cadre législatif et institutionnel de l'Office Togolais de Recettes

III.1.1.Cadre institutionnel de l'Office Togolais des Recettes

L'Office Togolais des Recettes (OTR) est créé par la loi N°2012-016 du 14 décembre 2012. Il intègre les anciennes directions générales des Douanes et des Impôts au sein d'une structure unique. La Direction générale des douanes et la direction générale des impôts étaient des démembrements du ministère en charge des finances et soumis au fonctionnement des règles de la fonction publique.

L'OTR est un établissement public à caractère administratif, doté d'une autonomie de gestion administrative et financière. Ses principales missions consistent à : (i) asseoir, administrer et recouvrer les impôts, taxes et droits de douanes pour le compte de l'Etat ; (ii) recouvrer les impôts locaux pour le compte des collectivités territoriales ; (iii) conseiller le gouvernement sur toutes les questions portant sur la politique fiscale ; (iv) combattre la fraude et l'évasion fiscale et (v) produire et publier les statistiques concernant les recettes fiscales et douanières.

Cette réforme qualifiée de deuxième génération est la 1ère au sein de l'Union Économique et Monétaire Ouest Africaine (UEMOA) et est intervenue après la mise en œuvre de plusieurs autres réformes visant l'assainissement des finances publiques et l'amélioration du cadre macroéconomique du pays dans le cadre des programmes avec le Fonds Monétaire International (FMI). Avec la création de l'OTR, il y a une séparation des fonctions opérationnelles (collecte des recettes) et des fonctions d'appui (logistique, ressources humaines, informatique, etc.). De nouvelles directions et divisions qui n'existaient pas dans les anciennes régies ont été aussi créées (Direction des études et de la planification stratégique, Direction de l'audit interne et de l'assurance qualité, Direction de l'anticorruption, Direction de la communication et des services aux usagers, Divisions chargées de l'analyse de risque et Division de la facilitation des échanges).

Figure 2 : Organigramme simplifié de l'Office Togolais des Recettes (OTR)

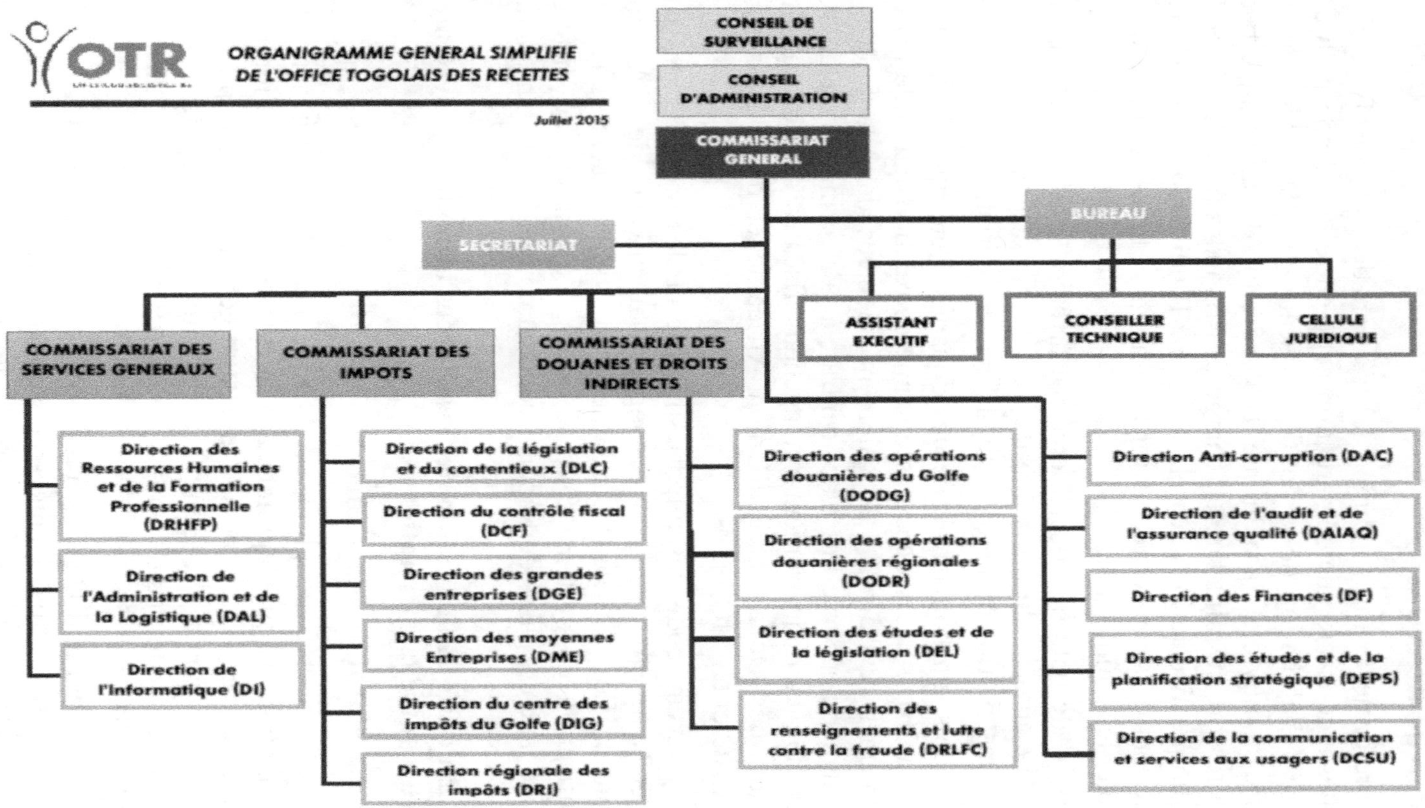

Source : OTR

III.1.2.Politique, procédures et processus fiscaux de l'Office Togolais des Recettes

La reforme ayant conduit à la création de l'Office Togolais de Recettes a consacré une démarcation nette entre les responsabilités en matière d'élaboration de la politique fiscale et celles opérationnelles de mise en œuvre de la politique. L'élaboration de la politique fiscale est du ressort du ministère en charge des finances à travers la cellule de politique fiscale installée en son sein. Tandis que les missions de l'OTR sont d'asseoir et recouvrer les impôts et taxes et, au besoin, de contrôler les contribuables.

L'unité de politique fiscale créé par arrêté n°095/MEF/CAB du 29 juin 2017 au sein du ministère de l'économie et des finances est en cours d'installation et donc pas totalement fonctionnelle.

Toutefois, un nouveau code des douanes a été adopté en 2014 et révisé en 2018. Les procédures douanières relatives au code national des douanes révisé ont été également adoptées dans la foulée. Ce nouveau code accorde une place centrale à la réforme fiscale au Togo et aux nouveaux instruments et agendas fiscaux de l'Organisation mondiale des Douanes, de l'Union Africaine et de la sous-région (CEDEAO et UEMOA).

Un nouveau code des impôts simplifié et des procédures fiscales sont en cours d'étude pour adoption au niveau de l'Assemble Nationale. Le nouveau code des impôts consacre une forte simplification du système fiscal togolais. Le nombre de différents types de taxe est passé de l'ancien code au nouveau code par exemple de 29 à 15.

III.2.Politique de gestion des ressources humaines et système de lutte contre la corruption

III.2.1.Statut du personnel

Dans les pays francophones d'Afrique, c'est le statut général de la fonction publique qui s'applique aux agents de l'administration fiscale des douanes et des impôts. Ce statut général est complété dans certains pays comme le Bénin par le statut particulier des corps du personnel de l'administration des impôts (Bénin : décret n°98-200 du 11 mai 1998).

Le personnel de l'OTR est régi par un statut adopté par son conseil d'administration. Les agents sont sous contrat de travail, à durée déterminée (pour les commissaires et les Directeurs) ou indéterminée pour les agents et les cadres. Ce statut confère à l'OTR une certaine souplesse en matière de politique de recrutement et de stratégie de gestion du personnel.

III.2.2.Stratégies de gestion des ressources humaines de l'OTR

L'Office Togolais de Recettes est autonome en matière de gestion des ressources humaines. La stratégie de gestion des ressources humaines est déjà énoncée à l'article 20 de la loi portant création de l'OTR : « garantir une gestion et une structure organisationnelle efficaces et efficientes et des conditions d'emploi propices, permettant au personnel de l'Office d'être bien motivé et bien formé ».

L'OTR s'est doté d'une stratégie de gestion des ressources humaines claire et traduite en objectifs opérationnels. Préparée par le comité de direction, cette stratégie a été approuvée par le conseil d'administration. Le principe de la transparence des actes RH est posé par le statut du personnel et semble déjà éprouvé dans la pratique.

A la question « Comment jugez-vous le niveau de transparence des politiques en matière de gestion des ressources humaines, à noter de 1 (minimum) au 5 (maximum) ? une étude menée par le Fonds Monétaire International en 2017 sur les pratiques des ressources humaines dans les administrations fiscales dans les pays de l'UEMOA et au Maroc, a donné les réponses consignées dans le tableau suivant :

Tableau 16 : Situation comparée de transparence en matière des RH

	Togo	Bénin	Burkina Faso	Côte d'Ivoire	Sénégal
Recrutement	5	1	4	5	2
Affectation	5	2	5	5	2
Rémunération	5	5	5	4	3
Évaluation	5	5	4	4	2
Promotion	5	3	3	3	2
Sanction	5	2	3	4	4

Source : FMI, 2017

Comme l'indique les résultats de cette étude, la transparence est globalement satisfaisante en matière de politique de recrutement, d'affectation, de rémunération, d'évaluation, de promotion et de sanction dans les administrations fiscales togolaises depuis les réformes et la mise en œuvre de l'OTR.

La transparence des stratégies de gestion des ressources humaines parait incomplète dans les autres pays de l'étude. A la Direction Générale des Impôts du Bénin, le niveau global de transparence des procédures des ressources humaines serait faible, notamment en matière de recrutement, d'affectation et de sanction des agents.

a-Recrutement

L'OTR jouit d'une autonomie de recrutement de son personnel. Le recrutement fait partie des neuf missions du conseil d'administration de l'OTR telles que prévues par la Loi : (i) « approuver les rémunérations du personnel et les indemnités des commissaires aux comptes » ; (ii) « approuver le plan de recrutement du personnel de direction et suivre le processus de recrutement de celui-ci ». Le commissaire général de l'OTR est ainsi nommé par décret en conseil des ministres « à l'issue d'un concours organisé par le conseil d'administration », pour un mandat de quatre ans renouvelable une seule fois. Le mandat des commissaires est également de 4 ans, renouvelable une seule fois.

L'article 17 de la loi portant création de l'OTR prévoit que le comité de direction est chargé de « Définir le plan de recrutement du personnel subalterne et procéder au recrutement de ce dernier ». Les créations de poste sont soumises au respect des prévisions budgétaires et le plan de recrutement est approuvé par le conseil d'administration. Les conditions de recrutement incluent une limite d'âge (18 à 45 ans, sauf pour les postes de directeur et de commissaire) et des conditions de diplômes correspondant au grade ou à l'emploi. En dehors des chauffeurs, un minimum de BAC II est requis pour accéder aux emplois à l'OTR. Les communiqués relatifs aux recrutements / promotions / changements d'affectation sont publiés sur le site internet de l'OTR.

<u>Tableau 17</u> : Répartition du personnel par commissariat

COMMISSARIAT	**2015**		**2016**		**2017**	
	Effectif	**%**	**Effectif**	**%**	**Effectif**	**%**
CDDI	758	49%	749	47%	745	47%
CG	102	7%	100	6%	97	6%
CI	530	34%	525	33%	521	33%
CSG	166	11%	212	13%	211	13%
Total	**1556**	**100%**	**1586**	**100%**	**1574**	**100%**

Source : OTR

A l'OTR, seulement 18% de l'effectif du personnel de l'Office est constitué de femmes. Ce taux est resté stable depuis 2015. Une analyse comparative par commissariat révèle que le commissariat des Impôts enregistre la plus forte proportion de femme c'est-à-dire 27% de son personnel suivi du Commissariat Général 22%. La plus faible proportion de femme au sein de l'Office revient au CDDI et CSG avec seulement respectivement 14% et 9% de son personnel.

Alors que la faible proportion de femmes à la douane peut s'expliquer par la particularité de l'institution douanière qui est un corps paramilitaire; celui du CSG est imputable à la grande proportion du corps des chauffeurs qui ne compte en son sein jusqu'à présent aucune femme.

<u>Tableau 18</u> : Répartition de l'effectif par sexe par commissariat

COMMISSARIAT	2016					2017				
	Hommes	%	Femmes	%	Total	Hommes	%	Femmes	%	Total
CDDI	652	87%	97	13%	749	644	86%	101	14%	745
CG	79	79%	21	21%	100	76	78%	21	22%	97
CI	386	74%	139	26%	525	380	73%	141	27%	521
CSG	190	90%	22	10%	212	191	91%	20	9%	211
TOTAL	**1307**	**82%**	**279**	**18%**	**1586**	**1291**	**82%**	**283**	**18%**	**1574**

Source : OTR

b-Formation

En vue d'accroître l'efficacité de son personnel, l'Office met un accent particulier sur le renforcement des capacités à travers des formations initiales et continues.

La création d'un Institut de Formation Professionnelle fiscale et douanière au sein de l'OTR a été prévue par décret N°2016-017/PR du 18 février 2016 portant attribution, organisation et fonctionnement de l'OTR afin de dispenser les formations aussi bien initiales que continues. Il sera compétent sur toutes les missions de l'OTR à savoir : fiscalité, affaires douanières, fonctions support, management.

La formation initiale des personnels de l'OTR à ce stade est assurée par l'ENA du Togo et certaines institutions partenaires (Direction Générale des Finances Publiques en France, Université Paris Dauphine, Forum des administrations fiscales africaines (ATAF),

École des douanes de Casablanca, École Nationale des douanes du Burkina Faso, École belge de vérification).

En formation continue, l'OTR dispose d'un plan annuel de formation et un budget dédié aux formations initiales et continues. Le plan de formation individuelle est défini à l'occasion des entretiens d'évaluation.

c-Évaluation des performances individuelles

En matière d'évaluation des performances individuelles des agents, l'OTR présente le dispositif le plus complet. Les modalités d'évaluation sont fixées par les articles 28 à 30 du statut. L'évaluation est annuelle et réalisée par le supérieur hiérarchique direct « sur la base des objectifs et des compétences professionnelles », validée par un comité d'évaluation d'au moins trois membres (dont un de la Direction des Ressources Humaines) mis en place par le commissaire général.

L'évaluation individuelle est adossée à un contrat de performance assorti d'objectifs opérationnels et repose, pour son appréciation, sur un regard croisé agent (qui s'auto-évalue) / supérieur / comité de direction.

L'évaluation débouche sur une notation, avec six niveaux de « médiocre » à « excellent ». Une notation aux trois derniers niveaux entraîne en principe le déclenchement d'actions de renforcement des compétences. Dans le cas où la notation ne progresse pas à l'évaluation suivante, l'agent peut être révoqué. Du fait de l'adoption récente du statut, il n'est toutefois pas possible de vérifier l'effectivité de ces dispositions. En 2016, 100% des agents de l'OTR ont été évalués.

En principe, le commissaire général est évalué annuellement par le conseil d'administration sur la base des indicateurs de performance assignés à l'OTR dans son contrat de performance (articles 18 et 19 de la loi OTR). Il peut être suspendu par le Président de la République, sur avis motivé du ministre des finances, notamment en cas d'« incapacité à réaliser les résultats assignés dans le contrat de performance ».

d-Avancement et promotion des agents

Concernant les politiques d'avancement et de promotion, les règles d'avancement sont fixées dans le statut du personnel. Les avancements d'échelon sont liés à l'évaluation individuelle annuelle de l'agent. L'agent doit obtenir deux fois consécutives une appréciation au moins égale à « Bon » c'est-à-dire 70% pour prétendre à l'avancement. Chaque grade comporte 15 échelons hiérarchisés par ordre croissant.

Conformément au statut du personnel de l'Office, la classification du personnel par catégorie est la suivante :

- Personnel d'appui technique :

- Agents d'appui fiscaux (Grade 1 pour junior et Grade 2 pour senior) ;

- Agents de surveillance du territoire douanier (Grade 1 pour junior et grade 2 senior) ;

- Personnel d'appui administratif :

- Planton et assimilés : Grade 1

- Assistance administrative : Grade 2 ;

- Personnel professionnel :

- Agents professionnels fiscaux ou douaniers juniors (Grade 3)

- Agents professionnels fiscaux ou douaniers seniors (Grade 4)

La promotion des agents de l'OTR par changement de grade ou par nomination à un poste de responsabilité (chef de section, chef de division, directeur, commissaire ou commissaire général) se fait par voie de concours interne et/ou externe. L'OTR organise ainsi régulièrement des concours basés sur des descriptions précises des postes. Les postes sont ainsi pourvus sur la base des qualifications et des compétences des agents, résultant d'une sélection ouverte à tous à la concurrence.

e-Mutation des agents

A l'OTR, les mouvements de personnels sont réalisés au fil du temps par recrutement, rotation de personnel ou promotion interne et soumis à l'avis du Comité de Direction. Des déplacements d'office peuvent également être prononcés dans l'intérêt du service ou de l'agent.

f-Temps de travail

La durée hebdomadaire de travail est de 40h (articles 21 et 22 du statut du personnel) : 7h30 à 12h30 et 14h30 à 17h30. Les heures supplémentaires demandées par la hiérarchie dans l'intérêt du service sont payées ou compensées sauf pour les agents occupant des « postes exigeant la permanence dans la prestation d'heures supplémentaires », qui ouvrent droit à une prime forfaitaire compensatrice, et pour les commissaires et directeurs qui ne bénéficient pas d'heures supplémentaires.

g-Système de rémunération des agents et avantages accordés aux agents

i-Les salaires

A l'OTR, la politique de rémunération entre dans les attributions du conseil d'administration, non seulement pour les dirigeants (attribution classique d'un comité des rémunérations), mais aussi pour l'ensemble du personnel de l'Office.

L'ensemble des composantes de la rémunération figure sur les bulletins de salaire. L'intégralité de la masse salariale est inscrite au budget de l'Office, lui-même intégré au budget général. La rémunération principale (hors personnel hors catégorie) est fixée par une grille indiciaire.

Selon l'étude du FMI en 2017, le Mali présente des niveaux de rémunération principale plus faibles et une forte amplitude entre les agents. L'amplitude des rémunérations est maximale au Bénin. Le Maroc et le Togo offrent les rémunérations principales les plus attractives. Au Sénégal, la valeur du point n'est pas revalorisée régulièrement : elle a ainsi été bloquée de 1980 à 2004. Cette stagnation a été compensée par un fort développement du régime indemnitaire qui représente désormais les quatre cinquièmes du montant total des rémunérations.

ii-Primes et incitations financières

L'OTR offre l'exemple d'un système de primes qui apparaît relativement transparent et équilibré. Trois primes sur six sont liées à la performance, une à l'ancienneté et une aux sujétions liées à certaines fonctions. Toutefois, l'absence de recul sur sa mise en œuvre effective ne permet pas de tirer de conclusions sur son efficacité.

Les éléments de la rémunération des agents de l'OTR sont fixés par les articles 44 à 63 du statut. Au-delà-du salaire de base, cette rémunération comprend :

- un treizième mois versé en une fois en décembre, sauf dans le cas où les objectifs de l'office sont atteints à moins de 80% (équivalent d'une prime de performance collective) ;

- une prime de performance (collective) indexée sur l'atteinte de l'objectif de recettes dont la clef de répartition et la périodicité sont proposées par le comité de direction et approuvés par le conseil d'administration. A la date de la mission, cette prime n'était pas encore en place mais en cours d'élaboration ;

- une prime unique de reconnaissance : liée à l'évaluation (versée aux agents cotés « Très bon » ou « Excellent ») mais n'a pas encore été mise en place à la date de la mission ;

- une prime de fidélité versée annuellement aux agents ayant accompli plus de 10 ans de service sans aucune sanction disciplinaire. Elle se monte à un demi-mois de salaire brut pour 10 ans de service et un mois de salaire brut pour 15, 20 et 25 ans de service ;

- une indemnité de fonctions pour les « postes à responsabilités » (directeurs, chefs de division et de section, secrétaires principaux et chauffeurs principaux), dont le montant est fixé par le Conseil d'administration sur proposition du Comité de direction ;

- des indemnités représentatives de frais de mission pour les agents désignés pour effectuer des activités en dehors du ressort de leur poste d'affectation. Ces indemnités sont dégressives sur trois mois ; au-delà de trois mois, la situation de l'agent doit être régularisée par un détachement ou un placement en position de formation professionnelle.

- des indemnités de licenciement, fonction de l'ancienneté, sont également prévues par le statut.

iii-Avantages sociaux accordés aux agents

Le statut des agents de l'OTR mentionne les droits suivants :

- droit de défense dans le cadre de la procédure disciplinaire ;

- droit à la protection dans le cadre de poursuites ou condamnations civiles liées à l'exercice de leurs fonctions ;

- droit de participation, représentation et expression, notamment à travers les délégués du personnel élus par catégorie socio-professionnelle.

iiii-Congés et autorisations d'absence

Les agents de l'OTR bénéficient de 22 jours de congés annuels, 14 semaines de congé maternité et six mois de congés maladie renouvelables une fois (article 23 du statut). Les agents déclarés inaptes conservent la totalité de leur rémunération pour une période de 18 mois. Des autorisations spéciales d'absence liées à des événements familiaux sont listées dans le statut.

iiiii.Couverture maladie

L'OTR a souscrit à une assurance maladie auprès d'une compagnie privée au profit de ses agents.

h-Ethique, Discipline et déclaration des biens

Au Togo, un code de conduite a été adopté en juillet 2014 par le Conseil d'administration et régulièrement mis à jour.

La loi portant création de l'OTR prévoit que les fonctions de commissaire général de l'office sont « incompatibles avec tout autre emploi, toute activité commerciale ou lucrative » (article 21).

Tous les agents de l'Office prêtent serment devant une juridiction au moment de leur entrée en fonctions. Le statut du personnel prévoit qu'ils déclarent leurs actifs et engagements, ainsi que ceux de leurs conjoints et enfants. La déclaration doit être mise à jour tous les deux ans et est conservée par le Bureau anti-corruption (article 20). L'article 25 détaille les obligations des agents dont le respect du secret professionnel et la neutralité politique et religieuse.

L'article 26 édicte une incompatibilité avec les fonctions susceptibles de générer des conflits d'intérêt, incompatibilité qui perdure trois ans après la cessation de fonctions (5 ans d'après le code de conduite).

Le code de conduite distingue trois types de fautes (faute légère, faute grave et faute lourde) et une gamme de cinq sanctions10. Le statut prévoit désormais une gamme de six sanctions (cf. tableau infra). La rétrogradation, devenue incompatible avec le nouveau code du travail, n'est plus appliquée.

A l'exception de la réprimande, les sanctions sont inscrites au dossier de l'agent. Les avertissements et mises à pied sont effacées du dossier au bout de, respectivement, six mois et deux ans si l'agent est bien évalué.

A l'OTR, la structure en charge du contrôle interne est le Comité de discipline qui comprend notamment la Direction de l'audit interne, la Direction de l'anti-corruption et la division du contentieux du personnel. La Direction de l'anti-corruption directement rattaché au Commissaire général, il est composé d'une quinzaine d'employés (directeur, chef de division, auditeurs). Il dispose du pouvoir d'enquête après saisine par le comité de discipline pour les fautes graves ou lourdes.

Toute affaire disciplinaire concernant une faute grave, lourde et assimilée est examinée par le Comité de discipline de l'OTR. L'agent concerné est entendu et peut faire appel de la décision auprès du comité de direction. Les rapports d'investigation sont soumis au Commissaire général avec copie au président du comité de discipline.

Le tribunal est saisi pour les affaires qui nécessitent un arbitrage extérieur (ex : cas de faux diplôme). Le tribunal compétent en cas de recours n'a pas encore été désigné (dans l'attente, le tribunal administratif reste compétent).

Tableau 19 : Nombre de sanctions effectivement prononcées

	Nombre	Période
Togo	▪ 23 dont 14 licenciements prononcés depuis 2014, pour des faits de corruption, ▪ 14 licenciements pour faux diplôme.	2014 – 2018 (juin)

Source : FMI, 2017

III.2.3.Système Informatique des Ressources Humaines (ERP Oracle)

L'Office Togolais des Recettes a développé un système informatique de gestion des ressources humaines (ERP Oracle) totalement intégré pour les actes de gestion des ressources humaines (dossier des agents, gestion des absences, intérim, paye, primes, indemnités et retenues, etc.). Ce système permet la gestion dématérialisée des congés (demande, validation). Chaque employé a la possibilité de gérer son dossier individuel par le biais de centres auto-services avec des PC reliés au système ORACLE.

III.3.Moyen de travail et ressources matérielles de l'Office

Pour faire face à ses dépenses de fonctionnement et d'investissement en vue de créer les conditions propices au travail du personnel et à l'atteinte des objectifs fiscaux, l'OTR à l'instar d'autres administrations fiscales, dispose d'un budget annuel. Ce budget est exécuté selon les procédures administratives et financières internes et conformes aux réglementations nationales après son approbation par le Conseil d'Administration de l'Office. Selon l'article 27 de la loi portant création de l'OTR, les fonds de l'Office sont composées (i) de la dotation budgétaire prévue par la loi de finances et (ii) des prêts et subventions reçues avec l'approbation du Ministre chargé des finances.

Le budget est l'instrument de la politique de motivation et d'acquisition des moyens matériels et immatériels nécessaires à l'amélioration de l'efficacité et de l'efficience de l'Office en vue de remplir sa mission principale de recouvrement des recettes au profit du budget de l'Etat.

Ainsi, sur la période 2014 à 2017, les dépenses de fonctionnement sont de 60,2 milliards de FCFA dont près de 65% pour les charges du personnel. En ce qui concerne les dépenses d'équipement et d'investissement, elles sont de 17,1 milliards de FCFA sur la même période. Les ressources, quant à elles, sont essentiellement composées des subventions de l'Etat et en 2017 du financement de la Banque Africaine de Développement (BAD) dans le cadre du projet d'appui à la gouvernance fiscale (PAGFI) pour un montant de 2,1 milliards de FCFA.

CONCLUSION

Il résulte de tout ce qui précède que la motivation est au cœur même de la vie professionnelle et de la performance des organisations. La perception de cette motivation par les travailleurs a évolué pour tenir compte de la dimension humaine. Au-delà de la motivation classique qui est matérielle, les travailleurs ambitionnent davantage une forme de motivation ultra-matériel. Cette dernière est essentiellement imbriquée aux moyens de travail dans les organisations. Ces moyens sont également amenés à s'adapter à la dynamique d'évolution de la société. Ils doivent être modernes et en phase avec les nouvelles technologies de l'information et de la communication. Ils doivent permettre également aux travailleurs de se sentir à l'aise dans l'exécution de leurs tâches.

Globalement, la motivation ultra-matériel et les moyens de travail se révèlent être des instruments de satisfaction des travailleurs, mais aussi d'optimalisation de la mobilisation des recettes en vue de permettre à l'Etat d'assurer l'autofinancement de ses besoins. Cependant, ces instruments ne doivent pas être considérés comme la seule solution à l'ensemble des dysfonctionnements qu'on peut observer au sein des administrations fiscales.

RÉFÉRENCE BIBLIOGRAPHIQUES

- Gérard CHAMBAS, « *Fiscalité et Développement en Afrique subsaharienne* », Paris, ministère de la Coopération, Economica, 1994
- Thibaut DUVILLIER, « Administration du personnel ou gestion des ressources humaines au sein de la fonction publique ? », *Pyramides*, n°2, 2000, pp 57-66.
- Marius ADJOVI, « Motivation et rémunération dans la fonction publique », *Centre Africain de Formation et de Recherche Administratives pour le Développement – CAFRAD*, 2001, pp 2-5.
- Jean-Marie PERETTI, *Ressources humaines et gestion du personnel*, Paris, Vuibert, 1994.

- Office Togolais des Recettes (2018) : rapport d'activités 2014-2017
- Office Togolais des Recettes (2017) : Statut du personnel
- République Togolaise (2012) : Loi n°2012-016 portant création de l'Office Togolais des Recettes
- UNIVERSITÉ MOHAMED V DE RABAT, « La motivation du personnel », *in* Cours de Master *Management des ressources humaines*, Faculté des sciences économiques, juridiques et sociales, 2009-2010.
- ROBERT HALF, « Motivation des salariés au travail : quel est l'impact réel pour votre entreprise ? » *in* Leadership et management, 14 mars 2017
- PING WANG, « La motivation : une source efficace pour améliorer la performance des membres d'équipes de projet », in Mémoire de maîtrise en gestion de projet, Université du Québec à Rimouski, Juillet 2011.
- R.M. Bird, M. Casanegra de Jantscher, Improving Tax Administration in Developing Countries, 1992
- Vito Tanzi « Rationalizing the Government Budget, or why Fiscal Policy is so Difficult », in A.O. Krueger (ed.), Economie Policy Reform, the Second Stage,chapitre 12, Chicago & London, University of Chicago Press, 2000
- FMI, « La gestion des ressources humaines des administrations fiscales au Bénin, au Burkina Faso, en Côte d'Ivoire, au Mali, au Maroc, au Sénégal et au Togo », 2017

COMPLIANCE FISCALE (*FISCAL COMPLIANCE*), OU LE CHANGEMENT DE PARADIGME DANS LA RELATION ADMINISTRATION/CONTRIBUABLE ?

GILBERT ORSONI

PROFESSEUR ÉMÉRITE, AIX-MARSEILLE UNIVERSITÉ

INTRODUCTION

Mes premiers mots seront des mots de remerciements, et tout particulièrement au professeur Nicaise MEDE qui non seulement m'a fourni l'occasion de me trouver parmi vous en ce pays riche d'histoire, mais a suggéré l'étude du thème dont je dois vous entretenir, *compliance* fiscale (*fiscal compliance*). Mes remerciements vont également à la Direction Générale des Impôts du Bénin pour l'organisation de ce colloque, sachant par ailleurs la difficile et enthousiasmante fonction qui est la sienne, faire que rentrent les impôts qui contribueront au développement de ce pays.

Compliance fiscale. Ceux qui me connaissent eussent pu s'étonner quelque peu, s'agissant surtout d'un intitulé, de l'utilisation d'un anglicisme. Mais, l'ayant accepté, je l'assume pleinement.

Comme pour toute étude, et s'agissant de plus d'un terme anglo-saxon, principalement usité dans le domaine du *management* (gestion), la première démarche sera définitionnelle. La traduction ordinaire étant « conformité », tandis que l'on peut trouver aussi, moins fréquemment mais non sans pertinence, « observance », les deux termes pouvant, en l'espèce être considérés sinon comme purement synonymes, du moins très proches. L'observance d'une norme impliquant conformité à celle-ci. J'ajouterai, puisque dans toute langue, le même vocable peut revêtir plusieurs signifiants, que « *compliance* » se traduit aussi, en termes scientifiques (sciences exactes), par flexibilité. On écartera bien évidemment ce deuxième sens. D'autant que si l'on parle ensuite de conformité à la norme fiscale, l'objet recherché ne sera pas (nonobstant la formule du doyen CARBONNIER « flexible droit ») d'envisager comment l'on pourrait s'accommoder de certaines interprétations fleurant bon les potentialités d'évasion fiscale.

Cela dit, retenant le terme de conformité, on peut d'emblée ne pas manquer de soulever quelques interrogations. Conformément à quoi ? Observance de quoi ? La norme, déjà évoquée bien sûr, nul n'étant censé ignorer la loi, fût-elle fiscale... Conformité à une politique ? (Les deux sont liées), et sans chercher à développer ce que le concept de conformité pourrait receler de conformisme, ce qui risquerait de nous égarer sensiblement. Il s'agirait donc, en soulignant au passage que si le concept (le terme) de *compliance* est très utilisé dans le monde de l'entreprise et du conseil fiscal, sachant que, dans ce monde-là, l'objectif de conformité peut apparaître comme inhérent à celui d'efficacité (une brève incursion sur internet en convainc rapidement)[299], il n'a pas encore droit de cité dans les manuels et autres ouvrages universitaires (résistance aux anglicismes ?).

Or, quelle que soit la terminologie utilisée, le phénomène, loin d'être nouveau en réalité (la nécessité pour les redevables de se trouver en conformité avec les lois et règlements dans le cadre de leurs déclarations et devoirs fiscaux) apparaît, certes pour tous contribuables et plus encore pour les entreprises, à commencer par les plus grandes, d'une flagrante actualité. Au point que l'on pourrait y voir, dans le cadre d'une étude qui lui est consacrée, l'occasion d'illustrer l'évolution des relations fisc/contribuable, voire l'expression d'un paradigme nouveau les concernant, et les contraintes et garanties qui concernent ce dernier.

---

[299] A titre d'exemple, sur un site notarial (B. BEDARIDE) : « *Compliance* désigne la conformité d'une opération avec les règles qui lui sont applicables afin d'en garantir l'efficacité. Ces règles concernent aussi bien les domaines juridiques que fiscaux, comptables et financiers. Cette conformité ne peut s'opérer sans une identification des règles applicables qui doivent se traduire par une étude de faisabilité écrite et préalable qui décrira les modes opératoires possibles d'une opération économique. Le notariat est une profession particulièrement adaptée à la pratique de la *compliance* ». « Le métier de notaire, précurseur de la régulation et de la conformité, est par essence lié à la *compliance* ».

Ce qui nous conduira, même si plusieurs de ces points, bien connus, seront davantage évoqués qu'explorés[300], dans un premier temps à traiter du cadre actuel de la *compliance*, ce qui nous amènera notamment à ne pas négliger l'environnement tant institutionnel (sinon géopolitique) qu'économique, dans lequel elle se situe, avant d'aborder ses modalités présentes. Avec leurs exigences (recommandations, obligations, sanctions), fussent-elles accompagnées de garanties sérieuses pour le contribuable, mais aussi leurs limites, qu'elles soient administratives (techniques aussi peut-être), sociologique et politiques.

I-LE CADRE ACTUEL DE LA *COMPLIANCE* (ET DE NOUVELLES NORMATIVITES)

Il convient de rappeler ici d'emblée cette dimension essentielle que, très largement, une *compliance* budgétaire induit, ou à tout le moins favorise, la *compliance* fiscale. C'est qu'en effet, plus encore depuis la crise des années 2008-2009 (et même s'il ne faudrait pas tomber dans le travers de tout expliquer par elle, quoiqu'elle ait grandement facilité l'évolution du système), s'est manifesté le triptyque cadre budgétaire (financier) contraignant au sein d'espaces économiques, politiques et institutionnels de plus en plus globalisés, ayant pour conséquence, afin d'éviter les tentations d'évitement/ évasion/fraude en découlant fortement, les efforts pour obtenir un cadre fiscal lui aussi plus contraignant (contribuables, banques et institutions financières, administrations), sans compter que l'on peut considérer la survenance d'évolutions positives en termes de standards éthiques et moraux ainsi qu'une approche plus exigeante de transparence.

A-Un cadre budgétaire contraignant.

L'on se permettra ici de se montrer rapide, mais l'évocation du cadre reste essentielle tant elle explique une bonne partie de ce qui va suivre.

Bien connue est la discipline budgétaire, notamment pour les européens (Maastricht, 1992). Déficit/dette, 3 et 60% du PIB…Avec

[300] Sujet très large, on en conviendra, car se préoccuper de la conformité à la norme peut impliquer aussi de s'intéresser à ce qui n'est pas conforme à celle-ci et, partant, de rechercher comment s'y conformer.

un renforcement par le TSCG (mars 2012). Aux termes de ce dernier, si la règle des 3% demeure, l'objectif est bien un quasi-équilibre : déficit structurel de 0,5%. Tandis qu'il emportait la création d'Autorités supérieures de validation des prévisions budgétaires et suggérait la consécration, au mieux constitutionnelle, de ces principes.

Sans être nécessairement aussi précises et drastiques, ces contraintes existent ailleurs (UEMOA) et/ou résultent de recommandations d'organismes internationaux (FMI, Banque mondiale) lesquels n'accordent leur aide qu'avec contreparties dont le sérieux budgétaire constitue un élément clé. Ce sérieux devant jouer aussi bien en matière de dépenses que de recettes. D'où aussi, concernant ces dernières, des mécanismes d'harmonisation, la TVA en constituant un excellent exemple (153 pays l'ont adoptée dont obligatoirement les pays membres de l'UE _ et l'on ne discutera pas ici le fait de savoir si elle est toujours opportune. Que signifie-t-elle par exemple en Afghanistan où 90% de la richesse effective hors aide internationale, résulte de la culture du pavot, laquelle n'est évidemment pas assujettie ?). Sachant que dans des systèmes économiquement intégrés et à marché unique, telle l'UE, l'harmonisation s'effectue de toutes façons pour un grand nombre d'impôts, soit de manière organisée (TVA, accises, régime des sociétés mères et filiales, et, pour partie, épargne) soit par effet *dumping* ou moins-disant (IS).

Tandis que, par-delà ces espaces régionaux qui s'organisent ou cherchent à s'organiser, pèse également le processus général de globalisation.

B-Dans un espace de plus en plus globalisé.

On s'excusera ici de soulever une autre évidence, celle bien sûr du phénomène de mondialisation laquelle, de par la liberté des échanges considérablement accrue, alliée au développement exponentiel des nouvelles technologies, conduit à une concurrence toujours plus exacerbée entre entreprises (lesquelles, pour chercher à prendre avantage sur leurs concurrentes, ne manqueront pas aussi d'intégrer le paramètre fiscal) et entre Etats qui tout naturellement viseraient à se révéler compétitifs pour attirer des investisseurs étrangers, même si l'on n'ignore pas que le paramètre fiscal, aussi important soit-il, est loin d'être seul pris en considération. De plus, dans un pareil contexte, il est non moins évident que les dites nouvelles technologies (capacité de modification de logiciels, délocalisation de placements financiers et même, désormais, monnaies virtuelles) s'ajoutent à des procédés plus classiques quoique encore récents (fraude carrousel) ouvrant assez considérablement des perspectives accrues d'évitement de l'impôt par méthodes frauduleuses[301].

D'où, au regard plus particulièrement des effets de la crise, elle aussi mondiale, des années 2008-2009, et des impératifs budgétaires qui sont aujourd'hui ceux de la quasi-totalité des Etats, la nécessité d'une lutte à la fois généralisée et coordonnée contre les phénomènes de fraude. D'où, de la Commission européenne aux G8 (puis 7) et G20, la récurrence de cette thématique illustrée entre autres, par une volonté affichée de faire disparaître (ou limiter leur capacité de séduction) les paradis fiscaux _ dont la fin avait été bien trop imprudemment annoncée par un président français à l'issue d'un de ces sommets. Tout ceci soulevant, en l'espèce en matière fiscale, quelques questions essentielles.

Cette nécessité apparue d'établir des règles nouvelles, comme d'ailleurs, à l'exemple de ce qui existe en matière de discipline budgétaire, suppose, fût-ce avec leur consentement, d'imposer aux Etats, à leur système bancaire et financier comme à leurs contribuables, un certain nombre d'obligations. Interdépendance allant jusqu'à poser la délicate question de la souveraineté fiscale des Etats. Même s'il demeure vrai que, par-delà ces exigences nouvelles, quelques fondamentaux demeurent lorsque l'on veut éviter, ou limiter, les phénomènes d'évitement de l'impôt. Davantage de simplicité et d'équité fiscales pouvant s'avérer une étape non négligeable d'un tel processus.

Mais, au total, ce fut un cadre fiscal à certains égards plus contraignant qui s'est vu mis en place.

C-Un cadre fiscal plus contraignant

Là est évidemment la cause la plus directe d'un développement de la *compliance*.

L'on a déjà eu recours à la formule de « plus grande exigence ». Sans être exhaustif, celle-ci connaît plusieurs manifestations.

---

[301] O. SIVIEUDE, *Comment lutter efficacement contre la fraude fiscale aujourd'hui ?* Gestion et Finances Publiques, n° 3/2018, p. 36, cite aussi, interposition de sociétés écran *off shore,* moyens de paiement anonymisés, montages juridiques et financiers complexes, constitution de trusts, auxquels s'ajoutent, depuis longtemps pratiquée, la détention de comptes à l'étranger (aff. CAHUZAC).

1. L'affichage d'une volonté de lutte contre la fraude

Sachant que l'on est désormais, en France, en présence d'un principe constitutionnel de lutte contre la fraude et l'évasion fiscales, objectif découlant de l'article 13 DDHC (Conseil const., décision 99-424 DC, 29 décembre 1999, loi de finances pour 2000) lequel toutefois ne doit pas entraîner contradiction avec d'autres principes constitutionnels (proportionnalité des peines, liberté d'entreprendre), cf. la décision, critiquée par beaucoup, du 8 décembre 2016[302], sur la loi relative à la transparence, à la lutte contre la corruption et à la modernisation de la vie économique, dite « SAPIN 2 ».

Cette importance conférée à la lutte contre la fraude résulte naturellement, par-delà toutes les considérations morales susceptibles d'être invoquées, et depuis longtemps déjà, même si le contexte ne fait qu'accroître sa nécessité, à la fois du « manque à gagner » conduisant à des déficits budgétaires (et une dette) qui, sans cela, seraient bien moins élevés, et d'une rupture d'égalité entre contribuables laquelle risquerait de mettre en cause l'adhésion de beaucoup au consentement fiscal. Même si, par essence, la mesure exacte du phénomène est difficile à appréhender : pour ne donner que l'exemple de la France, les chiffres évoqués varient entre 30 et 80 Milliards d'euros[303], la TVA paraissant l'impôt le plus fraudé. D'où, outre des lois spécifiques, telle celle n° 2013-1117 du 6 décembre 2013 sur la lutte contre la fraude fiscale et la grande délinquance économique et financière[304] ou encore l'actuel projet de loi contre la fraude présenté le 28 mars 2018 en conseil des ministres[305], devenu loi n° 2018-898 du 23 octobre 2018, plus d'une centaine de mesures législatives ont été prises depuis dix ans[306] et il ne se passe pas une loi de finances sans dispositifs de cet ordre. Les efforts étant généralement répartis au regard de l'importance spécifique de certains impôts dans les pratiques frauduleuses[307]. Et, même si les administrations sont encore trop démunies face aux capacités de localisation des grandes

[302] Cons. const., décision 2016-741 DC du 8 décembre 2016.

[303] 19 Milliards étant récupérés du fait des contrôles fiscaux.

[304] Laquelle a fait l'objet d'une assez récente évaluation. ASS. nat., 8 février 2017, rapport S. MAZETIER et J-L. WARSMANN

[305] Cf. *infra.*

[306] Cf., O. SIVIEUDE, *Comment lutter efficacement contre la fraude fiscale aujourd'hui ?* art. cit., p. 36.

[307] Cf. M. MAHEO et J. DODELER, *L'action de la DGFiP contre la fraude à la TVA intercommunautaire,* Gestion et Finances Publiques, n° 3/2018, pp. 58 et s.

entreprises du numérique (GAFA), leurs potentialités respectives d'action se sont vues grandement améliorées.

2. Disposer (pour les administrations) de meilleures informations

Disposer des informations nécessaires sur la situation d'un compte est évidemment le moyen le plus approprié pour être en capacité d'imposer correctement un contribuable alors précisément que pendant longtemps certains pays et certaines banques avaient pu jouer du secret de dépôts et transactions, facilitant ainsi un grand nombre de fraudes.

Même si elle a fait, à juste titre, l'actualité ces dernières années, la problématique de l'échange d'information est ancienne (cf. l'avant-projet du modèle de convention de la SDN de 1927, modifié ultérieurement (1943 et 1946). L'OCDE ensuite, dans son modèle de convention contre la double imposition, article 26, de 1963, a intégré une clause se référant à l'échange d'informations sur demande avant que ne soit plus tard introduit l'échange automatique d'informations.

D'où le « *Foreign Account Tax Compliance Act (FATCA)* » américain de 2010, la directive 2011/16/EU de l'Union européenne sur la coopération administrative dans le domaine fiscal qui a remplacé la directive 771/799/EEC. A quoi s'ajoute le modèle OCDE et sa déclaration sur l'échange automatique d'informations en matière fiscale (2014), signé même par la Suisse le 19 novembre 2014. Plus d'une centaine de pays sont aujourd'hui concernés et peuvent fournir à la France, automatiquement, toutes les informations utiles (comptes bancaires, assurances-vie). Tandis que les grandes entreprises (plus de 750 millions d'euros de chiffre d'affaires), doivent déclarer dans le détail les résultats de leurs filiales à l'étranger et les entreprises de plus de 50 millions de chiffre d'affaires doivent informer sur leurs opérations de prix de transfert.

On ajoutera que les services de l'Etat (Justice, TRACFIN) doivent fournir à l'administration toutes les informations utiles en ce domaine. Tandis que, par-delà l'automatisation, on ne saurait omettre le rôle joué par les lanceurs d'alerte dans la découverte de nombreuses pratiques de dissimulation, légales ou non. Sans omettre non plus que ces dernières années de nombreuses révélations sur l'évitement de l'impôt par des contribuables fortunés utilisant toutes les possibilités offertes par la circulation des capitaux et des montages sophistiques ont été le fait de lanceurs d'alertes et de recherches opérées par des consortiums d'enquêtes de la grande presse, l'administration n'ayant plus qu'à tirer le bénéfice de ces révélations (« *Swissleaks* », « *Panama papers* », « *Paradise papers* » et plus récemment « *Dubai papers* »[308]).

3. Et des moyens adéquats

Le législateur les a progressivement développés : recours à la « police fiscale » (2010) ; bénéfice, pour les vérificateurs, de la comptabilité dématérialisée des entreprises ; procédure du L. 16 B en matière de perquisitions fiscales ; amélioration des méthodes (on en arrive à parler de « méthode scientifique » ; appui également d'acteurs nouveaux tel TRACFIN déjà cité qui existe depuis 1990 (D. 9 mai 1990) mais qui s'est vu doter de moyens et de prérogatives plus importants. Depuis la troisième directive anti-blanchiment du 30 janvier 2009, TRACFIN peut communiquer des informations à des autorités non judiciaires, dont la DGFiP, avec laquelle un protocole d'échanges le lie (2013) ainsi qu'un agent de liaison DGFiP (1er septembre 2016). En outre la création d'une division spécialisée dans l'enrichissement et la détection de la fraude fiscale et sociale en 2012 a contribué à orienter encore davantage l'action de TRACFIN en direction des comportements fiscalement frauduleux.

II-LES MODALITES DE LA *COMPLIANCE*. NOUVELLES APPROCHES ? NOUVELLES EXIGENCES ?

Ces modalités soulignent son caractère majeur. Ce qui n'exclura pas pour autant, l'existence de limites, administratives, sociologiques et politiques.

A-Une exigence majeure (impliquant les acteurs, système financier, redevables)

Celle-ci jouera à plusieurs niveaux (système financier, redevables), son non-respect, et donc le maintien de comportements frauduleux, conduisant à un durcissement des sanctions.

1.Pour le système financier et bancaire

Les institutions financières (bancaires) sont bien évidemment sollicitées d'autant que longtemps le secret bancaire en vigueur dans

[308] L'Obs, n° 2809, 6 au 12 septembre 2018.

certains pays (Suisse) constituait un vecteur premier des capacités de dissimulation fiscale (même chose naturellement pour les établissements situés dans des territoires non coopératifs et dont la caractéristique première était de permettre des placements d'autant moins risqués que l'opacité était la règle, d'autant que s'ajoutaient de subtils montages financiers rendant difficile l'identification de leurs clients.

Ce qui devait impliquer que, progressivement, les institutions devaient se mettre en conformité avec les exigences légales, nationales et surtout internationales. Ainsi du programme *FATCA* cité plus haut pour les Etats-Unis, les programmes de divulgation volontaire prévus par de nombreux pays, européens notamment (France, Allemagne), les mesures bancaires intervenues visant à garantir la conformité fiscale (« *Weissgeldstrategie* »), les règles européennes, largement harmonisées, en matière de fiscalité de l'épargne et toutes autres dispositions relatives à l'échange d'informations, y compris avec des paradis fiscaux récurrents, Îles Caïmans, Îles anglo-normandes, Liechtenstein.

2.A l'échelle des redevables

La recherche de la *compliance* passe ici par une batterie de recommandations/exigences émanant de conseils aux entreprises nonobstant les recommandations plus habituelles faites aux redevables pour être en conformité avec les lois et règlements fiscaux (aides aux contribuables, fournies « clés en mains » et qui naturellement sont loin d'être gratuites).

a) S'agissant des recommandations, modalités et procédures visant à permettre une meilleure *compliance*, une illustration significative peut ici être donnée en exemple, émanant, sous l'intitulé « *Compliance fiscale et juridique* », d'un cabinet d'avocat (HEDEOS)[309] (illustrant aussi, à cet égard, comme l'avait aussi montré l'exemple notarial donné en introduction, l'existence, d'un authentique **marché de la *compliance***, qui mérite en l'espèce toute l'attention) :

« + Revue des procédures internes conduisant à l'établissement des déclarations fiscales périodiques ;

+ Analyse et diagnostic qualitatif permettant de mesurer l'impact sur la trésorerie de l'entreprise ;

---

[309] http://www.hedeos-avocats.fr/*compliance*-fiscale-juridique.

+ Optimisation des procédures déclaratives ;

+ Préparation et saisie des déclarations de chiffre d'affaires (même chose pour les déclarations d'échanges de biens communautaires et les déclarations européennes de services) ;

+ Déclaration d'exportation DAU ;

+ Suivi des différents registres (biens façonniers, prestataires)

+ Facturation. » (pour ne citer que la mission d'audit de *compliance*, à quoi il faudrait ajouter tout ce qui relève de l'immatriculation à la TVA en France des sociétés étrangères, l'assistance dans la préparation et le dépôt des demandes de remboursement de TVA et les suivis et assistance permis avec l'appui de correspondants locaux spécialisés.

b) Quant aux obligations proprement dites, la liste en est longue. Certes variable selon les pays mais comprenant toujours quelques « fondamentaux ».

S'il ne s'agit nullement d'en dresser la nomenclature, on peut ici également évoquer une « stratégie *compliance* » telle que présentée par les conseils aux entreprises (cf. *Lettre professionnelle*, en lien avec Francis LEFEBVRE, juin 2018, A. ROHMERT et V. CORBET-PICARD) sur les fusions-acquisitions.

+ Audit-*compliance* en amont

+ Prise en compte de la *compliance* dans les accords contractuels

+ Recherche de neutralisation ou réduction des risques…

+ Poursuite après acquisition des impératifs de *compliance*.

Tandis qu'il s'agira pour les entreprises de satisfaire à l'article L. 47 du LPF, c'est-à-dire à l'obligation de présenter leurs livres de comptes sous la forme de fichiers informatiques standardisés dans la perspective d'un contrôle fiscal[310].

3.Un durcissement des sanctions

Paradoxalement, si, du côté de l'administration la *compliance* fiscale paraît comprise comme une présomption de conformité à l'égard de nombreux contribuables pour lesquels le risque est faible de dissimulations et/ou de montages juridiques sophistiqués, cela doit conduire à l'inverse que d'autres catégories de redevables se verront

---

[310] Cf. J. GOUGET, *Les grands principes du contrôle fiscal des comptabilités informatisées*, Gestion et Finances Publiques, n° 3/2018, op. cit., pp. 80 et s.

soumis à des contrôles plus poussés et s'exposeront à des sanctions accrues. Envisagées comme couvrant tout le champ répressif, sanctions administratives, sanctions pénales.

Il ne s'agit pas, ici non plus, de procéder à un état des lieux, sinon pour rappeler le constat d'une préoccupation constante et croissante des pouvoirs publics, tant il n'a pas été, outre les lois spécifiques précitées, 2013 et 2018, une loi de finances récente qui y aille de sa ou ses dispositions.

L'actualité, simplement, s'inscrit dans ce continuum avec la loi n° 2018-898 du 23 octobre 2018 relative à la lutte contre la fraude fiscale. Dont on ne peut que souligner la volonté affichée tout à la fois de **mieux détecter** et **appréhender la fraude.**

+ Création, dans le ministère en charge du budget d'une « police fiscale » pour accroître les capacités d'enquête et « détecter et déjouer les fraudes complexes ».

+ Renforcement des pouvoirs de la douane pour lutter contre des logiciels frauduleux (dits « permissifs »).

+ Renforcement également des échanges d'informations.

Tandis que l'on assiste dans le même temps à un **renforcement des sanctions.**

+ Assurer le « *Naming and Shaming* », c'est-à-dire donner une plus large publicité aux sanctions, tant administratives que pénales. Les sanctions existent mais revêtiraient désormais, à l'encontre des seules personnes morales, un caractère obligatoire. Même chose pour ce qui est de rendre publics les rappels d'impôts et sanctions administratives pécuniaires (sanctions complémentaires de graves délits fiscaux).

+ Sanction des professionnels complices de fraude (50% des honoraires perçus ?).

+ Aggravation des sanctions pénales par doublement des amendes (jusqu'au double du produit tiré de l'infraction).

+ Extension de la procédure dite du « plaider coupable » (comparution sur reconnaissance préalable de culpabilité).

+ Renforcement des sanctions douanières applicables en cas d'injures, maltraitance ou trouble à l'exercice des fonctions des agents des douanes.

+ Extension de la liste française des Etats et territoires non coopératifs.

+ Remise en cause, mais elle n'est que partielle, car ne s'appliquant qu'aux très gros fraudeurs, du « verrou de Bercy », c'est-à-dire du monopole conféré à l'administration des finances aux fins de saisine du procureur afin que soient exercées des poursuites pénales (art. 36).

B-Des limites administratives, sociologiques et politiques

Elles ne manquent pas d'interroger le « changement de paradigme ». La *compliance*/conformité, en effet, aussi organisée soit-elle, et complétée par une addition de sanctions, ne va pas toutefois sans se heurter à quelques limites.

1.Les premières sont administratives

Toutes les administrations ne sont pas d'égale qualité et l'on sait que, là même où des progrès sont constatés, des pesanteurs demeurent. Et même dans les cas (France) où existe une vieille tradition administrative et une incontestable compétence des agents, la question des moyens demeure et l'on a le sentiment parfois qu'à chaque progrès dans la lutte, d'autres techniques de fraude apparaissent pour laquelle il faut trouver parade, le phénomène ayant été accentué par le développement des nouvelles technologies. Sans compter, mais cela est plus traditionnel et affaire de sociologie et de rapport de force, lorsque l'on doit faire face à des contribuables « gullivériens »[311], dont les moyens sont immenses et les relais puissants et, de ce point de vue-là, il n'est pas certain que la *fiscal compliance* ait bouleversé les données du problème.

Que signifie la *compliance* lorsque l'on s'adresse aux fameux GAFA ?

2.Une approche sociétale ambivalente

Si l'on a pu souligner les incontestables progrès, permis par les lanceurs d'alerte ou plus généralement la société civile (cf. les associations Anticor ou *Tranparency international*), en parallèle avec les prises de conscience gouvernementales, il n'en reste pas moins vrai que dans l'inconscient (ou le conscient) collectif, des décennies ou siècles d'accoutumance ont fait que certaines formes d'indulgence ont pu persister. Et que l'on peut être surpris parfois, et pas seulement dans une écoute de « radio-trottoir », mais dans des discours d'hommes ou femmes politiques, de voir fustiger avec davantage de

---

[311] J. Cl MARTINEZ, *Le statut de contribuable*, Bibl. Sc. Fin., T. 15, LGDJ, 1980, p. 155

vigueur des pratiques de (petite) fraude sociale (chiffrée à deux ou trois milliards d'euros) quand il sera beaucoup moins souligné les 30 à 80 milliards de fraude fiscale. A quoi l'on ajoutera, ce qui, vrai en France, ne l'est pas partout, que si l'arsenal pénal peut paraître rigoureux, la pratique est plus douce, surtout s'il s'agit d'envisager des incarcérations (cf. Aff. CAHUZAC où la condamnation à trois ans de prison a été fixée pour permettre précisément que l'incarcération n'intervienne pas).

On ajoutera à cet égard que « en même temps » que le projet de loi relatif à la fraude était débattu devant le Parlement un autre projet dit « projet relatif au droit à l'erreur » rebaptisé « loi pour un Etat au service d'une société de confiance » qui vise à améliorer les droits du contribuable : réduction de moitié des intérêts de retard ; extension d'une « garantie fiscale » (où l'on garde le bénéfice d'une première vérification) ; admission surtout d'un « droit à l'erreur ». Le contribuable, ce qui effectivement se produit, peut, de bonne foi, se tromper, ou oublier un élément de sa déclaration. Il s'agira dès lors de faire preuve d'un peu plus de bienveillance…Ce qui ne va pas sans rappeler les développements sur un « nouveau civisme fiscal » en vogue, il y a quelques années, dans la haute administration fiscale et chez certains universitaires où déjà ce changement paradigmique se voyait affiché. Ce « nouveau civisme » devant résulter d'un cadre plus favorable (cf., la « Charte COPE », mars 2005, ou « Charte du contribuable » à l'adresse des usagers du service public de l'impôt faisant apparaître les « règles et bonnes pratiques » devant régir les relations entre administration fiscale et contribuables), révélateur d'une situation de plus grande confiance entre le contribuable et l'administration[312].

3.Des échappées pérennes (en guise aussi de conclusion)

L'on a pu constater la tendance présente à une *compliance*/ conformité bien plus appuyée, au point d'en faire, pour beaucoup

[312] Cf. M. BOUVIER (dir.), *La nouvelle administration financière et fiscale*, LGDJ, Lextenso, 2011 et plus particulièrement, outre la préface de Philippe PARINI, alors directeur de la DGFiP, M. BOUVIER, *L'assiette, la liquidation et le recouvrement de l'impôt : une culture du civisme fiscal*, pp. 21-55.
Dans le même sens, pour une présentation quelque peu « à sens unique » des relations apaisées administration/contribuables, L. TALLINEAU, *De l'administration de l'impôt, in Droit et économie. Interférences et interactions,* Mélanges BAZEX, Litec, 2009, p. 337.

d'acteurs du métier fiscal, une « marque de fabrique ». Et l'on ne saurait en mésestimer le peu contestable aspect positif en termes de respect des règles par nombre de redevables.

Si, comme en tout domaine, un progrès, fût-il incomplet, doit être salué, il n'en demeure pas moins quelques réalités encore préjudiciables. Par-delà la réduction, dont on peut aussi parfois contester la portée, d'un nombre d'Etats ou territoires non coopératifs, l'évitement de l'impôt, sous quelque forme que ce soit, conserve une solide vigueur. Qu'il s'agisse de fraude artisanale ou, surtout, de la capacité de grands groupes à limiter leur imposition. Ce qui conduit à considérer que la *compliance* possède encore une belle marge de progression avant que la conformité à la règle fiscale devienne à peu près partout la norme.

PANEL 4 :
GLOBALISATION DES ÉCHANGES ET FISCALITÉ

LES APE : ENTRE OPPORTUNITES ET MENACES

OROU-GUIDOU SADECK

INSPECTEUR DES DOUANES

DIRECTION GÉNÉRALE DES DOUANES ET DROITS INDIRECTS DU BÉNIN

INTRODUCTION

La République du Bénin, à l'instar de la plupart des pays au sud du Sahara, a un budget essentiellement fiscal. En effet, les recettes fiscales et douanières contribuent à plus de 90% au Budget Général de l'Etat. Ainsi, les Administrations des Impôts et des Douanes supportent presque à elles seules la charge de la mobilisation des ressources budgétaires. A ce titre, la mobilisation optimale des ressources intérieures constitue une préoccupation majeure.

Mais avec les différentes mutations au niveau international, cette optimisation est de plus en plus comprise.

Le développement du système multilatéral commercial consécutif à la création en 1995 de l'Organisation Mondiale du Commerce (OMC) et la multiplication sans précédent des Accords Commerciaux Régionaux (ACR) et des Accords de Libre Echange (ALE) ne sont pas sans conséquences sur les recettes douanières des pays signataires notamment les pays en développement qui sont pour la plupart dépendantes des recettes douanières.

Le Bénin fait partie du groupe des pays ACP et est engagé dans les négociations et la signature des Accords de Partenariat Economique (APE). Aussi, convient-il de s'interroger sur les impacts des APE sur les pays ACP et plus particulièrement le Bénin ? Que constituent les APE ? Les objectifs ? Le contenu et les modalités. ?

Pour répondre à toutes ces interrogations, nous commencerons d'abord par la genèse et les objectifs des APE (I). Ensuite le contenu et les modalités. (II). Les Impacts sur les économies des ACP et des pays de l'UE (III). Enfin les mesures d'accompagnement (IV).

I-GENESE ET OBJECTIFS DES APE

Les relations commerciales entre l'Union Européenne (UE) et le bloc de pays ACP sont en constante évolution (A) avec des objectifs précis dans le temps et dans l'espace (B).

A-Genèse

a-Les Accords d'avant Cotonou : De Yaoundé I à Lomé IV

Depuis ***1957***, à la signature du traité de Rome qui a établi la Communauté Economique Européenne (CEE), le groupe des six pays signataires (Allemagne, Belgique, France, Italie, Luxembourg et Pays Bas) avait prévu un type particulier de coopération avec l'Association des Pays et Territoires d'Outre- Mer d'alors. Ces six pays posaient ainsi les bases d'une coopération entre les pays du Nord et ceux du Sud.

En ***1963 et 1969***, à **Yaoundé**, cette intention s'est traduite dans les faits avec la signature de deux conventions d'Association avec 18 Etats africains francophones et malgache. Ces conventions dénommées accords de ***Yaoundé I et Yaoundé II*** avaient pour principal objectif la coopération économique et, l'Afrique francophone[313] était le principal bénéficiaire des ressources allouées par les pays européens au titre de ces accords.

A cette époque, les séquelles de la décolonisation et l'apprentissage du partenariat à travers des institutions paritaires avaient marqué les accords qui relevaient essentiellement des domaines du commerce et de la coopération financière et technique.

A partir de **1975**, une nouvelle génération de conventions va être signée à **Lomé**. Sous l'impulsion de l'élargissement de l'Europe à de nouveaux membres, on assiste à l'ouverture du cercle des Etats associés. Le Groupe ACP (Groupe des Etats d'Afrique, des Caraïbes et du Pacifique) a vu le jour à la faveur de Georgetown signé en juin 1975 en Guyane. C'est ainsi qu'un nouvel accord **(Convention de Lomé I, 1975-80) est conclu entre 46 pays ACP et les 9 Etats membres de la CEE**. Cet accord signé avec un bloc de pays ayant des problèmes communs a surtout permis aux pays des Caraïbes et du Pacifique de bénéficier de l'important pouvoir de négociation dont disposait l'Afrique.

---

[313]En dehors des pays francophones, il y avait la Somalie et l'île Maurice qui adhère en 1970.

Par la suite, les conventions successives de Lomé (***Lomé I, II, III, IV, IV révisé***) ont constitué le cadre de coopération Nord-Sud le plus large. Lomé III fut marqué par la combinaison du principe du dialogue, des engagements contractuels et de la prévisibilité avec la notion de partenariat. L'approche projet est abandonnée au bénéfice du développement fondé sur l'autosuffisance et la sécurité alimentaire.

Sous Lomé IV, les questions politiques ont été introduites pour la première fois dans les relations ACP-UE. Les droits de l'homme s'imposaient progressivement et ont même conduit à désorienter de nombreux pays ACP où régnaient des régimes militaires. **De cinq ans, la durée de vie des Conventions passait à 10 ans** avec une révision après la première période de cinq ans. Des soutiens financiers sont prévus au titre des programmes d'ajustements structurels mis en place dans certains ACP sous la houlette des Institutions de Bretton Woods. La promotion du secteur privé et la coopération régionale ont pris une importance capitale.

La révision de la convention de Lomé IV (Lomé IV révisée), **le 4 novembre 1995** à l'Ile Maurice, s'est faite sous l'influence du **Traité de Maastricht signé en 1992** avec le remplacement de la CEE par **l'Union Européenne**. L'accent est mis sur le respect des droits de l'homme, des principes démocratiques, de l'Etat de droit et la bonne gouvernance. Le rôle de la société civile à travers la coopération décentralisée est pris en compte dans la convention. L'allégement des dettes des pays ACP est envisagé par la transformation des prêts spéciaux notamment de la Banque Européenne d'Investissement (BEI) en subventions non remboursables.

Dans le volet commercial, les conventions de Lomé reposent sur deux types de préférences unilatérales **: un accès hors droits de douane à la majeure partie des produits exportés vers les pays de l'Union Européenne et un système de protocoles produits** (sucre, viande bovine, bananes et rhum), pour lesquels des contingentements sont offerts sur la base des prix planchers garantis et non sur les cours mondiaux. Ce régime commercial offre des avantages non réciproques aux pays ACP et permet à ces derniers de compenser leur déficit de recettes d'exportation découlant des fluctuations des prix de leurs produits de base.

La mise en œuvre de ces dispositions a permis d'avoir 97% des produits provenant des ACP qui entrent en franchise de droits de porte sur le marché européen. La plupart font partie du secteur agricole et évitent pour 95% les restrictions liées à la Politique Agricole Commune (PAC) de l'UE, de par leur nature tropicale. Seuls des produits non tropicaux (la banane, la viande bovine et le sucre) font l'objet de quotas.

La différence entre les barrières tarifaires prévues dans le cadre de la convention de Lomé et celles du **Système de Préférences Généralisées (SPG)** accordé à d'autres pays en développement est généralement favorable aux pays ACP. En termes de taux de taxation, elle est par exemple de 10,5 points pourcentage pour les fruits et légumes et de 13,5 points pourcentage pour les préparations de poissons. Les pays ACP bénéficient ainsi d'un ascendant sur d'autres Pays en Voie de Développement (PVD) au niveau des frontières. En revanche, pour les produits industriels, ils peuvent entrer en franchise pour les ACP alors que les pays bénéficiant du SPG font face à un tarif de 0,3%.

Toutefois, à l'épreuve des faits, les pays ACP n'ont pas véritablement profité de ces préférences. Les raisons tiennent au manque de compétitivité et de la prédominance de produits primaires dans leurs exportations[314].

A titre d'exemple, on peut noter que les exportations des ACP ont diminué de plus de la moitié, en passant de 8% de part du marché communautaire sous Lomé I à 3% en 1998, malgré les préférences accordées. Par ailleurs, la structure des échanges commerciaux entre l'Union Européenne et les ACP connaît aussi de grands déséquilibres : l'Union Européenne fournit 49,9%[315] des importations de l'UEMOA alors que l'UEMOA fournit moins de 1% des importations de l'Union Européenne.

Dans la perspective de la préparation de l'après Lomé, l'Union européenne a publié en 1996 le ***« Livre vert sur les relations entre l'Union européenne et les pays ACP à l'aube du 21e siècle : défis et options pour un nouveau partenariat ».*** Ce livre a suscité des consultations au sein des regroupements sous régionaux et régionaux des ACP (UEMOA, CEDEAO, OUA, CARICOM, FORUM PACIFIQUE...).

Le constat qui se dégage de la lecture de cet ouvrage est que :

---

[314] Impact des Accords de Partenariat Economique (APE) et les scénarios des ajustements préliminaires : cas de l'UEMOA, CAPE, octobre 2002

[315] Source : UEMOA, FMI, 1998

- la situation géopolitique est modifiée par la fin de la guerre froide entre l'Est et l'Ouest après la chute du Mur de Berlin et la fin du système communiste ;

- l'insuffisance des préférences commerciales au regard des nouvelles règles de l'Organisation Mondiale du Commerce née à Marrakech en 1994 ;

- la multiplication des conflits et des catastrophes humanitaires dicte une amélioration de la viabilité et de l'efficacité de l'aide.Ainsi, les difficultés structurelles des pays entraînant un manque de compétitivité et leur incapacité à s'adapter, combinées aux exigences de l'OMC qui apparaissent incompatibles avec les dispositions commerciales de Lomé, ont conduit à une révision des accords de Lomé à la fin des années 90.

2)L'accord de Cotonou et les APE

Le nouvel Accord de partenariat ACP-UE, dénommé **Accord de Cotonou,** a été signé le **23 juin 2000** pour 20 ans entre 77 pays ACP[316] et les 15 membres de l'Union Européenne, est un accord-cadre d'aide et de commerce qui s'inscrit dans le prolongement des conventions de Lomé. D'une durée de vingt ans, l'Accord de Cotonou contient un protocole financier dont les ressources sont allouées aux pays ACP par le biais du Fond Européen de Développement (FED). L'objectif central de cet accord est la réduction de la pauvreté tout en contribuant au développement durable et à l'intégration progressive des pays ACP à l'économie mondiale.

En procédant à la signature de l'Accord de Cotonou, les pays de l'Union Européenne et les pays ACP ont engagé une réforme radicale dans leurs relations commerciales dont la finalité est de définir le cadre des futures négociations visant à mettre en place, à partir de 2008, des Accords de Partenariat Economique (APE) entre eux. Des changements importants sont introduits sur le plan commercial au titre des APE. Il s'agit :

- de la réciprocité dans les relations commerciales entre les ACP et l'Union Européenne. Seuls les PMA, à travers l'Initiative "***Tout sauf les Armes***" ne sont pas tenus de perdre le bénéfice de leur situation actuelle ;

[316] dont 40 PMA

- de la configuration régionale des négociations basées sur les régions, sauf pour les pays ACP qui décident de négocier un accord de libre-échange directement avec l'UE ;

- du traitement particulier des PMA. L'UE veut continuer de tenir compte de la fragilité particulière de ces économies face aux accords de libre-échange. Les PMA pourront donc continuer d'évoluer dans un cadre non réciproque s'ils le souhaitent.

B- Objectifs des APE

Le but des APE est la mise en place d'une zone de libre-échange entre l'UE et les regroupements régionaux des pays ACP. Par ce biais, les APE cherchent à atteindre des objectifs spécifiques suivants (JADOT 2000) :

- promouvoir l'intégration régionale, en mettant l'accent sur la construction de blocs commerciaux régionaux ;
- crédibiliser les politiques économiques et commerciales ACP, en rendant conformes les accords régionaux aux règles de l'OMC et en rétablissant une forte contrainte extérieure sur les politiques commerciales ACP ;
- réduire le pouvoir des lobbies nationaux ;
- améliorer la compétitivité intérieure grâce à des ouvertures ;
- favoriser l'investissement intérieur et extérieur, en donnant davantage confiance aux investisseurs ;
- améliorer la compétitivité des économies ;
- soutenir l'insertion dans l'économie mondiale, en ajoutant pour ce qui concerne l'UEMOA par exemple, aux dispositifs monétaire et budgétaire existant un dispositif commercial formel de l'Union à l'Europe.

II-CONTENU DES APE ET MODALITES

Les APE engendreront, en principe, pour chaque pays signataire un désarmement dû à l'intégration régionale (CEDEAO) basée sur la libéralisation commerciale et un désarmement issu de la réciprocité introduite dans les relations commerciales avec l'UE.

Il faut noter que l'Accord de Cotonou a fixé le cadre général des négociations. Ce cadre se présente ainsi qu'il suit :

- entre 2000 et 2002, préparations des négociations ;

- entre 2002 et 2008, négociations formelles de nouveaux accords commerciaux ;

- en 2004, les pays ACP non PMA décideront s'ils sont ou non en mesure de s'engager dans des accords de libre-échange ;

- en 2006, les partenaires entreprendront une revue complète des accords prévus pour l'ensemble des pays et s'assureront que tout est fait pour que de nouveaux délais ne soient pas nécessaires ;

- au 1er janvier 2008 au plus tard, entrée en vigueur des nouveaux accords et

- entre 2008 et 2018/2020, mise en œuvre des accords.Les négociations entre ACP et UE ont été lancées à Bruxelles en septembre 2002. Elles doivent se dérouler en deux étapes. La première a eu lieu entre l'ensemble des ACP etl'UE, et a porté sur les questions horizontales. Le paragraphe suivant fait le point de cette phase qui a duré une année.

La première phase des négociations qui a concerné l'ensemble des pays ACP a porté sur les questions transversales. Les nombreuses rencontres, tant au niveau des ambassadeurs qu'au niveau technique, ont tourné autour des questions suivantes : la dimension développement des APE, l'accès au marché, l'agriculture et la pêche, les services, les questions juridiques et les questions liées au commerce.

A la fin de cette phase, les deux parties sont tombées d'accord sur plusieurs points. Cependant des divergences de vues existent encore. Le paragraphe qui suit présente les points de convergence et de divergence

- **La dimension développement des APE**

Dans ce cadre, les deux parties ont convenu que les APE doivent contribuer directement au développement des pays ACP. A cette fin, les APE doivent tenir compte des contraintes économiques, sociales, environnementales et structurelles spécifiques des pays et régions ACP concernés, ainsi que de leur capacité à adapter leur économie au processus des APE. Les APE doivent également tenir compte des orientations des pays et régions concernés en matière de développement. En outre, ils doivent être économiquement et socialement soutenables.

(i) Intégration régionale

Les APE doivent appuyer les initiatives d'intégration régionale existant dans les pays ACP et contribuer à les renforcer en favorisant notamment l'harmonisation des règles au niveau régional. Dans cette perspective, les APE devront d'abord servir à consolider les marchés ACP avant de promouvoir l'intégration commerciale avec la Commission Européenne.

(ii) Maintien de l'acquis

Les deux parties ont convenu que les APE maintiendront et amélioreront le niveau actuel de l'accès préférentiel au marché européen pour les exportations ACP. En ce qui concerne les protocoles relatifs aux produits de base, les deux parties ont convenu, en application de l'article 36. 4 de l'Accord de Cotonou, de les réexaminer dans le contexte des nouveaux accords commerciaux notamment du point de vue de leur conformité avec les règles de l'OMC. Pour ce qui concerne les pays ACP non-PMA qui ne seront pas en mesure de conclure des APE, les deux parties ont convenu que, conformément à l'article 37 : 6 de l'Accord de Cotonou, la CE évaluera la situation de ces pays et étudiera toutes les alternatives possibles, afin de pourvoir ces pays d'un nouveau cadre commercial qui soit équivalent à leur situation existante et conforme aux règles de l'OMC.

(iii) Compatibilité avec les règles de l'OMC

Il y a convergence de vues sur le fait que les APE doivent être compatibles avec les règles de l'OMC en vigueur au moment de leur conclusion et qu'ils devront tenir compte du caractère évolutif des règles pertinentes, notamment dans le cadre du programme de Doha pour le développement.

(iv) Traitement spécial et différencié.

Les deux parties ont convenu qu'un traitement spécial et différencié devrait être accordé à tous les Etats ACP, et en particulier aux PMA, aux petites économies et aux pays enclavés et insulaires vulnérables.

- **L'accès au marché**

En matière d'accès aux marchés ACP, les deux parties ont convenu que la couverture des produits au titre des APE et la durée des périodes de transition devront être précisées au niveau régional, en tenant compte des spécificités des régions concernées. En ce qui concerne la longueur des périodes de transition, la CE a évoqué les paramètres généraux de l'OMC qui, seront appliqués avec flexibilité et qui pourront être modulés en fonction des contraintes et besoins économiques, sociaux et environnementaux spécifiques des pays et des régions concernés ainsi que de leur capacité à adapter leurs économies au processus de la libéralisation.

En ce qui concerne la couverture des produits, la CE a fait état du critère de « 90 % ou plus » du commerce fixé par l'OMC dans le cadre de son ambition générale de réaliser à terme une libéralisation commerciale réciproque de cette portée.

Enfin, les deux parties ont convenu de la nécessité d'adopter au niveau régional dans le cadre des APE des mesures de sauvegarde appropriées en ce qui concerne aussi bien les produits industriels que les produits agricoles. Les deux parties se sont également accordées sur le principe d'une évaluation continue du processus d'ajustement que les APE nécessiteraient en vue d'adapter le programme de libéralisation pour tenir compte des éventuels problèmes qui pourraient surgir dans les pays ACP.

• **L'agriculture et la pêche**

Il y a convergence de vues sur l'importance cruciale de l'agriculture pour la réalisation des objectifs énoncés dans l'Accord de Cotonou.

Une convergence de vues s'est dégagée également sur la nécessité pour les pays et régions ACP de diversifier la structure de leurs exportations et d'augmenter la valeur ajoutée de celles-ci en prenant en compte les questions telles que la TCDT (transformation, commercialisation, distribution et transport).

Les deux parties ont aussi convenu de la nécessité d'examiner dans le cadre des négociations des APE, les questions liées aux mesures sanitaires et phytosanitaires (SPS) ainsi que l'impact des restrictions à l'exportation de la CE au cas par cas. S'agissant des mesures SPS, la CE a souscrit à la recommandation des ACP visant à renforcer les capacités nationales et régionales des pays ACP selon le cas, y compris celles relatives aux institutions d'évaluation et de certification.

Cependant une divergence de vues subsiste concernant la chronologie de la libéralisation des échanges dans le domaine de l'agriculture par rapport à l'appui à apporter aux pays et régions ACP pour le développement du secteur agricole. La partie ACP considère que les pays et régions ACP ont besoin d'une aide accrue avant que les négociations ne commencent dans ce domaine. Pour la CE, ces deux processus sont complémentaires et doivent être menés de front de façon à se renforcer mutuellement. Les deux parties ont décidé qu'il conviendra d'examiner cette question dans le contexte des négociations régionales, en tenant compte de la situation spécifique des pays et régions concernés.

S'agissant de la pêche, les deux parties ont eu un échange de vues sur le pour et le contre de la conclusion, en matière de pêche, un accord-cadre ACP-UE incorporant des principes fondamentaux comme le principe de la pêche responsable et celui de la gestion rationnelle et durable des ressources halieutiques. Les deux parties ont convenu de poursuivre les discussions à ce sujet.

• **Les services**

Une convergence de vues s'est dégagée sur l'importance d'un secteur des services pour le développement des économies des pays et régions ACP et sur la nécessité de renforcer ce secteur dans les pays et régions concernés.

Les deux parties sont tombées d'accord sur le fait que l'Accord de Cotonou ne renferme pas d'obligation stricte de libéraliser le commerce des services dans le cadre des APE. Elles ont toutefois reconnu qu'aux termes de l'Accord de Cotonou, les parties ont convenu de se fixer pour objectif d'étendre leur partenariat à la libéralisation des services conformément à l'article 41. Les deux parties ont convenu que la libéralisation des services dans le cadre des APE doit être progressive, fondée en principe sur l'approche dite de la liste positive et adaptée au niveau de développement des pays et régions ACP concernés ainsi qu'à leurs contraintes spécifiques. Elle doit, en outre, s'appuyer sur les principes de différenciation, d'asymétrie et de discrimination régionale positive. Les parties ont reconnu que pour mener à bien la libéralisation des services, il est nécessaire de mettre en place un cadre réglementaire solide permettant d'appuyer les activités dans ce secteur. Les deux parties conserveraient en outre le droit de réglementer la fourniture de services sur leur territoire et d'introduire de nouvelles réglementations à cet égard afin de répondre à des objectifs de politique nationale. Par ailleurs, les négociations examineraient la possibilité et les modalités de la création d'un mécanisme de sauvegarde spécial en matière de commerce des services.

Les ACP et la CE se sont accordés sur la nécessité de fournir, dans le cadre des APE, un appui aux pays ACP en vue du développement de leur secteur des services. Cet appui devrait être axé sur les besoins spécifiques des pays et régions ACP.

• **Les questions liées au commerce.**

Les deux parties ont relevé qu'au fur et à mesure que des progrès étaient réalisés en ce qui concerne la réduction des tarifs douaniers, d'autres mesures après la frontière devenaient de sérieuses barrières au commerce. Pour assurer des courants commerciaux fluides entre les parties aux APE, il est nécessaire de s'attaquer à des questions telles que les normes, les règles sanitaires, vétérinaires et phytosanitaires et les réglementations en matière de protection des consommateurs, de manière à ce que même lorsque ces mesures sont adoptées pour des raisons valables, elles n'entraînent pas des coûts importants et n'équivalent pas dans la pratique à des obstacles aux échanges commerciaux. Les deux parties ont également convenu que l'existence d'infrastructures et d'institutions fonctionnant correctement et la mise en place de systèmes réglementaires appropriés sont deux conditions nécessaires à la réussite de toute économie commerciale et qu'elles sont complémentaires.

Cependant, les ACP estiment que les volets réglementaires des domaines liés au commerce ne doivent pas faire l'objet de négociations dans le cadre des APE avant qu'un accord ne soit réalisé sur la manière de traiter ces questions au niveau multilatéral, notamment à l'OMC. Les ACP maintiennent en outre qu'il convient de développer les capacités juridiques et institutionnelles nécessaires dans les pays et régions ACP, que des disciplines puissent être négociées dans ces domaines.

L'UE a, pour sa part, fait valoir que des engagements concrets dans la plupart des domaines examinés ont été déjà définis dans l'Accord de Cotonou. Par conséquent, la tâche à accomplir consisterait plutôt à ajuster ces engagements compte tenu de la situation spécifique des pays et régions concernés et à assurer leur mise en œuvre. De plus, le renforcement des capacités et la négociation des règles doivent être entrepris simultanément.

En dépit de leurs divergences de vues, les deux parties ont convenu d'améliorer leur coopération dans tous les domaines relatifs au commerce et de renforcer la capacité des ACP à traiter de ces questions, y compris si nécessaire, en améliorant et en appuyant les cadres institutionnels.

Les deux parties se sont accordées sur le fait que les APE et les mesures de soutien au développement doivent être complémentaires et se renforcer mutuellement. Par conséquent, les APE doivent être pris en compte dans les politiques de développement des pays et régions ACP et être pleinement intégrés dans la politique de la CE en matière de coopération au développement.

Cependant, une divergence de vues subsiste quant à savoir s'il y a lieu d'accorder des ressources financières additionnelles aux pays ACP en sus de celles du FED. La partie ACP estime que des ressources supplémentaires sont nécessaires pour tenir compte des coûts d'adaptation qui résulteraient de la mise en œuvre des APE et pour faire en sorte que les ressources actuellement disponibles au titre du FED ne soient pas détournées des priorités de développement des pays ACP. Pour la CE en revanche, les ressources affectées au financement de la coopération au développement pour les cinq prochaines années ont été déjà décidées dans le cadre de l'Accord de Cotonou et cette question ne doit pas faire l'objet d'une renégociation dans le cadre des APE.

III-IMPACTS DES APE SUR L'ECONOMIE

Pour apprécier les impacts des APE, plusieurs études ont été réalisées tant au niveau national que sous régional.

Au niveau sous régional, on note essentiellement :

- L'étude de la CAPE relative à l'analyse des impacts des APE sur les pays de l'UEMOA. Les impacts ont été évalués au moyen d'un modèle en équilibre partiel décrivant pour chacun des pays l'offre et la demande des biens sur le marché ;
- l'étude de la HWWA – Hamburg Institute of International Economics sur l'étude empirique des impacts des APE sur les pays de la CEDEAO avec un modèle d'équilibre partiel.

Au niveau national, il s'agit entre autres de :

- l'étude de la Direction Générale de l'Economie sur l'Accord de Partenariat Economique entre la CEDEAO et l'UE et son impact sur l'Economie béninoise à l'aide d'un Modèle d'Equilibre partiel ;

- l'étude de la Direction Générale de l'Economie sur l'Identification des produits sensibles pour le Bénin dans le cadre de la préparation des négociations de l'Accord de Partenariat Economique avec l'Union Européenne ;

- l'étude de ADJOVI et al réalisée pour le compte de la Fondation Friedrich- Ebert Stiftung (FES) relative à l'analyse de l'impact de l'Accord de Partenariat Economique sur l'économie du Béninà l'aide d'un Modèle d'Equilibre Général Calculable (MEGC) dynamique ;

- l'étude réalisée par E. ADJOVI dans le cadre des travaux du réseau « Micro Impact of Macro Adjustment Policies–Bénin » sur le thème « Les Accords de partenariat économique et pauvreté au Bénin » qui s'est appuyée sur un Modèle d'Equilibre Général Calculable (MEGC) renforcé par de la micro-simulation ;

- l'étude du cabinet SOGES sur le renforcement des capacités en appui à la préparation d'un accord de partenariat économique (APE) entre le Bénin et l'Union Européenne réalisée dans le cadre du Projet 8 ACP TPS 110-096 Bénin à l'aide d'un Modèle d'Equilibre Général Calculable (MEGC).

Toutes ces études ont identifié et mesuré les effets des APE[317] sur le secteur productif, les échanges extérieurs et le bien-être des ménages. Quant à l'impact sur les indicateurs pauvreté, il a été abordé par l'une des études, celle du réseau MIMAP-Bénin.

D'une manière générale, il est noté que bien que l'ampleur des effets diverge d'une étude à l'autre, le sens des effets est presque toujours identique.

Cette communication s'efforcera de présenter de manière synthétique les résultats de ces différentes études sur l'impact des APE en termes de recettes fiscales, de production, d'offre et de demande de biens, d'échanges extérieurs et du bien-être des ménages.

A- Impacts sur les recettes fiscales

Toutes les études réalisées ont diagnostiqué une perte de recettes de porte au niveau des impacts des APE sur les recettes fiscales.

---

317 Il s'agit plus spécifiquement des effets du volet commercial des APE.

Cependant, le niveau de ces pertes de recettes diffère de manière sensible d'une étude à l'autre.

Au niveau sous régional, l'étude de la CAPE au niveau de l'UEMOA a montré que le désarmement progressif relatif aux APE **réduit les recettes tirées** par les Etats de l'UEMOA des échanges avec l'UE. En moyenne, les pertes de recette au niveau de l'Union se situeraient à **146 milliards de FCFA.** La Côte d'Ivoire et le Sénégal viendraient en tête avec des moyennes annuelles respectives de 52 et de 44 milliards de FCFA de perte sur la période 2008-2017. Les pays de l'hinterland qui ont un taux de commerce intra élevé auront des pertes moins importantes de l'ordre de 5 milliards de FCFA pour le Niger et de 9 milliards de FCFA pour le Burkina Faso.

Toutefois, ces niveaux de perte devront être relativisés car, en pourcentage du PIB, la perte de recettes varie entre 4,32% et 13,08% pour les pays de l'Union.

Pour ce qui concerne la CEDEAO, la suppression des droits de douane entraînera évidemment **une baisse des taxes à l'importation** et, par conséquent, **de l'ensemble des recettes publiques**. En valeur absolue, la baisse des taxes à l'importation, dans le scénario moyen, va de 2,2 millions de dollars américains en Guinée Bissau à 487,8 millions de dollars américains au Nigeria. Cette baisse sera plus importante au Cap Vert avec une chute de 79,9 %.

Il importe de préciser que compte tenu de la place qu'occupent les recettes de porte dans la mobilisation des ressources, une forte baisse de ces dernières pourrait affecter la situation financière des gouvernements d'Afrique de l'Ouest et leur capacité à fournir les services publics appropriés dans un objectif de réduction de pauvreté. Dans cette optique, le Cap Vert et la Gambie seront particulièrement affectés avec une baisse de l'ensemble des recettes publiques, dans le scénario moyen, de 19,8 et 21,9 % respectivement.

Au niveau national, l'étude de la DGE sur l'impact des APE a quantifié les pertes totales de recettes de porte cumulées sur la période 2008-2019 à 174,93 milliards de francs CFA, soit 14,5 milliards de franc CFA en moyenne annuelle.

L'étude de FES a quant à elle, évalué dans le cadre de la libéralisation uniforme, une baisse de 9,40% du montant des droits de douane perçus et un accroissement de 4,80% du montant des taxes indirectes perçues.

B-Impacts sur la production

Globalement, la plupart des études réalisées ont montré que les APE auraient un effet négatif sur les secteurs productifs. Cependant, l'ampleur de cet effet diffère d'une étude à l'autre.

L'étude de la DGE sur l'impact des APE a montré que l'offre globale de produits locaux sur le marché domestique connaîtra une contraction de 45,69% sur 8 ans suite à la libéralisation totale des importations en provenance de l'UE. **Cette évolution à la baisse de la production nationale est due à la concurrence des produits en provenance de l'UE, qui, du fait de la baisse de leurs prix domestiques ont vu leurs demandes augmentées de plus de 28%**.

Pour sa part, l'étude FES a montré que l'impact sur la production pourrait être légèrement positif. En effet, la libéralisation uniforme dans l'ensemble des secteurs entraînerait une augmentation de la production de l'ordre de 5,16% tandis que la libéralisation graduée des échanges par secteur provoquerait une augmentation de la production de l'ordre de 5,15%. Toutefois, ces hausses de niveau de production cachent certaines faiblesses en liaison à la baisse de la production par rapport à la situation de référence.

Au niveau de l'étude du réseau MIMAP-Bénin, les impacts enregistrés varient selon le mode d'ajustement utilisé. Ainsi, avec l'instauration d'une taxe compensatoire comme mode d'ajustement, la production sectorielle, résultante de l'évolution des exportations et de la demande intérieure des produits locaux, enregistrerait une forte hausse pour les secteurs qui ont connu les plus fortes baisses de leur prix domestique. Ce serait le cas pour les cultures industrielles, l'agro-industrie et l'agro-artisanat. **Ces trois secteurs devraient donc être les « gagnants » du processus de libéralisation. Le secteur « perdant » en termes de production est celui des industries artisanales qui est le moins orienté vers l'extérieur.**

Avec la diminution des dépenses publiques comme mesure d'ajustement, la production sectorielle évoluerait très peu (0,5%). Ce sont les productions des secteurs ayant connu une forte variation à la hausse des exportations qui seront en expansion. Il s'agit des secteurs industriels (agro-industrie, industries modernes et autres industries artisanales). A l'opposée, les secteurs agricoles et agro-artisanat connaitraient une récession.

Par contre, l'étude du cabinet SOGES fait ressortir que les impacts sectoriels des APE seraient quasiment nuls en début de période de démantèlement, et qu'ils conduisent à un accroissement du niveau de production à peine égal à 0,2% pour l'agriculture et l'industrie en fin de période.

C- Impacts sur les échanges

Du point de vue des échanges, toutes les études ont généralement évalué l'impact des APE en relevant une amélioration des importations avec des niveaux plus ou moins voisins. Au niveau des exportations, une hausse est généralement notée.

1.Importations

Au plan régional, plus précisément au niveau de l'UEMOA, l'étude de la CAPE a montré que les APE auront eu comme impact **un important accroissement des importations en provenance de l'UE**, qui varieraient entre 29,74% pour le Sénégal et 18,92% pour le Togo. Cette évolution se ferait au détriment des échanges avec les autres partenaires commerciaux hors UEMOA.

En effet, les importations en provenance de cette catégorie de pays connaitront une tendance baissière sur la période de désarmement avec l'Europe.

L'effet de l'union douanière qui est mise en place au sein de l'UEMOA influencerait l'évolution des échanges entre les pays de l'UEMOA. Les importations intra-union connaitront une hausse non négligeable même si elle devrait être relativement plus faible que celle observée avec les pays de l'UE (entre 3,67% et 9,33%).

Tableau 1: Évolution des importations intra-union (en %)

	Après 5 ans	**Après 10 ans**
BENIN	1,99	4,29
BURKINA	1,92	4,26
RCI	3,05	6,83
GUINEE	2,83	6,17
MALI	2,62	5,89
NIGER	1,64	3,67
SENEGAL	4,16	9,33
TOGO	2,00	4,30

Source : Extrait de l'étude de la CAPE relative à l'analyse des impacts des APE sur les pays de l'UEMOA.

Au total, la mesure simulée induit une création de commerce UEMOA-UE qui domine l'effet de détournement de commerce (UEMOA - reste du monde hors UE) qui est également observée puisque les importations totales connaîtraient une augmentation assez significative comme le montre le tableau ci-après.

Tableau 2 : Evolution des importations totales (en %)

	Après 5 ans	Après 10 ans
BENIN	2,87	6,21
BURKINA	3,25	7,27
RCI	4,89	11,04
GUINEE	4,95	10,89
MALI	3,84	8,68
NIGER	2,73	6,14
SENEGAL	6,06	13,73
TOGO	3,13	6,75

Source : Extrait de l'étude de la CAPE relative à l'analyse des impacts des APE sur les pays de l'UEMOA.

Dans le contexte de la CEDEAO, les résultats de l'étude HWWA font ressortir qu'avec la libéralisation tarifaire complète vis-à-vis des importations provenant de l'UE vers tous les pays d'Afrique de l'Ouest, l'ensemble des importations provenant de l'UE devrait augmenter, dans le scénario moyen, de 5,2 % (Guinée-Bissau) à 20,8 % (Nigeria). Hormis le Nigeria, on peut s'attendre à des effets commerciaux relativement élevés au Bénin (l'ensemble des importations augmenterait de 11,6 %), au Cap Vert (11,7 %), au Sénégal (11,5 %) et au Togo (10,9 %).

Au plan national, l'étude réalisée par la DGE sur la question a confirmé l'attente selon laquelle les APE conduiraient à une modification du volume et de la provenance géographique des importations. ***En effet, les importations totales augmenteraient de manière sensible (10,2%). Seuls les pays de l'UE accroissent réellement leurs ventes sur le marché béninois. La variation constatée est la résultante de l'important relèvement des importations en provenance de l'UE (28,42%) et de la baisse de celles en provenance de la CEDEAO (-3,93%) et du Reste Du Monde (-3,49%). Cette situation, va à l'encontre des objectifs de***

l'APE qui vise, entre autre, le renforcement de l'intégration régionale.

L'étude du réseau MIMAP a pour sa part montré que la suppression des droits de douane à l'importation des produits en provenance de l'UE entraînerait d'une manière globale, une hausse du volume des importations de 4,9% avec l'instauration d'une taxe compensatoire. Cependant, on assiste plutôt à une baisse du volume des importations pour les branches ayant un taux initial de droit de douane nul ou proche de 0 (Autres services et cultures industrielles) avant la libéralisation.

Lorsque la mesure d'ajustement retenue est la réduction des dépenses publiques, l'impact sur les importations est beaucoup plus important. Ces dernières connaîtraient dans ce cadre une hausse de 7,3%. Toutefois, les importations pour les branches ayant un taux initial de droit de douane nul ou proche de 0 (services marchands) avant la libéralisation connaîtraient également une baisse.

L'étude réalisée pour le compte de la Fondation Friedrich-Ebert Stiftung (FES), révèle qu'avec une libéralisation uniforme, les importations ne connaîtraient qu'une croissance de 3,21% qui passerait à 3,22% si la libéralisation due aux APE s'opérait de façon graduée dans les différents secteurs.

2. Exportations

Avec les préférences commerciales qui leurs sont accordés, 99% des exportations des pays ACP entrent en franchise de droits de douane sur les marchés européens. Le Bénin est aussi dans cette logique puisque la quasi-totalité des exportations (tourteaux de coton, crevettes et fruits comestibles : ananas (essentiellement) entre en franchise totale dans les pays de l'UE.

Cette donne est renforcée avec les APE. Cependant, des difficultés perdurent car les barrières douanières ne sont pas un obstacle au développement des exportations. Les obstacles réels sont plutôt la quasi inexistence de produits à offrir et le non-respect des normes notamment celles sanitaires et phytosanitaires. (DGE)

Quel que soit le mode d'ajustement préconisé, le volume des exportations totales augmenterait de plus de 6%. (MIMAP)

Le niveau d'augmentation des exportations serait de. 4,18% dans le cadre de la libéralisation uniforme et de 4,19% dans le cadre de la libéralisation progressive par secteur. (FES)

Dans le cadre de l'étude sur le renforcement des capacités du Bénin dans le processus des APE, il a été révélé une dégradation constante et progressive de la balance commerciale, due à une augmentation des importations en provenance de l'UE (8.73% en 2019 ou 7,30% ».

Globalement, avec les APE, les importations du Bénin en provenance de l'UE représenteraient près de 5,5 (15,9/2,93) fois les exportations du pays vers l'UE. (MIMAP)

2-4-Impact sur le bien-être des ménages

D'un point de vue économique, la création commerciale améliore le bien-être, les consommateurs remplaçant les produits locaux par les importations bon marché bénéficiant d'un régime de faveur. La diversion commerciale, quant à elle, fera reculer le bien être, étant donné qu'une source d'importations plus efficace sera déclassée par une production à coût élevé.

Dans le contexte sous régional de l'UEMOA, si pour les producteurs l'impact de la suppression des droits sur les importations de l'UE n'est pas forcément favorable, c'est la situation contraire pour les consommateurs. Le bien-être de cette catégorie d'agent mesurée par le surplus du consommateur serait positif pour tous les pays.

Ce sont les consommateurs des pays comme le Sénégal et la Côte d'ivoire (les plus ouverts sur les pays de l'UE) qui auraient les niveaux de bien-être le plus élevé. Toutefois, cette amélioration du bien-être supposerait la baisse des prix consécutive au désarmement tarifaire sur le commerce avec l'UE. L'exemple du processus de libéralisation intra UEMOA a montré que la baisse des droits de douane n'a pas profité aux consommateurs.

Au niveau de la CEDEAO, l'étude HWWA a montré que la création commerciale dépasserait la diversion commerciale (en valeurs absolue) dans tous les scénarii et dans tous les pays d'Afrique de l'Ouest. En ce qui concerne la création commerciale, l'augmentation des importations provenant de l'UE dans le scénario moyen oscillerait entre 3,6 % au Mali et 12,5 % au Nigeria. Ici encore, les barrières tarifaires relativement élevées vis-à-vis des importations provenant de l'UE constitueraient la principale raison des effets commerciaux plus importants au Nigeria. Les effets de la diversion commerciale seraient quelque peu plus faibles. En considérant les importations ne bénéficiant pas d'un régime de faveur, la plus forte baisse pourrait se produire au Nigeria ; celle-ci s'élèverait à 229 millions de dollars américains, soit 7,6 %.

Au niveau national, l'étude de la DGE a montré que la création de commerce du fait de la mise en œuvre des APE, améliorerait le bien-être des consommateurs puisque ceux-ci disposeraient de plus de biens à coût plus réduit. L'amélioration du bien-être semblerait être confirmée par les résultats du calcul du surplus des consommateurs. Bien entendu, cela n'est possible que si la baisse des prix des produits importés n'est pas récupérée par les commerçants ou les distributeurs comme ce fut le cas dans le cadre de l'instauration de l'union douanière de l'UEMOA.

IV-Mesures d'accompagnement

Dans ce cadre, la mise en œuvre de mesures spécifiques a été préconisée. Ces mesurent se résument essentiellement à :

- Inventorier les produits qui sont des consommations intermédiaires dans les contextes actuel et futur du secteur de production et envisager leur libéralisation totale. Il s'agit des produits qui n'existent pas dans l'espace CEDEAO et qui sont importés de l'UE ;

- Susciter chez les acteurs la bonne maîtrise et **le respect des normes de qualité sanitaires des produits notamment les denrées alimentaires** ;

- Amener les acteurs à s'approprier les textes relatifs à la traçabilité pour un changement comportemental conséquent dans le processus de production et de distribution ; ce changement devra se traduire par la capacité réelle de tenir un tableau de bord des activités de production et/ou de distribution ;

- Mener une action volontariste et continue qui permettra d'engager le pays dans la densification et la diversification de la production agricole avec la concentration sur les spéculations pour lesquelles des opportunités sont identifiées et saisies au niveau de l'UE ; les recherches de faisabilité et l'organisation des spéculations en filières doivent être des aspects importants de cette action ;

- Dans la stratégie de développement des exportations nationales, mettre l'accent sur les produits agro industriels par rapport aux produits purement agricoles afin d'accroître les valeurs ajoutées des activités d'exportation pour l'économie nationale ;

- Favoriser le développement de l'investissement par la réduction des risques.

Beaucoup plus généralement, des mesures d'ajustement pourraient être prises pour corriger un tant soit peu les effets négatifs des APE :

- Il s'agira entre autres de négocier des financements **(FORAPE)** pour réduire, dans une certaine mesure, les pertes de recettes douanières qui seront constatées du fait de l'application de la suppression des droits sur les produits européens.

- **La transition fiscale.**

Un appui financier et technique pourrait être également négocié pour aider le Bénin à réaliser la transition fiscale qui s'impose. Avec la perspective de la baisse des recettes de porte, il convient au Bénin de se préparer à une véritable **transition fiscale**. Cette transition nécessite le renforcement de la base taxable intérieure qu'est la production. Aussi, est-il opportun de procéder à une accélération des réformes en cours sur la taxation directe et rendre opérationnelles les actions pour améliorer le rendement des impôts directs tels que l'IGR et l'impôt foncier, une poursuite des actions d'élargissement de la base taxable de la TVA ; - une vulgarisation des études existantes auprès des opérateurs économiques. En raison des enjeux de ces accords commerciaux, il importe pour les négociateurs de prendre les dispositions idoines afin de parvenir à la mise en œuvre de mesures compensatoires des effets négatifs des APE (FORAPE). Ces compensations concerneront surtout les recettes publiques, la mise à niveau des entreprises mais également le niveau de vie des ménages.

- Le Gouvernement béninois devra dès à présent se pencher sur **le renforcement de son tissu productif,** l'assainissement de son environnement fiscal interne.

- Les appuis à négocier dans ce contexte concerneront également le renforcement du secteur productif. Dans ce cas, un programme de remise à niveau pourrait être négocié avec l'Union Européenne **(PAPED)**[318]. De même, les programmes de développement du secteur privé devraient être renforcé.

---

[318] Programme APE pour le Développement

L'assainissement du climat des affaires devrait également être une préoccupation en vue d'attirer beaucoup plus d'investissements privés.

- **Promotion de l'investissement étranger direct (IDE)**

Les partenariats pourront être conçus dans un cadre propice pour l'investissement étranger direct afin de répondre aux besoins de financement des activités compte tenu des limites des interventions du système financier national. Les soutiens et les types d'adaptation qui sont nécessaires pour attirer davantage d'investissement direct étranger méritent d'être analysés et retenus pour permettre au secteur privé de mieux réussir dans le nouveau système commercial.

- **Renforcement de capacité en matière de mesures sanitaires et phytosanitaires**

Il est indiqué d'établir de nouvelles formes d'assistance en ce qui concerne les mesures sanitaires et phytosanitaires. En effet, dans la perspective de la diversification de la production et du développement des échanges, les défis à relever seront plus importants notamment en matière de capacité en infrastructures et en ressources humaines.

Le principal problème de compétitivité au Bénin est lié au coût élevé des facteurs de production. Pour renforcer l'effort d'investissement fait par le Bénin en matière d'infrastructures, il sera question d'appuyer les initiatives régionales. Il s'agit de :

- **Transport :** participer au financement du programme décennal de travaux permettant de faire le réseau reliant les capitales des Etats membres de la CEDEAO, le réseau des axes routiers alternatifs reliant les capitales et les routes d'interconnections, et le réseau de communication avec les autres pays voisins membres de la CEDEAO. Aussi, faudra –t-il noter que le financement de ce programme permettra de (i) mettre au point un système d'informations sur le trafic routier (banques de données routières, base de données sur les accidents de la circulation, etc.), (ii) faciliter les transports et transit routiers inter états (harmonisation des réglementations, utilisation d'un document de transit, etc.) et (iii) sécuriser la route (formation de conducteurs, éducation routière, information et communication avec les usagers, réglementation, etc.) ;

- **Énergie** : De la situation énergétique du pays, il ressort des défis majeurs à relever notamment la disponibilité et l'accessibilité. Les coupures d'électricité ainsi que le manque de régularité d'accès qui sont enregistrés dans les flux d'énergie compromettent le cycle d'exploitation des entreprises et préjudicient l'activité économique en général. Ainsi, le fait de ne pas garantir la disponibilité de l'énergie électrique de façon continue et stable peut être perçu comme un facteur démotivant. Le taux de couverture du territoire national est faible et ne peut inciter à investir dans les localités où l'énergie électrique n'est pas disponible.

Il importe alors de lever ce verrou dans le cadre de la mise en œuvre de la politique énergétique commune adoptée par l'UEMOA, à travers l'exécution du projet de gazoduc de l'Afrique de l'Ouest dans lequel le Bénin est impliqué ainsi que les projets à financer par le second compact du MCA[319] consacré à l'énergie.

- **Industrie et artisanat :**soutenir les actions de la politique industrielle communautaire, adoptée en décembre 1999, qui s'articule autour de 6 programmes, à savoir, (i) la promotion de la qualité, (ii) la mise à niveau des entreprises, (iii) le développement des petites et moyennes entreprises (PME), (iv) l'accès au financement, (v) le renforcement de la concertation au sein des différentes branches industrielles, et (vi) la création d'un réseau d'informations industrielles. Le soutien de l'UE dans le cadre de l'APE passera par la mise en place des outils d'accompagnement du secteur privé. La Banque européenne d'Investissement pourrait également jouer un rôle à cet égard.

Par ailleurs, compte tenu du potentiel d'exportation du secteur artisanat sur les marchés extérieurs, l'Accord de Partenariat économique régional pourrait contribuer à faire en sorte que les micro entreprises artisanales aient les capacités requises pour répondre aux demandes de différents types de produits. Aussi, faudra-t-il noter que l'Union Européenne devrait aider les entreprises dans le processus de renforcement de leur capacité et de mise à niveau.En dehors de l'UE, l'Etat béninois devrait :

- progressivement modifier la structure des dépenses primaires à la faveur de la contribution budgétaire d'investissement d'environ 3% à 20% durant les prochaines années (les cinq prochaines années) et

- prioriser les projets productifs dans la sélection des projets du Programme d'Investissement Public (PIP) bénéficiant de la contrepartie budgétaire.

[319] Millenium Challenge Account

CONCLUSION

La mise en œuvre des APE est une source de menaces pour les économies des pays ACP en général et celle du Bénin en particulier. En effet, la plupart des études d'impacts tant au niveau régional qu'au niveau national a démontré l'existence d'impacts négatifs sur les recettes douanières (du fait du désarmement tarifaire sur les produits européens), sur les secteurs productifs (à cause de la concurrence des produits européens importés en franchise des droits), sur la balance commerciale (plus déficitaire car le niveau des importations est supérieur au niveau des exportations).

Aussi, est-il apparu nécessaire de prendre un certain nombre de mesures d'accompagnement pour saisir quelques opportunités que pourrait offrir la mise en œuvre des APE. Ainsi, au-delà du bien-être que pourrait procurer la qualité des produits européens aux ménages, il faudrait s'organiser pour accroître notre capacité de production afin d'augmenter l'offre de marchandises à destination de l'Union Européenne et surtout de se conformer aux exigences en matière de normes techniques et sanitaires.

LE TARIF EXTERIEUR COMMUN (TEC) DE LA COMMUNAUTE ECONOMIQUE DES ETATS DE L'AFRIQUE DE L'OUEST (CEDEAO) : AVANCEES ET CONTRAINTES

PADONOU MAHUGNON HONORÉ

INSPECTEUR DES DOUANES

SPÉCIALISTE DES QUESTIONS TARIFAIRES

EXPERT ACCRÉDITÉ DE L'OMD EN MATIÈRE DE SH

INTRODUCTION

L'expression Tarif Extérieur Commun traduit l'application au sein des Etats membres d'une union douanière, d'un même tarif aux marchandises originaires des pays tiers. Il ressort de cette définition deux conséquences d'une part, les Etats membres de l'union douanière adoptent une même Nomenclature Tarifaire et Statistique c'est-à-dire, un même système de désignation et de codification des marchandises et d'autre part, ces Etats appliquent aux marchandises originaires des pays tiers, les mêmes droits d'entrée (ou droit de porte ou droit de douane).

La communauté Economique des Etats de l'Afrique de l'Ouest a adopté au terme de la 29ème session de la conférence des chefs d'Etats et de Gouvernements, par Décision A/DEC.17/01/06 du 12 janvier 2006, le Tarif Extérieur Commun de la CEDEAO (TEC/CEDEAO), sur la base du TEC de l'UEMOA.

La décision d'étendre le Tarif Extérieur Commun (TEC) de l'Union Economique Monétaire Ouest Africain (UEMOA) aux États membres de la Communauté Economique des États de l'Afrique de l'Ouest (CEDEAO) a été prise par les chefs d'États et de Gouvernements de la CEDEAO pour d'une part se conformer aux dispositions du Traité de la Communauté Economique des Etats de l'Afrique de l'Ouest (CEDEAO) qui dispose en ses articles 3 et 37 que les Etats Membres conviennent de mettre en place un Tarif Extérieur Commun (TEC) et d'autre part profiter de l'expérience de l'UEMOA en matière de TEC.

Il faut attendre le 1er janvier 2015, soit neuf (09) ans après son adoption pour que ce tarif entre en vigueur.

Dans tous les cas, la définition d'une protection tarifaire commune aux frontières de l'espace CEDEAO est une étape importante de l'approfondissement du processus d'intégration régionale en Afrique de l'Ouest. La région dispose du potentiel de production lui permettant de nourrir sa population actuelle et d'assurer la sécurité d'approvisionnement d'une population estimée à plus de 400 millions de personnes en 2020. Les Etats membres ont désormais à leur disposition un instrument économique pour leur développement.

Le TEC bien qu'étant un instrument communautaire est mis en œuvre par chaque Etat membre et l'impact sur l'économie de chaque Etat dépend de sa politique économique et de sa stratégie.

I-LE TEC DE LA CEDEAO : OBJECTIF, STRUCTURE ET LES MESURES D'ACCOMPAGNEMENT

A-Les objectifs et les critères de catégorisation

a-Les objectifs clés du TEC de la CEDEAO

L'harmonisation des droits de douane et des taxes d'effet équivalent aux frontières des Etats membres de la CEDEAO a des objectifs positifs majeurs : Approfondir l'intégration économique : Union douanière, plate-forme pour construire la politique commerciale commune et les négociations commerciales régionales telles que l'APE, stimuler la capacité de production régionale et d'investissement, consolider le marché régional, ouvrir l'Afrique de l'ouest à l'économie mondiale, inciter à l'investissement étranger, réduire le détournement commercial. Avec l'établissement et la mise en œuvre du TEC de la CEDEAO, la région est au seuil d'une Union Douanière. Cette union douanière sera complète lorsque la région harmonisera les procédures douanières afin de mettre en place la libre pratique.

b-L'architecture du TEC de la CEDEAO

Le TEC CEDEAO, c'est une Nomenclature Tarifaire et Statistique (NTS), nomenclature douanière commune basée sur le Système harmonisé de désignation et de codification des marchandises (SH)[320]

---

[320]Le Système harmonisé de désignation et de codification des marchandises, généralement dénommé "Système harmonisé" ou "SH", est une nomenclature internationale polyvalente élaborée par l'Organisation mondiale des douanes (OMD). Il comprend environ 5.000 groupes de marchandises, identifiées par un

de l'Organisation Mondiale des Douanes (OMD)[321] adoptée par la Communauté, un tableau des droits et taxes applicables aux produits importés et qui comprend : le Droit de Douane (DD), la Redevance Statistique (RS), le Prélèvement Communautaire de la CEDEAO (PC CEDEAO), le Prélèvement Communautaire de Solidarité de l'UEMOA (PCS).

Le TEC CEDEAO, c'est également des mesures de défense commerciale et des mesures complémentaires de protection le cas échéant qui peuvent générer des droits pouvant influer sur le prix final des produits importés des pays tiers.

Le TEC CEDEAO, c'est donc les droits et taxes qui peuvent avoir un caractère permanent ou un caractère temporaire. Les droits à caractère permanent sont : le Droit de Douane (DD), la Redevance statistique (RS), le Prélèvement communautaire de la CEDEAO (PCC), le Prélèvement Communautaire de Solidarité de l'UEMOA (PCS). Les droits et taxes à caractère temporaire sont : la Taxe d'Ajustement à l'Importation (TAI), la Taxe Complémentaire de Protection (TCP) et les mesures de défense commerciale (droit antidumping, droit de sauvegarde, droit compensatoire).

c-Les critères de catégorisation

La mise en place d'un tarif doit obéir à des règles et celui de la CEDEAO n'y a pas dérogé. Quatre critères majeurs ont gouverné la catégorisation des marchandises dans le tarif de la CEDEAO. Il s'agit :

- du degré d'ouvraison ou de transformation du produit, selon le principe de progressivité;
- du caractère social du produit ;
- de la capacité productive communautaire d'un produit donné et sa disponibilité;
- de la sauvegarde des recettes douanières des États membres.

---

code à six chiffres et classées suivant une structure légale et logique, et repose sur des règles bien déterminées destinées à faciliter son application uniforme

[321]L'Organisation mondiale des douanes (OMD) est une organisation intergouvernementale, qui est réputée pour élaborer des conventions internationales, instruments et outils, notamment sur les sujets suivants : classement des marchandises, évaluation en douane, règles d'origine, perception des recettes douanières, sécurité de la chaîne logistique, facilitation des échanges internationaux, lutte contre la fraude, lutte contre la contrefaçon en veillant au respect des droits de propriété intellectuelle (DPI), promotion de l'éthique et renforcement durable des capacités pour l'application de réformes et de modernisations douanières.

B-Les droits et taxes inscrits au TEC de la CEDEAO

a-Structure des droits de douanes dans le TEC CEDEAO

Le TEC de la CEDEAO contrairement à celui de l'UEMOA comporte cinq (05) catégories de droits de douane conformément aux cinq (05) différentes catégories de marchandises qui le composent. Le tableau suivant montre les différentes catégories de marchandises contenues dans le TEC de la CEDEAO avec les taux de droit de douane qui y correspondent.

Catégorie	Intitulé	Description	Taux de droits de douanes
0	Biens sociaux essentiels	Les produits destinés à la santé (médicaments, moustiquaires imprégnées), produits culturels et certaines céréales (mil, sorgho, maïs), etc.	0%
1	Biens de première nécessité, matières premières, biens d'équipement et intrants spécifiques	Les biens entrant dans la fabrication d'autres biens pour faciliter la production des produits finis (engrais, matériel agricole)	5%
2	Produits intermédiaires	Les produits un peu plus élaborés que les produits de la deuxième bande, mais n'étant pas fabriqués en quantité suffisante dans la région et non susceptibles d'y être fabriqués à court terme	10%
3	Biens de consommation finale	Les produits finis ayant atteint le stade ultime de transformation	20%
4	Biens spécifiques pour le développement économique	Les produits sensibles en raison de leur caractère stratégique pour le développement de la région (critères : vulnérabilité du produit, intégration régionale, promotion du secteur et fort potentiel de production)	35%

b-La redevance statistique

Le taux de la redevance statistique est fixé à 1% applicable indifféremment à tous les produits importés, exonérés ou non. La base de taxation pour l'application du Tarif Extérieur Commun est *ad valorem*[322].

c-Les Prélèvements Communautaires

Les discussions relatives au prélèvement communautaire unique n'ont pas permis de trouver un consensus en raison de la double appartenance de certains Etats à la CEDEAO et à l'UEMOA. Ainsi les Etats membres de l'UEMOA perçoivent pour une période transitoire qui est de cinq (5) ans, 1% au titre du Prélèvement Communautaire de Solidarité (PCS) pour le compte de l'UEMOA et 0,5% au titre du Prélèvement Communautaire (PC) pour le compte de la CEDEAO. Les autres Etats perçoivent seulement 0,5% au titre du PC. On note ainsi une disparité dans l'application des prélèvements communautaires dans la zone pour au moins le temps que durera la période transitoire.

C-Les mesures d'accompagnement du TEC de la CEDEAO

a-Les mesures de défense commerciale

En complément des droits et taxes à caractère permanent et conformément aux normes de l'Organisation Mondiale du Commerce (OMC) il a été prévu des mesures correctives commerciales ou des mesures de défense commerciale visant les importations pour protéger les branches de production nationale ou communautaire contre des pratiques déloyales telles que le *dumping*[323] et les subventions ou pour faire face à une poussée soudaine des importations de marchandises étrangères. A cet effet, les mesures de défense commerciale suivantes ont été adoptées :

- les mesures de sauvegarde pour restreindre temporairement les importations de certains produits ;
- l'imposition de droits compensateurs pour lutter contre les effets des subventions;

---

[322]Un droit *ad valorem* est un droit exprimé en pourcentage du prix ou de la valeur d'un produit

[323]Pratique qui consiste à vendre sur les marchés extérieurs à des prix inférieurs à ceux du marché national, ou même inférieurs au prix de revient.

- les mesures anti-dumping pour lutter contre les pratiques commerciales déloyales.

Par ailleurs, en vue de mieux protéger les entreprises communautaires de la concurrence étrangère et pour pallier les difficultés de mise en œuvre des mesures de défense commerciale, il a été instauré et pour une période transitoire de cinq (05) ans des mesures complémentaires de protection.

b-Les mesures complémentaires de protection

Elles consistent à l'application de deux taxes complémentaires sur des importations des pays tiers dans des conditions bien définies. Elles comprennent deux (02) taxes :

1.La Taxe d'Ajustement à l'Importation (TAI)

La Taxe d'Ajustement à l'Importation (TAI) est une taxe temporaire qui permet de procéder à des ajustements au niveau du tarif en faisant la différence entre le taux de droit de douane dans le TEC-CEDEAO et le taux de droit de douane qui était appliqué par l'Etat membre avant la mise en œuvre du TEC. Elle s'applique exclusivement aux marchandises originaires des pays tiers.

La TAI ne peut être appliquée que lorsque le droit NPF[324] spécifié dans le TEC de la CEDEAO est inférieur au droit NPF appliqué par un Etat membre à la date d'entrée en vigueur du TEC de la CEDEAO. Il faut préciser que le niveau maximum de la TAI à l'importation est la différence entre le TEC de la CEDEAO et le Droit NPF appliqué par un Etat membre à la date d'entrée en vigueur du TEC de la CEDEAO.

Par ailleurs, il est également possible aux Etats membres de la CEDEAO de procéder à des ajustements à la baisse. L'ajustement à la baisse intervient lorsque le droit de douane inscrit dans le TEC-CEDEAO est supérieur au droit de douane appliqué précédemment par l'Etat membre. Dans ce cas l'Etat membre concerné est tenu de les ajuster progressivement afin de se rendre conforme au TEC de la CEDEAO dans un délai de cinq (05) ans.

---

[324]Traitement de la nation la plus favorisée (article premier du GATT, article 2 de l'AGCS et article 4 de l'Accord sur les ADPIC), principe qui fait obligation à un pays de ne pas établir de discrimination entre ses partenaires commerciaux.

2.La Taxe complémentaire de Protection (TCP)

La Taxe Complémentaire de Protection (TCP) est une taxe additionnelle au TEC de la CEDEAO dont l'objectif est de lutter contre les variations erratiques des importations des pays tiers. Elle est appliquée aux produits importés des pays tiers lorsque :

✓ l'augmentation du volume des importations d'un produit entrant sur le territoire douanier d'un Etat membre au cours d'une année est supérieure ou égale à vingt-cinq pour cent (25%) de la moyenne des importations dudit produit au cours des trois (03) dernières années ;

✓ la moyenne du prix CAF (Coût Assurance et Fret) d'importation du produit qui entre sur le territoire douanier d'un Etat membre au cours d'un mois donné, exprimé en monnaie nationale tombe en dessous de quatre-vingt pour cent (80%) de la moyenne du prix CAF à l'importation des trois (03) dernières années.

La TCP peut être appliquée pour une période maximale de :

✓ deux (02) ans lorsque l'augmentation du volume des importations d'un produit entrant sur le territoire douanier d'un Etat membre au cours d'une année est supérieure ou égale à vingt-cinq pour cent (25%) de la moyenne des importations dudit produit au cours des trois (03) dernières années

✓ d'un (01) ans lorsque la moyenne du prix CAF (Coût Assurance et Fret) d'importation du produit qui entre sur le territoire douanier d'un Etat membre au cours d'un mois donné, exprimé en monnaie nationale tombe en dessous de quatre-vingt pour cent (80%) de la moyenne du prix CAF à l'importation des trois (03) dernières années.

En plus des mesures complémentaires de protection, le dispositif du TEC de la CEDEAO a prévu une autre mesure pour régler un problème qui pourrait se poser aux entreprises communautaires qui produisent des biens qui se retrouvent dans une catégorie inférieure à la matière première utilisée pour la fabrication de ce produit. En vue de régler ce problème, il est prévu pour ces entreprises une dérogation au régime du perfectionnement actif. Le régime du perfectionnement actif est destiné à favoriser l'activité économique des entreprises communautaires qui transforment des matières premières ou des produits semi-finis importés ou réparent des marchandises tierces destinées principalement à la réexportation. Mais dans le cas du TEC de la CEDEAO, les entreprises qui fabriquent des produits d'une catégorie inférieure aux matières premières utilisées pour la fabrication de leurs produits peuvent utiliser ce régime et pourront mettre leurs marchandises en consommation dans la communauté. Elles pourront aussi bénéficier des avantages liées au Schéma de Libéralisation des Echanges (SLE)[325] de la CEDEAO.

II-L'IMPACT ATTENDU DU TEC DE LA CEDEAO SUR L'ECONOMIE DE LA REGION

A-Les effets probables d'une cinquième bande tarifaire de 35% de droit de douane sur l'économie

La cinquième bande tarifaire du TEC de la CEDEAO qui reprend 130 lignes tarifaires dans la version du TEC basée sur le SH 2012 et 131 lignes tarifaires dans sa version basée sur le SH 2017 concernent essentiellement : les viandes et abats et les produits issus de leur transformation, les produits de la transformation du cacao, l'oignon, les pommes de terre, les huiles alimentaires (huile d'arachide, de palme, de coton), la tomate et les produits de sa transformation (tomate en boîte, *ketchup*), les eaux minérales, les savons, les produits et préparations organiques tensio-actifs, les tissus imprimés. En d'autres termes, des produits dont la région a un fort potentiel de production, ou des secteurs vulnérables à la concurrence étrangère ou encore des secteurs pour lesquels les Etats membres de la CEDEAO entendent faire la promotion.

Il est attendu que l'adoption de la cinquième bande tarifaire à 35% ait des répercussions économiques positives sur la filière agricole des Etats membres de la CEDEAO et les secteurs industriels concernés ainsi que les enchaînements causals sous-jacents qui pourraient être positifs.

a-Les effets possibles sur le secteur agricole

Le niveau des tarifs antérieurement appliqués sur les produits agricoles importés d'un pays non membre de la CEDEAO était inférieur à 20%. Les produits des filières avicole et agricole étaient

[325]Le SLE est un outil qui vise à la mise en place effective de la zone de libre-échange. Le mécanisme du SLE assure la libre circulation des marchandises sans le paiement des droits de douanes et des taxes d'effet équivalent à l'importation dans l'espace CEDEAO

très vulnérables à la concurrence des importations. L'ensemble des produits de la filière viande de volaille sont taxés à 20 % dans le cadre du TEC de l'UEMOA par exemple. Il en est de même des produits agricoles comme les pommes de terre, l'oignon etc. qui étaient à 10% dans le TEC de l'UEMOA alors que tous les pays membres de l'UEMOA ont un fort potentiel dans le domaine agricole. Il s'ensuit donc un manque de protection du secteur agricole dans les pays de l'UEMOA et bien sûr dans d'autres pays de la communauté. Seuls, le Nigéria et le Ghana avaient un taux supérieur à ceux des pays de l'UEMOA. On s'attend donc à ce que la mise en œuvre de la cinquième bande tarifaire (35%) du TEC de la CEDEAO se traduise par la hausse des prix des produits agricoles concernés importés des pays non membres de la CEDEAO, et donc par une diminution de leur demande. Cette diminution sera consécutive à une hausse des coûts de revient de ces produits importés par rapport aux produits locaux, s'ensuivra donc une hausse de la demande des produits locaux (effets de substitution[326]) qui seront relativement moins chères (par rapport aux importations en provenance de pays tiers). Chaque Etat membre de la CEDEAO ayant des avantages comparatifs dans la production de certains produits agricoles (le Niger, le Bénin, le Burkina, le Nigéria par exemple pour la production des pommes de terre ; le Mali, le Nigéria, le Niger, le Sénégal, le Bénin, la Côte d'Ivoire par exemple pour la production de la viande ; le Nigeria, le Burkina Faso, le Sénégal par exemple pour la tomate). On peut donc s'attendre à ce que les pays de la CEDEAO accroissent leurs productions et développent leurs exportations tant dans l'espace communautaire que vers les pays tiers suite à la mise en place de la cinquième bande.

Les demandes cumulées tant au niveau national qu'à l'échelle régionale, peuvent rendre les filières agricoles concernées par la cinquième bande et peut être d'autres cultures plus rentables et pourront permettre d'attirer des investissements pour satisfaire l'augmentation de la demande créée par la réduction des importations et exploiter tout le potentiel agricole des pays membres de la CEDEAO et assurer ainsi leur développement.

Il est clair que la mise application correcte par les Etats membres de la cinquième bande du TEC de la CEDEAO produira des effets bénéfiques (en termes d'investissements, de création d'emplois et de

---

[326]L'**effet de substitution** est l'effet dû uniquement à la variation relative des prix, le contrôle de l'évolution du **revenu** réel

développement et par conséquent d'augmentation des impôts intérieurs) pour la filière agricole.

Le premier effet sera la diminution du niveau des importations des produits agricoles concernés et donc une baisse des recettes au cordon douanier. Mais cette diminution sera compensée par un accroissement de la fiscalité intérieure dû à l'augmentation des investissements et par conséquent l'amélioration des affaires des entreprises existantes et l'installation de nouvelles. Ce serait l'occasion d'amorcer la transition fiscale prônée depuis plusieurs années par l'UEMOA.

Il faut tout de même craindre que le principal risque lié à la mise en œuvre de la cinquième bande du TEC de la CEDEAO au niveau de certains Etats pourrait provenir du manque ou de la faible réaction du secteur agricole à l'effet prix qui sera observé sur le marché en raison de l'application du taux de 35% de droits de douane sur les produits concernés.

Dans ce cas, on notera dans les pays dont l'augmentation de la production agricole locale n'a pas accompagné l'augmentation des prix des produits agricoles du fait de la mise en œuvre de la cinquième bande, le renchérissement des prix de ces produits (importés et ceux produits localement).

Mais ce renchérissement sera corrigé par les importations des autres pays de la communauté dont les producteurs de l'espace CEDEAO qui ont anticipé l'effet et ont accru leurs productions puis que les droits de douanes ne sont pas perçus sur les échanges intracommunautaires. Ces entreprises vont conquérir facilement d'importants marchés au grand dam des producteurs locaux, qui seraient ainsi mis en retrait sur leur pays marché national (perte de part de marché de producteurs locaux).

Dans ce cas, même si les entreprises locales n'arrivent pas à profiter des effets bénéfiques de la cinquième bande, les entreprises des autres Etats membres de la communauté qui disposent d'un potentiel de production verront leurs chiffres d'affaires augmenter du fait de l'accroissement de leurs activités vers les autres pays de la communauté. Cette situation profitera aux entreprises de la communauté qui ont anticipé l'effet prix induit par la mise en application du TEC de la CEDEAO et spécifiquement de la cinquième bande. **Même si cette situation entrainera une baisse des recettes de porte des pays dont les entreprises n'ont pas une réaction**

positive suite à l'effet prix induit par la mise en application de la cinquième bande, les autres pays de la communauté verront leurs recettes intérieures accroitre du fait de l'augmentation de leur marché.

Au cas où les producteurs de l'espace CEDEAO n'arrivent pas à satisfaire la demande créée par l'augmentation des prix des produits importés ou lorsque le niveau de l'offre communautaire serait insuffisant, on notera au sein de la communauté une augmentation du prix des biens alimentaires qui vont grimper et atteindre des proportions hors contrôle. Ce qui induirait une perte de bien être des consommateurs. Dans ce cas, on assistera à un développement rapide de la contrebande au niveau de l'importation des biens alimentaires concernés par la cinquième bande qui pourrait se traduire par d'énormes pertes financières pour les Etats membres de la CEDEAO.

Même si tous les Etats membres de la CEDEAO n'ont pas les mêmes potentiels en matière de l'agriculture et de l'élevage, ce qui ne pouvait d'ailleurs pas être possible, il apparait tout de même que l'adoption de la cinquième bande tarifaire au taux de 35% offre de réelles opportunités à saisir pour tous les Etats membres de la CEDEAO afin de développer leur agriculture, d'atteindre l'autosuffisance alimentaire et de conquérir le marché communautaire et celui des pays tiers. Puisque l'application d'un taux de droit de douane de 35% sur les importations des produits agricoles induira l'augmentation des prix des produits importés des pays tiers et par conséquent la compétitivité des prix de la production locale. Par ailleurs l'existence d'une demande soutenue et croissante tant au niveau de chaque Etat, qu'à l'échelle régionale, permettra d'augmenter la rentabilité de la filière agricole. A cela il faut ajouter l'existence d'importantes capacités de production encore inexploitées (des terres et main d'œuvre), de bonnes conditions pluviométriques et hydrologiques, permettront de stimuler la production au niveau des Etats membres de la communauté.

Il faut tout de même retenir que seule l'augmentation des prix à la porte sur ces produits ne pourra pas permettre d'atteindre les objectifs visés. Il faudra d'autres mesures d'accompagnement afin de tirer réellement profit de cette augmentation du taux de droit de douane sur les produits agricoles. Sans cela, même une augmentation du taux de droit de douane à 100% n'aura aucun effet sur la production agricole de la communauté.

b-Les effets possibles sur le développement industriel

Outre les 131 lignes tarifaires que comporte la cinquième bande, et excepté quelques Etats membres (Nigéria et Ghana notamment), le TEC de la CEDEAO offre une protection plus forte (13,12%) que les différents tarifs antérieurement utilisés par les pays membres. C'est le cas notamment de celui de l'UEMOA dont le niveau de protection était à 11,93%.

Cette protection permettra une meilleure promotion des entreprises qui font la transformation des produits de l'agriculture. La protection du wax[327] devrait permettre un développement de la filière coton et par conséquent le développement du textile. Les pays africains sont les meilleurs consommateurs de wax, ils produisent du coton mais importent l'essentiel du tissu wax de la Chine, des Pays-Bas, de la Thaïlande etc. Les entreprises de transformation du coton subissent la concurrence des produits importés. Une meilleure protection du wax doit permettre de protéger les entreprises communautaires présentent dans le secteur et incitera le développement de l'investissement dans ce secteur. Il permettra aussi d'ajouter de la valeur au coton produit dans la sous-région.

La cinquième bande pourra également permettre le développement de l'industrie alimentaire puisqu'en dehors des produits agricoles qui ont connu une meilleure protection, les produits issus de leurs transformations ont également bénéficié de cette protection. C'est le cas des saucisses pour les viandes et abats, des tomates en boîte et du ketchup pour la tomate fraîche, du savon etc.

Par ailleurs, le dispositif du TEC de la CEDEAO a prévu une taxation préférentielle pour les éléments entrant dans le montage et destinés aux industries de montage. Cette mesure pourra permettre la création des unités industrielles de montage et le transfert de la technologie dans la région. En plus de cette taxation préférentielle, les produits issus de ces industries peuvent bénéficier des avantages liés au SLE, ce qui leur permettra d'être compétitif car ne supportant pas les droits de douane dans le cadre des échanges intracommunautaires.

---

[327]Le WAX est un textile de coton ayant reçu sur les deux faces un cirage lui conférant des propriétés hydrophobes, technique inspirée de celle utilisée pour produire le batik javanais. Les cires utilisées sont colorées et forment des motifs qui varient à l'infini dans une recherche esthétique.

Le tarif de la communauté offre d'importantes opportunités pour le développement du secteur industriel des pays membres, notamment dans le domaine de l'industrie agroalimentaire, du textile et de l'industrie de montage.

B-L'effet probable des mesures d'accompagnement sur l'économie de la région

a-L'impact des mesures de défense commerciale

Les mesures de défense commerciale ou mesures correctives commerciales visent les importations pour protéger les branches de production nationale ou communautaire contre des pratiques déloyales telles que le *dumping* et les subventions ou pour faire face à une poussée soudaine des importations de marchandises étrangères. Ces mesures auront comme conséquence de mieux protéger les entreprises de la communauté contre les pratiques déloyales. Mais la complexité des conditions de mise en œuvre fait que les Etats auront du mal à en utiliser pour la protection de leur économie.

b- Impact des mesures complémentaires de protection

L'ouverture au marché mondial crée un problème de compétitivité qui tend à exclure dudit marché, les secteurs moins compétitifs et qui légitime l'application de certains droits et taxes aux frontières des pays. Ces droits et taxes comme c'est le cas du TEC, peuvent s'avérer inefficaces en cas d'importations massives dans les pays à secteurs non compétitifs ou dans le cas des industries naissantes et nécessiter quelques ajustements en fonction de la pression négative induite par les importations des pays tiers. Déclencher les mesures de défense commerciale pourrait s'avérer inefficace en raison des contraintes nécessaires pour sa mise en œuvre. C'est pourquoi dans le cadre de l'accompagnement de la mise en œuvre du TEC, la mise en place des mesures complémentaires de protection (MCP) a été encouragée afin d'assurer une protection suffisante du tissu industriel des Etat membres, un tissu industriel encore naissant et vulnérable. Les États membres ont recours à ces taxes en cas de nécessité, et ce, sans préjudice des droits et taxes inscrits dans le TEC de la CEDEAO pour protéger leurs industries naissantes et leurs secteurs stratégiques.

Ainsi, depuis le 1er janvier 2015, la TAI et la TCP ont commencé par être appliquées par certains pays. Le Nigéria applique la TAI sur 30 lignes tarifaires dont le riz, le sucre, les pâtes de tomate et les boissons alcooliques, le Sénégal, la Côte d'Ivoire et d'autres Etats de la communauté l'expérimentent pour accroitre leur niveau de protection ou pour faire face à la concurrence déloyale des pays tiers.

Les mesures complémentaires de protection permettent de mieux protéger les industries des pays membres de la communauté au-delà de la protection offerte par la cinquième bande.

III-L'ECONOMIE BENINOISE ET LE TEC DE LA CEDEAO

A-Les gains probables du TEC CEDEAO sur le développement de l'économie béninoise

Le Bénin est membre de l'UEMOA et à ce titre il appliquait depuis 2000 le TEC de l'UEMOA. Tous les observateurs économiques avertis s'accordent à dire que l'économie béninoise n'a pas su profiter du TEC de l'UEMOA pour son développement. Plusieurs observateurs estiment que le Bénin a subi le tarif extérieur commun de l'UEMOA en ce sens que le Bénin n'a pratiquement rien offert aux autres pays en ce qui concerne l'exportation communautaire. La balance commerciale du Bénin par rapport au commerce intracommunautaire est largement déficitaire. Les raisons évoquées sont nombreuses : inexistence d'industries de production au Bénin, disparition de certaines entreprises suite à l'entrée en vigueur du TEC de l'UEMOA (notamment les entreprises de textile), mauvaise politique en matière de recette douanière (la politique de collecte de recette douanière du Bénin est contraire à la politique de développement de l'industrie locale).

Même si d'autres facteurs justifient cette situation, plusieurs observateurs économiques pensent que le Bénin n'a pas su profiter de cet instrument d'intégration pour développer son économie en raison de l'incohérence de sa politique économique. Et l'avènement du Tarif Extérieur Commun de la CEDEAO a été vu par plusieurs acteurs économiques comme une occasion pour le Bénin de corriger la situation dans laquelle se trouve son économie depuis l'entrée en vigueur du TEC de l'UEMOA.

- ✓ Quelles sont les gains que l'économie béninoise pourrait tirer du TEC de la CEDEAO ?
- ✓ Que faire pour ne pas tomber dans la même situation que celle connue avec le TEC de l'UEMOA ?

a-Les gains probables pour l'agriculture

Depuis plusieurs décennies au Bénin, les différents gouvernements qui se sont succédé ont mis le développement agricole comme priorité. Cela se traduit par les nombreuses mesures d'exonération prises pour accompagner le secteur de l'agriculture au Bénin. Ces différentes exonérations vont de l'exonération des droits de douanes et de la Taxe sur la valeur Ajoutée (TVA) sur les équipements et matériels agricoles jusqu'à l'exonération totale sur les intrants agricoles. Le Bénin est l'un des meilleurs pays de la région qui renoncent aux droits de porte dans le domaine agricole. Ces différentes mesures devraient avoir comme conséquence l'accroissement de la production agricole béninoise. Mais depuis longtemps cette croissance est toujours attendue. Les analystes expliquent l'absence de cette croissance par la faible protection des produits agricoles, la priorité donnée aux recettes douanières au détriment de la protection de l'agriculture. Ils estiment que les produits agricoles n'arrivent pas à concurrencer les productions importées des pays tiers du fait de la faible protection par le tarif extérieur commun ou d'autres mesures au cordon douanier pour accroitre les recettes douanières. Pour d'autres observateurs, la faible protection des produits agricoles n'est qu'une raison parmi tant d'autres. Il est clair que même si les observateurs économiques ne s'accordent pas sur le fait que c'est la faible protection au cordon douanier qui est la cause principale de cette situation, ils reconnaissent qu'elle fait partie des causes. Le TEC de la CEDEAO a apporté une réponse à cette préoccupation afin de mieux protéger les produits agricoles de la concurrence étrangère. En effet l'agriculture est une priorité de la CEDEAO et les experts se sont accordés sur la nécessité de protéger la production agricole des Etats membres de la concurrence des pays tiers. La cinquième bande au taux de 35% comprend plus de 75% de produits de l'agriculture et les 25% restant ne sont rien d'autres que les produits de la transformation agricole.

En plus de la protection offerte par la cinquième bande, les Etats membres ont la possibilité d'utiliser les mesures complémentaires de protection afin de protéger les produits agricoles qui n'ont pas été pris en compte par la cinquième bande du TEC.

On note donc que le TEC de la CEDEAO offre une meilleure protection aux produits agricoles et le Bénin pourrait profiter de cette protection. Notamment en ce qui concerne, les viandes et abats, les œufs, les pommes de terre, l'huile de palme, l'huile d'arachide, l'huile de coton. Autant de produits agricoles pour lesquels le Bénin pourra accroitre sa production.

Si l'accès aux *inputs* est facilité par les exonérations aux droits et taxes de porte et que les *outputs* bénéficient d'une bonne protection contre la concurrence étrangère, on peut noter une amélioration de la production agricole et par conséquent un accroissement des impôts à percevoir dans le secteur.

b-Les gains probables pour le développement industriel

Malgré les nombreuses mesures incitatives prises par les différents gouvernements du Bénin, le secteur industriel peine à décoller. Les industriels et les analystes pointent du doigt le tarif appliqué sur les produits manufacturés importés dans la région en général et le Bénin en particulier. Le tarif des douanes appliqué aux frontières est donc l'une des raisons de la non compétitivité de nos entreprises. Une meilleure protection pourrait permettre de régler le problème de la non compétitivité qui se pose à nos entreprises.

La cinquième bande du TEC de la CEDEAO offre une protection supérieure à certains produits pour lesquels nous avons un potentiel de production. Il s'agit :

- des huiles d'arachide, de coton et de palme et leurs fractions conditionnées pour la vente au détail ;
- des saucisses, saucissons et produits similaires, de viande, d'abats ou de sang; préparations alimentaires à base de ces produits ;
- des tomates, entières ou en morceaux, concentrés de tomates conditionnées pour la vente au détail ;
- des tomate-ketchup et autres sauces de tomate ;
- des eaux minérales ;
- des savons, produits et préparations tensio-actifs à usage de savon ;
- des tissus de coton imprimé wax).

Le Bénin en appliquant correctement le TEC de la CEDEAO pourra protéger les entreprises présentes dans ces secteurs de la concurrence étrangère. On pourrait noter une renaissance de certaines entreprises ou la renaissance de certains secteurs de production objets de cette protection. Du fait de cette protection supplémentaire on pourrait noter un intérêt des investisseurs pour ces secteurs, s'en suivra un accroissement de recettes fiscales intérieures.

Outre la protection des produits industriels offerte par la cinquième bande, le Bénin pourrait aussi profiter des mesures complémentaires mises en place pour protéger les secteurs que le Bénin jugera opportun à mettre en place pour son développement industriel. Par ailleurs les mesures complémentaires de protection pourraient aussi être utilisées pour les produits de la cinquième bande dont la protection n'est pas suffisante.

Les mesures tarifaires à elles seules ne suffiront pas pour atteindre les objectifs visés dans le cadre de la mise en œuvre du TEC. Il faudra que d'autres mesures soient prises afin que le Bénin puisse profiter du marché régional qu'est celui de la CEDEAO.

B-Le TEC de la CEDEAO et Les recettes douanières et fiscales

Les recettes fiscales et douanières constituent une part importante dans le budget général de l'Etat, elles sont nécessaires au gouvernement pour le financement de son programme d'action. Un quota est fixé chaque année à l'administration des douanes et sa performance est mesurée par sa capacité à atteindre ce quota ou pas. Lorsque son taux de réalisation dépasse les 100% des prévisions faites au début de l'année on dit que l'administration est performante. En clair la performance de l'administration des douanes est liée à la quantité de recette engrangée. Des analyses ne sont pas faites pour appréhender la qualité de ces recettes et leurs conséquences sur l'économie ou lorsqu'elles sont faites, les recommandations issues de ces analyses ne sont pas mises en œuvre. **La première contrainte est celle des recettes immédiates au cordon douanier pour financer le budget**. Cette contrainte est tellement importante dans le contexte béninois et empêche la prise de décisions pouvant permettre aux entreprises béninoises de se sentir protéger face à la concurrence étrangère. Depuis le premier janvier 2015 où le TEC de la CEDEAO a été mis en œuvre aucune mesure de protection complémentaire n'a été prise au Bénin pour accompagner les entreprises qui sont confrontées à la concurrence déloyale des pays tiers. Pourtant des entreprises béninoises sont dans cette situation et manifestent le besoin de se voir protéger. Mais la peur de perdre des recettes douanières perçues sur ces produits a conduit à l'inaction. Alors qu'en prenant des mesures de protection complémentaire ou en protégeant une branche de production ou un secteur économique, les conséquences dans l'immédiat seront la baisse des recettes au cordon douanier, mais après suivra une amélioration de la production intérieure et donc une amélioration des recettes fiscales intérieures. Pour cela, l'administration des douanes et celle des impôts doivent travailler en synergie en vue de la prise de mesures communes devant impacter positivement la production intérieure et par conséquent les recettes de l'Etat.

Cette contrainte de recettes douanières empêche parfois l'administration des douanes de proposer des mesures qui pourraient avoir des conséquences négatives sur les recettes douanières dans le court terme mais qui dans le moyen et long termespeuvent impacter positivement la production intérieure et par ricochet les recettes fiscales intérieures. L'exemple de l'importation des pâtes alimentaires, des viandes et abats, de l'huile d'arachide et de l'huile de palme en est une illustration. Dans le cadre de la mise en œuvre du TEC de la CEDEAO, les viandes et abats, l'huile d'arachide et de palme ont été classés dans la cinquième catégorie dans le souci de décourager les importations et d'encourager la production locale. Le Bénin dispose d'avantages non négligeables dans les secteurs concernés puisque que l'Etat béninois a choisi depuis plusieurs années d'accompagner la production agricole de façon générale en renonçant aux droits de douane et à la TVA sur les matériels et équipements agricoles, les intrants agricoles, les aliments pour le bétail et la volaille. Des mesures devraient être prises afin de réduire progressivement pour atteindre quelques années après la suppression totale de l'importation des viandes et abats, de l'huile de palme et d'arachide venant des pays tiers. Mais aucune action n'est menée dans ces secteurs, aucune mesure allant dans le sens de la protection, mesure pouvant permettre au Bénin de se repositionner sur ces secteurs n'a été prise depuis l'avènement du TEC de la CEDEAO.

A titre d'exemple, dans le cadre du TEC de l'UEMOA, la filière avicole des pays de l'UEMOA a récemment bénéficié d'une protection sanitaire avec un embargo mis en place sur les volailles importées, dans la plupart des pays membres du l'UEMOA, suite à la crise de la grippe aviaire. Cet embargo est encore en vigueur aujourd'hui au Sénégal. La filière a ainsi pu se relever dans ses pays qui ont pris une décision concernant les produits avicoles importés, après avoir connu une crise aiguë au début de la décennie face à la concurrence des importations de l'Union européenne (bas morceaux vendus en *dumping*) et du Brésil. La taxation appliquée dans le cadre du TEC UEMOA s'était alors révélée insuffisante pour protéger la filière.

Si une telle mesure a permis de protéger ces pays de la concurrence étrangère, c'est que la protection offerte dans le cadre du TEC de la

CEDEAO doit permettre au Bénin le développement du secteur agricole et de l'industrie au Bénin.

Le tableau suivant illustre l'évolution des importations des viandes et abats, de l'huile de palme et de l'huile d'arachide au Bénin depuis la mise en œuvre du TEC de la CEDEAO.

Tableau de l'évolution de l'importation des viandes et abats, de l'huile de palme et de l'huile d'arachide

Années	Articles	Quantités	Valeurs	Droits perçus
2015	Viandes et abats	14 8779 749	5.682.3876.278	19.888.356.781
	Huile d'arachide	866 8707	37 9319 3167	13 2761 7612
	Huile de palme	29 135 060	16 215 833 849	5 675 541 866
2016	Viandes et abats	127 627 711	50 689 942 427	17 694 775 630
	Huile d'arachide	2 760 668	1 440 301 124	506 571 462
	Huile de palme	3 8138 299	15 864 257 897	5 559 317 383
2017	Viandes et abats	16 9067 043	58 953 493 927	20 633 723 077
	Huile d'arachide	6828238	2 269 782 018	794 423 715
	Huile de palme	85 842 132	30 687 293 052	10 740 552 678

Source : Direction DGDDI

Les données d'importation des trois dernières années depuis la mise en œuvre du TEC montre que les trois produits ciblés constituent une importante source de recette douanière pour le Bénin et les importations de ces trois produits ont connu une croissance entre 2015 et 2017, même si en 2016 il y a eu une baisse légère au niveau des viandes et abats et de l'l'huile d'arachide. Or si une politique de production était définie concernant les trois produits visés étant donné qu'ils bénéficient d'une meilleure protection dans le cadre du TEC, on devrait noter une baisse de l'importation des produits qui bénéficient d'une protection supplémentaire dans le cadre du TEC de la CEDEAO et un regain de la production intérieure. La baisse des recettes douanières due à la diminution des importations sera compensée par les recettes fiscales intérieures supplémentaires qui seront perçues sur l'accroissement de la production.

En dehors de l'augmentation des recettes fiscales intérieures, cette protection supplémentaire permettra de résoudre d'autres problèmes qui se posent à l'économie béninoise comme le chômage.

Cette situation se justifie par :

- **un manque de coordination des politiques de recette entre l'administration des douanes et celle des impôts ;**
- **l'absence d'organe d'analyse de stratégie en matière fiscale et douanière au Bénin ;**
- **l'absence d'une stratégie politique devant accompagner la mise en œuvre du TEC de la CEDEAO.**

Dans ces conditions où chaque régie financière s'arrange pour atteindre ses objectifs, le Bénin ne pourra réellement pas bénéficier des gains que pourraient procurer le TEC de la CEDEAO. D'où la nécessité pour le Bénin de revoir sa stratégie de mobilisation des recettes douanières et fiscales à l'ère du TEC de la CEDEAO.

C-Quelle stratégie de mobilisation des recettes douanière et fiscale à l'ère du Tarif Extérieur Commun de la Communauté Economique des Etats de l'Afrique de l'Ouest

L'objectif de la fiscalité interne est de mobiliser des recettes tout en minimisant l'impact négatif de la fiscalité, surtout sur la compétitivité des entreprises nationales relativement à celles d'autres pays. Un accent important est donc mis sur les grands impôts tels les impôts sur les bénéfices et les capitaux mobiliers et la Taxe sur la Valeur Ajoutée et les droits d'accises. Dans le double contexte du Programme de Transition Fiscale (PTF)[328], mis en place par la Commission de l'UEMOA, et de la mise en œuvre du TEC de la CEDEAO une grande importance doit être donnée aux taxes internes pour assurer le niveau de recettes nécessaires au développement du pays. C'est d'ailleurs dans cette logique que la Direction Générale des Impôts (DGI) organise ce colloque sur les recettes publiques. Dans le contexte de la mise en œuvre du TEC de la CEDEAO, quelles peuvent être les mesures à prendre par le gouvernement du Bénin pour maximiser les impôts tout en favorisant le développement industriel du pays.

a-Le choix d'une option claire

La mobilisation des recettes devrait tenir compte de l'option économique du pays et cette option économique doit être clairement définie en vue de permettre aux administrations chargées de mobiliser les recettes d'en tenir compte dans le cadre de leur fonctionnement. Si

---

[328]Le PTF vise à faire passer les recettes fiscales des Etats de l'UEMOA dominées par les taxes douanières aux recettes fiscales dominées par les impôts et taxes intérieures. En d'autres termes, il s'agit du transfert progressif de la pression fiscale, de la fiscalité de porte vers la fiscalité intérieure

des documents de stratégie économique ont été élaborés par le Bénin (exemple de la stratégie de développement Bénin ALAFIA 2025), il est souvent remarqué la prise des mesures contradictoires qui ne permettent pas la réalisation des objectifs fixés.

Dans le document pour la stratégie « Bénin ALAFIA 2025 », l'intégration régionale réussie pour l'économie béninoise, la confirmation effective de l'agriculture comme base de l'économie nationale, le dynamisme du secteur privé ont été identifiés entre autre comme base d'appui du sous-secteur « Economie prospère et compétitivité ».

Bien que le Bénin soit un pays producteur de coton et qu'il disposait des industries pour la transformation sur place du coton local, le Bénin dans le but de mobiliser des recettes douanières faisait la promotion de l'importation des tissus imprimés, ce qui a conduit à la fermeture de presque toutes les sociétés de textile du fait de la concurrence. Aussi, malgré les nombreux sacrifices consentis en matière d'exonération des droits de douanes pour les *inputs* du secteur agricole, les produits de l'agriculture sont livrés à la concurrence étrangère parce que ne bénéficiant pas d'un minimum de protection. Il parait donc nécessaire dans la perspective de profiter réellement du TEC de la CEDEAO de définir les secteurs prioritaires dans lesquels le Bénin entend se positionner et la stratégie à adopter pour y arriver. Dans tous les cas la transition fiscale ne sera jamais chose possible s'il n'y a pas un accroissement de la production intérieure et on ne pourra atteindre un accroissement de la production intérieure en priorisant les recettes de porte. Il faut donc faire un arbitrage. Une lecture du TEC de la CEDEAO nous montre clairement le chemin que nous devrons emprunter, les secteurs qu'il faut protéger afin d'accroître la production intérieure et par conséquent les recettes fiscales intérieures.

b La mise en place d'une cellule d'analyse stratégique

Chaque année, dans le cadre de la mise en place du budget, des quotas de recette sont fixés aux administrations des douanes et des impôts. Chaque administration (douane ou impôt) met en place sa stratégie pour la mobilisation de ses recettes sans pour autant analyser l'impact de cette stratégie sur l'économie ou sur les performances de l'autre administration. Le Tarif s'il est un instrument de mobilisation, est avant tout un instrument de protection de l'économie mis en œuvre par les administrations des douanes. Il doit être mis en œuvre dans le double objectif de mobiliser les recettes pour l'Etat mais également de protéger l'économie contre les importations étrangères afin d'assurer la croissance des industries et d'améliorer le niveau de la fiscalité intérieure. C'est pourquoi il nous semble nécessaire dans le but de concilier la mobilisation des recettes douanières et des recettes fiscales intérieures de mettre en place une cellule d'analyse qui se chargera d'analyser les stratégies de mobilisation des recettes des deux administrations dans en vue de concilier la mobilisation des recettes et la protection des secteurs économiques du pays. Cette cellule se chargera en fonction des mesures prises de donner des orientations pour la fixation des quotas de recette dans le cadre de l'élaboration du budget.

Cette cellule d'analyse et d'orientation pourrait comporter des cadres de la DGDDI, de la DGI, de la DGAE, du ministère de l'agriculture, du ministère chargé du plan et du ministère du commerce et de l'industrie.

La mise en place de cette structure permettra d'identifier les produits ou les secteurs qui doivent bénéficier d'une protection contre les importations étrangères des pays tiers.

c.L'absence d'une stratégie politique devant accompagner la mise en œuvre du TEC de la CEDEAO

La mise en œuvre d'un instrument économique aussi important comme le TEC de la CEDEAO requiert la prise de mesures en vue de profiter de ses avantages et réduire les effets négatifs. Mais aucune mesure n'a été prise par le Bénin en prélude à la mise en œuvre du TEC de la CEDEAO. C'est pourquoi chaque administration s'est vue obligée de prendre des dispositions pour éviter les baisses de recettes que pourrait induire la protection supplémentaire de la cinquième bande du TEC de la CEDEAO. L'administration de la douane a juste fait des ajustements pour éviter la baisse des recettes douanières. Hors l'objectif de la création d'une cinquième bande au taux de 35% est d'offrir une protection supplémentaire aux produits concernés afin d'accroitre le développement de ces secteurs au niveau de la région. En l'absence de stratégie nationale la douane s'est contentée de protéger les recettes de porte. C'est pourquoi les statistiques nous montrent une augmentation des recettes collectées sur les produits concernés. Dans ces conditions le Bénin ne tirera aucun gain si ce n'est l'augmentation des recettes douanières sur les produits objet de la cinquième bande et ceci pour un temps. Puisque les autres pays membres de la CEDEAO commenceront à exporter vers le Bénin ces produits sur lesquels les droits de douane ne peuvent pas être perçus du fait du schéma de libération des échanges, les recettes douanières connaitront à leur tour une baisse.

Il est donc impérieux qu'une stratégie politique soit mise en place par le Bénin afin d'accompagner le TEC de la CEDEAO au risque de subir le TEC de la CEDEAO comme cela a été le cas pour le TEC de l'UEMOA.

CONCLUSION

La CEDEAO, en dépit des contraintes auxquelles elle est confrontée (respect des engagements des Etats membres auprès de l'OMC en ce qui concerne les taux consolidés, réticence de certains Etats membres pour ne pas voir leur recette de porte diminuer) a mis en place un Tarif Extérieur Commun qui, lorsqu'il est bien mis en œuvre, améliorera la protection du marché communautaire, ce qui aura comme conséquence le développement des industries communautaires, l'accroissement de l'investissement et par conséquent l'accroissement du Produit Intérieur Brut des Etats membres et lorsque cette croissance est bien répartie une amélioration du bien-être des populations.

Un tarif protecteur seul ne suffit pas pour améliorer la production, chaque Etat doit prendre des mesures afin d'accompagner le processus. Au nombre de ces mesures, il apparait au premier point l'application réelle du TEC lors du dédouanement des marchandises.

Trois éléments rentrent dans le dédouanement d'une marchandise, la valeur, l'espèce (le tarif) et l'origine lorsque l'un des trois éléments n'est pas correctement apprécié, l'effet escompté en augmentant le taux des droits de douanes ne sera pas observé. Il est donc important que les fonctionnaires des douanes veillent au respect des normes de dédouanement pour une meilleure appréciation des éléments entrant dans le dédouanement des marchandises.

Le deuxième élément est l'obsession des gouvernements des Etats de la communauté par les recettes douanières. Une augmentation des taux de droit de douane aura comme conséquence immédiate la diminution des importations et cette diminution des importations entrainera une diminution du niveau des droits de douane. Les gouvernements doivent accepter cette situation de baisse de recette afin que les branches de production intérieure puissent se développer en vue de satisfaire la demande de la population. Il faut donc accepter de faire des sacrifices afin d'obtenir plus tard les gains puisque cette diminution des recettes douanières sera normalement compensée après par une augmentation des impôts intérieurs.

Le troisième élément très important pour l'atteinte des objectifs visés par la mise en place du TEC de la CEDEAO est lié au comportement du consommateur. Les populations des pays membres de la CEDEAO doivent comprendre que personne ne viendra consommer à leur place les biens fabriqués ou produits chez eux. Le développement de la production communautaire passe d'abord par l'accroissement de la demande intérieure. Et si les populations des pays membres de la CEDEAO préfèrent en termes de consommation les produits importés des pays tiers, les entreprises communautaires et les Etats membres ne profiteront pas de cette amélioration du niveau de protection mise en place dans le cadre du TEC de la CEDEAO.

Dans cette perspective, nul n'ignore que protection et compétitivité devront aller de pair. Cette nécessaire corrélation exige de la part de l'Etat, du secteur privé et de l'ensemble des acteurs des efforts conjugués et soutenus.

Pour ces différentes raisons des actions de sensibilisation de tous les acteurs économiques (gouvernements, entrepreneurs, consommateurs, société civile, politiciens etc.) sont nécessaires afin d'obtenir leur adhésion et leur implication.

Bibliographie

- A. Alpha, R. BEAUJEU, J. ROLLAND, J COSTE, D DIAGNE, O OGUNKOLA P. BARIS et C BROUTIN, « Etude prospective sur les mesures de protection nécessaires pour le développement du secteur agricole en Afrique de l'Ouest (illustration sur quelques filières stratégiques) », *Rapport Final ROPPA*, Octobre 2008.
- M. COULIBALY, M.M. DIOUF, *Note d'analyse et d'orientation sur le TEC-CEDEAO dans le cadre des négociations UE/ ACP pour la signature des APE, décembre 2009*
- MECCAGPDPE, *Bénin 2025 : alafia : (stratégies de développement du Bénin à long terme, Cotonou, 2000*

LA DEMATERIALISATIONDES PROCEDURES DOUANIERES AU BENIN

ABOUDOU MALÈHOSSOU RAOUF

INSPECTEUR DES DOUANES

> « Nous allons poursuivre les efforts de modernisation de notre Administration, grâce au processus de dématérialisation qui permet à la fois d'améliorer nos recettes fiscales et de minimiser le volume des transactions financières entre personnes physiques, généralement source de corruption. La réalisation de notre Programme d'Action appelle, en effet, l'apport des forces tant intérieures qu'extérieures. Celles-ci n'ont aucun intérêt à soutenir techniquement ou financièrement un pays qui n'est pas capable de mobiliser des ressources propres et de faire preuve de discipline budgétaire… »
>
> **Patrice Guillaume Athanase TALON, le 22 décembre 2017**

INTRODUCTION

La dématérialisation (zéro papier) des procédures du commerce extérieur repose essentiellement sur la dématérialisation des documents d'accompagnement de la déclaration en douane lors du dédouanement des marchandises.

En effet, depuis plusieurs années, l'Administration des douanes béninoises a amorcé de nombreuses réformes dans tous les domaines. Des progrès remarquables ont été enregistrés en matière d'automatisation des procédures avec des efforts constants et notables pour améliorer le niveau des recettes douanières. A titre illustratif, la gestion des grandes fonctions de l'activité de dédouanement a été assurée successivement par le SYDONIA dans sa **version 1 de 1991 à 1994, version 2 de 1994 à 2003, version 3 (SYDONIA ++) d'août 2003 à décembre 2014** et actuellement **sa version 4, le SYDONIA WORLD depuis le 1er janvier 2015**. Cette gestion informatisée a sérieusement amélioré la qualité des prestations de service par la simplification des procédures, la réduction des délais et un service aux usagers de mieux en mieux apprécié par les clients et autres partenaires de l'Administration des douanes.

En effet, il est indéniable aujourd'hui que la position stratégique du port de Cotonou lui permet de desservir non seulement tous les pays sans littoral à savoir le Niger, le Burkina Faso et le Mali, mais également le grand voisin de l'Est, le Nigéria, fort de ses deux millions (200.000.000) de consommateurs. Afin de satisfaire cette impressionnante clientèle et de promouvoir davantage le port de Cotonou, il est apparu la nécessité de trouver des solutions novatrices pour sécuriser, automatiser et optimiser les procédures d'enlèvement au sein de la communauté portuaire. C'est ainsi que la plateforme du Guichet Unique Portuaire avait été déployé en octobre 2011. Elle a permis notamment de réunir autour de ladite plateforme, toutes les structures qui interviennent dans les opérations d'importation et d'exportation des marchandises depuis l'embarquement ou le déchargement jusqu'à la mainlevée de la marchandise. La particularité du Guichet Unique Portuaire béninois reste le paiement en un point unique, c'est à dire la banque, de toutes les factures des sociétés émettrices en l'occurrence la Douane. Cette réforme phare qui s'est caractérisée particulièrement par la célérité dans les procédures d'enlèvement des marchandises a permis dans un premier de réduire considérablement le temps de séjour des marchandises au port de Cotonou (de plus de 30 jours à 7 jours) et dans un second de sécuriser les recettes de l'Etat.

Quelques années après la mise en œuvre de la réforme du Guichet Unique Portuaire, son évaluation a permis de relever des dysfonctionnements au niveau de la phase de pré-dédouanement. Au nombre des éléments de dysfonctionnement notés, il y a une quantité élevée de documents de pré-dédouanement exigibles, avec des informations redondantes ; une multitude d'intervenants avec une hétérogénéité de processus ; un traitement manuel des demandes et un faible recours à la bureautique (équipements informatiques, connexion internet). Dans l'hypothèse d'une exportation de coton vers la Chine par exemple, quatre (04) autorisations/certificats/permis sont obligatoires pour la recevabilité du dossier au niveau de l'Administration des douanes. Il s'agit :

- du bulletin d'expertise délivré par l'Agence Béninoise de Sécurité Sanitaire des Aliments (ABSSA) ;
- du certificat phytosanitaire délivré par la même structure ;
- du certificat d'origine délivré par la Direction Générale du Commerce Extérieur (DGCE) ;
- et de l'engagement bancaire.

Les procédures complexes de délivrance desdits documents impactent négativement sur la célérité recherchée dans les échanges transfrontaliers et entraînent par ricochet des coups conséquents sans justification à l'opérateur économique et enfin des longs délais pour la préparation des documents de pré-dédouanement (14 jours sur 25 pour l'importation soit 56% du temps et 16 jours sur 25 pour l'Exportation soit 64% du temps).

A partir de ces constats, des axes d'amélioration tant fonctionnels, techniques, qu'organisationnels ont été définis. L'objectif ultime étant la facilitation du commerce par la dématérialisation de la liasse documentaire. C'est ainsi qu'un premier essai de solution a été trouvé en septembre 2015 par la mise en service du Guichet Unique des Opérations de Commerce Extérieur (GUOCE) assurée par la Société d'Exploitation du Guichet Unique du Bénin (SEGUB).

En réalité, l'outil était développé de manière à simplifier le flux de traitement des dossiers tout en le sécurisant et sans entraver l'expertise des ministères et directions techniques émettant des certificats, permis et autres autorisations. Mais malheureusement, les fruits n'ont pas tenu la promesse des fleurs. La dématérialisation tant souhaité au sein de la communauté portuaire, dans la procédure d'enlèvement des marchandises, n'a jamais été une réalité. Les acteurs portuaires se sont retrouvés en face de deux (02) guichets, le Guichet Unique Portuaire (GUP) et le Guichet Unique des Opérations de Commerce Extérieur (GUOCE).

Le Gouvernement du Bénin Révélé, dans sa quête de modernisation des Administrations publiques et suite à une succession de plaintes de la part des usagers du port de Cotonou, a commandité un audit du GUOCE afin de relever les goulots d'étranglement qui empêchent la dématérialisation effective de la liasse documentaire de pré-dédouanement. Les conclusions du rapport des auditeurs ont révélé de sérieux dysfonctionnements dans le processus. Ce qui a amené les gouvernants à solliciter l'expertise du Groupe WEBB

FONTAINE pour la création du **Guichet Unique de Commerce Extérieur** (GUCE) en vue d'une dématérialisation réelle et effective de la liasse documentaire nécessaire pour le pré-dédouanement et le dédouanement des marchandises. La mise en œuvre du joyau a donc démarré depuis le 1er janvier 2018 et durera 4 ans. Quatre (04) années après lesquelles un transfert de compétences au profit de l'Administration des douanes est prévu.

I-CONTEXTE ET JUSTIFICATION

Les actions de réformes engagées ces dernières années, bien qu'elles aient contribué à une amélioration subséquente des recettes douanières, n'ont pas permis d'atteindre la plénitude des objectifs fixés. Le gouvernement du Bénin Révélé, fort de ses ambitions de faire de l'Administration des douanes Béninoises l'une des plus modernes de la sous-région à l'horizon 2021, de faire du port de Cotonou le plus grand hub vu sa position stratégique et surtout dans sa volonté de voir le Bénin progresser dans le classement Doing Business (en l'occurrence pour ce qui concerne l'indicateur *Commerce Transfrontalier)*, a commandité un audit du processus de dématérialisation en cours au Bénin. Les résultats de l'Audit ont révélé plusieurs défaillances qui exigent la refonte du cadre institutionnel et informatique conformément aux prescriptions de l'Organisation Mondiale des Douanes et de l'Organisation Mondiale du Commerce. C'est ainsi qu'il a été signé le 28 septembre 2017, un contrat entre le Gouvernement béninois et **Webb Fontaine Group FZ-LLC** pour la mise en œuvre d'un Guichet Unique du Commerce Extérieur (GUCE) et la conduite de réformes institutionnelles au niveau de l'administration douanière.

Le projet du GUCE vise la dématérialisation totale des procédures de dédouanement et d'enlèvement des marchandises au Bénin ainsi que l'accroissement et la sécurisation des recettes de l'Etat. La première phase dudit projet est relative à la dématérialisation des procédures de pré-dédouanement.

Le présent document décrit brièvement l'existant en termes de pré-dédouanement avant d'aborder plus en détail l'approche fonctionnelle de la solution en cours de mise en œuvre au Bénin. Il faut souligner que la gestion des escales de navires et celle relative à la prise en charge des marchandises ne seront pas abordées dans ce document puisque faisant partie d'une autre phase du projet.

II-DESCRIPTION DE L'EXISTANT

a-Les autorisations préalables

La phase de pré-dédouanement au Bénin, comme dans la majeure partie des pays, consiste essentiellement en la collecte des documents et autorisations nécessaires au dédouanement de la marchandise. A l'importation comme à l'exportation des marchandises, l'opérateur économique, en dehors des documents qu'il obtient auprès de ses partenaires (facture commerciale, document de transport, liste de colisage, etc.) est souvent tenu de se rapprocher d'un certain nombre d'administrations publiques pour obtenir des autorisations, permis ou licences spécifiques en fonction du produit à importer ou à exporter. Le délai moyen pour l'obtention desdits documents étant estimé à seize (16) jours.

Afin de faciliter la délivrance de ces documents, l'Etat béninois avait mis en place, avec l'assistance d'un prestataire privé, la Société d'Exploitation du Guichet Unique du Bénin (SEGUB), une plateforme informatique devant servir à la dématérialisation de la liasse documentaire. Il ressort de l'utilisation de ce système après quelques années d'exploitations que certains documents demeurent non dématérialisés puisque les ministères et administrations publiques concernées continuent de signer manuellement les documents avant de les attacher à la transaction en ligne. De plus, l'interconnexion entre le système de pré-dédouanement et le système douanier (SYDONIA) n'est pas réalisée, ce qui ne facilite pas les contrôles au niveau du cordon douanier.

Au titre des documents délivrés par les différents Ministères Techniques lors de l'importation, l'exportation ou le transit des marchandises on peut citer :

DOCUMENT	MINISTERE	DIRECTION TECHNIQUE	IMPORT/ EXPORT
Récépissé de Contrôle	Ministère chargé de l'Agriculture, de l'Elevage et de la Pêche	Direction de l'Alimentation et de la Nutrition Appliquée	IMPORT
Certificat Sanitaire	Ministère chargé de l'Agriculture, de l'Elevage et de la Pêche	Direction de l'Alimentation et de la Nutrition Appliquée	EXPORT
Autorisation Vétérinaire de Dépotage	Ministère chargé de l'Agriculture, de l'Elevage et de la Pêche	Direction de l'Elevage	IMPORT
Autorisation d'Enlèvement	Ministère chargé de l'Agriculture, de l'Elevage et de la Pêche	Direction de l'Elevage	IMPORT
Certificat de Salubrité à l'export	Ministère chargé de l'Agriculture, de l'Elevage et de la Pêche	Direction de l'Elevage	EXPORT
Autorisation de Débarquement des Produits de la Pêche	Ministère chargé de l'Agriculture, de l'Elevage et de la Pêche	Direction de la Production Halieutique	IMPORT
Certificat Sanitaire	Ministère chargé de l'Agriculture, de l'Elevage et de la Pêche	Direction de la Production Halieutique	EXPORT
Bulletin d'Expertise des produits agricoles	Ministère chargé de l'Agriculture, de l'Elevage et de la Pêche	Direction de la Production Végétale	EXPORT
Bulletin d'Expertise des produits agricoles	Ministère chargé de l'Agriculture, de l'Elevage et de la Pêche	Direction de la Production Végétale	IMPORT
Permis d'Importation	Ministère chargé de l'Agriculture, de l'Elevage et de la Pêche	Direction de la Production Végétale	IMPORT
Certificat Phytosanitaire	Ministère chargé de l'Agriculture, de l'Elevage et de la Pêche	Direction de la Production Végétale	EXPORT

Procès Verbale d'Inspection	Ministère chargé de l'Agriculture, de l'Elevage et de la Pêche	Direction de la Production Végétale	IMPORT
Certificat Sanitaire	Ministère chargé de l'Agriculture, de l'Elevage et de la Pêche	Agence Béninoise de la Sécurité Sanitaire des Aliments	EXPORT
Autorisation de transfert/transport de substances explosives à usage civil	Ministère chargé de l'Energie et des Mines	Office Béninoise de Recherches Géologiques et Minières	EXPORT
Autorisation de transfert/transport de substances explosives à usage civil	Ministère chargé de l'Energie et des Mines	Office Béninoise de Recherches Géologiques et Minières	IMPORT
Autorisation d'importation de Substances Explosives à usage civil	Ministère chargé de l'Energie et des Mines	Office Béninoise de Recherches Géologiques et Minières	IMPORT
Autorisation Spéciale d'Exportation	Ministère chargé de la Santé	Direction de la Pharmacie, du Médicament et des Explorations Diagnostiques	EXPORT
Autorisation Spéciale d'Importation	Ministère chargé de la Santé	Direction de la Pharmacie, du Médicament et des Explorations Diagnostiques	IMPORT
Autorisation Officielle d'Importation	Ministère chargé de la Santé	Direction de la Pharmacie, du Médicament et des Explorations Diagnostiques	IMPORT

Autorisation d'enlèvement	Ministère chargé de la Santé	Direction de la Pharmacie, du Médicament et des Explorations Diagnostiques	IMPORT
Certificat CITES et Permis CITES à l'export	Ministère chargé du Cadre de Vie et du Développement Durable	Direction Générale des Eaux, Forêts et Chasse	EXPORT
Avis technique d'exportation de produits forestiers	Ministère chargé du Cadre de Vie et du Développement Durable	Direction Générale des Eaux, Forêts et Chasse	EXPORT
Autorisation d'importation produits forestiers	Ministère chargé du Cadre de Vie et du Développement Durable	Direction Générale des Eaux, Forêts et Chasse	IMPORT
Autorisation d'Importation et de détention d'armes à usage civil	Ministère chargé de la Sécurité Publique	Direction Générale de la Police Nationale	IMPORT
Engagement de Change	Ministère chargé de l'Economie et des Finances	Direction Générale du Trésor et de la Comptabilité Publique	EXPORT
Main levée Amande de karité	Ministère du Commerce et de l'Industrie	Direction Générale du Commerce (Intérieur et Extérieur)	EXPORT
Main levée Noix de cajou	Ministère du Commerce et de l'Industrie	Direction Générale du Commerce (Intérieur et Extérieur)	EXPORT
Autorisation Spéciale d'Importation	Ministère du Commerce et de l'Industrie	Direction Générale du Commerce (Intérieur et Extérieur)	IMPORT
Certificat d'origine formule A	Ministère du Commerce et de l'Industrie	Direction Générale du Commerce (Intérieur et Extérieur)	EXPORT

Certificat d'origine pour l'Inde	Ministère du Commerce et de l'Industrie	Direction Générale du Commerce (Intérieur et Extérieur)	EXPORT
Certificat d'origine pour la Chine	Ministère du Commerce et de l'Industrie	Direction Générale du Commerce (Intérieur et Extérieur)	EXPORT
Certificat d'origine CEDEAO/UEMOA	Ministère du Commerce et de l'Industrie	Direction Générale du Développement Industriel	EXPORT
Bordereau Electronique de Suivi de Cargaison	Ministère des Infrastructures et des Transports	Bureau International Maritime	IMPORT/ EXPORT
Lettres de voitures	Ministère des Infrastructures et des Transports	Agence Nationale des Transports Terrestres	IMPORT
Quittance de paiement pour l'immatriculation	Ministère des Infrastructures et des Transports	Agence Nationale des Transports Terrestres	IMPORT
Carte grise des voitures	Ministère des Infrastructures et des Transports	Agence Nationale des Transports Terrestres	IMPORT
Autorisations de transport hors gabarit	Ministère des Infrastructures et des Transports	Agence Nationale des Transports Terrestres	IMPORT

b.Le programme de vérification des importations

Le Bénin s'est engagé depuis plusieurs années dans un Programme de Vérification des Importations (PVI). Ce programme qui pendant longtemps était basé sur un principe de vérification physique des marchandises avant embarquement, a été remplacé récemment par un concept de vérification documentaire de la transaction. Ce nouveau programme est conduit, pour le compte de l'Etat béninois, par la société Bénin Control SA, prestataire désigné.

Avec le PVI, l'opérateur économique ou son représentant, en dehors des autorisations spécifiques à obtenir auprès des ministères techniques, devra, à l'exception des marchandises exemptées de la présente procédure, lever une Intention d'Importation au niveau de la société d'inspection, en vue de l'obtention de l'Attestation de Vérification Documentaire (AVD) indiquant les valeurs et les positions tarifaires, entre autres, à utiliser lors du dédouanement. Dans l'optique de faciliter les échanges entre la société Benin Control et les usagers de la douane, la société Bénin Control a développé une plateforme informatique permettant à l'opérateur de faire sa demande en ligne. Il obtient également de manière électronique son AVD qui est également transmise automatiquement dans le système douanier (SYDONIA).

Il importe de préciser que la société Bénin Control prévoit dans les mois à venir, l'amélioration de son système qui devra permettre à l'usager, à terme, d'utiliser une plateforme unique plus évoluée, pour la soumission de son dossier, le suivi de ce dernier et l'obtention de l'Attestation de Vérification Documentaire (AVD).

Par ailleurs, certains contrôles informatisés sont en cours d'implémentation afin de faire un croisement automatique entre l'AVD reçu dans le SYDONIA et la déclaration douanière lors de la soumission de cette dernière ; ce qui garantirait une utilisation efficiente des AVD.

III-APPROCHE FONCTIONNELLE MISE EN ŒUVRE

Dans le cadre de la mise en place du Guichet Unique de Commerce Extérieur (GUCE), la société Webb Fontaine, prestataire désigné, a déployé pour le compte de l'Etat béninois, une plateforme entièrement dématérialisée, permettant aux opérateurs économiques d'effectuer toutes les formalités de pré-dédouanement sans aucun déplacement.

Tous les documents de pré-dédouanement délivrés par les administrations béninoises dans le cadre du commerce extérieur ainsi que celui délivré par la société de vérification des importations sont désormais obtenus par les opérateurs via le GUCE. Le traitement des demandes de l'opérateur est également faite en ligne par les entités concernées et ne nécessite aucune signature manuelle. Toute la liasse documentaire (facture commerciale, document de transport, autorisations des Ministères Techniques et autres Administrations, AVD, etc…) devra être soumise au système douanier de manière électronique et ceci via le GUCE. Il convient de signaler que dans la mise en œuvre intégrale du programme, qu'aucune unité frontalière (terrestre, aéroportuaire, fluvio-lagunaire et portuaire) ne devra être ignorée, contrairement au GUOCE d'antan dont la compétence est limitée à la Recette des Douanes de Cotonou-Port.

a-La procédure

Un opérateur économique désirant importer ou exporter des marchandises doit créer, sur la plateforme du GUCE, une Déclaration Anticipée (DA). Il attache à sa DA un certain nombre de documents scannés dont essentiellement sa facture commerciale et ses documents de transport. Après la soumission de la DA, le GUCE détecte les autorisations préalables nécessaires au dédouanement des marchandises, sur la base des informations saisies, principalement les positions tarifaires mentionnées et le type d'opération (import, export, transit, etc.).

Juste après l'intégration des informations, le système alerte automatiquement les Directions Techniques et Administrations concernées par la délivrance des autorisations ou licences nécessaires et suspend la validation du dossier sous réserve de la délivrance desdites autorisations. En fonction des produits déclarés à travers la Déclaration Anticipée (DA), l'opérateur est quelques fois amené à compléter un certain nombre d'informations spécifiques avant l'envoi de son dossier vers les Ministères Techniques.

Les Directions Techniques, toujours par le biais de la plateforme du GUCE, étudient les dossiers soumis et prennent une décision sur la plateforme. Trois (03) types possibles de décisions sont alors délivrés:

1- Approbation de la demande
2- Suspension de la demande
3- Rejet de la demande

Pour les autorisations nécessitant plusieurs approbations, un mécanisme de multiples validations est implémenté dans le système pour répondre à ces cas spécifiques.

Dès la validation de toutes les demandes d'autorisation rattachées à la Déclaration Anticipée (DA), celle-ci est automatiquement validée par le GUCE dans la majeure partie des cas. Dans certains cas spécifiques, après l'approbation des différents Ministères Techniques, la DA nécessitera une approbation particulière du Ministère en charge du Commerce avant sa validation.

Dans le cadre d'une simplification totale des procédures douanières, la Déclaration Anticipée (DA) est en outre utilisée dans le processus d'évaluation et de classification de la marchandise par la société Bénin Control via le GUCE. En effet, en cas de probable nécessité d'évaluation et/ou de classification du dossier (importation non exemptée d'AVD), le système demande à l'usager s'il souhaite une soumission automatique de son dossier vers le système informatique de la société d'inspection (Bénin Control). Si l'utilisateur répond par l'affirmative, sa DA est alors automatiquement envoyée à Bénin Control pour évaluation et classification. Il est donc loisible à l'opérateur économique de valider sa transaction en différant la soumission de son dossier à Bénin Control. Le cas échéant, il devra au besoin, revenir sur la plateforme et soumettre son Intention d'Importation (IDI) à Bénin Control pour évaluation et classification.

L'opérateur peut suivre à travers le GUCE l'évolution du traitement de son dossier au niveau de la société d'inspection. Dès l'émission de l'Attestation de Vérification Documentaire (AVD) dans le système informatique de Bénin Control et sa transmission vers le système douanier (SYDONIA WORLD), le GUCE met à jour la transaction de l'opérateur en y ajoutant les informations relatives à la valeur attestée et à la classification tarifaire correspondante.

A l'issue de la classification du dossier par Bénin Control, de nouvelles positions tarifaires, qui requièrent autorisations auprès des directions techniques peuvent être identifiées. Le système informe automatiquement l'opérateur et alerte si possible les ministères concernés. Le dossier change alors de statut et ne sera totalement validé qu'après l'obtention des nouvelles autorisations.

Ci-après est présenté le diagramme récapitulatif du traitement d'une Déclaration Anticipée avec le GUCE.

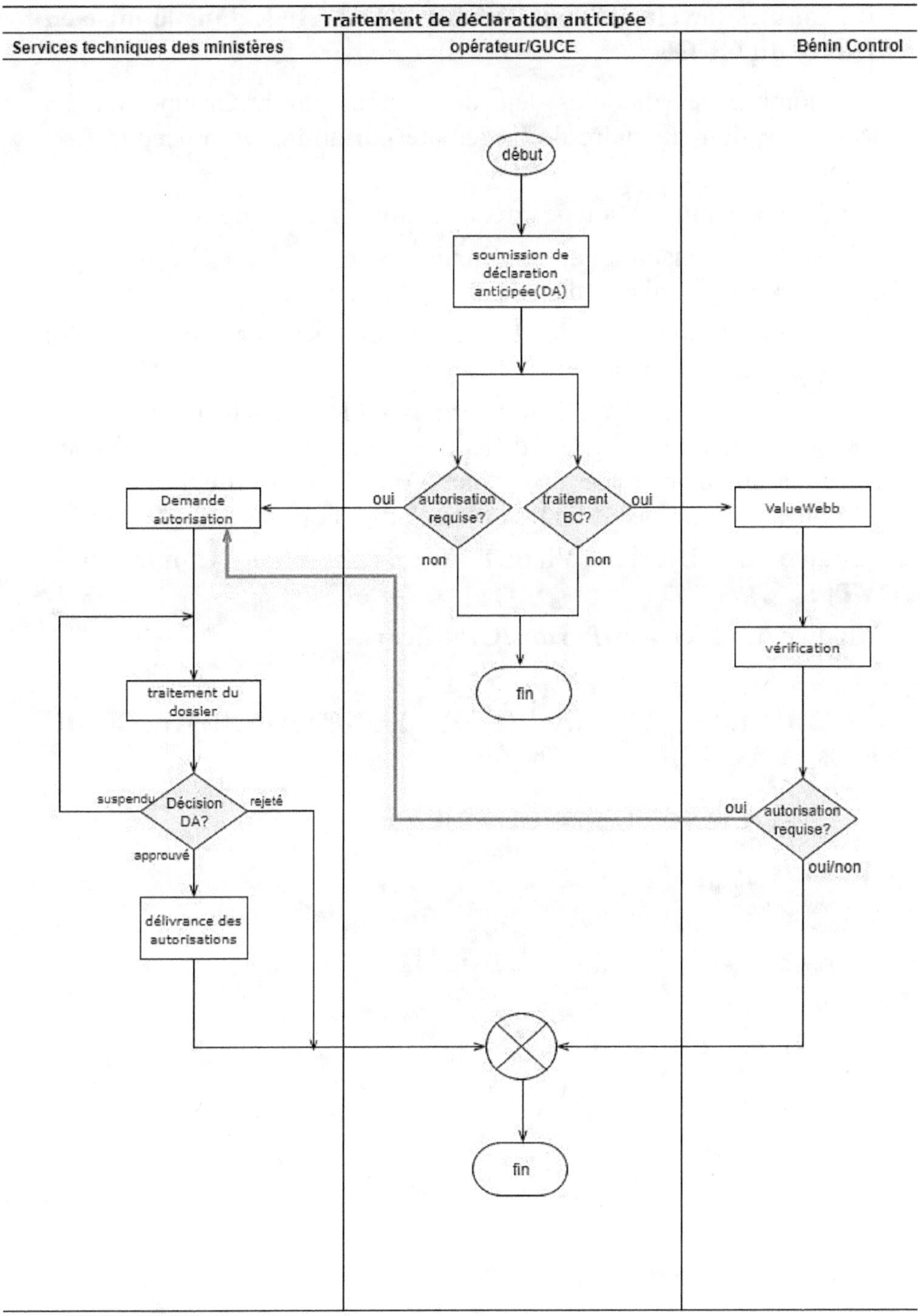

Traitement BC = DA dont la valeur FOB > 500.000 FCFA et contenant des produits soumis à évaluation.

b-Modules développés par WEBB FONTAINE dans la mise en œuvre du GUCE.

Au nombre des modules déjà développés par le Groupe WEBB FONTAINE dans le cadre de la dématérialisation des procédures on peut citer :

Module de Consultation des **déclarations en douane**

Module de Consultation des **Bordereaux de Suivi Electronique** (BSE Tracking cargaison) dans le cadre du transit ;

Module de Soumission des **Déclarations Anticipées** et son envoi automatique à Benin Control ;

Développement de l'application **WEBB TRACKER** qui permet de suivre électroniquement les différentes étapes de l'évolution du dossier via un smartphone, une tablette ou une phablette ;(Disponible sur Apple store pour les iPhones et Play Store pour les androïdes) ;

Module de **Dossier Virtuel de Transaction Commerciale (DVT) ;**

Module des **Licences/Permis/Certificats.**

INSTALLATION ET MODE DE FONCTIONNEMENT DU WEBB TRACKER

Version mobile du GUCE

Téléchargeable à partir des stores Androïd et Apple (téléphone portable, tablette, etc.)

Destinée à l'usage de toute personne disposant d'un compte GUCE obtenu auprès de Webb Fontaine.

Permet d'accéder à certains modules de la plateforme.

Dématérialisation de l'information.

Notification en temps réel des opérations effectuées sur les transactions.

Transparence dans les transactions accomplies sur le GUCE.

PROCEDURED'INSTALLATION DE L'APPLICATION

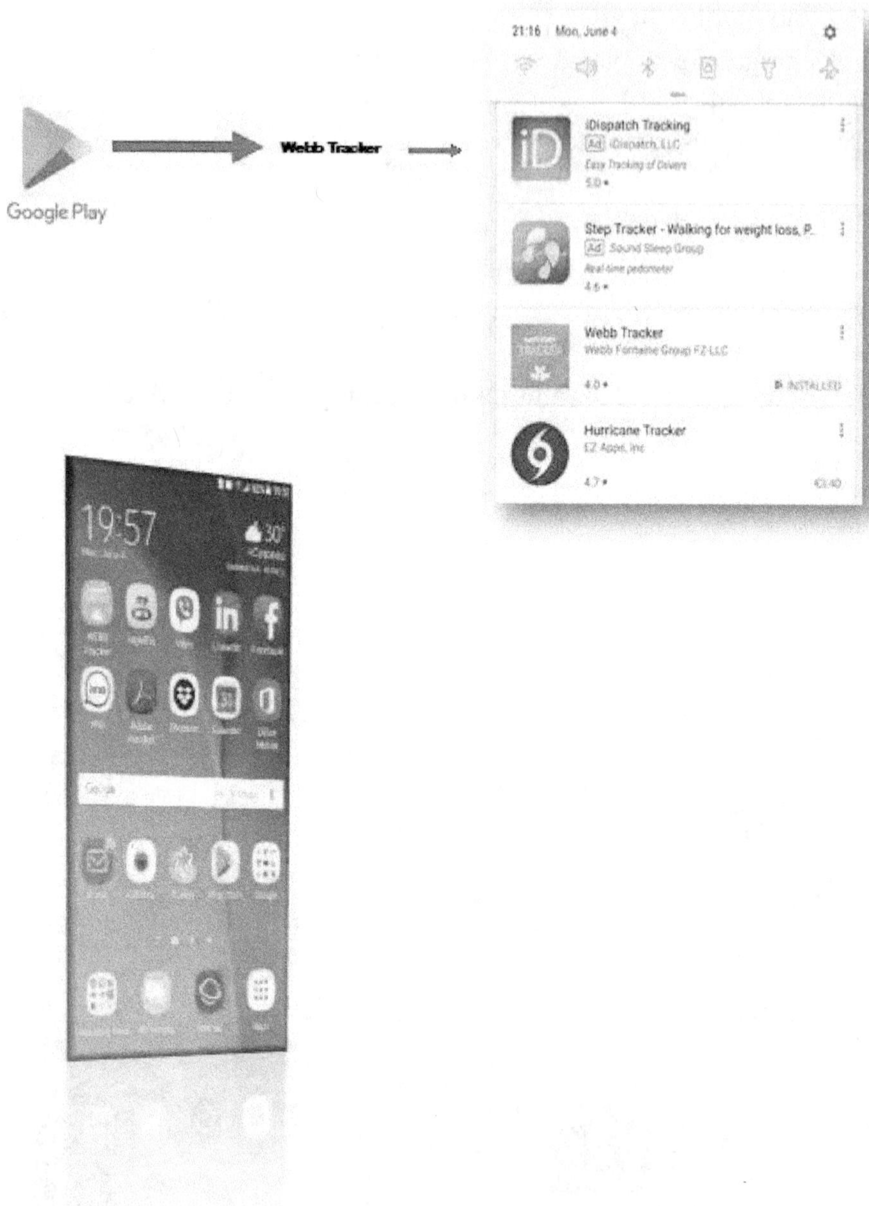
Google Play
Webb Tracker
21:16 Mon, June 4
iDispatch Tracking
iDispatch, LLC
Step Tracker - Walking for weight loss, P...
Webb Tracker
Hurricane Tracker
19:57

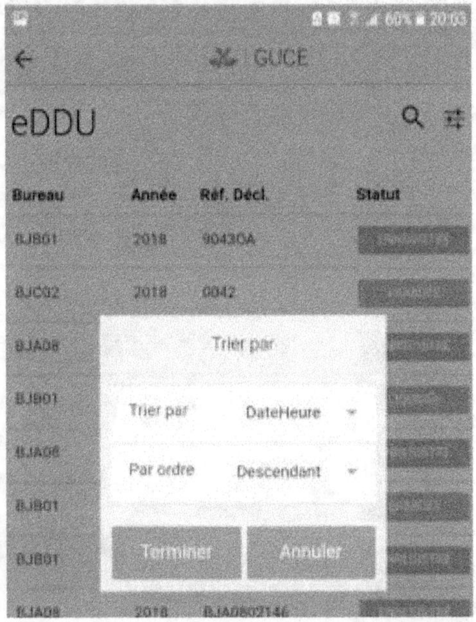

CRITÈRES DE RECHERCHE

- **Statut**
- **Type de Déclaration**
- **Type de Procédure**
- **Année d'Enregistrement**
- **Bureau de Dédouanement**
- **No de Référence Déclarant**
- **No Série Enregistrement**
- **No Enregistrement**
- **Date Enregistrement**

RESULTATS D'UNE RECHERCHE ENVOYÉS AUTOMATIQUEMENT SUR LE SMARTPHONE

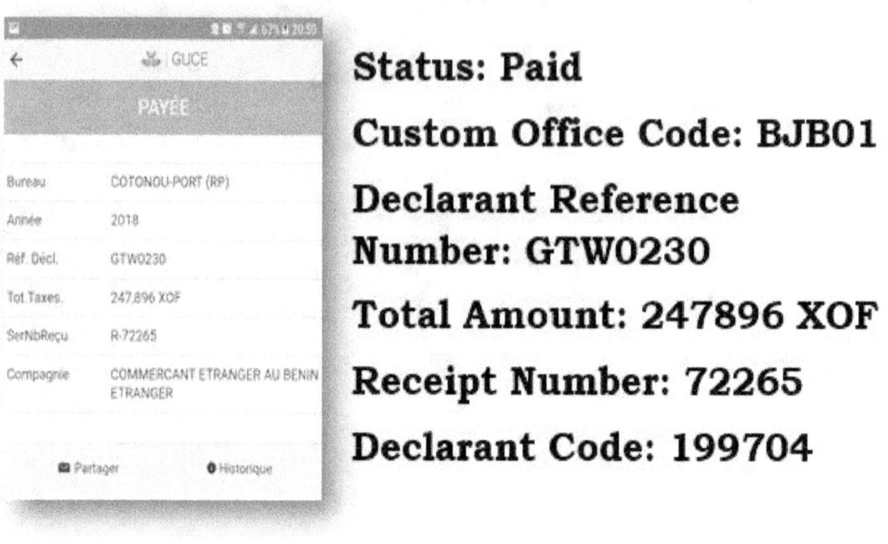

c-Autres fonctionnalités disponibles dans le GUCE

En dehors de la procédure décrite ci-dessus et des actions déjà disponibles dans le GUCE, Webb Fontaine devra intégrer dans le système :

- **La demande d'autorisation ou de document complémentaire** : en dehors des demandes d'autorisation déclenchées automatiquement par le système, l'usager pourra solliciter à sa convenance d'autres autorisations ou documents complémentaires nécessaires à sa transaction ;

- **La gestion des agréments** : certains produits ne peuvent être importés/exportés que par des entreprises agréées auprès des Ministères Techniques. Cette fonctionnalité devra permettre aux responsables desdits ministères de gérer leur liste d'entreprises agréées. Le système devra faire le contrôle des agréments lors de la soumission de la transaction commerciale par l'opérateur et interdire les transactions non autorisées ;

- **La gestion des produits prohibés** : les transactions relatives aux produits prohibés à l'importation ou à l'exportation devront être rejetées automatiquement par le GUCE.

d-Les autorisations dématérialisées dans la première phase

Dans la première phase du projet, les autorisations suivantes, délivrées par les Ministères Techniques, ont été dématérialisées :

DOCUMENT	MINISTERE	DIRECTION TECHNIQUE	IMPORT/ EXPORT
Certificat Sanitaire	Ministère chargé de l'Agriculture, de l'Elevage et de la Pêche	Direction de l'Alimentation et de la Nutrition Appliquée	EXPORT
Bulletin d'Expertise des produits agricoles	Ministère chargé de l'Agriculture, de l'Elevage et de la Pêche	Direction de la Production Végétale	EXPORT
Permis d'Importation	Ministère chargé de l'Agriculture, de l'Elevage et de la Pêche	Direction de la Production Végétale	IMPORT
Autorisation d'importation de Substances Explosives à usage civil	Ministère chargé de l'Energie et des Mines	Office Béninoise de Recherches Géologiques et Minières	IMPORT
Autorisation Spéciale d'Exportation	Ministère chargé de la Santé	Direction de la Pharmacie, du Médicament et des Explorations Diagnostiques	EXPORT
Autorisation Spéciale d'Importation	Ministère chargé de la Santé	Direction de la Pharmacie, du Médicament et des Explorations Diagnostiques	IMPORT
Autorisation Officielle d'Importation	Ministère chargé de la Santé	Direction de la Pharmacie, du Médicament et des Explorations Diagnostiques	IMPORT
Avis technique d'exportation de produits forestiers	Ministère chargé du Cadre de Vie et du Développement Durable	Direction Générale des Eaux, Forêts et Chasse	EXPORT

Autorisation d'importation produits forestiers	Ministère chargé du Cadre de Vie et du Développement Durable	Direction Générale des Eaux, Forêts et Chasse	IMPORT
Autorisation d'Importation et de détention d'armes à usage civil	Ministère chargé de la Sécurité Publique	Direction Générale de la Police Nationale	IMPORT
Main levée Amande de karité	Ministère du Commerce et de l'Industrie	Direction Générale du Commerce (Intérieur et Extérieur)	EXPORT
Main levée Noix de cajou	Ministère du Commerce et de l'Industrie	Direction Générale du Commerce (Intérieur et Extérieur)	EXPORT
Autorisation Spéciale d'Importation	Ministère du Commerce et de l'Industrie	Direction Générale du Commerce (Intérieur et Extérieur)	IMPORT
Autorisations de transport hors gabarit	Ministère des Infrastructures et des Transports	Agence Nationale des Transports Terrestres	IMPORT

Il s'agit en effet de toutes les autorisations dont l'opérateur économique a besoin avant l'arrivée de sa marchandise pour son dédouanement. Les autres documents identifiés devront être dématérialisés dans les prochaines phases du projet.

Le prestataire a pris toutes les dispositions en vue de la simplification et de l'uniformisation des procédures, afin que le traitement de la demande, du point de vue de l'opérateur, soit identique d'un ministère à un autre. Aucun déplacement de l'opérateur n'est plus nécessaire du début jusqu'à la fin de la procédure. La perception des frais relatifs à l'obtention des autorisations ci-dessus indiquées devra se faire par l'intermédiaire de la déclaration en détail lorsque l'importation/l'exportation deviendra effective. Le SYDONIA devra être amendé pour prendre en compte le calcul de ces redevances.

e-Les acteurs du système

Le tableau ci-dessous résume l'intervention des différentes parties prenantes dans cette phase de pré-dédouanement :

Fonctionnalités	Acteurs	Observations
Saisie et soumission de la Déclaration Anticipée	Importateur Exportateur Déclarant	Initialisation de la transaction
Mise à jour de la Déclaration Anticipée	Importateur Exportateur Déclarant	Complément de documents ou modification du dossier à la demande des entités de l'Etat
Approbation des demandes d'autorisation	Agents des Directions Techniques	
Rejet des demandes d'autorisation	Agents des Directions Techniques	
Suspension des demandes d'autorisation	Agents des Directions Techniques	

Note: la délivrance de l'AVD se fera dans le système informatique de Bénin Control par les agents de Bénin Control. Le résultat de leur travail viendra mettre à jour automatiquement le dossier de l'opérateur.

IV-LES AVANTAGES CLES ISSUS DE LA MISE EN ŒUVRE DU GUCE

Au nombre des avantages issus de la mise en œuvre du Guichet Unique de Commerce Extérieur, on peut citer :

La simplification des procédures de dédouanement ;

La transparence et la célérité dans les procédures ;

La réduction des coûts, des délais et des déplacements ;

La sécurisation des recettes de l'Etat ;

La centralisation des données ;

Le respect de la réglementation ;

La lutte contre la corruption.

V- LES DIFFICULTES RENCONTREES DANS LA MISE EN ŒUVRE DE LA REFORME.

La mise en œuvre de toute réforme entraine généralement de facto des difficultés liées surtout aux changements des habitudes. Celle relative à la dématérialisation des procédures de dédouanement n'a donc pas dérogé à ce principe. Au nombre des difficultés rencontrées on peut citer :

L'incivisme et la réticence des usagers à s'adapter aux nouvelles procédures ;

L'instabilité de la connexion internet dans certaines régions du pays ;

L'absence ou le faible niveau d'informatisation de certaines structures et ministères techniques impliqués.

CONCLUSION

Comme toute réforme, la dématérialisation des procédures de dédouanement nécessite une implication et une franche collaboration de tous les acteurs qui interviennent dans la chaine logistique.

Cette initiative qui s'inscrit dans la poursuite du projet de modernisation des Douanes béninoises cadre avec les recommandations de l'Organisation mondiale des Douanes, de l'Organisation Mondiale du Commerce, du Fond Monétaire International et de la Banque mondiale.

Les avantages clés issus de la mise en œuvre de cette réforme tels que la lutte contre la corruption (amoindrissement du contact direct entre les usagers et les agents de l'administration), la sécurisation des recettes de l'Etat, l'accélération de la procédure de dédouanement, traçabilité des opérations, la diminution des risques de fraude par l'utilisation de faux documents et la professionnalisation du métier des commissionnaires agréés en douane, permettront de mettre l'Administration des douanes béninoises sur orbite.

L'épineuse question qui se pose est de savoir si cette dynamique dans laquelle se retrouve aujourd'hui l'Administration des douanes béninoises va perdurer.

La recherche de la perfection continue.

REGLES D'ORIGINE ET PRODUITS ORIGINAIRES : LE CLAIR-OBSCUR DE LA LIBRE CIRCULATION DES BIENS

ACHILLE ALLOSSOGBE

COMMANDANT DES DOUANES

INTRODUCTION

La mondialisation de l'économie et le développement des technologies de l'information et de la communication ont donné, ces dernières années, un grand coup d'accélérateur aux échanges internationaux. La nécessité de pouvoir attribuer une nationalité économique et/ou géographique aux marchandises échangées entre les nations afin de ne pas créer des obstacles inutiles à ce phénomène est devenue très vite une préoccupation majeure.

En effet, prenant la mesure de l'impact de l'origine des marchandises sur le système actuel d'échanges, l'Organisation mondiale du commerce (OMC) a matérialisé, dans un accord, le désir d'harmoniser et de clarifier les règles d'origine afin que ces dernières n'annulent ni ne compromettent les droits que les Membres tiennent de l'Accord général sur les tarifs douaniers et le commerce (GATT) de 1994[329]. De même, afin de pouvoir participer réellement aux échanges par la capitalisation de leurs efforts qui, individuellement pris, sont vulnérables dans le contexte actuel, les pays grands comme petits, se sont regroupés en de cercles restreints. Ces regroupements qui se constatent sous forme de régionalisation, d'accords commerciaux de libre-échange, de partenariat économique, de concessions tarifaires unilatérales sont très encouragés par les institutions internationales soucieuses de la facilitation des échanges. Dès lors, les accords préférentiels établis dans ces cadres constituent un facteur proéminent du système commercial actuel.

[329] Le préambule de l'Accord de l'OMC sur les Règles d'origine

Par ailleurs, le nombre des accords commerciaux préférentiels s'est régulièrement accru au cours des dernières décennies atteignant environ 300 accords en vigueur et plus de 100 en cours de négociation[330]. Cette réalité, caractérisée par la pléthore de règles d'origine préférentielles divergentes, et qui parfois se chevauchent, constitue des défis aussi bien pour la communauté commerciale que pour les autorités chargées de la mise en œuvre de la législation en matière d'origine.

Le Bénin, membre de l'Union économique et monétaire ouest-africaine (UEMOA), de la Communauté économique des Etats de l'Afrique de l'ouest (CEDEAO), de l'Union africaine (UA) et bénéficiaire des concessions tarifaires tel que le Système de préférences généralisées (SPG), n'est pas exempt des défis visés *supra*. Dans le cadre de ces différentes intégrations économiques, des règles d'origine ont été définies- elles sont en train d'être concrétisées pour l'UA- pour l'identification des produits qui pourraient être échangés sur des bases préférentielles. De même, des dispositions règlementaires ont été prises et s'imposent aux Etats Membres pour une libre circulation de biens au sein de la communauté économique régionale. Pour un pays à budget essentiellement fiscal comme le Bénin, il ne serait pas incohérent de se pencher sur les conditions de sauvegarde de la libéralisation des échanges tout en veillant à l'alimentation de ce budget indispensable pour le financement de son développement.

Par conséquent, en s'inscrivant dans le thème de ce colloque « Les recettes publiques en débats », la présente thématique sur les règles d'origine intitulée « Règles d'origine et produits originaires : le clair-obscur de la libre circulation des biens » s'emploiera de manière substantielle à :

- faire appréhender la notion de règles d'origine et de produits originaires ainsi que sa contribution à l'effectivité de la libre circulation des biens ;
- apprécier si les règles d'origine de l'UEMOA/CEDEAO participent effectivement à la facilitation des échanges intra-communautaires ;

[330] OMD, *Recueil de l'OMD sur l'origine*, 2017, p9

- ressortir, pour le Bénin, les approches de solutions pour une synergie optimale de la libéralisation des échanges et de la mobilisation des ressources budgétaires.

CHAPITRE I : NOTIONS DE REGLES D'ORIGINE ET DE PRODUITS ORIGINAIRES

Il s'agira ici d'aborder les généralités concernant les règles d'origine (RO) avant de ressortir la contribution potentielle du caractère originaire des produits à la libre circulation des biens.

Paragraphe 1 : Définitions et utilités des règles d'origine (RO)

Il n'est pas aisé de donner une définition universelle des RO étant donné qu'elles ne sont pas encore internationalement harmonisées. Toutefois, nous retiendrons ici celle contenue dans la Convention Internationale pour la Simplification et l'Harmonisation des Régimes Douaniers appelée Convention de Kyoto révisée (CKR) et celles proposées par l'Accord de l'OMC sur les RO.

La CKR retient que les règles d'origine seront définies comme des dispositions spécifiques appliquées par un pays pour déterminer l'origine des marchandises et faisant appel à des principes établis par la législation nationale ou par des accords internationaux. Le pays d'origine des marchandises est donc celui dans lequel elles ont été produites ou fabriquées, selon les critères énoncés aux fins de l'application du tarif douanier, des restrictions quantitatives, ainsi que de toute autre mesure relative aux échanges.[331]

Si la Convention de Kyoto a le mérite d'être le premier instrument international à avoir abordé les règles d'origine, elle n'évoque pas, cependant, la question d'une définition acceptée sur le plan international et permettant de déterminer l'origine d'une marchandise. Cette initiative d'harmonisation non encore aboutie est à inscrire à l'actif de l'Accord de l'Organisation mondiale du commerce (OMC) sur les règles d'origine qui établit par ailleurs une distinction entre les règles d'origine non préférentielles et celles préférentielles.

Règles d'origine non préférentielles

D'après l'Accord de l'OMC sur les règles d'origine, les règles d'origine non préférentielles sont définies comme étant les lois,

---

[331] Chapitre 1 de l'Annexe Spécifique K de la CKR

réglementations et déterminations administratives d'application générale appliquées par tout Membre pour déterminer le pays d'origine des marchandises, à condition que ces règles d'origine ne soient pas liées à des régimes commerciaux contractuels ou autonomes qui donnent lieu à l'octroi de préférences tarifaires allant au-delà de l'application du paragraphe 1 de l'article premier du GATT de 1994[332].

Les règles d'origine non préférentielles sont utilisées en vue de mettre en œuvre un ensemble de mesures de politique commerciale qui sont énumérées au paragraphe 2 de l'article premier de l'Accord de l'OMC sur les règles d'origine :

- application du traitement de la nation la plus favorisée ;
- application de droits antidumping et de droits compensateurs ;
- application de mesures de sauvegarde ;
- application de la réglementation relative au marquage de l'origine ;
- application de restrictions quantitatives ou de contingents tarifaires ;
- marchés publics ;
- statistiques commerciales.

Actuellement, les règles d'origine non préférentielles sont celles définies par un pays dans sa règlementation nationale aux fins de reconnaitre les biens comme étant originaires du pays. Ainsi le Code des douanes du Bénin dispose que le pays d'origine d'un produit est celui où ce produit a été récolté, extrait du sol ou fabriqué. Les règles à suivre pour déterminer l'origine des produits récoltés, extraits du sol ou fabriqués dans un pays, sont fixées par les conventions internationales ou par décret pris en Conseil des ministres.[333]

Règles d'origine préférentielles

Les règles d'origine préférentielles s'entendront des lois, réglementations et déterminations administratives d'application générale appliquées par tout Membre pour déterminer si des marchandises sont admises à bénéficier d'un traitement préférentiel dans le cadre de régimes commerciaux contractuels ou autonomes qui

---

[332] Paragraphe 1er de l'article 1er de l'Accord de l'OMC sur les règles d'origine

[333] Article 12 de la loi N°2014-20 du 12 /09/2014 portant code des douanes en République du Bénin

donnent lieu à l'octroi de préférences tarifaires allant au-delà de l'application du paragraphe 1 de l'article premier du GATT de 1994.[334]

Les règles d'origine préférentielles servent à déterminer si des marchandises sont admises à bénéficier d'un traitement préférentiel dans le cadre d'un accord de libre-échange déterminé ou dans le cas de concessions tarifaires unilatérales. Elles répondent à des intérêts commerciaux particuliers qui sont propres à un accord commercial préférentiel et elles traduisent donc clairement ces intérêts commerciaux spécifiques. Les règles d'origine préférentielles sont conçues pour faire en sorte que les accords de libre-échange et les programmes de préférences commerciales ne bénéficient qu'aux seuls pays concernés.

Aux fins du dédouanement des marchandises, il est donc nécessaire de déterminer leur "nationalité", à savoir connaître le pays d'origine des produits importés. Après le classement d'une marchandise dans le Système harmonisé et la détermination de sa valeur en douane, la détermination de son pays d'origine constitue le troisième élément clé du calcul des taxes et droits de douane.

L'utilisation de règles d'origine dans les accords de libre-échange vise à limiter le détournement des échanges. Seules les marchandises originaires des parties contractantes à ces accords doivent bénéficier des concessions prévues dans lesdits accords.

Enfin, les règles d'origine peuvent faciliter ou restreindre les échanges, promouvoir ou détourner l'investissement et favoriser ou inhiber la croissance de la productivité pour, en définitive, participer au maintien ou à la réduction du bien-être d'un pays.

Paragraphe 2 : Les principes de base des règles d'origine

La législation en matière de règles d'origine traite généralement :

- Des conditions aux fins de la détermination de l'origine ;
- Des critères territoriaux et ceux en matière d'expédition ;
- Des aspects liés aux prescriptions en matière de certification et de vérification de l'origine
- D'autres dispositions se rapportant aux sanctions, à la confidentialité des informations, à la coopération internationale et à l'assistance mutuelle, au règlement des litiges, etc.

---

[334] Annexe II de l'Accord de l'OMC sur règles d'origine. Elle reprend la déclaration commune concernant les règles d'origine préférentielles

I- Les critères d'origine

Il s'agit des principes directeurs et des conditions qui doivent être remplies par les marchandises pour avoir le caractère originaire. On rencontre généralement deux critères principaux :

- Le critère de « produits entièrement obtenus ou produits » ;
- Le critère de la transformation substantielle/ ouvraison ou transformation suffisante.

A-Le critère de « produits entièrement obtenus »

Ce critère est utilisé essentiellement pour les produits à l'état naturel et les marchandises produites à partir de ces produits qui sont entièrement obtenus dans un pays, notamment les produits extraits ou récoltés dans un pays ainsi que les animaux vivants nés ou chassés dans un pays.

[335]La CKR établit que les marchandises entièrement obtenues dans un pays ont pour origine ce pays et que sont considérés comme entièrement obtenus dans un pays uniquement :

a) les produits minéraux extraits de son sol, de ses eaux territoriales ou de son fond de mers ou d'océans ;

b) les produits du règne végétal récoltés dans ce pays ;

c) les animaux vivants nés et élevés dans ce pays ;

d) les produits provenant d'animaux vivant dans ce pays ;

e) les produits de la chasse et de la pêche pratiquées dans ce pays ;

f) les produits de la pêche maritime et autres produits, extraits de la mer à partir de bateaux de ce pays ;

g) les marchandises obtenues à bord de navire-usine de ce pays à partir exclusivement de produits visés sous f) ;

h) les produits extraits du sol ou du sous-sol marin situé hors des eaux territoriales, pour autant que ce pays exerce aux fins d'exploitation des droits exclusifs sur ce sol ou ce sous-sol ;

i) les rebuts et déchets résultant d'opérations de transformation ou d'ouvraison et les articles hors d'usage, recueillis dans ce pays, et qui ne peuvent servir qu'à la récupération de matières premières ;

j) les marchandises qui sont obtenues dans ce pays exclusivement à partir de produits visés aux paragraphes a) à i).

---

[335] Norme2 du Chapitre1 de l'Annexe spécifique K de la CKR

Virtuellement, tous les modèles d'origine appliquent le critère entièrement obtenu ou produit ; toutefois, la liste de produits est adaptée dans chaque cas, ce qui impose de toujours consulter les textes légaux pertinents.

[336]Dans le cadre de l'UEMOA et de la CEDEAO, l'énergie électrique qui est produite dans la zone est ajoutée à la liste et les marchandises obtenues par le mélange des substances visées de a) à i) avec des matières tierces, à condition que la proportion des matières originaires soit au moins égale à 60%, sont reconnues entièrement obtenues.

B-Le critère de la transformation substantielle / ouvraison ou transformation suffisante

Ce critère est une exigence de production garantissant qu'un processus de fabrication significatif a été réalisé dans la zone de libre-échange pour pouvoir conférer un statut originaire à une marchandise.

La CKR indique, dans une Pratique recommandée, que [337]« lorsque deux ou plusieurs pays interviennent dans la production d'une marchandise, l'origine de cette dernière devrait être déterminée d'après le critère de la transformation substantielle. »

La dernière transformation substantielle est la transformation qui est réputée suffisante pour conférer à la marchandise son caractère essentiel.

Le critère de transformation substantielle/ouvraison ou transformation suffisante peut s'exprimer :

➢ par la règle du changement de position tarifaire dans une nomenclature déterminée, souvent assortie de listes d'exceptions; et/ou

➢ par une liste des transformations ou des ouvraisons conférant ou non aux marchandises qui les ont subies l'origine du pays où elles ont été effectuées; et/ou

➢ par la règle du pourcentage *ad valorem*, lorsque le pourcentage de la valeur des produits utilisés ou le pourcentage de la plus-value acquise se révèle conforme à un niveau déterminé (la méthode de calcul de ce pourcentage sera également indiquée).

---

[336] Article 4 du Protocole additionnel N°III/2001 instituant les Règles d'origine des produits de l'UEMOA et Article3 du Protocole A/P1/1/03 relatif à la définition de la notion de « produits originaires » des Etats Membres de la CEDEAO

[337] 3. Pratique recommandée de l'Annexe spécifique K de la CKR

[338]L'UEMOA et la CEDEAO n'ont retenu que la règle de changement de position tarifaire et celle de la valeur ajoutée pour exprimer la transformation substantielle des produits pouvant avoir le caractère originaire suivant cette règle.

1-Le changement de position tarifaire

La méthode consiste à établir une règle générale suivant laquelle le produit obtenu est considéré comme ayant subi une transformation substantielle ou une ouvraison suffisante s'il relève d'une position tarifaire différente de celles applicables aux matières tierces utilisées. Lorsqu'une marchandise subit une ou plusieurs opérations qui n'entrainent pas un changement de position tarifaire, le pays d'origine de la marchandise obtenue est celle dont elle est originaire immédiatement avant ces opérations.

Cette règle générale est pour la plupart du temps assortie de listes d'exceptions mentionnant les cas dans lesquels le changement de position tarifaire n'est pas déterminant ou imposant des conditions supplémentaires.

2-Les listes de transformations ou d'ouvraisons

Qu'elle subisse ou non un changement de position tarifaire et indépendamment de la valeur éventuellement ajoutée, une marchandise est réputée avoir été transformée de manière substantielle lorsqu'elle a subi une opération de fabrication ou d'ouvraison spécifique décrite dans les règles de liste par produit spécifique.

3-Le critère de la valeur ajoutée

Qu'elle subisse ou non un changement de classification tarifaire, une marchandise est réputée originaire lorsque sa valeur augmente jusqu'à un niveau prescrit exprimé par un pourcentage de valeur ajoutée.

Les règles fondées sur un critère de valeur ajoutée ou critère *ad-valorem* peuvent être décrites de deux manières distinctes :

➢ **Un seuil maximal autorisé pour les matières non originaires** (critère de la teneur maximale provenant de pays tiers) : ceci signifie qu'un produit final peut être considéré comme étant originaire à condition que les matières étrangères consommées

---

[338] Article 5 du Protocole additionnel N°III/2001 instituant les Règles d'origine des produits de l'UEMOA et Article4 du Protocole A/P1/1/03 relatif à la définition de la notion de « produits originaires » des Etats Membres de la CEDEAO

n'excèdent pas un certain seuil. La méthode requiert une comparaison entre la valeur des intrants étrangers et la valeur du produit final.

➢ **Un critère minimal de teneur nationale** (critère de teneur locale minimale)

La teneur nationale représente la valeur des matières originaires et des opérations de fabrication ou de transformation effectuées dans une partie contractante ou dans une zone déterminée. Cette méthode requiert une comparaison entre la valeur ajoutée dans une partie contractante ou dans une zone déterminée et la valeur du produit final.

[339]Retenant le critère de valeur ajoutée pour apprécier le caractère originaire des produits, les règles d'origine communautaires UEMOA/CEDEAO sont basées sur la deuxième modalité. Le taux de valeur ajoutée minimale requise est de 30%.

Dans l'une ou l'autre méthode appliquée pour la détermination de l'origine, il y a des opérations et processus qui ne confèrent pas l'origine.

C-Transformation insuffisante / opérations minimes / opérations non-admissibles

[340]Ne devraient pas être considérées comme transformation ou ouvraison substantielle, les opérations qui ne contribuent en rien ou qui ne contribuent que faiblement à donner aux marchandises leurs caractéristiques ou propriétés essentielles et notamment les opérations constituées exclusivement d'un ou de plusieurs éléments suivants :

a) manipulations nécessaires pour assurer la conservation des marchandises durant leur transport ou leur stockage ;

b) manipulations destinées à améliorer la présentation ou la qualité marchande des produits ou à les conditionner pour le transport, telles que la division ou la réunion de colis, l'assortiment et le classement des marchandises, le changement d'emballage ;

c) opérations simples d'assemblage ;

d) mélanges de marchandises d'origines diverses, pour autant que les caractéristiques du produit obtenu ne soient pas essentiellement

[339] Article 5 du Protocole additionnel N°III/2001 instituant les Règles d'origine des produits de l'UEMOA et Article4 du Protocole A/P1/1/03 relatif à la définition de la notion de « produits originaires » des Etats Membres de la CEDEAO

[340] 6. Pratique recommandée, chapitre1 de l'Annexe spécifique K de la CKR

différentes des caractéristiques des marchandises qui ont été mélangées.

S'inspirant des recommandations de la CKR, [341]l'UEMOA et la CEDEAO ont fourni également une liste retraçant ces opérations qui ne peuvent, en aucun cas, conférer aux produits tiers la qualité de produits originaires.

D-Le cumul ou « règles d'origine cumulatives »

Le cumul permet aux produits originaires d'un pays appartenant à un accord commercial préférentiel d'être ultérieurement transformés ou ajoutés à des produits dans un autre pays signataire du même accord comme s'ils étaient originaires de cet autre pays.

Cette possibilité se perçoit à travers l'article 11-3. du Protocole additionnel N°III/2001 instituant les règles d'origine des produits de l'UEMOA et est assez explicite au terme du 2ème alinéa de l'article 2 du Protocole A/P1/1/03 relatif à la définition de la notion de « produits originaires » des Etats Membres de la CEDEAO qui dispose que « les produits originaires consistant en matières entièrement obtenues ou suffisamment transformées dans deux ou plusieurs Etats membres sont considérés comme produits originaires de l'Etat membre où s'est déroulée la dernière ouvraison ou transformation pour autant que l'ouvraison ou la transformation qui y est effectuée aille au-delà des ouvraisons ou transformations insuffisantes. »

II-La règle de l'expédition directe ou le transport direct

Chaque système d'échange préférentiel est assorti de règles gérant le transport des produits entre le pays exportateur et le pays importateur. Cette obligation vise essentiellement à s'assurer que le bénéfice du régime préférentiel sollicité ne soit accordé qu'aux produits originaires du pays partenaire, en évitant les cas dans lesquels les produits peuvent faire l'objet, au cours de leur acheminement, d'une substitution ou d'une transformation quelconque dans un pays tiers.

A cet effet, le transport des produits originaires est considéré comme direct lorsqu'il s'effectue sans emprunt de territoires de pays

---

[341] Article 9 nouveau du Protocole additionnel N°1/2009/CCEG/UEMOA modifiant le Protocole additionnel N°III/2001 instituant les Règles d'origine des produits de l'UEMOA et Article 6 du Protocole A/P1/1/03 relatif à la définition de la notion de « produits originaires » des Etats Membres de la CEDEAO

tiers. Toutefois, le transport de ces produits peut être effectué avec emprunt de territoires autres que ceux des pays partenaires avec le cas échéant, transbordement ou entreposage temporaire, sous réserve que ces produits soient restés sous la surveillance des autorités douanières du pays de transit ou d'entreposage, n'aient pas été mis dans le commerce ou à la consommation et n'aient subi aucune manipulation autre que le déchargement et le rechargement ou toute autre opération destinée à assurer uniquement leur conservation en l'état.

L'UEMOA et la CEDEAO ne se sont pas vraiment intéressées à cet aspect des règles d'origine. Ceci peut être justifié par le fait que les parties contractantes sont limitrophes.

III-Preuve de l'origine ou certification de l'origine

Le caractère originaire des produits échangés, notamment dans le cadre préférentiel, doit être attesté par une preuve d'origine dont le modèle et le visa, le cas échéant, doivent être conformes aux spécimens arrêtés et communiqués par les pays partenaires.

Des tolérances sont parfois accordées pour que la preuve de l'origine ne soit fournie que par une simple déclaration sur facture établie par le fournisseur ou par des certificats visés par des exportateurs préalablement agréés auprès des autorités douanières du pays d'exportation.

Certains accords de libre-échange permettent une simple indication de l'origine faite par l'importateur au moment du dédouanement de la marchandise.

Des cas des exemptions de la preuve, jusqu'à un certain seuil de valeurs conventionnelles, sont également prévues par certains accords (cas des bagages des voyageurs ou des petits envois postaux ne revêtant aucun caractère commercial).

Toutefois, lors de la négociation de certains accords, les parties contractantes peuvent convenir de l'absence de la preuve documentaire devant couvrir leurs échanges préférentiels.

[342]Les textes de l'UEMOA et de la CEDEAO prévoient que l'origine communautaire des produits est obligatoirement attestée par un certificat d'origine. Toutefois, les produits de l'agriculture, de

[342] Article 11 du Protocole additionnel N°1/2009/CCEG/UEMOA modifiant le Protocole additionnel N°III/2001 instituant les Règles d'origine des produits de l'UEMOA et Article 10 du Protocole A/P1/1/03 relatif à la définition de la notion de « produits originaires » des Etats Membres de la CEDEAO

l'élevage ainsi que les articles faits à la main sont dispensés de la production du certificat d'origine.

Il est donc impérieux que cette preuve de l'origine résulte du respect préalable des critères de base à l'agrément des produits et soit conforme aux normes techniques définies à l'effet de jouer pleinement son rôle dans le schéma de libéralisation des échanges.

CHAPITRE II :

CONTRIBUTION DES REGLES D'ORIGINE A LA LIBRE CIRCULATION DES BIENS

Dans le contexte général, la libre circulation des marchandises est notamment garantie par la suppression des droits de douane et des restrictions quantitatives aux échanges, l'interdiction des mesures d'effet équivalent ainsi que par l'élimination des barrières physiques.

Paragraphe 1 : les règles d'origine : instrument proéminent dans la libéralisation des échanges

L'efficacité de ces mesures énoncées *supra* et qui sont caractéristiques d'un marché commun est largement tributaire de la possibilité pour les parties contractantes d'identifier les marchandises qui doivent bénéficier des facilités convenues.

I-De la suppression des droits de douane, des restrictions quantitatives et les mesures d'effet équivalent

Pour aboutir à la réalisation de ces mesures, il a souvent fallu l'instauration d'un tarif extérieur commun et l'élimination des restrictions au commerce.

En effet, le tarif extérieur commun est un tarif douanier appliqué dans une zone de libre-échange aux produits en provenance d'un pays tiers. Son objectif est de favoriser les échanges intra-communautaires. Il est alors clair que la distinction des produits communautaires des marchandises tierces est d'une importance capitale. Le désarmement tarifaire convenu dans la zone de libre-échange ne devra être appliqué qu'aux seuls produits communautaires. Dès lors, les règles d'origine se révèlent comme étant l'instrument idoine pour parvenir à cette finalité. Cet aspect se lit facilement à travers le Traité de l'UEMOA qui dispose en son article 76 a) que l'Union poursuit la réalisation progressive de l'objectif de « l'élimination, sur les échanges entre les pays membres, des droits de douane, des restrictions quantitatives à l'entrée et à la sortie, des taxes d'effet équivalent et de toutes autres mesures d'effet équivalent susceptibles d'affecter lesdites transactions, sous réserve du respect des règles d'origine de l'Union qui seront précisées par voie de protocole additionnel »[343].

La vision de création de marché intérieur dans la zone communautaire interdit également les restrictions au commerce entre les Etats Membres. Cette interdiction vise essentiellement les produits communautaires. Par conséquent, il urge que les règles d'origine interviennent pour statuer sur les marchandises ciblées par la mesure. C'est dans cette veine que le Traité Révisé de la CEDEAO, en son article 41, a spécifiquement abordé le sujet de restrictions quantitatives sur les produits originaires de la communauté en disposant que « à l'exception des dispositions qui peuvent être prévues ou autorisées par le présent Traité, chaque Etat Membre s'engage à assoupir progressivement et à éliminer totalement dans un délai maximum de quatre (04) ans après le démarrage du schéma visé à l'article 54, toutes restrictions ou interdictions de nature contingentaire, quantitative ou assimilée qui s'appliquent à l'importation dans cet Etat de marchandises originaires d'autres Etats Membres et à ne pas imposer plus tard d'autres restrictions ou interdictions »[344].

Les mesures d'effet équivalent à proscrire sont relatives aux droits de douane et restrictions quantitatives. En clair, il s'agit d'éviter l'instauration des taxes et des mesures qui ont, respectivement, les mêmes effets que les droits de douane et les prohibitions quantitatives. Ces mesures sont difficilement appréhensibles. Toutefois, nous pouvons nous référer à la jurisprudence, source de droit utilisée dans l'Union européenne, pour traiter de la notion. Le niveau d'intégration de cette union est très avancé et les pratiques sont souvent retenues au rang des meilleures.

En effet, la Cour de justice de l'Union européenne a estimé que toute taxe, quelles que soient son appellation et ses modalités d'application, « qui, frappant spécifiquement un produit importé d'un pays membre à l'exclusion du produit national similaire, a pour résultat, en altérant son prix, d'avoir ainsi sur la libre circulation des

---

[343] Article 76 a) du Traité révisé de l'UEMOA

[344] Article 41 du Traité révisé de la CEDEAO

produits, la même incidence qu'un droit de douane» peut être considérée comme une taxe d'effet équivalent, indépendamment de sa nature et de sa forme.[345] De même, dans l'arrêt Dassonville, la Cour de justice a déclaré que toute réglementation commerciale des États membres susceptible d'entraver directement ou indirectement, effectivement ou potentiellement, le commerce intracommunautaire est à considérer comme mesure d'effet équivalent à des restrictions quantitatives[346]. De ces approches de définition, on réalise aisément la nécessité d'identifier les marchandises.

II-De l'élimination des barrières physiques

Les barrières visées ici se rapportent à tous les dispositifs physiques et la réalité des infrastructures qui compromettent la libre circulation des biens au sein des communautés économiques.

Les multiples barrages et contrôles redondants ne sont pas favorables à la facilitation qui devrait être observée dans la zone. En effet, les temps d'attente pour les contrôles et les dépenses effectuées sont très onéreux pour l'opérateur et ne permettent pas aux produits d'être compétitifs. De même, l'existence, la qualité et l'étendue du réseau routier sont très déterminants pour la concrétisation de l'objectif de libre circulation.

Dans le contexte actuel, nous réalisons encore que les marchandises originaires ne seront pas traitées de la même manière que celles tierces. Les premières ne doivent pas subir des procédures autant rigoureuses et profondes que les dernières. En effet, même si la facilitation des échanges à l'échelle internationale interdit ces discriminations, il y a lieu de reconnaitre que les accords de libre-échange constituent les exceptions également autorisées. Dès lors, il y a nécessité de pouvoir faire intervenir les règles d'origine à l'effet de faire la distinction.

Nous constatons de façon globale que les règles d'origine sont au cœur de tous les schémas de libéralisation des échanges. Quelles sont alors leur implication aux niveaux de l'UEMOA et de la CEDEAO ?

---

[345] Les arrêts du 14 décembre 1962 dans les affaires 2/62 et 3/62 et du 25 septembre 1979 dans l'affaire 232/78

[346] Affaire 8/74 du 11 juillet 1974 et arrêt du 15 novembre 2005 dans l'affaire C-320/03, points 63 à 67

Paragraphe 2 : Importance des règles d'origine dans le schéma de libéralisation des échanges communautaires

La libéralisation des échanges intra-communautaires suppose essentiellement le désarmement tarifaire et la suppression des barrières non tarifaires.

Il faut mentionner que les différentes mesures prises par l'UEMOA et la CEDEAO dans le cadre de cette libéralisation convergent énormément au point d'adopter la même appréhension du produit originaire. En effet, le préambule du protocole A/P1/1/03 relatif à la définition de la notion de ¨produits originaires des Etats Membres de la CEDEAO dans son troisième paragraphe reconnaît le besoin impérieux d'harmoniser les programmes d'intégration de l'UEMOA et de la CEDEAO en vue de la création d'un espace économique régional unifié. Ceci explique la similitude entre les règles d'origine de ces deux unions.

I-Le désarmement tarifaire des produits originaires

Sans rentrer dans l'historique du désarmement tarifaire dans les échanges au sein des communautés UEMOA et CEDEAO, nous retiendrons qu'il a été progressiste[347] et qu'aujourd'hui, le droit de douane est à un taux nul pour tous les produits originaires selon qu'il s'agisse de chaque communauté économique. Tenant compte des contraintes qui nous sont assignées dans le cadre de cette étude, nous nous sommes proposé de ne pas véritablement aborder les taxes à effet équivalent de droit de douane.

A- L'agrément du produit et l'immatriculation de l'entreprise

Le protocole de la CEDEAO qui a été élaboré peu de temps après celui de l'UEMOA apparaît, à quelques exceptions près, comme une copie conforme de ce dernier. Ces deux protocoles, par ailleurs, présentent une certaine analogie avec les principes de base tels que nous les avons étudiés plus haut.

[347] Article 76 a) du Traité révisé de l'UEMOA et l'article 36-1. du Traité révisé de la CEDEAO

1-Les critères d'origine

a-Les produits entièrement obtenus

Le protocole additionnel N°III/2001 en son article 4 et le protocole A/P1/1/03 de la CEDEAO en son article 3, donnent de l'entière obtention une définition proche de la définition classique.

Toutefois on y remarque quelques nouvelles notions comme l'énergie électrique produite dans les Etats Membres.

La définition des deux unions précise également que les produits fabriqués à partir de substances entièrement obtenues telles que nous les avons vus dans la définition classique demeurent toujours entièrement obtenus, même si ces substances sont mélangées à d'autres matières non originaires, sous réserve que la proportion en quantité de ces substances soit supérieure ou égale à 60% de l'ensemble des matières premières mises en œuvre.

Par ailleurs, on entend par « leurs navires » et « leurs navires-usines », les navires et navires-usines :

-immatriculés ou enregistrés ou battant pavillon d'un Etat Membre;

-dont l'équipage, y compris l'Etat-major est composé d'au moins 50% des nationaux des Etats Membres.

Les produits extraits de la mer, des rivières et des lacs par les navires et les produits fabriqués à bord des navires-usines ne sont considérés comme originaires que lorsque ces navires et navires-usines répondent aux critères définis plus haut.

b-Les produits suffisamment ouvrés ou transformés

Selon les protocoles précités, sont considérés comme suffisamment ouvrés ou transformés :

i.) soit les produits non entièrement obtenus dans la fabrication desquels toutes les matières utilisées doivent être classées dans une position tarifaire différente de celle du produit ; cette règle est assortie **d'une liste d'exceptions**[348] mentionnant les cas dans lesquels le changement de position n'est pas déterminant ou imposant des conditions supplémentaires

[348] Règlement N°12/2002/CM/UEMOA portant détermination de la liste d'exceptions au critère de changement de classification tarifaire dans la nomenclature de l'UEMOA

ii.) soit les produits non entièrement obtenus, dans la fabrication desquels, les matières étrangères utilisées ont reçu une valeur ajoutée d'au moins 30% du prix de revient ex-usine hors taxe de ces produits. Le mode de calcul de cette valeur ajoutée est bien réglementé[349] :

VA = ((PR ex-usine) – VALCAF MP ETRANGERES – VAL CONSO ETRANGERES – VAL CAF EMB ETRANGERS) / (PR ex-usine) en %

PR ex-usine = Prix de revient ex-usine

VAL CAF MP ETRANGERES = Valeur CAF matières premières mises en œuvre d'origine étrangères

VAL CAF CONSO ETRANGERES = Valeur CAF des consommables utilisés d'origine étrangère

VAL CAF EMB ETRANGERS = Valeur CAF des emballages utilisés pour conditionner les produits, d'origine étrangère

Conditions additionnelles à remplir

-Les traitements et salaires ne doivent pas dépasser 15% (UEMOA) ou 20% (CEDEAO) du prix de revient ;

-Les travaux, fournitures et services extérieurs ne doivent pas dépasser 7% (UEMOA) ou 10% (CEDEAO) du prix de revient et doivent être directement liés à la production ;

-Les charges financières ne doivent pas dépasser 2% (UEMOA) ou 3% (CEDEAO) du prix de revient.

Il faut aussi préciser qu'aux termes de l'article 7 du protocole A/P1/1/03 de la CEDEAO et l'article 8 nouveau a) du protocole additionnel N°1/2009/CCEG/UEMOA, les marchandises transformées dans le cadre de régimes douaniers économiques ou suspensifs et de certains régimes particuliers entraînant la suspension ou l'exonération partielle ou totale des droits d'entrée sur les intrants ne peuvent, en aucun cas, bénéficier de la qualité de produits originaires et des avantages qui y sont attachés. Toutefois, l'article 8 nouveau b) du protocole additionnel N°1/2009/CCEG/UEMOA de l'UEMOA dispose que les marchandises transformées dans le cadre de régimes douaniers économiques ou suspensifs pourront bénéficier de la qualité

[349] Règlement N°13/2002/CM/UEMOA portant détermination des éléments constitutifs de la valeur ajoutée communautaire des produits industriels au sein de l'UEMOA et le Règlement C/REG.5/4/02 relatif à la détermination des éléments constitutifs du prix de revient ex-usine d'un produit et de la valeur ajoutée

de produits originaires et des avantages qui y sont attachés si les droits et taxes exigibles sur les matières premières utilisées dans le processus de fabrication sont acquittés.

Après avoir respecté les critères d'origine pour la production de la marchandise, l'entreprise sollicite l'agrément au schéma de libéralisation correspondant.

2-La demande d'agrément du produit et l'immatriculation de l'entreprise

En vue de bénéficier des conditions préférentielles entre les Etats Membres de la Communauté, les entreprises et produits doivent être préalablement agréés par les instances communautaires.

Il est conçu, à cet effet, un dossier-type de demande d'agrément au schéma de libéralisation des échanges de la CEDEAO. Ce dossier doit être rempli par l'entreprise industrielle et présenté au Comité national d'agrément (CNA).

Outre les renseignements sur l'identification de l'entreprise et sur la production qu'il fournit, le dossier-type donne également les caractéristiques des produits fabriqués. Il comprend, par ailleurs, des fiches techniques relatives à la détermination du prix de revient ex-usine et de la valeur ajoutée.

[350]Le CNA étudie les dossiers d'agrément et fait des recommandations d'agrément à l'autorité compétente, sur les entreprises remplissant les conditions. Les demandes sont traitées dans un délai de trois (03) mois à l'issue duquel une décision est notifiée au demandeur.

Les entreprises dont les produits sont agréés, reçoivent un numéro d'immatriculation de sept (07) caractères numériques : les trois premiers caractères représentent le code géographique du pays ; les quatre derniers représentent le numéro d'ordre de l'entreprise dans l'Etat Membre.

Quant aux produits agréés, ils reçoivent aussi chacun un numéro d'agrément de onze (11) caractères numériques : les sept premiers caractères représentent le numéro d'immatriculation de l'entreprise ; les deux caractères suivants représentent le numéro d'ordre du produit

---

[350] Titre 1 du Règlement C/REG.3/4/02 relatif à la procédure d'agrément des produits originaires au schéma de libéralisation des échanges de la CEDEAO

agréé ; les deux derniers caractères représentent, enfin, les deux derniers chiffres de l'année d'agrément.

B-Le bénéfice de la taxation préférentielle

Afin de jouir des véritables avantages inhérents au caractère originaire des produits, l'opérateur économique devra disposer de la preuve documentaire d'origine et la présenter, procéder aux formalités d'exportation des marchandises du pays membre exportateur et respecter les procédures douanières à l'entrée des produits dans le pays membre d'importation.

1-La preuve documentaire de l'origine : le certificat d'origine

L'origine communautaire des produits doit obligatoirement être attestée par un certificat d'origine. Toutefois, les produits de l'agriculture, de l'élevage ainsi que les articles faits à la main sont dispensés de la production de ce certificat[351].

Le Règlement C/REG.4/4/02 du 23 avril 2002 détermine les caractéristiques et les règles d'établissement de ce certificat d'origine. Il précise dans son article 2 qu'il est de format ISO/ A4 (210 X 297 mm) et de couleur verte. L'article 3 ajoute que le certificat d'origine est délivré par une autorité nationale compétente désigné par chaque Etat Membre. Il précise que les agents de l'administration des Etats Membres habilités à délivrer ou à viser le certificat d'origine sont tenus de faire apparaître clairement, sur ce document, leurs signature, nom et fonction.

Selon les règles d'établissement jointes en annexe au dit Règlement, il n'est délivré qu'un seul exemplaire original du certificat. En cas de perte de l'original, il peut être délivré un exemplaire portant la mention « duplicata ». En plus de l'original, il peut être délivré des copies portant la mention « copie ».

Les marchandises sont désignées dans le certificat d'origine selon les usages commerciaux, avec les précisions suffisantes permettant leur identification.

Le certificat d'origine ne peut couvrir qu'un seul produit et son délai de validité est de six (06) mois à compter de sa date de délivrance. Bien que le document soit unique pour la CEDEAO et

---

[351]Article 11-1. du Protocole additionnel N°III/2001 instituant les Règles d'origine des produits de l'UEMOA et Article 10 du Protocole A/P1/1/03 relatif à la définition de la notion de « produits originaires » des Etats Membres de la CEDEAO

l'UEMOA, ce délai est de dix-huit (18) mois[352] pour les produits agréés dans le dernier schéma.

2-Formalités d'exportation des marchandises du pays membre et respect de la procédure douanière à l'entrée du pays d'importation

Les procédures réglementaires sont très indispensables dans le cadre de la libéralisation des échanges communautaires. Les références du document d'exportation ainsi que le visa de l'autorité douanière sont requis sur le certificat d'origine valable pour le bénéfice des préférences.

De même, les formalités correctes de dédouanement à l'entrée du pays d'importation sont exigées pour la jouissance des avantages.

III-La suppression des barrières non tarifaires

Ce volet de la libéralisation des échanges a été abordé dans les Traités de la CEDEAO et de l'UEMOA.

A-Le principe

Le principe veut substantiellement que toutes restrictions quantitatives, entraves non tarifaires, prohibitions, ou autres mesures d'effet équivalent portant sur les importations ou les exportations des produits originaires dans les Etats Membres soient levées[353].

En clair, les barrières non tarifaires telles que les licences, autorisations, contingentements et autres formes de restriction sont supprimées pour les échanges intra-communautaires des produits originaires. Toutefois, ces mesures sont d'application nationale dans les Etats Membres sous réserve qu'elles n'aient pas d'incidence grave sur la vie des citoyens de la Communauté.

B-Les exceptions

Dès lors qu'elles sont justifiées et sous réserve de notification aux instances des deux institutions, il est permis aux Gouvernements des Etats Membres d'édicter des interdictions ou des restrictions d'importation, d'exportation et de transit concernant :

---

[352] Décision N°03/2004/COM/UEMOA du 23/02/2003 déterminant les caractéristiques et les règles d'établissement du certificat d'origine des produits originaires de l'UEMOA

[353] Articles 41 du Traité révisé de la CEDEAO, 76 du Traité révisé de l'UEMOA et 3 de l'Acte additionnel N°04/1996 instituant un régime préférentiel transitoire des échanges au sein de l'UEMOA et son mode de financement

- l'application des lois et règlements sur la sécurité et l'ordre publics ;
- le contrôle des armes, des munitions et de tous autres équipements militaires et matériels de guerre ou le contrôle des stupéfiants, des déchets toxiques et nocifs, des matériaux nucléaires, des produits radioactifs ou de tous autres matériaux utilisés dans le développement ou l'exportation de l'énergie nucléaire ;
- la protection de la santé ou de la vie des hommes, des animaux ou des plantes ou de la moralité publique ou encore la protection des patrimoines artistiques et culturels.

A cette liste commune, il faut ajouter celle spécifique de la CEDEAO concernant le transfert de l'or, de l'argent et des pierres précieuses et semi-précieuses.

Au demeurant, nous pouvons noter que les règles d'origine sont effectivement au cœur de la libéralisation des échanges communautaires. En conséquence, leur connaissance et le respect des critères ainsi que l'accomplissement des autres procédures subséquentes sont déterminants pour la concrétisation de la libre circulation des biens.

CHAPITRE III :

DIFFICULTES LIEES A LA GESTION DES REGLES D'ORIGINE ET APPROCHE DE SOLUTIONS POUR UNE SYNERGIE « LIBERALISATION-MOBILISATION DES RESSOURCES BUDGETAIRES ».

Il s'agira ici, d'essayer de dégager les entraves à la libre circulation des biens et plus spécifiquement celles inhérentes aux règles d'origine et par ailleurs réfléchir sur la synergie efficace « libéralisation-mobilisation des ressources budgétaires ».

Paragraphe 1 : les entraves à la libre circulation des biens communautaires

Les marchandises communautaires devraient circuler librement entre les différents Etats Membres. Cependant, malgré tout le dispositif établi pour leur identification à l'effet de leur faire bénéficier des privilèges dus à leur statut, il réside encore des entraves qui compromettent largement les échanges intra-communautaires.

C'est là même le clair-obscur des règles d'origine dans le cadre de la libre circulation des biens.

En effet, à la lumière des statistiques communiquées par le Centre du commerce international (CCI), une émanation de l'OMC, les échanges entre les pays de la CEDEAO sont faibles : 15% seulement des exportations totales de la CEDEAO vont vers les autres pays membres et un maigre 5% des importations totales[354].

I-Les difficultés d'ordre général

Sans la prétention d'être exhaustifs, nous allons aborder quelques pratiques administratives anormales et certaines difficultés induites par la règlementation.

A-Les pratiques administratives anormales

Les pratiques administratives anormales sont, de manière générale, le fait des agents des administrations nationales des douanes, des eaux et forêts, de la police et de la gendarmerie. Ces pratiques se traduisent par la mise en place de postes de contrôle – parfois règlementaires – qui sont le lieu de perceptions illicites à l'égard des usagers transportant même des marchandises communautaires et de perte de temps considérable.

L'Observatoire des pratiques anormales (OPA)[355] a identifié et suit trois indicateurs dont il publie périodiquement les résultats. Il s'agit du nombre de postes de contrôles, les perceptions illicites et les retards induits du fait de ces contrôles. Du 28ème rapport réalisé au terme du 2ème trimestre de 2017, nous pouvons relever quelques statistiques qui suivent :

- en moyenne, sur un corridor de l'espace UEMOA, un chauffeur disposant d'un camion en règle est contrôlé 20 fois par voyage, soit 7 fois plus que la norme communautaire de 3 postes de contrôle par corridor, soit 2 postes de contrôle sur 100 km. Les pays où on note un nombre élevé de postes de contrôle sont le Burkina-

[354] Statistiques de 2015 communiquées par le CCI lors de la table ronde co-organisée par le CCI et la BAD sur le commerce régional et barrières non tarifaires au sein de la CEDEAO du 14 au 15 juin 2016 à Abidjan

[355] OPA est mis en place en 2005 par la Commission de l'UEMOA en vue d'identifier, analyser et publier les faits, pratiques, irrégularités et abus constatés sur les axes routiers inter-Etats, dans le cadre du transport des personnes et des marchandises.

Faso, le Sénégal et le Mali. Les forces de sécurité les plus impliquées en matière de contrôle sont la Douane et la Gendarmerie ;

- la moyenne des perceptions illicites tout au long d'un corridor de l'espace UEMOA est de 41.245 FCFA au titre du 2ème trimestre 2017. La Guinée Bissau est le pays où un montant élevé des perceptions illicites est perçu. En moyenne, par passage de frontière dans l'espace UEMOA, le chauffeur est contraint de débourser 17.886 FCFA ;

- le corridor où le temps de contrôle aux 100 km est plus important est le corridor Bissau-Dakar. Ce temps de contrôle est estimé à 37 mn aux 100 km. La Police et la Douane sont les plus impliquées dans les retards enregistrés dans les contrôles routiers.

B-Difficultés induites par la règlementation

Dans le cadre de la libéralisation des échanges, les textes de la CEDEAO et de l'UEMOA proscrivent les mesures d'effet équivalent. Cependant, ces mesures n'ont pas été véritablement définies et identifiées. Elles renvoient à toutes les mesures imaginées par les Etats et qui ne sont ni des droits de douane, ni des restrictions quantitatives, mais qui ont un effet restrictif sur le volume des importations ou des exportations communautaires. Cette imprécision est aussi source d'obstacle aux échanges intra-communautaires.

Par ailleurs, des entraves subsistent toujours dans la mesure où il est permis aux gouvernements des Etats Membres d'édicter des interdictions ou des restrictions d'importation, d'exportation et de transit dès lors qu'elles sont justifiées. En clair, il n'est pas formellement interdit aux Etats Membres de prendre des mesures restrictives circonstancielles quand il s'agit de la sauvegarde de leurs économies, de la santé et de la sécurité de leurs populations. Les déviations instaurant des entraves peuvent être motivées par ces possibilités.

II-Difficultés inhérentes aux règles d'origine

Appelées normalement à faciliter le commerce intra-communautaire, les règles d'origine ont aussi, cependant, certaines limites qui créent les obstacles.

- Le critère de la valeur ajoutée est beaucoup utilisé pour la détermination de l'origine préférentielle. Cependant, si nous connaissons les règles de la valeur ajoutée, il demeure toutefois nécessaire de définir clairement certains termes tels que prix « sortie d'usine », valeur CAF, frais généraux, *etc*. Généralement, tous ces termes ne sont pas définis. On donne plutôt la liste des éléments constitutifs de la valeur ajoutée[356].

- Il y a méconnaissance des textes par les acteurs impliqués : aux niveaux de l'opérateur, de l'autorité compétente pour la certification et l'autorité douanière, on note des dysfonctionnements dus à la méconnaissance des textes. Les certificats d'origine pour le SLE-CEDEAO délivrés pour des produits fabriqués sous le régime de zone franche, inexistence du numéro d'immatriculation de l'entreprise et/ou d'agrément du produit, présentation d'un seul certificat d'origine pour couvrir un chargement composé de différentes espèces tarifaires, *etc*.

- Le coût de l'obtention du certificat d'origine : des études montrent que les certificats d'origine coûtent environ 5 % de la valeur des marchandises. Certains accords commerciaux préférentiels ne sont plus utilisés pour un accès préférentiel au marché en raison du coût d'émission des certificats, et les importateurs préfèrent verser les droits applicables à la Nation la plus favorisée (NPF) plutôt que de demander un traitement préférentiel qui nécessite de soumettre une preuve de l'origine[357].

- Inexistence de l'auto-certification : à l'état actuel de la règlementation, les produits ne peuvent être certifiés que par un certificat d'origine délivré par une autorité compétente et visé par la Douane. L'opérateur n'est autorisé en aucun cas, à démontrer le caractère originaire de sa marchandise par une simple mention sur un document commercial ou par simple déclaration d'origine.

- Les Administrations douanières ne sont pas assez renforcées pour accompagner les opérateurs à l'observation de règles d'origine pour le bénéfice des avantages afin d'être compétitifs : les structures organisationnelles ainsi que le renforcement des capacités des Agents en matière de gestion des règles d'origine ne sont pas les plus adéquats pour soutenir les producteurs.

---

[356] Règlement C/REG5/4/2 de la CEDEAO et Règlement N°13/2002/CM/UEMOA de l'UEMOA

[357] OMD, Règles d'origine-Manuel, p5

Paragraphe 2 : Combinaison efficace « libéralisation des échanges-mobilisation des ressources budgétaires »

Le Bénin a un budget essentiellement fiscal avec une contribution importante de la fiscalité de porte. Il fait partie également des communautés économiques régionales assorties de schémas de libéralisation des échanges, notamment la CEDEAO et l'UEMOA. Un autre plus grand, la Zone de libre-échange continental de l'Union Africaine (ZLEC), sera bientôt concrétisé. Ces différents dispositifs induisant certainement l'amenuisement de la fiscalité de porte, il sera pertinent que des mesures soient prises à l'effet de mobiliser les ressources intérieures pour les grands projets de développement.

I-Améliorer la mobilisation des ressources intérieures : la transition fiscale

En marge des stratégies de choix déployées dans ce domaine par l'Administration fiscale, il urge que des dispositions idoines soient aussi prises du côté de l'administration douanière. Si rien n'est fait, le Bénin continuera, d'un côté, à ne pas profiter des accords de libre-échange et, de l'autre côté, à perdre des recettes à cause des traitements préférentiels donnés indument.

Par conséquent, les recommandations subséquentes toucheront essentiellement au renforcement des capacités des fonctionnaires des douanes béninoises ainsi que quelques actions à poser, en matière d'origine, à l'endroit des opérateurs économiques.

A-Appropriation de l'origine par les Fonctionnaires des douanes

L'origine des marchandises est un des éléments essentiels de la base de taxation. Elle ne devrait pas être reléguée au second rang, tant le risque d'un mauvais dédouanement peut rapidement se réaliser. Par conséquent, il faudra :

1- la formation des fonctionnaires des douanes en matière d'origine

- la formation initiale des agents des douanes et en l'occurrence des Officiers des douanes doit pouvoir consacrer une masse horaire à une **matière bien dénommée « Origine »** à l'instar des autres éléments de la base de taxation, l'espèce tarifaire et la valeur, qui sont spécifiquement enseignés ;

- les recyclages ainsi que des séminaires organisés sur les accords de libre-échange impliquant le Bénin, remettront à niveau les agents des douanes devant faire appliquer lesdits accords.

1-Assistance aux opérateurs économiques

Les fonctionnaires des douanes bien formés sont ceux qui pourront réellement suivre les opérateurs économiques pour une bonne exploitation des règles d'origine compte tenu des relations traditionnelles qui existent entre les deux agents économiques.

Ainsi, une bonne politique de formation, d'information et de vulgarisation des règles d'origine ainsi que des opportunités qui s'offrent aux opérateurs économiques à exploiter les règles d'origine, doit être mise en place. Dans ce contexte, les petites et moyennes entreprises sont suivies et encouragées à jouir des conditions préférentielles d'exportation mises à leur disposition.

B-Gestion efficace de l'origine dans l'Administration douanière béninoise

Il s'agira ici de proposer une organisation administrative propice à une meilleure gestion de l'origine.

2-Modification de l'organigramme actuel

Les questions d'origine sont actuellement traitées au niveau de la Direction de la Législation et des Relations Internationales, plus précisément dans la Division de la Politique Tarifaire et d'Appui aux Autres Administrations et Organismes dépendant directement du Service de la Législation et de la Règlementation.

Les accords de libre échange qui profilent à l'horizon ne pourraient être efficacement gérés dans ces conditions. Dans une démarche d'anticipation, telle qu'elle est digne des douanes modernes, il serait indispensable qu'il y ait :

✓ **au niveau central,une division chargée des règles d'origine** : cette division aura pour missions d'assurer l'application et le contrôle des Règles d'origine, de contribuer à leurs élaboration et négociations et d'entretenir les relations avec les administrations douanières des pays partenaires et les organismes nationaux et internationaux pour les questions d'origine.

✓ **au niveau départemental, un service chargé des questions de la taxation** qui aura pour missions d'assister les unités de première ligne de son ressort, en cas de besoin, pour l'appréciation de l'origine des marchandises sélectées par le système d'analyse de risque, d'assister le Chef de Division central des Règles d'origine dans sa mission de formation, de vulgarisation, d'encadrement et de suivi des entreprises exportatrices, surtout, celles qui sont installées sur son territoire de compétence, d'effectuer les contrôles *a posteriori* en matière d'origine des marchandises...

✓ **une structure chargée des renseignements contraignants :** dans le cadre de l'Accord sur la Facilitation des Echanges (OMC), chaque membre doit avoir un système de renseignements contraignants pour rendre des décisions anticipées aux opérateurs économiques. Cette structure, mise en place au niveau central, permettra aux opérateurs économiques de disposer, avant importation, des informations nécessaires en matière douanière (origine y compris) pour la célérité de ses opérations.

3-Amélioration des procédures

A cette ère des technologies de l'information et de la communication (TIC) où l'Organisation mondiale des douanes prône une douane du 21ème siècle numérique, il serait recommandable voire indispensable que :

- l'implémentation des règles d'origine soit faite dans le système automatisé de dédouanement Sydonia : à l'instar du Système Harmonisé, les règles d'origine sont des données connues à l'avance qui peuvent être insérées dans les instruments mis à la disposition des fonctionnaires des douanes et des déclarants en douane pour faciliter leur consultation et contribuer de ce fait au processus de dématérialisation ;
- les règles d'origine soient régulièrement mises à jour sur la base de la version de nomenclature en usage : dans le cadre des schémas de libéralisation, des produits spécifiques ont été agréés. Ces produits sont identifiés dans les accords sur la base de leur position tarifaire de l'heure. Au cas où les amendements au SH touchent lesdits produits, la non mise à jour des règles d'origine en conformité avec la version actuelle utilisée poserait d'énormes difficultés à faire profiter des conditions préférentielles à ces produits qui, techniquement, remplissent les conditions d'éligibilité.

II-La poursuite des efforts de libéralisation

Le Bénin fait partie des exemples cités en matière de meilleures pratiques de libre circulation des biens. Il devra conserver ces atouts.

A-La suppression des barrières à la libre circulation des biens communautaires

Sur ce plan, les témoignages sont donnés par l'OPA à travers son 28ème rapport. En effet, les statistiques communiquées ont clairement révélé qu'en ce qui concerne le nombre de postes de contrôle, les perceptions illicites, les retards créés par les contrôles, le Bénin a présenté des résultats très appréciables[358].

Ces résultats sont le fruit d'une volonté politique proactive et de la discipline qui intègre à grands pas le quotidien des exécutants.

B-Le soutien aux actions d'amélioration des conditions de libéralisation des échanges communautaires

Des réformes sont en cours aux niveaux des différentes communautés économiques auxquelles appartient le Bénin. Nous pouvons citer le projet de libre pratique dans la zone de l'UEMOA, la modification des critères d'origine, la révision du dossier type de demande d'agrément et l'ajout de nouvelles dispositions sur la preuve de l'origine de la CEDEAO, l'élaboration des règles d'origine de la ZLEC, *etc*.

Il serait donc pertinent que le Bénin prenne une part active à la concrétisation de tous ces projets afin d'en maitriser l'esprit et être bien efficace dans l'application.

CONCLUSION

L'absence de règles communes d'origine constitue une source de difficultés pour les intervenants dans le commerce intra-communautaire.Il importe, en définitive de souligner que c'est autour des règles d'origine que s'articulent tous les accords commerciaux, étant donné que ce sont ces règles qui déterminent l'éligibilité des produits échangés aux avantages préférentiels consentis.

Les règles d'origine de l'UEMOA, de la CEDEAO déterminent les conditions que les produits des Etats Membres doivent remplir avant de pouvoir bénéficier des préférences au sein de ces espaces.

Il faut noter que vu les enjeux fiscaux que les préférences accordées représentent pour nos Etats encore largement tributaires des recettes fiscales, il importe de maîtriser ces règles afin que les

---

[358] 28ème rapport de l'OPA

avantages qui doivent permettre l'intégration dans ces espaces économiques soient accordés à qui de droit.

De même, les efforts doivent être poursuivis par le Bénin à l'effet de maintenir, voire améliorer ses meilleures pratiques en matière de libéralisation des échanges communautaires.

BIBLIOGRAPHIE

- S. K. AZIABOU, *Le contrôle douanier*, Editions Graines de pensées, pp. 221-251
- Omd, *Règles d'origine-Manuel*
- Omd, *Recueil de l'Omd sur l'Origine*, Bruxelles, 2017
- *Traité révisé de la CEDEAO*
- *Traité révisé de l'UEMOA*
- DGAE BENIN, *Recueil des textes régissant le commerce intra-communautaire de l'UEMOA et de la CEDEAO*, 2011
- Loi N°2014-20 du 12 septembre 2014 portant *code des douanes en République du Bénin*, 2014
- M. OUEDRAOGO, *Les libertés de circulation des marchandises et des ervices dans l'Union Economique et Monétaire des Etats de l'Afrique de l'Ouest*, Genève, 2015
- CJCE, arrêt Dassonville du 11 juillet 1974, aff. 8/74, Rec. 1974, p. 837
- 28ème rapport de l'Observatoire des Pratiques Anormales, 2ème trimestre 2017
- www.google.com

RAPPORT GÉNÉRAL

PAUL TRAORE

DOCTEUR EN DROIT PUBLIC,

MAÎTRE-ASSISTANT,

UNIVERSITÉ DES SCIENCES JURIDIQUES ET POLITIQUES DE BAMAKO/MALI.

INTRODUCTION

Mener une réflexion scientifique en vue d'apporter des réponses adéquates aux problèmes de ressources que connaît l'État béninois, tel était l'objectif général du colloque scientifique international tenu du 4 au 5 octobre 2018 dans la salle Vivo de Marina hôtel Bénin sur ***« Les recettes publiques en débat »***. En effet, le problème de mobilisation des ressources que connaît l'État béninois a placé les recettes publiques au cœur du débat sur la gestion des finances publiques, renouvelant du coup la nécessité des réformes fiscales en cours. Elles concernent principalement la séparation de l'imposition des personnes physiques et morales, la modernisation de l'identifiant fiscal unique, la relecture du code des impôts, la télé procédure, la simplification des procédures et l'attestation fiscale. Avec cette actualité d'intérêt renouvelé, de nouveaux horizons s'ouvrent à la fiscalité béninoise notamment la justice et la rationalité fiscales. Toutefois, cette fiscalité reste confrontée à des défis majeurs dont entre autres : la fiscalisation du secteur informel, la maitrise des dépenses fiscales et la promotion d'une culture fiscale par la sensibilisation. Ces insuffisances révèlent la nécessité de mener une réflexion scientifique en vue d'élaborer une nouvelle législation et réglementation et de réformer ainsi l'administration fiscale béninoise. L'organisation du colloque scientifique international du Bénin sur ***« Les recettes publiques en débat »*** s'inscrit dans ce cadre. Comme à l'accoutumée, cet exercice fastidieux a commencé par le rapport introductif du Pr Nicaise MEDE. À l'entame de ces propos, il a précisé en raison de la complexité de la notion, le sens qui sera retenu comme recettes publiques à savoir « *les deniers publics dont les personnes publiques sont propriétaires* ». C'est-à-dire les seules recettes perçues par voie d'autorité par les administrations fiscales. Une fois cette ambiguïté levée, il rappela le contexte du colloque sur les recettes publiques au Bénin caractérisé fondamentalement par le volume important des besoins de financement en infrastructures et le développement du partenariat public et privé. Il conclut son propos introductif en soulevant la question suivante ***: le Bénin peut-il exister en tant qu'État sans impôt* ?** Selon lui, cette réponse coule de source. Il faudra non seulement continuer à payer les impôts à stock constant, mais aussi travailler à optimiser les rentrées fiscales. D'où la nécessité renouvelée de payer l'impôt et la pertinence de travailler à la performance des modalités de cette optimisation. Elle s'impose selon lui en raison de l'importance des besoins de recettes publiques tirées de l'impôt en ce sens que « le Bénin révélé » est un ambitieux programme de renaissance d'une nation et que sa réalisation requiert la mobilisation de ressources financières conséquentes. De ce fait, il convient d'agir non seulement sur la norme fiscale mais aussi sur le management de la maison de la fiscalité surtout que l'enjeu des défis fiscaux de la nouvelle économie est de taille, car la fraude fiscale prive les États africains de recettes publiques équivalant à 3-4% de leur PIB. Cette présentation panoramique de la problématique des recettes publiques au Bénin nous révélait ainsi les difficultés de mobilisation des recettes publiques au Bénin. Pour y faire face, le choix des techniques et outils efficaces de mobilisation des recettes publiques se pose. Ainsi, mener une réflexion scientifique approfondie sur ***« les techniques et outils »*** étaient la tâche qui incombait au premier panel de ce colloque.

Présidé par le Pr Thierry LAMBERT avec comme rapporteur Carlos HOUNDEFO et discutant le Professeur Pélagie THEOUA-NDRI, ce premier panel devait mener une réflexion scientifique sur les « techniques et outils » utilisés dans la mobilisation des recettes publiques au Bénin à travers 5 thèmes: ***La taxe professionnelle synthétique : retour sur une technique d'imposition ; Système intégré de gestion des taxes et assimilées(SIGTAS) : grandeur et perspectives d'un mécanisme technologique ; l'identifiant fiscale unique : promesses d'avenir ; la dépense fiscale au Bénin : propos évaluatifs ; La TVA : vers un meilleur rendement***.

Dans cet ordre d'idées, l'exposé du premier thème de ce panel : ***« La taxe professionnelle synthétique : retour sur une technique d'imposition »*** par Serge JIMAJA, expert en finances des collectivités locales était assez édifiant et apparaissait comme une des réponses adéquates à cette problématique. De son intervention, il ressort que la taxe professionnelle synthétique est un impôt synthétique dont l'objectif global est l'élargissement de l'assiette fiscale, la fiscalisation de l'informel avec un impôt simple et équitable c'est-à-dire l'équité à la fois horizontale et verticale. Mais les techniques et outils en matière de recettes publiques ne se limitent pas seulement à la taxe professionnelle synthétique en ce sens qu'ils s'intègrent aussi dans un système intégré de gestion. C'est ce que s'est évertué à démontrer Dr DIARRA sous le thème « ***Système intégré de gestion des taxes et assimilées(SIGTAS) : grandeur et perspectives d'un mécanisme technologique »***. Selon Dr DIARRA, le *SIGTAS standard integrated Government tax Administration system* en Anglais, *et système intégré de gestion des taxes* en Français est une suite de modules intégrés qui permet au Gouvernement d'informatiser l'administration des taxes, impôt et patentes grâce à un système d'information unique et complet. Il s'agit d'un système totalement orienté sur les technologies internet, totalement intégré qui utilise un système d'immatriculation centralisé englobant tous les types de taxes et modules. En plus, le SIGTAS est un progiciel multilingue et multi pays ouvert. Le processus de SIGTAS peut prendre en charge toutes les natures d'impôt et peut fournir aux contribuables des services fiscaux électroniques. De ce fait, le SIGTAS présente des avantages tels que : l'amélioration de l'efficacité des opérations par son approche des procédures formalisées ; l'accroissement de l'exactitude des réponses ; l'intégrité des données et le processus décisionnel. Vue sous cet angle, ***« l'identifiant fiscal unique : promesses d'avenir »*** exposé par Monsieur Géraud TOSSOU s'intègre bien dans le SIGTAS dans la mesure où il a pour objet de constituer une base de données fiables pour les grandes et moyennes entreprises. Néanmoins, cette technique d'imposition fait face à des contraintes majeures notamment : le risque de doublons sur les pièces qui entrent en ligne de compte, la difficile localisation des contribuables après immatriculation et l'utilisation frauduleuse au cordon douanier lors des opérations d'exportation et d'importation même si des perspectives théoriques et opérationnelles encourageantes existent. En plus de « ***l'identifiant fiscal unique : promesses d'avenir,*** qui au regard de l'exposé apparaît comme une technique raffinée en usage dans la mobilisation des recettes publiques, une autre technique est également utilisée pour un meilleur rendement de l'impôt au Bénin : c'est la dépense fiscale.

Exposée par Monsieur Charles YEHOUENOU « ***la dépense fiscale au Bénin : propos évaluatifs*** », il ressort de son exposé que la dépense fiscale est un instrument de politique économique apparu aux USA en 1960. Les dépenses fiscales comprennent selon Monsieur YEHOUENOU entre autres les déductions, les exonérations et les abattements. L'évaluation des dépenses fiscales est très difficile. Pour déterminer les gains de recettes ; les équivalences en dépense ; les pertes de recettes, au Bénin, la méthode utilisée est le manque à gagner même si toutes les pertes de recettes ne sont pas des dépenses fiscales. Dans le même ordre d'idées, l'intervenant affirmera qu'au Bénin, la tendance est à la hausse des dépenses fiscales avec 18% en 2018 dues essentiellement aux exonérations classiques et aux marchés publics à financement extérieur ainsi que les gratis. En guise de conclusion, il dira que l'enjeu de la dépense fiscale est important en ce sens que la dépense fiscale profite généralement aux investisseurs et ne constituent pas une solution pour l'amélioration du climat des affaires. Se faisant, l'importance du manque à gagner provoqué par les dépenses fiscales devrait inciter à rechercher un meilleur rendement d'autres impôts dont la Taxe sur la valeur ajoutée (TVA). C'est justement cet exercice de réflexion auquel s'est livré Monsieur Akakpo DJIHOUNTRY « ***La TVA : vers un meilleur rendement* ».** De sa communication, il s'observe que la Taxe sur la valeur ajoutée (TVA) est un impôt indirect sur la consommation. Un impôt unique à paiement fractionné par les personnes morales comme physiques. La TVA a un impact sur la consommation même si des facteurs limitant sa rentabilité existent. Il y a d'abord, les limites législatives qui se traduisent par les exonérations multiples et superposées, le GAP administratif, la fraude, le pilotage de la TVA. Ensuite, la gestion de la performance et enfin, les mesures dissuasives. L'intervenant a terminé sa présentation par la proposition d'initier des actions théoriques et opérationnelles avec les autres pays de l'UEMOA à travers les directives. En plus, il préconise la suppression des exonérations, l'amélioration dans le remboursement et l'accentuation du civisme fiscal. Les discussions ouvertes ont porté sur la fiscalisation de l'informel, le rendement de la TPS, l'élargissement de l'assiette de l'impôt, l'évaluation du coût de la maintenance du logiciel, les conditions de la déclaration fiscale. En somme, les débats de ce panel ont permis de relever que plusieurs techniques et outils sont utilisés pour la mobilisation des ressources publiques au Bénin même s'il s'observe qu'ils sont à améliorer parce que révélant des insuffisances notoires en pratique. De ce fait, la fiscalité béninoise se trouve dans la nécessité d'explorer d'autres nouveaux horizons qu'on pourrait désigner sous le vocable « Les gisements fiscaux putatifs ».

Objet du panel 2 ***présidé par le Professeur Gilbert ORSONI avec comme discutant le Professeur Magloire LANHA et rapporteur Dr Coffi Dieudonné ASSOUVI, ce panel devrait mettre en exergue les hypothétiques masses de recettes publiques mobilisables par l'administration fiscale béninoise à travers 6 thèmes de réflexion : La création de la norme fiscale en droit positif béninois ; la fiscalité des GSM : précaution d'avenir ; l'impôt sur le foncier : scénario d'optimisation ; le secteur informel : l'insaisissable fiscal ; les revenus des personnes physiques : un potentiel fiscal à optimiser ; les revenus agricoles : une niche fiscale.***

La première communication faite par M. SEGO Pierrot, Directeur de la Préparation et du Suivi de l'Exécution de la Loi de finances a porté sur « ***la création de la norme fiscale en droit positif béninois*** ». Partant de l'analyse du processus de création des normes fiscales en République du Bénin. Il souligne que la découverte des gisements fiscaux putatifs n'est pas suffisante sans la mise en place d'un cadre légal adéquat. Selon l'intervenant, au Bénin, la création de l'impôt relève du domaine de la loi conformément aux dispositions de l'article 98 de la Constitution du 11 décembre 1990. De ce fait, le processus de production de la norme est géré par le Gouvernement avec à sa tête le Chef de l'État, Chef du Gouvernement et l'Assemblée nationale. L'impôt étant essentiellement créé par la loi de finances, les membres de l'Assemblée nationale, ont moins d'initiative en la matière. Toutefois, ils ont le droit d'amendement et de vote de la loi de finances. Eu égard à ce qui précède, il s'observe que le processus de préparation de la loi de finances fait intervenir non seulement plusieurs acteurs à travers une série de concertations interinstitutionnelles mais aussi, cette norme fiscale peut être soumise au contrôle de constitutionnalité. La création de la norme fiscale est une problématique importante dans la fiscalité car elle apparaît comme une condition nécessaire à une meilleure rentabilité de l'impôt notamment dans le domaine des gisements fiscaux putatifs. Son illustration par ***« la fiscalité des GSM : précaution d'avenir »*** par M. GUEDEGBE Hervé, Secrétaire exécutif de l'ARCEP-Bénin n'a pu être faite en raison de l'absence du présentateur. Cette tâche revenait tout naturellement à l'intervenant suivant avec un impôt relevant d'un champ de la fiscalité peu attrayante : « ***l'impôt sur le foncier : scénario d'optimisation*** ». Selon M. SONON Emmanuel, Directeur Départemental des Impôts Atlantique-Littoral, les normes fiscales définissent les gisements fiscaux dont l'impôt sur le foncier. Ce cadre légal doit saisir l'impôt sur le foncier. Mais ce dernier est confronté à des contraintes d'évasion fiscale. Il s'agit de difficultés de localisation et d'évaluation des biens immeubles ; de la question de la gestion et de la mise à jour de la base de données d'assiettes ; des défis de la collaboration entre l'administration fiscale et les Collectivités territoriales ; de l'adaptation de l'action de recouvrement à l'incivisme fiscal poussé. Pour optimiser l'impôt sur le foncier, il faut préférer la sensibilisation au détriment de la répression. Cette solution préconisée pour l'impôt sur le foncier pourrait être étendue également au secteur informel présenté par M. Damas HOUNSOUNON, Directeur de la Planification- DGI sous la thématique « ***Le secteur informel : l'insaisissable fiscal ? »***.Pour le communicateur, le secteur informel est un concept difficile à définir. Toutefois, la doctrine retient principalement quatre critères discutables. Il s'agit de la taille de l'entreprise ; de l'enregistrement officiel auprès d'une organisation étatique, de l'inexistence d'une comptabilité régulière et de la forte mobilité. Ainsi, une unité est dite informelle lorsqu'elle est enregistrée ou non mais qui ne tient pas une comptabilité régulière. En raison du caractère prépondérant du secteur informel dans l'économie béninoise, il crée de manque à gagner à l'État. Pour fiscaliser le secteur informel, il faut procéder à un recensement général des acteurs du secteur, utiliser le Mobile money et les données de l'accès aux crédits des IMF (institutions de microfinance), chercher des moyens et méthodes pour immatriculer les unités informelles. L'économie béninoise étant majoritairement informelle, la sensibilisation peut contribuer à sortir beaucoup de contribuables de l'informel. L'aubaine du secteur informel augure aussi celle des revenus des personnes physiques au Bénin qui constituent également un gisement fiscal important à rentabiliser. L'impôt sur le revenu des personnes physiques au Bénin est un potentiel fiscal à optimiser. C'est ce à quoi a insisté M. Maxime GUEDOU, Conseiller fiscal, sous le thème « ***Les revenus des personnes physiques : un potentiel fiscal à optimiser*** ». Il ressort de sa communication que les contributions des personnes physiques dans la mobilisation des ressources intérieures ne sont pas négligeables. La taxation se fait avec trois barèmes. Selon lui, la question est de savoir est-ce qu'il faut globaliser ou fractionner l'impôt sur le revenu en plusieurs barèmes ? Quel choix pour une meilleure rentabilité de l'impôt sur les revenus des personnes physiques ? Pour répondre à ces questions, le présentateur suggère l'autonomisation de l'administration financière et l'élargissement du barème. La question du choix pour une meilleure rentabilité de l'impôt sur les revenus des personnes physiques se trouve également posée concernant l'impôt sur les revenus agricoles. Ces derniers sont un domaine très souvent négligé alors qu'ils constituent un potentiel fiscal assez important pour la fiscalité béninoise. C'est cette problématique que le dernier thème de ce panel « les ***revenus agricoles : une niche fiscale ?*** », traita. Présenté par M. Epiphane Guillaume AGOSSOU, Conseiller fiscal, il rappela que les difficultés de fiscalisation de l'informel impactent également les revenus agricoles du fait que le secteur agricole est fortement informel. À cet effet, les mesures incitatives prises et les dépenses fiscales engagées par le Gouvernement avant 2017 n'ont pas atteint les résultats escomptés. En conséquence, le Gouvernement a entrepris de grandes réformes dans le secteur agricole.

Cette politique fiscale en faveur du secteur agricole pourrait à terme, contribuer à rentabiliser la fiscalité dans le secteur. En définitive, il existe d'importants gisements fiscaux à optimiser dans les démocraties modernes comme celle du Bénin. Toutefois, la politique fiscale doit être un instrument de promotion économique, d'incitation de l'investissement privé et de prise en charge sociale des faibles contribuables. Etant donné que les dépenses fiscales telles qu'elles se pratiquent actuellement avantagent mieux les investisseurs privés que les recettes publiques, les réflexions doivent être engagées dans le sens de concilier la pression fiscale et le développement national ce qui pourrait favoriser un meilleur rendement de la fiscalité béninoise. Cependant, cette optimisation n'est possible que lorsqu'il existe un ensemble de techniques d'organisation et de gestion des ressources en vue d'un pilotage performant de l'administration fiscale. Ainsi, se trouvait posée au cœur de la fiscalité béninoise, la problématique du ***« management des administrations fiscales »,*** objet du panel3.

Ce panel, présidé par le Professeur Jean-Luc PIERRE assisté de Monsieur Serges AGBODJAN discutant,a conduit la réflexion scientifique sur le management des administrations fiscales autour

de 5 thèmes : les séquences de l'action : entre vision, stratégie et opérationnalisation ; la mesure de la performance dans le contrôle fiscal en France ; l'Agenciation des administrations fiscales : une solution d'avenir ; Les motivations ultra-matériels et la question des moyens de travail ; ***Le fiscal compliance ou le changement de paradigme dans la relation administration/contribuable.***

Ce panel a abordé la question assez complexe du management des administrations fiscales par l'intervention de Monsieur Nicolas YENOUSSI, Directeur Général des Impôts sous le thème « ***les séquences de l'action : entre vision, stratégie et opérationnalisation*** ». Son intervention s'est axée sur quatre points : le rôle d'une administration fiscale, le rôle d'un manager dans l'administration fiscale, le management stratégique à la DGI et les défis à relever. Pour le Directeur, le rôle d'une administration fiscale est d'appliquer à la lettre (de manière effective et juste) toutes les dispositions du code fiscal (tel que voté par la représentation nationale et promulgué par l'exécutif). Quant au Manager, c'est le pilotage de l'administration fiscale c'est-à-dire prévoir, planifier, contrôler et sanctionner. Sous le bénéfice de ces précisions, le Directeur dira que la DGI est entrée dans la phase active du management stratégique par l'adoption du plan d'orientation stratégique (POSAF) en 2017. Ce plan est élaboré autour de la vision-stratégie-opérationnalisation. La vision étant de faire de la DGI d'ici 2021 une administration fiscale moderne et performante au service de l'usager. Mais cette vision reste confrontée à plusieurs défis. Au nombre de ceux-ci, le renforcement du contrôle interne, l'utilisation effective et l'automatisation de l'ensemble des indicateurs, le développement d'une informatique décisionnelle (Business Intelligence), les enquêtes d'opinion (projet 2019, la mesure du gap fiscal (projet 2019), le TADAT (projet 2020). Pour relever ces défis, le management de l'administration fiscale béninoise doit aussi faire de la mesure de la performance de son contrôle fiscal une priorité. A cet effet, l'exposé de « ***la mesure de la performance dans le contrôle fiscal en France*** », par le Professeur Thierry LAMBERT est assez illustratif. Le professeur du haut de sa culture et de ses expériences en matière fiscale, a mis en exergue les points saillants notamment les objectifs du contrôle sur le fondement de la LOLF d'août 2001. Après une brève présentation de l'administration fiscale, il a mis l'accent sur le personnel chargé du contrôle soit un effectif quatorze mille (14000) avec les attentes énormes. En 2017, environs quarante-mille (40000) vérifications sont faites. En effet, le nombre de dossiers contrôlés est en baisse avec un bon rendement à partir de la sélection de certains dossiers. Quant aux critères de performances, ils reposent sur : le respect des délais, le contentieux, le recouvrement, et les sanctions qu'elles soient administratives ou pénales. Le communicateur, dans ses analyses, reconnait tout de même que les critères de contrôle connaissent des mutations et mettent beaucoup plus un point de mire sur les dossiers à fort enjeux et le respect des droits de l'homme. Il conclut en relevant que la vraie performance, c'est de faire accepter le contrôle fiscal. Mais pour faire accepter le contrôle fiscal par les contribuables, il faudrait que les administrations fiscales soient moins lourdes, plus souples et plus efficaces. Pour ce faire l'organisation administrative classique de nos services ne semble pas être une réponse adéquate d'où le recours à des structures plus souples, légères dotées d'une relative autonomie et la personnalité juridique. Ainsi se justifie l'esquisse d'agenciation de nos administrations fiscales qui pourrait être une solution d'avenir. Troisième thème de ce panel, « ***l'Agenciation des administrations fiscales : une solution d'avenir ? »,*** a été présenté en deux temps. Une première partie, consacrée à l'Agenciation dans son principe et prévue pour être présentée par Madame Pamela AGBOZO, a été communiquée par voix magistrale du Professeur THEOUA Pélagie. En abordant ce sujet, la communicatrice a replacé les agences dans leur contexte historique des années 1980 découlant des réformes entreprises avec l'avènement des pratiques managériales. Elle poursuit en notant que le terme Agenciation, dérivé de l'anglicisme est une expansion rapide du recours des pouvoirs publics aux agences. Pour celle-ci, la question des agences est d'abord et avant tout un principe partagé dans la mesure où leurs créations répondent aux dimensions fonctionnelle, organisationnelle, structurelle et théorique. Mais il reconnait tout de même que la notion d'agenciation est contraignante du fait de la forte responsabilisation des managers, les problèmes de coordination, la fragmentation de l'appareil administratif, et les difficultés de contrôle. En situant la notion des agences au plan national, l'oratrice a mis l'accent sur la loi 94-009 du 28 juillet 1994 qui consacre la création, l'organisation et le fonctionnement des offices à caractère social, culturel et spécifique. Dans ce cadre, l'article 03 de ladite loi dispose qu'« un service public ne peut être érigé en office que sur la base d'une étude approfondie quant aux conditions économique, financière, matérielle et humaine de gestion ». Ainsi donc, dans la perspective de l'atteinte des résultats de développement, les pratiques managériales seraient l'une des solutions. Cependant, cette loi reste muette sur la question des contrats de performance.

La deuxième partie, l'Agenciation des administrations fiscales a été présentée par Docteur Errol TONI. Dans sa présentation, il rappelle que les offices de recettes constituent un concept nouveau. En effet, il note que la performance des offices togolais de recettes informe sur l'importance de ces offices. Le communicateur a conduit sa présentation en deux temps à savoir : l'effet d'entrainement et l'effet papillon de l'office des recettes. Concernant le premier, il fonde son analyse sur les expériences glorieuses de certains pays africains à l'instar du Ghana, de l'Ouganda et du Rwanda. Il fait remarquer que l'institution des offices ne fait pas disparaître la nature même des administrations fiscales. S'agissant du second, en substance, le communicateur a évoqué les conditions de réussite des offices fiscaux notamment celles politiques, la persévérance dans l'expérience d'échec, le dynamisme et la compétence des équipes sans oublier le consensus, le tout combiné avec une approche holistique. Il finit par une interrogation, « la fusion de l'administration des impôts et celle douanière est- elle une panacée ? ». En réponse, il admet qu'on peut améliorer la performance des administrations fiscales sans recourir aux offices des recettes. Une autre solution de l'amélioration de la performance des administrations fiscales consisterait à concilier ***« Les motivations ultra-matériels et la question des moyens de travail ».*** Disséqué par Monsieur Philippe TCHODIE, Commissaire des services généraux de l'Office Togolais des Recettes (OTR) dans une approche méthodique, le communicateur a mis en lumière, la délégation de missions de prélèvements fiscaux et les moyens de travail des administrations fiscales, les systèmes de motivation du personnel et la performance d'une administration fiscale, et enfin l'expérience de l'OTR en termes de moyens de travail et du système de motivation du personnel. En effet, l'OTR depuis sa création par la loi n 2012 du 14 décembre 2012 est une première au sein de l'UEMOA et qui vise l'assainissement des finances publiques et l'amélioration du cadre macroéconomique. Même si globalement, la motivation ultra-matérielle et les moyens de travail basés sur les ressources humaines se révèlent satisfaisants, il n'en demeure pas moins que des disfonctionnements existent. Ces disfonctionnements peuvent être corrigés en partie à travers un changement de paradigme dans les relations entre l'administration fiscale et le contribuable comme le révèle le Professeur émérite Gilbert ORSONI dans la dernière communication de ce panel 3 ***« Le fiscal compliance ou le changement de paradigme dans la relation administration/ contribuable »***. Après avoir affirmé que la notion relève du management, il précise qu'elle a trait à la flexibilité. L'éminent Professeur s'est intéressé à l'étendue de la notion de compliance qui met un accent sur la conformité des pratiques aux lois et règlements, notamment en matière fiscale. Le communicateur a situé le cadre de développement du *compliance* en matière budgétaire pour réduire les cas de fraudes et la fuite des capitaux. Ces exigences impliquent des recommandations aux redevables aux fins de la conformité des procédures au regard des institutions bancaires. Cependant, la notion de compliance présente des limites administratives car toutes les administrations ne sont toujours pas de qualité et les fraudeurs sont de plus en plus ingénieux d'où une approche sociale ambivalente, la bonne foi ou le droit à l'erreur du contribuable. Ces lumineuses communications qui ont saisi l'auditoire ne sont pas restées comme parole d'évangile. Au terme des échanges, on peut retenir que ce qui est recherché par les expériences de fusion est la possibilité d'instaurer une plateforme d'échange entre les deux administrations en vue d'améliorer les performances de recouvrement des recettes publiques. Il est donc possible d'aller au-delà d'une fusion mécanique des administrations en envisageant la création d'une plateforme d'échange d'information entre ces deux administrations, comme l'envisage le Bénin. Il faut aussi renforcer les moyens de ces administrations et prendre les chiffres issus des expériences d'offices de recettes que l'on vante avec beaucoup de circonspection. Par ailleurs, le discutant Monsieur Serges Prince AGBODJAN a souhaité que la DGI souscrive à la norme de qualité ISO. Cette exigence s'impose dans le contexte de la globalisation des échanges qui influe indubitablement sur la fiscalité béninoise objet du panel 4, dernier panel du colloque. La tâche de mener une réflexion scientifique approfondie sur la relation « globalisation des échanges et fiscalité » paraissait dans ce colloque comme une véritable gageure. Mais, elle a été brillamment accomplie par ***le professeur Gilbert ORSONI président assisté du professeur Aziz Dabakh KEBE discutant suivant 4 thèmes : les APE : entre opportunité et menaces*** ; ***le tarif extérieur commun CEDEAO/UEMOA : avancées et contraintes ; « la dématérialisation des procédures douanières ; règles d'origine et produits originaires : le clair-obscur de la libre circulation des biens.***

La première communication : « ***Les APE : entre opportunité et menaces* »,** présentée par le Commandant des Douanes Sadeck OROU GUIDOU (Chef du service des Interventions Rapides) représentant le Commandant Maurice ADEFALOU, Directeur de la règlementation douanière (DGDDI) a permis de relever la forte dépendance du budget de l'État vis-à-vis des recettes fiscales en montrant que les recettes douanières et fiscales représentaient 60% du budget de l'État dans l'espace CEDEAO. Dans ce contexte, il note que les APE compromettront la logique de l'optimisation fiscale. Rappelant la genèse des APE, il souligne que l'Accord de Cotonou en date du 23 juin 2000 succède à 4 précédents portant le nom de la Ville de Lomé. Ces accords sont basés sur le principe de la réciprocité des accords économiques entre les pays ACP et ceux de l'Union Européenne. L'objectif étant de faciliter l'insertion des pays ACP dans l'économie mondiale. Cependant, il souligne que malgré des avantages certains, les APE ont des impacts négatifs issus de leur mise en œuvre notamment les pertes de recettes estimées environs à 14 milliards CFA par an et des menaces sur le tissu industriel local face au rythme d'accroissement des importations. Pour cela il faille mettre l'accent sur les mesures d'accompagnement relatives au renforcement des capacités à remplir les normes techniques d'accès au marché européen, au renforcement de la production et du tissu industriel et à la modification de la structure des dépenses publiques avec priorité à l'investissement productif. En plus des APE, l'harmonisation des régimes tarifaires nationaux pour ouvrir l'Afrique de l'Ouest à l'économie mondiale et inciter à l'investissement étranger constitue également une autre contrainte pour l'optimisation fiscale. Ce constat apparaît clairement dans la communication sur le thème : ***« le tarif extérieur commun CEDEAO/UEMOA : avancées et contraintes »***, présentée par Monsieur Honoré KPADONOU, inspecteur des douanes. Selon l'exposant, le TEC apparaît comme un véritable outil de politique économique et sociale et présente des avantages évidents pour la zone UEMOA en ce qu'il favorise un accroissement du niveau de protection de son économie allant de 11,93% à 13% et incite au développement industriel. Pour le Bénin, ses avantages peuvent être envisagés au plan théorique à la croissance de la production et la baisse des importations par le renchérissement de leurs coûts ce qui va susciter la consommation de produits de substitution qui seraient locaux. Enfin, il regrette que le Bénin, avant de mettre en œuvre le TEC, n'ait pas évalué ses capacités pour prendre les dispositions qui s'imposent. Face à cette situation, la Douane se retrouve à se débrouiller pour atteindre ses objectifs. Il propose en conséquence, que priorité soit donnée à la qualité de la recette publique plutôt qu'à sa quantité qui peut être nuisible à l'économie. Dans cet ordre d'idées, ***« la dématérialisation des procédures douanières »*** via le guichet unique du commerce extérieur comme la présente le Commandant Raouf Maléhossou ABOUDOU, Chef de Brigade Douanes Mono – Couffo, peut paraître comme une réponse adéquate à la qualité de la recette publique et l'optimisation fiscale au Bénin. Pour le communicateur, la dématérialisation des procédures douanières est en cohérence avec la politique de modernisation administrative de l'État exprimée par le Chef de l'État lors d'un discours devant la Représentation nationale en 2017. Selon lui, la DGDDI a enregistré des progrès notables dans le domaine de la dématérialisation des procédures. Ce qui lui a permis d'être la seule administration douanière certifiée ISC version 2015 dans la CEDEAO. Cette dématérialisation réduit les contacts entre les usagers et les agents de la Douane et instaure des procédures en ligne à base des ordinateurs et tablettes. Les supports visibles de cette dématérialisation sont le site Internet de la DGDDI et surtout celui du GUCE qui sert de plateforme pour les procédures de dédouanement. (www. Guce.gouv.bj) mise en service en février 2018. Il a alors démontré comment les procédures de dédouanement peuvent être effectuées en ligne depuis l'insertion de la position tarifaire jusqu'à la génération automatique du permis ou de l'autorisation. Comparant les performances de la DGDDI avec son homologue ivoirienne ayant bénéficié de l'assistance du même opérateur WEBB FONTAINE, il a vanté les mérites de la douane béninoise. Enfin, le dernier thème de ce dernier panel a porté sur les : ***« règles d'origine et produits originaires : le clair-obscur de la libre circulation des biens »*** présenté par le capitaine Djafarou BORO représentant le Commandant Achille ALOSSOGBE (DGDDI). D'entrée de jeu, il rappelle que les règles d'origines sont nées de la nécessité pour les États de tirer profit de l'accroissement des échanges commerciaux internationaux au regard de leur dépendance vis-à-vis des recettes fiscales. La définition des règles d'origine ne fait pas l'objet d'unanimité au plan universel même si deux instruments internationaux apportent des éléments essentiels à leur définition. Les critères d'origine des produits sont soit des produits entièrement obtenus, soit des produits de transformation substantielle.La règle de l'expédition directe ou du transport direct permet de mettre en évidence les types de certification d'origine et le système de l'exportateur agréé. La contribution de ces règles à la libre circulation des biens a été mise en lumière à travers : la convergence des mesures de libéralisation adoptées par la CEDEAO et l'UEMOA ; la procédure de l'agrément du produit et de l'immatriculation de l'entreprise ; le développement des échanges commerciaux de produits agricoles sans certificats d'origine ; la libre circulation des produits originaires sans barrière même si des manœuvres pour percevoir des taxes ne manquent pas. Toutefois, la libre circulation des biens se heurte à des obstacles techniques érigés avec des normes qui sont légion au niveau de la frontière de Kraké du côté du Nigéria, l'imprévision à la règlementation, les limites des règles d'origine et la méconnaissance des textes. En guise de conclusion, le communicateur a souligné que l'absence de règles d'origine communes est une source de difficultés à la libéralisation des échanges et invite à la maitrise desdites règles.

CONCLUSION

L'objectif général du colloque de Cotonou sur « ***Les recettes publiques en débat*** » était de mener une réflexion scientifique approfondie en vue d'apporter des réponses adéquates aux problèmes de ressources que connaît l'État béninois. Au regard de la diversité des participants et de la qualité des contributions, il est possible d'affirmer que cet objectif semble être atteint. De ces réflexions scientifiques, on peut tirer les principaux enseignements suivants :

1-Une nouvelle approche dans les méthodes de résolution des problèmes de développement de l'État que connaissent nos administrations. En effet, dans la plupart des pays africains, il existe une certaine déconnection entre l'Université et l'administration. Les réponses à certains problèmes de l'État sont proposées à la suite d'ateliers, de colloque, de table ronde, de symposium ou de séminaires regroupant les cadres administratifs ou à la suite d'un recours aux consultants. Mais une collaboration entre Université et administration en vue d'apporter des réponses adéquates n'est pas courante. C'est en cela que le colloque scientifique international de Cotonou sur ***« les recettes publiques en débat »*** constitue une véritable originalité dans la méthode de résolution des problèmes de développement de l'État.

2-Le colloque à travers des contributions de qualité a permis de prendre conscience des enjeux de la fiscalité au Bénin dans un contexte de globalisation des échanges. De même, il a révélé le potentiel fiscal de l'État béninois dont l'optimisation contribuerait à améliorer significativement la rentabilité de l'impôt. Toutefois, cette amélioration de la rentabilité de l'impôt passe nécessairement par le choix des méthodes et outils appropriés d'une part, et d'autre part, à travers un pilotage performant de l'administration fiscale. Ce faisant, l'influence des décisions politiques sur la fiscalité béninoise serait une problématique majeure dans sa réforme.

VARIA

DISPOSITIONS DE LA FISCALITE LOCALE EN VIGUEUR AU BENIN ET LES RESPONSABILITES DES ACTEURS

SERGE JIMAJA

CONSEILLER TECHNIQUE EN FISCALITÉ LOCALE

« L*es* Collectivités s'administrent librement par des conseils élus et dans les conditions prévues par la loi » Article 151 de la loi N°90-32 du 11 décembre 1990 portant constitution de la République du Bénin.

Pour une libre administration, les communes ont besoin de ressources propres.

I-LES DISPOSITIONS FISCALES EN VIGUEUR EN REPUBLIQUE DU BENIN

1.- Le domaine législatif des recettes communales

Le domaine législatif des recettes communales est constitué :

- de la loi 98-007 du 15 janvier 1999 portant régime financier des communes en République du Bénin qui en ses articles 8, 9, 10, 11, 12, 13,14 et 15 fait la liste des recettes aussi bien de la section de fonctionnement que de celle d'investissement ;
- **des lois de finances** qui créent ou suppriment les impôts et taxes locaux (cf. article 8 de la loi 98-007 du 15 janvier1999)
- **du code général des impôts** (Il rassemble entre autres les dispositions relatives à l'assiette et au recouvrement des impôts locaux et les autres impositions directes et indirectes perçues par l'État).

2.- Le domaine règlementaire des recettes communales

Le domaine règlementaire des recettes communales est formé des :

- **Décrets**

- le décret 2001-039 du 15 février 2001 portant règlement général sur la comptabilité publique ;
- le décret 2005-374 du 23 juin 2005 fixant les modalités d'emprunts par les communes et leurs garanties ;

- le décret 2005-393 du 29 juin 2005 fixant les modalités de mise en œuvre des interventions financières de la coopération décentralisée ;

- le décret 2008-276 du 29 mai 2008 portant création du fonds d'appui au développement des communes (FADeC) ;

➢ **arrêtés communaux**, il s'agit des arrêtés pris par le maire dans le cadre de la création des recettes non fiscales ou pour la fixation des taux des recettes fiscales.

II-LES IMPÔTS ET TAXES LOCAUX EN REPUBLIQUE DU BENIN

C'est la deuxième partie et troisième partie du Code Général des Impôts (CGI) qui régissent les impôts et taxes locaux.

1-Les impôts directs et taxes assimilées

Impôts directs et taxes assimilées	*Références CGI*	*Bases imposables et taux*	*Echéanciers pour paiement*
CFPB	Art 976 à 987 N	Valeur locative (VL) Taux : 15 à 30%	- 35% fin janvier - 35% fin mars - Solde fin mai
CFPNB	Art 991 à 993	Valeur de l'évaluation administrative déterminée en fonction de la valeur vénale Taux : 4 à 6%	- 35% fin janvier - 35% fin mars - Solde fin mai
Patente	Art 997 à 1032	- DF[359] : dans le CGI suivant 2 zones - DP[360] : sur la VL Taux : DP 20 à 150% tableau A	- Importateurs, revendeurs de tissus et divers l'intégralité avant le 15/05/N ;

[359] Droit Fixe

[360] Droit proportionnel

		1 à 4 et B 20 à 250% tableau A 5ème et 6ème classe Taux applicable aux droits fixes de base : 20 à 50%	- 50% fin janvier - 50% à fin avril pour les autres
Licence	Art 1033 à 1038	DF du CGI Taux applicable aux droits fixes de base : 20 à 50%	- 50% fin janvier - 50% à fin avril
Taxe sur armes à feu	Art 1039 à 1041	- DF du CGI - Taxe annuelle fixe annuelle	Exigible dès sa mise en recouvrement
Redevances proportionnelles superficiaires dues sur les substances de carrières	- Art 1041 N ; - AI[361]	Substances de carrières	- 35% fin janvier - 35% fin mars - Solde fin mai
Taxe d'enlèvement des ordures	Art 1042 N à 1044	Propriétaire ou occupant d'un immeuble	Sur le même titre que les impôts fonciers

[361] Arrêté Interministériel N°16/MMEH/MF/MISAT/SG/CTMH/CTJ/BM

2-Les impôts indirects et taxes assimilées

Taxes indirectes	*Références CGI*	*Bases imposables et taux*	*Echéanciers pour paiement*
Taxe de pacage	Art 1048 à 1050	Animal venant pâturer 100 à 500 f/animal/an	Période de pacage
Taxe sur les pirogues motorisées et barques motorisées	Art 1051 à 1054	Exploitation de pirogues ou barques motorisées 300 à 500/jour d'exploitation	Avant le 1er avril de chaque année
Taxe sur les spectacles, jeux et divertissements	Art 1058 N à 1062	Toute autorisation de manifestation à caractère bruyant Tarif : 1% à 5% des recettes, soit/ Etb, soit /appareil exploité soit/jour	- Au plus tard le 10 de chaque moi pour les Etb stables - Jour ouvrable suivant le dernier des représentations - Avant la délivrance de l'autorisation
Taxe sur la vente des boissons fermentées de préparation artisanale	Art 1063 à 1066	Vente de boissons fermentées de préparation artisanale Tarif : - 5 f à 100/j vente sur les marchés ; - 100 f à 1000/ bouteille de 201 ; - 1 500 f /an/Etb	Avant le 1er avril
Taxe sur les locaux loués en garni	Art 1067 N à 1071	Montant de toutes locations de chambres ou locaux garnis Taux maximum fixé par la loi	D'après un relevé mensuel adressé par le redevable

Taxe sur la publicité	Art 1072 à 1081	Affiches sur papier ; affiches peintes, panneaux, publicité au moyen d'appareils sonores Tarif : 150 à 10 000 f selon les appareils	Pour les affiches papiers, la taxe est préalablement perçue à l'affichage Au plus tard le 30 juin pour panneaux-réclames Elle est perçue sur ordres de recettes des ordonnateurs des budgets communaux et acquittée aux caisses des receveurs des impôts
Taxe sur la consommation d'électricité et d'eau	Art 1082 à 1084	Consommation par les usagers d'énergie électrique et d'eau Tarifs : 1f à 3f /kilowatt selon le type de tension et selon les départements	Reverser / trimestre aux receveurs des impôts/ sociétés distributrices
Taxe sur les taxis de villes de 2 à 4 roues	Art 1084 quinter 1 à 1084 quinter 10	Taxis de ville de 2 à 4 roues 0 à 5 000 f/taxi/mois	Au plus tard le 10 du mois suivant
Taxe de Développement Communal (TDL)	Art 1084 quinter 1 à 1084 quinter 10	- Vente pour coton et produits agricoles ; - Transhumance ; - Transport des noix d'anacarde, oléagineux, miniers forestiers ; - Recettes d'exploitation des parcs, musées et	Perçue une seule fois/ la commune dans le ressort de laquelle est située la matière taxée.

		autres sites touristiques Tarifs variables 1f à 2000f selon les produits et les communes ; 5% à 10% pour les recettes brutes des exploitants de parcs, musées et sites touristiques	
Immeubles loués : une imposition supplémentaire à l'impôt sur le revenu ou sur les sociétés			
TFU/FB	Art 976 N1 à 7	VL Taux : 6% (4 à 8%)	- 35% fin janvier - 35% fin mars - Solde fin mai
TFU/NB	Art 976 N1 à 7	5% (3 à 7%)	- 35% fin janvier - 35% fin mars - Solde fin mai
TROISIEME PARTIE DU CGI : Recettes partagées 50%-50%			
TPS	Art 1084-18 à 1084-31	CA des petites et micros entreprises Tarif micro entreprise : 6 250 à 218 750 F pour le négoce 10 000 à 350 000 pour les autres Taux petites entreprises 1,25% CA pour le négoce et 2% CA pour les autres qui ne peut être < 225 000 F	Au plus tard le 31 janvier et fin avril
REVERSEMENT D'IMPOTS AUX COMMUNES			
TVA au cordon douanier			
Taxe de voirie	l'arrêté n°16 du 06 mars 1954.	une contribution sur les véhicules	La taxe de voirie est répartie à

		qui ont assuré le transport par route d'une marchandise embarquant à bord du navire qui doit en assurer ensuite le transport par mer.	hauteur de 80% aux communes. a 60% pour Cotonou ; 24% pour Porto-Novo et 16% pour Parakou. Les 20% aux autres communes/répartition selon le poids démographique de chacune d'elle.
Exploit. Carrières et Mines			
Taxe touristique			

III-RÔLES DES ACTEURS EN MATIERE DE MOBILISATION DES RECETTES FISCALES LOCALES

Plusieurs acteurs ont un rôle important dans la mobilisation des impôts et taxes locaux. Il s'agit de :

- le maire et le conseil communal ;
- les C/SAF et C/SAE ;
- le service des Impôts (DGI ; DDI; CIPE et RAI) ;
- le MDGLAAT ;
- l'ANCB ;
- les Contribuables et ;
- les PTF.

1-Le Maire et le Conseil communal

Le premier rôle du Conseil Communal en matière de mobilisation des impôts et taxes locaux porte sur la délibération en toute matière fiscale. En effet, le législateur a laissé le soin aux conseils communaux d'instituer ou pas les taxes indirectes. Les premiers articles disposent très clairement que « les communes peuvent instituer par délibération des conseils communaux ou municipaux une taxe sur… ».

Ensuite, les conseils communaux doivent délibérer sur les taux car la loi fixe des limites dans lesquelles les conseils doivent rester.

Le Maire doit prendre les arrêtés sur la base des délibérations, pour instituer et fixer les taux des différentes taxes sur lesquelles le Conseil a délibéré. En matière de TDL, la loi oblige que les Maires nomment les agents collecteurs et en leur faisant prêté serment.

En matière des travaux d'assiette et de recouvrement, l'article 17 de la loi N°98-007 du 15 janvier 1999 portant régime financier des communes en République du Bénin dispose que « les frais d'émission et de perception de taxes communales et des revenus communaux » sont des dépenses obligatoires à la charge des communes. L'article 63 de la loi N°97-029 du 15 janvier 1999 portant organisation des communes en République du Bénin dispose en son 3ème alinéa que le Maire est chargé « de la rentrée des impôts, taxes et droits communaux ».

Aussi, faudrait-il signifier qu'il ne peut y avoir une amélioration des ressources communales si au départ le maire et son conseil ne sont pas soucieux et déterminés à atteindre de bons résultats. A cet égard, ils doivent montrer l'exemple en faisant preuve de civisme, en évitant toute action tendant à compromettre le devoir fiscal, en veillant à ce que le personnel financier sous leur autorité travaille avec probité et désintéressement.

2-Le Chef Service Affaires Financières et le Chef Service Affaires Économiques

L'article 25 de la loi N°98-007 du 15 janvier 1999 portant régime financier des communes en

République du Bénin dispose « Dans le cadre de l'élaboration du budget, le Maire dispose des services communaux et peut recourir aux services compétents déconcentrés de l'Etat … ». Le C/SAF est le chef service affaire financier de la commune nommé en vertu de l'article 45 de la même loi. C'est donc le premier artisan en matière d'élaboration du budget donc de prévision budgétaire. Bien que le travail du C/SAF soit administratif, il n'en demeure pas moins que dans le cadre de l'élaboration du budget et de son exécution, il est en relation perpétuelle avec le receveur percepteur (comptable public de la commune) et le Maire. A cet effet, il a un rôle primordial en ce qui concerne l'information du Maire et les options stratégiques à prendre en matière de suivi de l'exécution du budget notamment la mobilisation des recettes.

Le Chef Service Affaires Economiques qui est le responsable de la mobilisation des taxes non fiscales est le responsable des agents collecteurs en général. Il est également le responsable au niveau de la mairie des agents collecteurs de la TDL. A ce titre, il a un grand rôle non seulement dans la mobilisation des taxes non fiscales mais également dans la gestion des agents collecteurs de la TDL.

3-La Direction Générale des Impôts, ses directions et services intéressés

La DGI est la direction qui s'occupe de la mobilisation des impôts d'Etat mais également des

Impôts et taxes locaux. La mobilisation des impôts et taxes locaux est gérée par certains services déconcentrés (les CIPE : service déconcentré de la DGI) mais également certaines directions.

La Direction de la Législation et du Contentieux (DLC)

La DLC est l'une des directions les plus importantes de la DGI dans le cadre de la définition du cadre juridique du droit positif en matière fiscale. Elle a entre autre pour attribution :

- L'élaboration des avants projets de textes fiscaux ;
- La codification et la mise à jour permanente du CGI et du Livre de Procédures fiscales ;
- L'élaboration des mesures d'application en toute matière fiscale ;
- La diffusion de la documentation fiscale et la préparation des campagnes d'information et de sensibilisation à l'intention des contribuables en liaison avec la DIE.

Toute réforme en matière fiscale qu'elle soit de la fiscalité d'Etat ou locale, passe par cette direction.

Le Coordonnateur des réformes

Ce poste a été créé en février 2015 par arrêté du Ministre en charge des finances. Comme le titre l'indique, il est chargé de coordonner et de suivre toutes les réformes en cours ou à engager non seulement au niveau de la fiscalité d'Etat mais également au niveau de la fiscalité locale. Il travaille avec toutes les directions notamment avec la DLC.

Le Centre de Formation Professionnelle des Impôts (CFPI)

Le CFPI assure la formation technique et professionnelle ainsi que le perfectionnement et le recyclage des agents des impôts. Les inspecteurs des CIPE et les receveurs qui sont territorialement compétents pour la mobilisation des impôts et taxes locaux sont recyclés par ce centre.

La Recette Nationale des Impôts (RNI)

La RNI est la structure responsable de tout le réseau comptable de la DGI. En matière de recouvrement des impôts locaux, la RNI est la direction qui répond des difficultés des Recettes Divisionnaires (RDI) et des Recettes Auxiliaires (RAI). Elle est chargée entre autre de :

✓ l'élaboration des bordereaux de développement des recettes budgétaires de la DGI ainsi que les états des soldes versés au trésor ;

✓ la centralisation des opérations comptables et statistiques des recouvrements et dégrèvements (modérations et remises en matière d'impôts d'État et d'impôts locaux) ;

✓ le suivi des recouvrements effectués par la DGI (impôts d'État et impôts locaux) et la DGTCP pour le compte de la DGI.

La Direction de l'Information et des Études

Elle est chargée notamment de :

- la coordination, l'animation et l'assistance aux services informatiques de la DGI ;
- la coordination des activités de la cellule de communication de la DGI que préside la DIE ;
- la rédaction des rapports, comptes rendus et autres document de synthèse périodiques sanctionnant les tâches spécifiques assignées à la DGI (sous-programmes, plan d'action de la DGI).

Les Directions Départementales des Impôts

Elles sont établies aux chefs-lieux des départements à l'exception du DDI Zou-Collines qui se trouve à Bohicon. Elles sont chargées de :

- l'animation, de la coordination des CIPE et RAI;
- contrôle des activités des services fiscaux implantés au niveau des communes
- la représentation de la Direction Générale des Impôts et des Domaines dans les diverses instances administratives départementales.

Toutes les activités des CIPE sont centralisées vers les DDI qui sont leurs responsables hiérarchiques. Les Directeurs Départementaux des Impôts sont très importants dans le landernau fiscal des collectivités locales. En effet, les DDI ont la responsabilité d'homologuer les rôles, ce qui confère force exécutoire aux titres de perception que sont les avis d'imposition.

Chaque DDI comporte des CIPE et RAI.

Les Centres des Impôts des Petites Entreprises (CIPE)

Chaque CIPE est chargé de :

- l'assiette, de la liquidation, du contrôle et du recouvrement des impôts locaux relevant de sa compétence ainsi que des impôts d'Etat dont sont redevables les petites et micros entreprises de son ressort territorial ;
- de l'instruction des demandes contentieuses ou gracieuses dans la limite des compétences de la DDI ;
- de l'établissement des cotes indûment imposés et des cotes irrécouvrables ;
- de l'établissement des états de dégrèvement d'office.

Le CIPE est en principe implanté au niveau de chaque commune. Toutefois, certaines communes, compte tenu de leur importance ou densité fiscale, peuvent comporter plusieurs CIPE. C'est le cas de Cotonou avec 3 CIPE, de Porto-Novo avec 2 CIPE dont le deuxième est compétent pour nos communes d'appui de Dangbo ; Avrankou ; Adjohoun, et celui d'Abomey- Calavi dont le 1 est compétent pour Sô-Ava, commune partenaire du PDDC.

Le CIPE comprend un service d'assiette et Recette Divisionnaire des Impôts (RDI). Cette dernière peut avoir sous sa tutelle des Recettes Auxiliaires des Impôts (RAI).

Au plan administratif, le RAI est placé sous l'autorité du RDI à qui il rend compte périodiquement de ses activités.

Au plan comptable, le RAI effectue lui-même ses encaissements et ses reversements au trésor. A ce titre, il enclenche l'action en recouvrement et peut décerner contrainte n'importe quel contribuable de son ressort territorial. Il faut noter que certains CIPE peuvent couvrir plusieurs communes.

Le Ministère en charge de la décentralisation

Le Ministère de la Décentralisation, de la Gouvernance Locale, de l'Administration et de l'Aménagement du Territoire (MDGLAAT) est le Ministère de tutelle des collectivités locales. A ce titre, il a un rôle primordial dans l'assistance des communes en toute matière. Son rôle en matière fiscale serait de rappeler par des notes aux élus locaux leurs obligations, d'outiller la tutelle départementale qu'est la préfecture d'assumer pleinement leur rôle de contrôle de la légalité mais surtout d'assistance et de conseil disposé par l'article 142 alinéa 1 de la loi N° 97-029 du 15 janvier 1999 portant organisation des communes en République du Bénin.

L'Association Nationale des Communes du Bénin

L'ANCB est la structure faitière des communes. A ce titre, elle a un très grand rôle à jouer en matière de mobilisation des recettes fiscales. En effet, l'ANCB à travers sa commission thématique Finances et Économie Locales a un rôle qui est de recueillir auprès des communes les difficultés en la matière et de faire les plaidoyers nécessaires.

Les contribuables

Les contribuables en général doivent payer leurs impôts à temps et bannir de leur comportement l'incivisme, l'évasion et la fraude en matière fiscale. Pour cela, il faut mettre en place un partenariat franc et formel entre l'administration et les contribuables notamment avec les organisations socio professionnelles.

Les Partenaires Techniques et Financiers (PTF)

Quoi qu'ils n'aient un rôle de premier plan en matière de mobilisation des ressources locales, les PTF ont cependant un rôle majeur dans l'accompagnement et d'appui aux acteurs en charge du secteur. Également, il est important que les PTF appuient les réformes en matière fiscale et de définition de stratégie de mobilisation des ressources locales. Ces appuis passent nécessairement par des études, des fora et des ateliers qui permettent de dégager des propositions et des recommandations à étudier et à insérer dans les lois de finances.

TABLE DES MATIERES

PANEL 1 :

LES TECHNIQUES ET LES OUTILS

PANEL 2 :

LES GISEMENTS FISCAUX PUTATIFS

PANEL 4 :

GLOBALISATION DES ÉCHANGES ET FISCALITÉ

VARIA

Structures éditoriales du groupe L'Harmattan

L'Harmattan Italie
Via degli Artisti, 15
10124 Torino
harmattan.italia@gmail.com

L'Harmattan Hongrie
Kossuth l. u. 14-16.
1053 Budapest
harmattan@harmattan.hu

L'Harmattan Sénégal
10 VDN en face Mermoz
BP 45034 Dakar-Fann
senharmattan@gmail.com

L'Harmattan Cameroun
TSINGA/FECAFOOT
BP 11486 Yaoundé
inkoukam@gmail.com

L'Harmattan Burkina Faso
Achille Somé – tengnule@hotmail.fr

L'Harmattan Guinée
Almamya, rue KA 028 OKB Agency
BP 3470 Conakry
harmattanguinee@yahoo.fr

L'Harmattan RDC
185, avenue Nyangwe
Commune de Lingwala – Kinshasa
matangilamusadila@yahoo.fr

L'Harmattan Congo
67, boulevard Denis-Sassou-N'Guesso
BP 2874 Brazzaville
harmattan.congo@yahoo.fr

L'Harmattan Mali
Sirakoro-Meguetana V31
Bamako
syllaka@yahoo.fr

L'Harmattan Togo
Djidjole – Lomé
Maison Amela
face EPP BATOME
ddamela@aol.com

L'Harmattan Côte d'Ivoire
Résidence Karl – Cité des Arts
Abidjan-Cocody
03 BP 1588 Abidjan
espace_harmattan.ci@hotmail.fr

L'Harmattan Algérie
22, rue Moulay-Mohamed
31000 Oran
info2@harmattan-algerie.com

L'Harmattan Maroc
5, rue Ferrane-Kouicha, Talaâ-Elkbira
Chrableyine, Fès-Médine
30000 Fès
harmattan.maroc@gmail.com

Nos librairies en France

Librairie internationale
16, rue des Écoles – 75005 Paris
librairie.internationale@harmattan.fr
01 40 46 79 11
www.librairieharmattan.com

Lib. sciences humaines & histoire
21, rue des Écoles – 75005 paris
librairie.sh@harmattan.fr
01 46 34 13 71
www.librairieharmattansh.com

Librairie l'Espace Harmattan
21 bis, rue des Écoles – 75005 paris
librairie.espace@harmattan.fr
01 43 29 49 42

Lib. Méditerranée & Moyen-Orient
7, rue des Carmes – 75005 Paris
librairie.mediterranee@harmattan.fr
01 43 29 71 15

Librairie Le Lucernaire
53, rue Notre-Dame-des-Champs – 75006 Paris
librairie@lucernaire.fr
01 42 22 67 13

www.ingramcontent.com/pod-product-compliance
Lightning Source LLC
LaVergne TN
LVHW021137061026
849535LV00002B/270

* 9 7 8 2 3 4 3 1 9 4 9 4 3 *